文化财经研究丛书

本书得到"2017文化统计分析报告研究"、"文化PPP研究"课题

魏鹏举　主编

THE ANNUAL DEVELOPMENT REPORT OF CHINESE CULTURAL ECONOMY
（2016～2017）

中国文化经济发展报告
（2016～2017）

本书是在中国高校"双一流"建设大背景下，由中央财经大学文化与传媒学院、文化经济研究院暨国家文化创新研究中心，立足文化经济特色学科建设，整合学院内外研究力量，针对2016～2017年不同领域的文化经济现象进行剖析，推出的一本兼具理论性与实践性的专业读物。

经济管理出版社
ECONOMY & MANAGEMENT PUBLISHING HOUSE

图书在版编目（CIP）数据

中国文化经济发展报告(2016~2017)/魏鹏举主编.—北京：经济管理出版社，2017.9
ISBN 978-7-5096-5255-8

Ⅰ.①中⋯ Ⅱ.①魏⋯ Ⅲ.①文化产业—产业发展—研究报告—中国—2016~2017
Ⅳ.①G124

中国版本图书馆 CIP 数据核字（2017）第 178756 号

组稿编辑：郭丽娟
责任编辑：王　琼
责任印制：司东翔
责任校对：张晓燕

出版发行：经济管理出版社
　　　　　（北京市海淀区北蜂窝 8 号中雅大厦 A 座 11 层　100038）
网　　址：www.E-mp.com.cn
电　　话：（010）51915602
印　　刷：北京玺诚印务有限公司
经　　销：新华书店
开　　本：720mm×1000mm/16
印　　张：25.75
字　　数：435 千字
版　　次：2017 年 9 月第 1 版　　2017 年 9 月第 1 次印刷
书　　号：ISBN 978-7-5096-5255-8
定　　价：88.00 元

编委会

前　言

文化经济的发展与研究

　　文化经济化和经济文化化的互动融合是众多进入后工业化的国家或地区的普遍现象，也是在新常态下中国日益显化的一种发展态势。文化需求的个性化、多样化和差异化的发展是直接推动文化经济化的根本动力，经济增长从规模化追求向品质化发展转型是体现经济文化化的基本特征。文化经济的研究也随着文化经济的实践发展，发生着研究视角、视野以及范畴的变革。文化经济研究大致可以从三个层面去梳理：第一个层面为宏观的文化与经济关系研究，经典的学术代表作有韦伯的《清教伦理与资本主义精神》；第二个层面为中观的文化经济行业研究，丰富多彩的大众文化研究、文化产业研究以及诸如电影等细分行业的研究均属此范畴；第三个层面是微观的文化经济主体及供需问题研究，诸如针对博物馆、画廊以及企业文化等进行的专门性研究。我们这个《中国文化经济发展报告》，主要着眼于中国当前的中观层面的文化经济发展实践的研究，还有一些内容涉及微观层面的研究。

　　就中观层面的文化经济问题研究而言，随着文化经济化的实践不断丰富，经历了从一般文化研究到文化行业研究，进而到文化产业研究乃至文化经济研究的视野与范畴的调整。

　　对文化产业的研究是从文化研究开始的，因为至少在早期，文化产业的文化影响远大于产业影响。长期以来，文化艺术领域被认为是非功利的，远离商业经济领域，甚至被视为是反商业的。但是，随着欧洲资本主义的发展，商业的逻辑渗透到社会生活的各个方面，文化艺术也难以避免。资本力量的深化和科技的进步，使得文化艺术的商业化日益加剧，同时商业对于文化艺术的利用也越来越普遍，以至于发展成为"文化工业"（Cultural Industry）。文化的商业化和商业的文化化，是市场经济发展的必然产物。作为经济现象，因为其经济总量和影响力都很小，经济学家对此并不重视。但是，作为文化现象，"文化工业"对于文化艺术价值具有颠覆性的影响，因此引起了哲学家、社会学家以及文化学者们的高度关注。这方面最有代表性也最具影响力的研究是20世纪二三十年代出现的德国"法兰克福学派"。法兰克福学派对于文化工业的批判有着特定的历史背景和合理性，但也因此显示出其历史的局限性。当单数的文化工业发展为复数的文化产业（Cultural Industries）时，大众文化变得越来越丰富和多元化，精英主义的文化批判立场不再哗众取宠，文化发展实践层面上的探讨与研究成为更受欢迎的话题。各种政府组织也开始从政策方面把文化产业作为一个严肃的命题来对待。

文化产业在中国的发展和研究同样经历了上述历程，只不过我们用二十几年浓缩了国际上近百年的历程。中国的改革开放走过了30多年的光阴，改革的广度与深度都是前所未有的，改革的前程还任重道远。从经济层面上展开的改革，一方面带来了生产力的迅速提升，国民经济整体快速发展，文化经济也日益发展壮大；另一方面也逐步引发了社会、文化以及政治领域的深层变革，文化体制改革不断深化，文化生产主体与生产方式的市场化程度越来越高。开放带来了新的竞争，也带来了新的观念。从中国改革开放伊始，国际上的各种文化产品就通过各种管道蜂拥而入，在占据我们的文化市场的同时，也占领了我们的文化空间，慢慢地改变着作为消费者的国人的文化观念。中国的文化产业因此也被唤醒——要保护国家的文化安全，必须发展文化产业。

实践的发展必然会引发理论上的探讨。20世纪90年代中后期，中国学术界受到西方文化研究和我国文化产业发展实践的双重影响，也开始了对于大众文化和文化产业的研究。随着文化体制改革问题的提出，关于文化产业的政策性与实践性探讨逐渐升温，研究借鉴国际上文化产业发展的经验，成为文化产业研究的热点。进入21世纪，随着中国加入世贸组织，从政府到学界都开始高度关注文化产业的发展与建设问题，探讨不断深入，也不断引起政策和实践的突破。国家出台文化产业发展战略，各地方政府也纷纷提出文化产业、创意产业、文化创意产业等不同名目的发展计划。

一个新的概念的出现，总是实践发展的需要，随着实践的发展，旧有的语言对于新的实践失去解释力和涵盖力，这时候就会出现新的概念。如果某一新概念出现并逐步被大家接受，这表明这个概念所涵括的某种实践现象在不断发展成长，而且作为一种具有独立性的实践现象被大家所认可。概念的演变发展是和它所指称的实践现象相呼应的，如果这种实践现象处于开放的发展时期，概念的边界自然也会是变动不居的。比如，我们熟悉的"第三产业"的说法，其所涵括的行业类型，直到现在也还是不固定的。至于"现代服务业"、"知识经济"等大量的新概念，其边界的界定就更是困难。

当前，随着中国文化体制改革的深化研究和文化发展实践的日益丰富，文化事业与文化产业的政策及业态界限日益融合，文化创意与相关产业的融合不断深化。作为国际上的通用范式，文化经济这一概念在中国也更加适用。实践表明，无论是国际还是国内，对文化经济的认知都经历了从行业或产业研究逐步衍生的过程，这种变化是由以下两个原因促使的：

其一，数字融合导致的行业汇流，在实践中使文化创意领域凝聚成一个价值链内涵与形态相似的经济群落。

数字融合主要是发生在文化或创意为核心价值的行业中，因为这些行业的价值实现不以实物形态为目标。一份报纸主要的价值是它所呈现和传播的内容，而一身衣服最主要的价值是遮体防寒，报纸数字化并不影响其内容价值，而以实用价值为主的衣服则显然无法直接数字化，不然就有皇帝的新衣之虞。数字化的手段，一方面不会对文化内容或创意有本质的损失，另一方面还会更加的丰富内容或创意的表达与呈现，更加便于内容或创意的传播、消费以及再利用。

数字融合在最近半个世纪以来深刻影响着全球经济社会的发展，大多数的文化或创意相关的行业由分散趋于融合，数字化还不断地延伸文化创意行业的价值链，使之成为一个越来越显要、越来越能创造价值并带来大量就业的文化经济群落。

其二，随着文化强国战略的逐步落实，从文化经济的大视野来涵括公共文化与文化产业的协同关系成为不言而喻的政策性选择。

我国的文化产业命题与文化事业命题相伴相生。改革开放以来，随着市场经济的发展，文化市场也日渐活跃，市场的力量推动文化产业的快速成长，同时也对越来越不能适应文化发展实践的传统文化体制提出了改革的要求，在这样的时代背景下，"文化产业"作为"文化事业"的补充与延伸在国家政策文件中被提出。部分可经营性的文化事业单位改制为文化产业单位，这是当前我国文化体制改革的基本任务之一。

从政策实践来看，这一对范畴本身就是"你中有我，我中有你"。2004年，国家统计局首次发布了对于"文化及相关产业"的界定与分类，2012年进行了修订，事业与产业始终融汇在其中。近些年，国家层面的各类文件规章其实多为文化经济的政策范畴，比如文化创意设计服务与相关产业融合，文化企业要社会效益优先、文化金融合作，等等。

融通文化事业与文化产业的范畴界限，把握中国文化经济发展的总体态势，此为本报告的基本学术立场与追求。

魏鹏举

2017 年 7 月

目　录

第三篇　文化市场与消费

第四篇　文化贸易与传播

第五篇 文化资源与资本

第六篇　文化空间与规划

第一篇
总报告

中国文化经济进入体系性的新旧变革期

魏鹏举

（中央财经大学文化与传媒学院、文化经济研究院院长，教授）

文化是文化，文化也是经济；经济是经济，经济也是文化。在融合发展转型的新时期，文化建设和经济建设的交叠诉求将中国的文化经济推到了国家战略的前台。

20世纪90年代开始的中国文化体制改革逐步明确了文化事业与文化产业的分类建设模式，不过到如今，文化事业与文化产业的融合日益成为共识，政府提倡文博事业单位开展文创产品开发，公共文化的建设大力发展政企合作投资（PPP），文化事业的发展无疑需要市场和产业的支撑。同时，中央专门发文强调，国有文化企业要将社会效益放在首位，文化产业的发展不宜过度市场化，切不可因经济利益而偏离文化责任与使命。况且，文化资源的保护、文化素质的培育、文化内容的创造等这些文化事业其实是文化产业的本质基础与核心价值。

接近40年的超高速发展，中国经济发展从总量上把国际上许多发达市场经济国家甩在了身后，同时也把文化建设甩在了一边。如今，中国经济发展所面临的深层次挑战，文化问题是最为复杂的一类。不道德的经济衍生了经济的不道德。唯利是图、急功近利，不仅导致产品层面的假冒伪劣，也推高了交易链条契约成本的攀升，导致了诸如竭泽而渔、环境污染等"公地悲剧"。中国经济转型升级的本质就是要回归有价值的经济，经济是创造财富，关键是要创造基于文化创造力的财富和富有人文精神的财富。否则，经济发展就走向人的反面，走向社会的异化。

文化与经济，这是一个极为复杂的多维现象，本报告主要是从中观层面文化经济学术视野展开分析与研究，即文化事业与文化产业一体化的文化经济观，在相关论述中同时适度兼顾文化产品、文化市场的微观对象分析和文化政策、文化金融、文化贸易等宏观问题研究。本报告重点关注中国文化及相关产业在经济降速提质的"新常态"下以及供给侧结构性改革的经济发展环境中的特征与趋势。上述关于文化与经济的融合关系无疑也成为本文所论具体文化经济发展的基本语境。

一、过渡性的"增长缓滞"现象显示中国文化产业正在转换发展势能

按照内生经济增长理论的观点，短暂的轻度萧条有利于创新的改善和生产力的发展①，本文称之为"滞缓效益"。中国的文化产业发展在"十三五"开局之年经历了过渡性的增长缓滞现象，在总体上不改变文化产业成为国民经济支柱性产业的大趋势下，增长放缓有利于文化产业的结构性优化与发展能力的可持续提升。

（一）文化产业"逆势上扬"的预期遭遇"增长缓滞"的现实

2016 年是"十三五"开局之年，作为"国民经济支柱性产业"重点培育的文化产业发展增长态势有些差强人意。根据国家统计局公布的数据，2016 年前三个季度全国规模以上文化企业营业收入比上年同期增长 7%，全年最后的统计结果是增长 7.5%（名义增长未扣除价格因素）②。全年增加值的数据虽然还没有发布，但估计大致与 2015 年的 11% 增速持平。文化及相关产业的这种增长态势与多年来国内基于文化产业的超高增长性而乐见其"成为国民经济支柱产业"的乐观期待形成比较大的反差。从过去十年左右的较长时段来看，文化产业的增长速度都远远高于同期国民经济的整体增速。值得注意的是，2008年受国际金融风暴的影响，国民经济增速下滑，在基于国际过往经验的基础上，有关文化产业"逆势上扬"的判断得到普遍认可，认为"经济危机或萧条时期往往正是文化特别是文化产业得以发展与繁荣的机遇期"③，政府在

---

① 熊彼特认为周期性的经济萧条可以提供某种清洁机制，有利于减少甚或消除组织的无效以及资源配置的失误。这种观点成为内生经济增长理论的重要组成部分。参见［美］菲利普·阿吉翁、彼得·霍依特：《内生增长理论》，北京大学出版社 2004 年版，第 213~215 页。

② 综合国家统计局网站（http://www.stats.gov.cn/）公布的数据。

③ 王家新：《文化产业在经济萧条时期的独特作用》，《光明日报》，2009 年 1 月 20 日。

2009 年底顺势出台了《文化产业振兴规划》。统计数据也佐证了这种看法，图 1-1 显示，金融危机发生的同期，文化产业增速持续高涨，2009 年增长 22.6%，2010 年甚至达到 25.8%。2011 年十七届六中全会以文化大发展大繁荣为主题，明确提出文化产业成为国民经济支柱性产业的任务目标。在整个"十二五"期间，在政策层面对于文化产业发展不断加码，2014 年甚至成为文化产业政策密集出台的"政策年"。然而从数据上来看，整个"十二五"期间文化及相关产业的增速总体呈现快速下滑的趋势，从 2013 年开始，文化产业的增速下行到 11% 左右，三年来基本持续这种增速。总体来看，文化产业的增长速度在最近十多年来都远大于宏观经济的增速，文化及相关产业对于中国经济发展的贡献率显然超出平均水平。但是，需要注意的是，文化产业发展与宏观经济增长呈现增速收敛的趋势，也就是两者的速率差越来越小，出现了增速趋缓的现象（见图 1-1）。这种增长缓滞现象正好是出现在中国经济进入高速增长遇到瓶颈亟待调整转型的"新常态"时期，按照美国等先发市场经济国家的经验或我国在金融危机时期的实践，文化及相关产业作为具有典型"口红效应"的新经济业态往往会呈现与宏观经济在增长速度比较上敞口的特征，即每当宏观经济增速下行时文化产业增速上扬。那么，进入

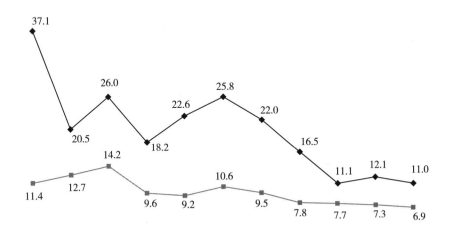

图 1-1　2005~2015 年中国文化产业增速与国民经济增速比较

资料来源：根据国家统计局公布的公开数据整理。

"十三五"中国文化产业的这种增长缓滞与"逆势上扬"的判断是不是存在悖论呢？

文化产业整体数据呈现的增长缓滞与逆势上扬的期待存在明显的反差，代表性行业——电影产业的发展也表现出类似的情形。2016年中国电影领域的投资（包括制作、院线等相关领域）大幅度增长，全国新增影院1612家，总数达到7853家，同比增加19.6%，新增银幕9552块，同比增幅30.2%，银幕总数超过4.1万块，一举超越长期稳居世界第一的美国。① 国家政策也积极扶持，号称文化产业第一法的《中华人民共和国电影产业促进法》，于2016年11月7日由第十二届全国人民代表大会常务委员会第二十四次会议通过。在资本和政策同时发力的情况下，与整体文化产业增长表现几乎趋同，电影市场的实际表现令人困惑，2016年全国电影总票房为457.12亿元，规模上勉强超过去年，同比增幅只有3.73%，和2015年的48.45%相比，2016年的电影市场增速呈现断崖式下滑（见图1-2）。电影界高歌猛进的乐观情绪突然遭遇冷

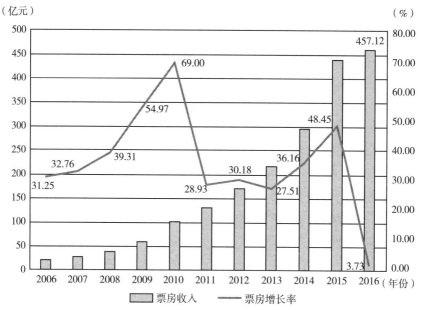

图1-2 中国电影票房收入及增长（2006~2016年）

资料来源：根据国家新闻出版广电总局公布的公开数据整理。

---

① 《2017年中国银幕数、单银幕及单影院票房产出分析》，2017年3月24日，中国产业信息网。

冰冰的现实，这引发了诸多争议和讨论——是什么原因导致了这种增长突然停滞的现象发生？

（二）文化产业的"旧"经济与"旧"体制问题

进入"十三五"以来，相关统计数据促使我们重新审视在"新常态"下中国文化经济发展的趋势性问题。文化产业虽然总体上是新经济，但鉴于中国文化产业发展的实际情况，也需要对其"新"的程度进行实事求是的分析。必须看到，中国文化产业目前依然在很大程度上受到"旧"经济和"旧"体制的影响。纳入国家统计口径的文化及相关产业，有半数属于文化产品生产与销售领域。根据国家统计局公布的数据，2013年文化制造加批发零售增加值占比为53%（产品制造42.9%，产品批发零售10.1%），2014年占比为51.4%（产品制造41.4%，产品批发零售10%），2015年占比为49.9%（产品制造40.6%，产品批发零售9.3%）。① 中国有着很成熟的工业制造业，在过去十多年，文化制造业是文化产业发展的重要部分，也是相对有较好国际竞争力的文化产业部分，因此中国的文化产品贸易规模成为全球最大。② 随着中国制造业的整体下行，文化产业中这部分"旧"经济也随之萎缩。

前文提到的电影市场在2016年遭遇的不景气则折射出中国的另一种"旧"经济——房地产的原罪。电影是中国文化产业中颇具典型意义的行业，文化与科技融合的复杂艺术，市场化程度高，商业模式清晰，增长速度快，行业统计较为规范完整。在全球都是以内容创新为核心价值的电影产业，在中国却受困于房地产的经济模式。2017年第一季度（截至3月29日）国内电影总票房为134亿元，相比去年同期下降了7%。虽然票房遇冷，但中国银幕依然处于疯狂增长中，2016年全年日均新增银幕数为26块，2017年第一季度新增银幕数3179块，日均新增36块，同比上年增加了40%。其中最为疯狂的1月新增银幕2417块，每天有近14家影院开业，日均新增银幕数78块，破单月新增银幕数历史纪录。③ 之所以说房地产是中国电影产业发展的一种原罪，一

---

① 本文所用到的国家统计局数据都来自于国家统计局社会科技和文化产业统计司、中宣部文化体制改革和法制办公室编2013~2016年连续四个年度的《中国文化及相关产业统计年鉴》（中国统计出版社），都是依据文化及相关产业分类（2012）统计标准的可比性数据。

② 人民网的报道称，联合国教科文组织数据研究院（UIS）10日发布最新报告称，中国目前是文化产品的最大出口国，其次是美国。2013年，中国的文化产品出口总值达60.1亿美元，比美国的27.9亿美元高出一倍多。参见《中国成为文化产品最大出口国》，2016年3月10日，人民网。

③ 《一季度银幕增三千块 单银幕产出自15年持续降低》，2017年3月30日，艺恩网。

是因为电影的资本大量地被房地产吸纳，这表现为院线直接投资和影院地产租金；二是因为院线在电影收益链条中占有显著的市场权力，53%左右通行的票房分成比例严重挤压了制片方（35%左右的分成）的利润并将风险也压在了制作端；三是由于中国目前还没有类似美国防范电影产业垄断的派拉蒙案①，像万达这样通过房地产优势而快速掌控电影市场的发展模式在国内被普遍效仿。加之中国电影的主流盈利模式还是明星经济模式，电影的那点利益基本上被院线方与明星们蚕食了，真正能用来进行内容创造和制作的资金其实少得可怜，造成的景观就是院线投资很热，明星风光无限，而电影作品却苍白乏味。不仅电影行业被房地产绑架，中国文化产业的地产化问题可以说是与生俱来。从20世纪90年代以来，中国文化产业的发展历史同时也是文化地产发展历史，打着文化旗号的纯粹地产和经营房地产的文化园区比比皆是，而且成为各种名目得到政府扶持的基地或集聚区，房地产模式不仅架空了文化创新，也掏空了文化产业。

文化体制改革所形成的国有控股或集体控股文化企业是当前中国文化经济发展的重要主体，但这部分企业的市场活力相对不足，现代企业管理机制不健全。根据国家统计局在2012年颁布的现行的文化及相关产业统计标准，因此本文选取国家统计局编制的《2013中国文化及相关产业统计年鉴》公布的2012年数据为例，通过计算资产收益率发现，国有控股的规模以上文化制造业企业资产收益率为3.5%，在各种所有制类型中是最低的，与最高的私人控股企业11.9%相比差距悬殊；国有控股的规模以上服务业企业以及批发和零售业企业资产收益率表现稍好，但也表现平平（见图1-3）。同比2015年的数据，国有控股的制造业企业与服务业企业的资产收益率都呈现较大幅度的下滑（见图1-4）。国有控股文化企业的资产规模庞大，资产质量很高，甚至很大部分是非公资本无法拥有的垄断性优势资产，但经济效率相对低下，而且最近几年还呈现比较明显的下滑，这种状况对于中国文化产业的发展显然是不利的。

---

① 派拉蒙案（United States v. Paramount Pictures, Inc., 334 US 131 (1948)）：1948年5月美国最高法院根据反托拉斯法对"派拉蒙案"做出裁决，判定大制片厂垂直垄断为非法，要求制片公司放弃电影发行和电影院放映的业务。

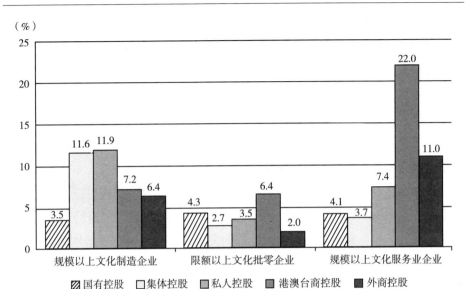

图 1-3　2012 年按所有制划分的文化企业资产收益率比较

注：资产收益率（ROA）= 营业利润/总资产。

资料来源：《中国文化及相关产业统计年鉴》（2013）。

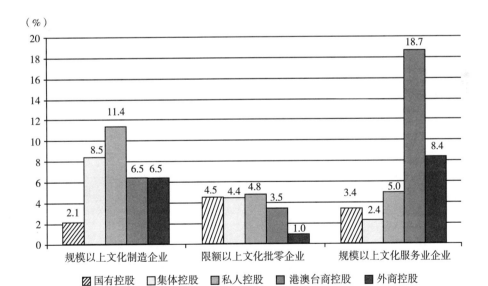

图 1-4　2015 年按所有制划分的文化企业资产收益率比较

资料来源：《中国文化及相关产业统计年鉴》（2016）。

（三）从新旧发展势能的转换看"滞缓效益"

中国文化产业从"旧"经济和"旧"体制中一路走来，无疑创造了令世人瞩目的发展辉煌，近二十年来几乎是从无到有、从小到大，成为世界上规模前列的文化市场大国。但上述的数据分析让我们看到，在新常态下，旧经济和旧体制的红利快速衰减，中国文化产业的规模增长放缓甚至停滞的现象可能会持续一段时间。那么，中国文化产业是否真的增长乏力了还是在蓄势待发？新的更可持续的增长势能在哪里呢？

危机中往往蕴含着新的生命力，只要环境合适，这种新生机就是最大的转机变量。从2016年前三季度及全年的数据来看，拖累整体增速的是那些附加值较低的文化生产领域或体制约束性强的文化服务行业（比如新闻出版、广播电视），而具有创新内涵并适应消费升级的文化产业呈现出高速发展势头。比如，前三个季度的数据显示，文化用品的生产占总收入比重38.3%，增长6.30%；工艺美术品的生产涉及制造业相关的领域，它的增幅只有1.3%；增幅较大的是现代文化产业，其中文化信息传输服务同比增幅30.8%，文化休闲娱乐服务同比增幅20.1%，文化艺术服务同比增幅17.7%。图1-5显示，2016年

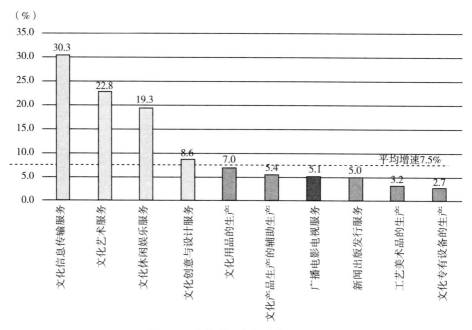

图1-5　文化产业各领域增速对比

资料来源：根据国家统计局公布的公开数据整理。

全年四大新兴文化服务业态均高于平均 7.5% 的增幅，整体呈现快速增长态势，以"互联网+"为主要形式的文化信息传输服务业营业收入 5752 亿元、增长 30.3%，文化艺术服务业营业收入 312 亿元、增长 22.8%，文化休闲娱乐服务业营业收入 1242 亿元、增长 19.3%。因此，我们要看到，中国文化产业的发展确实面临着巨大的压力和挑战，但也要充分认识到，文化产业在进行着新旧势能转换的结构性深调。当前中国大的社会经济环境非常有利于文化产业发展的这种转变与调整，供给侧结构性改革激励科技创新与文化创新，需求端管理促进潜力巨大的文化消费能量释放，文化产业与相关产业的融合程度不断深化。在这样的发展大形势下，中国文化产业虽然会经历这么一个比较艰难的缓滞过渡期，但大趋势会更好，前景更值得期待。

在文化产业地产化这个问题上，随着地产泡沫危机的累积，政府对于文化地产的规范限制越来越到位有效，运营方也逐渐认识到地产模式的局限和危险，日益对深挖文化创意价值、以产业兴物业的发展思路成为主流。在 2016 年，综合型的文创特色小镇大量涌现，结合国家"双创"战略的文化创意创业孵化器运营模式风靡，文化创新为区域经济或楼宇经济发展赋值并实现双赢。不同于急功近利的文化地产或地租模式，"文化资源+基础设施"的长期建设运营管理模式逐步发展成熟，文化领域的政府与社会资本合作投资（PPP）在国内得到长足发展，不仅涉及文化场馆等基础设施建设，也逐步进入文化资源保护与文商旅综合开发项目领域。到 2016 年 12 月末，纳入全国 PPP 综合信息平台项目库的文化行业 PPP 项目数达到 317 个，计划投资额 2141 亿元。[①]

从深化文化体制改革的视野来看，中国文化建设及文化产业发展的新阶段、新特征也对国有文化企业的发展提出了新要求和新思路。中国文化经济发展的根本使命是要满足人民群众日益增长的精神文化需求，这是在物质丰裕基本实现的基础上，国家发展的关键性任务之一。中国改革开放将近 40 年的超高速经济增长，在经济总量上把世界上许多先发市场经济国家甩在了身后，同时也把文化建设搁置在了一边，文化建设总体滞后。到了特定发展阶段，文化发展就会成为影响经济发展的关键内生变量。在新常态的发展战略格局下，文化及相关产业的发展，量的增长要向质的优化转型。文化产业本身要提质增

---

① 《全国 PPP 综合信息平台项目库第五期季报》，财政部政府和社会资本合作中心官网，http：//www.cpppc.org。

效，要进行供给侧结构性优化，同时也要成为增进社会文化总福利和经济发展创新活力的重要内生力量。在这样的发展格局下，文化体制改革对于国有文化企业提出了超经济的使命要求，国有文化企业回归公共性优先的本位。2015年9月中共中央办公厅、国务院办公厅颁布《关于推动国有文化企业把社会效益放在首位、实现社会效益和经济效益相统一的指导意见》，进一步明确国有文化企业的使命，这有利于中国文化经济发展的综合协调与整体优化。

从运营的角度来看，国有文化企业总体发展态势整体上是良性的，近些年来的各项发展指标都在提升（见表1-1）。财政部文化司《国有文化企业发展报告（2016）》认为，2016年国有文化企业经营规模不断扩大，产出和利润持续增长，总体保持了稳健发展态势。截至2015年末，全国国有文化企业同比增长5.1%，从业人员同比增长5.5%，资产总额同比增长19.8%，全年实现营业总收入同比增长9.6%，利润总额同比增长16.8%，净利润同比增长17.5%。①

表1-1 2013~2015年国有文化企业运营情况

年份	企业数量（户）	资产总额（亿元）	利润总额（亿元）	净利润（亿元）	营业总收入（亿元）
2015	13994	31746.7	1311.4	1148.7	14085.2
2014	13313	26488.9	1122.5	977.7	12855.1
2013	12159	22420.2	1081.2	946.4	10715.7

资料来源：财政部发布的2014~2016年度《国有文化企业发展报告》。

随着文化体制改革的不断深化以及中国文化产业的日益成长，国有文化企业的某些行政垄断比较优势逐步失去，市场竞争压力显著增强，危机意识促使国有文化企业的市场化运营水平不断提升，通过资本市场逐步展开多元化乃至国际化的业态拓展。以2016年光明日报社和经济日报社联合推选出的第八届中国文化企业30强为例，国有及国有控股企业达到25个，占比83%，这些企业近些年大多开展了资本运营，多元化国际化的发展特质越来越显著（见表1-2）。如果不缺乏激励机制和企业家精神，国有文化企业的优势在中国是显而易见的。

---

① 财政部官网，http://whs.mof.gov.cn/pdlb/gzdt/201612/t20161223_2498760.html，2016年12月23日。

作为中国特色的一类特殊国有文化企业类型，投资平台类国有文化企业由于其从成立开始一般就没有传统文化事业机制的包袱，社会效益的要求相对也较灵活，不仅市场化的发展程度很高，其与生俱来的体制优势也可以淋漓尽致地发挥，比如华人文化产业投资基金、北京文化投资集体、陕西文化投资集团等，这些类型的国有文化企业很有希望成为中国文化经济发展的中流砥柱。

表 1-2　2016 年度中国文化企业 30 强中部分国有文化企业的资本运营情况

类别	企业名称	投资项目	投资方式
文化艺术类	保利文化集团股份有限公司（上市公司）	与欧洲最大的英国 ATG 大使剧院集团签署制作、经营、人才培养的战略合作协议；与何氏集团合作成立保利澳门拍卖	战略合作协议；设立子公司
	中国对外文化集团公司	组建"丝绸之路国际剧院联盟"；策划承办亚洲艺术节等节庆和演出展览；与百老汇亚洲、加拿大太阳马戏团合作舞台剧全球演出	艺术节；联盟战略合作
广播影视类	江苏省广播电视集团有限公司	与中国香港电讯盈科打造海外全媒体"紫金中文台"，播出综艺节目	搭建海外平台
	中国电影股份有限公司	与 THX 合作，确保"中国巨幕"影厅音视效果；洛杉矶实验室与 DELUXE 合作制作影片巨幕版；建设北美和印尼的"中国巨幕"影院	引入技术；建设海外院线
	中国国际电视总公司	在美国、日本、中国香港、非洲等地成立多家全资子公司	设立子公司
	湖南电广传媒股份有限公司	成立美国绚艺娱乐传播公司、中国香港影业公司；与美国狮门影业共同投资 15 亿美元投拍影片	设立子公司；投资
	上海电影（集团）有限公司	与华桦传媒投入 10 亿美元投资派拉蒙（受限）	投资
出版发行类	江苏凤凰出版传媒集团有限公司	8500 万美元收购 PIL 童书业务及其海外子公司，为中国出版业最大规模并购，买办公楼；成立凤凰传媒国际（伦敦）等 4 家全资子公司；在智利、加拿大等国成立 5 家合资子公司；在英国、澳大利亚等地设立"仙那都"出版研发产品；成立"符号江苏"等海外基地；与英国艾坪森教育咨询公司签署合作协议等	并购；单独或合资成立子公司；设立品牌；海外交流基地

类别	企业名称	投资项目	投资方式
出版发行类	江西省出版集团公司	26.6亿元并购智明星通开拓海外平台	间接
	浙江出版联合集团有限公司	在美国、中国台湾、俄罗斯等地开设8家书店；在法国、日本、英国成立东方书局出版发行；与20余个丝路国家建立合作；收购澳大利亚新前沿出版社（海外少儿出版首例并购）	设立子公司；并购；开设经营实体
	安徽出版集团有限责任公司	与黎巴嫩合资打造时代未来有限责任公司，在斯洛伐克建立电子文化传媒产业园基地，在澳大利亚设立时代亚奥公司等6家企业；合作出版；海外数字出版：时代E博、教育	合资成立子公司；搭建平台
	中南出版传媒集团股份有限公司	入股全球最大在线版权交易平台IPR；设立泊富基金进行投资；设立公司驻南苏丹代表处	投资；境外代表处
	安徽新华发行（集团）控股有限公司	与新加坡友联书局合资成立新龙图（新加坡）贸易公司；创立"来买网"，成为东南亚地区最大的海外中文文化电商平台；与迪士尼合作动画剧；打造中以数字教育产业创新平台	合资公司；海外电商平台；项目合作
	中国出版集团公司	1亿元收购英国出版科技集团；在美国等成立7家分公司或代表处；在巴黎等成立7家出版子公司；在纽约等设立8家书店；与美国时代国际合资成立时代图书·新华书店北美网	设立子公司、分公司；开设经营实体、合资公司
	中原出版传媒投资控股集团有限公司	成立中原文化海外发展中亚、悉尼、柏林分中心	设立发展中心
文化科技类	上海东方明珠新媒体股份有限公司	与云集将来、Discovery Asia投资制作《跟着贝尔去冒险》	项目投资
	深圳华强文化科技集团股份有限公司	签约规划设计伊朗、南非、乌克兰的方特主题公园	输出主题公园
	科大讯飞股份有限公司	与美国Danhua Capital II GP，LLC等投资设立丹华基金进行科技投资	合资基金
其他类	深圳华侨城股份有限公司	成立华侨城（亚洲）控股有限公司在中国香港上市	海外资本平台
	西安曲江文化产业投资（集团）有限公司	与荷兰国际文化合作中心签署文化合作协议	合作协议

资料来源：张卉：《国有资本对外文化投资研究——以华人文化为例》，中央财经大学硕士学位论文，2017年。

综上分析不难看出，中国的文化产业整体上在朝着新常态新理念设定的新方位进行深层次的结构性调整。中国文化产业与中国整体经济发展的态势总体同构，十多年来，文化体制改革的制度红利与制造业优势显著的产业红利，共同推进文化产业实现超高速发展。随着中国经济进入新常态，文化产业发展也步入新常态轨迹，即由超高速挡位向高速挡位调整，由短期利益追求向长远发展谋划，由社会效益与经济效益的对立向统一协同转变。文化产业的这种增速变化，一方面和国内外的宏观经济形势有关，另一方面也与文化产业自身的结构性调整有关。中国文化产业的这种增长势能与结构性转型显然是积极健康并具有长期效益的，因此，我们应该对其后续的发展有足够的信心，文化产业对于中国经济社会的发展意义将更为显著。

二、从分类改革到融合创新，文化经济发展战略新格局日渐成型

文化经济政策是推动中国文化产业或文化事业发展的基本要素条件，在很大程度上，政策要素甚至比市场要素的作用更为根本、更为有力。当下中国的文化建设是脱胎于一度运行很稳定的文化事业体制，几乎完全的计划性管控与政策性导向直到今天还在发挥着显著的路径效应，况且文化建设的关键资源（比如基础文化设施、主要文物文博资源、文化传媒资产、文化艺术人才等）主要掌控在政府手里，体制改革及其相关政策措施对于中国文化经济的发展战略至关重要，这也是文化经济发展的中国特殊性。

由于文化建设的经济环境、技术条件等在进入"十三五"以来发生着巨大的变化，中国的文化经济发展战略也相应地开启新的模式。文化体制改革从20世纪90年代正式拉开帷幕，主旨是借鉴经济体制改革的成功经验，解放和发展文化生产力，按照公共文化与文化产业分类发展的大思路，将一些意识形态属性不太突出、运营比较困难的文化部门及相关行业（比如电影制作放映、图书出版发行、演艺院团等）逐步推向市场。分类改革的意义在于既保障文化领域的意识形态安全，又发挥了市场的积极作用，确实在特定的历史阶段起到了释放制度红利、促进中国文化经济发展繁荣的重要作用。但是，脱胎于经济体制改革的功利性动机，使得文化体制改革从一开始就存在利益团体博弈及公共性失语的问题，艺术表演在一般市场经济国家都属于公共性强而存在市场失灵的文化行业，传统图书出版在英国以"不能向知识征税"为由而始终作为准公共品业态存续，这些行业在中国却率先被改革并被推向市场，而具有显

著市场竞争优势的电视传媒反而始终保留事业属性，这类文化事业部门利用行政垄断性传媒资源向市场套利。事业单位企业化运营和企业单位事业化管理，这种混合特征表明分类改革的不彻底性以及中国文化经济的特殊性。"十三五"前后，在新常态的经济发展语境中，中国文化经济发展格局从中观向微观和宏观延展。微观端日益重视文化创意产品开发及文化机构的运营问题，宏观端更加重视文化创新与经济转型升级的相互关系。公共文化与文化产业交融、文化创意与相关产业融合的文化经济发展战略格局的确立也和数字互联网等新兴技术的飞速发展密切相关。文化传媒的数字融合在中国的发生是如此的突然而猛烈，让掌握广播媒体行政垄断权益的国有文化部门有些措手不及，也令文化体制管理部门猝不及防。大张旗鼓提出"融媒体"的顶层发展思路体现了在新经济和新技术条件下中国文化体制改革的新思维，即从分类改革正式转向融合创新。

（一）创新泡沫遮蔽下的内容苍白

几乎没有异议，创新是当前时代各界疾呼的最强音，无论政府还是社会，无论精英还是草民。文化创新也不出意外地在顶层战略性发展文件"十三五"国民经济发展规划中被纳入创新体系。文化意义的创新有着深厚的中国传统，也蕴含着丰富的时代性诉求。创新的号角促动了文化经济的转型发展，同时也作为这个巨变时代的副产品，创新泡沫经大力鼓吹而多方泛起：技术性泡沫、资本性泡沫与体制性泡沫。

损益因革的文化创新发展观贯穿了中国文明史，近代以来亡国灭种的危机以及改革开放的转机更加强化了文化创新的紧迫感。孔子讨论世代文化发展时就认为："殷因于夏礼，所损益，可知也；周因于殷礼，所损益，可知也。其或继周者，虽百世，可知也。"（《论语·为政》）汉代儒学重要的传承者扬雄在《太玄·玄莹》中结合《周易》精神系统阐释了孔子的损益因革思想："夫道有因有循，有革有化。因而循之，与道神之。革而化之，与时宜之。故因而能革，天道乃得。革而能因，天道乃驯。夫物不因不生，不革不成。"纵观中国历史，往往在社会矛盾突出、危机特征显著的时期对于文化创新的强调会压过文化传承。清末至今百年来文化创新的追求一直占据主流，洋务运动、维新运动、五四运动，围绕中华民族的生存发展及伟大复兴的主题，从器物创新到制度创新，最终落在文化创新的希冀上。当下，文化自觉与文化自信的大旗张扬，和文化创新的主题一起在新时代共同形成中国文化损益因革的新平衡。

在普遍的发展焦虑与功利浮躁社会情绪中，战略上的文化创新在短期激发为实践上的创新泡沫，这既反映了中国文化现代性转化的典型症候，也可视其为创新转型期的必要成本。从文化经济发展与转向升级的视野来检视，至少有三种特征的泡沫需要重点关注并合理处置。

基于科技信仰而产生的技术性文化创新泡沫最为显性。科技创新从来都是文化经济发展的内生动力，文化创新与科技创新的融合是文化产业的题中之义。当图书的生产与当时最先进的机械复制技术结合在一起时，图书实现了大规模、低成本、高品质的工业化生产，这种现象促发了德国法兰克福学派对"文化工业"（Cultural Industry）的研究，也开启了现代文化产业的快速发展。进入 20 世纪后，多媒体技术、数字技术、网络技术、虚拟现实技术都纷纷应用到文化领域，不断创造文化新业态，实现文化产业的新模式。科技是文化经济发展的关键要素，这无疑已经成为普遍共识。但中国的问题是过犹不及，很多时候对于技术创新的偏好过度，而同时缺乏优质内容创新的匹配，造成中国特色的文化科技泡沫。这种现象既出现在公共性文化经济领域，也出现在市场化文化经济领域。"十二五"期间，政府投入巨资新建了很多诸如大剧场、博物馆等的公共文化设施，领先于国际水平的文化科技在其中被大量运用，这往往成为这些公共文化设施炫耀宣传的重要亮点。越是最新的科技装备，其市场溢价越高，同时，由于技术发展日新月异，高新技术装备的折旧率也往往极高。众多装备了高新技术的文化场馆实际运营效率不高，管理运维成本又居高不下，造成了内容贫乏、设施空置、科技浪费的中国式文化科技浮华。在市场化的文化经济领域，文化科技的泡沫同样大量泛起。以 2016 年明星阵容强大、市场营销力度巨大的电影《爵迹》为例，这部投资巨大号称"华语影史第一部全真人 CG 电影"① 的作品，结果却成为一个被日益成熟的中国文化消费者冷落的华美泡沫。《爵迹》的案例在中国 2016 年电影市场上是有典型意义的，缺乏优质内容支持的文化科技创新是我们这个鼓吹创新时代的一种高调幻影。这个问题同样出现在虚拟现实（VR）、增强现实（AR）等新兴技术领域，大量的资本在这些技术上炒作，但内容创新支持不足成为这些新技术的致命伤。

---

① 所谓真人 CG 电影指的是演员穿上特殊的动作捕捉服装以及表情捕捉设备，在完全架空的摄影棚中，进行无实物表演，表演的数据被采集后，创作者可以将演员"幻化"成任意形象，但保留其基本动作和表情。由于最终生成的形象都是 CGI 动画角色，加上无实景拍摄也要补全所有的数字绘景，所以采用这种技术拍摄的电影对技术和资金支持的要求很高。

基于金融偏好而形成的资本性文化创新泡沫最为疯狂。过度金融化是当前中国经济发展的一个典型病症，这个问题不仅出现在房地产市场，也同样感染了文化艺术市场。在 2010 年前后，艺术品市场投资过热，出现明显的泡沫问题，艺术品交易价格与总量大幅度下滑。随之，以艺术品份额化交易为特征的文化艺术产权交易又风风火火地发展起来。2011 年 1 月 26 日，《黄河咆哮》和《燕塞秋》在天津文交所上市发行，发行价分别为 500 万元和 600 万元，以每股 1 元挂牌交易。至 2011 年 3 月 10 日，《黄河咆哮》和《燕塞秋》较之发行价分别上涨了 981% 和 976%。如果按照 17 日这两个品种的收盘价计算，《黄河咆哮》市值 1.0296 亿元，而《燕塞秋》市值 8535 万元。2011 年 3 月 17日公告称，接天津市政府监管部门通知，鉴于近期艺术品市场交易情况，为了降低投资风险、保护投资人利益，自当日起对上市艺术品《黄河咆哮》和《燕塞秋》实行特别停牌。最近几年，资本炒作又在电影市场兴风作浪。2016年 2 月 24 日，A 股神开股份发布公告表示，4900 万元出资设立《叶问 3》电影票房收益权投资基金，通过《叶问 3》未来票房收益分配获取投资利润。港股的十方控股以 1.1 亿元购买了《叶问 3》55% 的票房收益权。上述两家公司的控股股东都是上海快鹿集团，也就是《叶问 3》背后最大的投资方。在《叶问 3》上映前，快鹿集团就将票房资产证券化，以票房收益的预期从旗下P2P、众筹平台等渠道筹集了不少资金，比如，当天财富、当天金融等平台与苏宁、京东等第三方平台，同时发起了《叶问 3》的众筹项目。2016 年 3 月18 日电影局确认该片存在非正常时间虚假排场 7600 余场，涉及票房 3200 万元；同时，该片总票房中含有部分自购票房为 5600 万元。神开股份 3 月 29 日晚公告称，董事会经研究决定同意解除相关协议。但神开股份的股价依然下跌了 2.50%。港股上市公司跌势更迅猛，十方控股暴跌 17.59%，明华科技重挫13.7%。2016 年初网红经济成为投资大风口，资本大举进入，方正证券等机构甚至预测 2016 年网络直播市场规模将达到 150 亿元，2020 年达到 600 亿元，但随着文化部、新闻出版广电总局相继强化了对网络直播的规范监管，政策因素不可避免地会对市场空间产生影响。汹涌而不知所向的资本成为中国文化经济快速腾飞的主要力量，但也是扭曲文化金融、激发文化创新泡沫的罪魁祸首之一。

基于治理区隔而生发的体制性文化创新泡沫最为复杂。上述资本泡沫的出现有一个很有意思的规律，几乎没有发行文化产业行业总体性的资本泡沫，基本上都是一个个细分行业的资本炒作。全球文化经济的资本逻辑是全产业链投资，资本推动内容创意、传媒渠道、衍生开发等文化产业链的整合，迪士尼、时代华纳、新闻集团等资本运作的基本模式不外乎此。但是在中国，由于条块分治的文化体制格局，资本在进入文化经济领域时，由于体制的障碍，无法进行全产业链并购整合，只能选择在某个细分领域做短期的炒作套利。这种因治理区隔而形成的体制性泡沫同样出现在最需要内容创新的影视创作生态中。同样是视频内容，网络视频与电视节目的管理规则就不统一，由于缺乏客观的法规依据，内容监管往往因部门、因人、因时、因事而异，制作方最好的选择就是最保守的选择，已经有过先例并广泛受欢迎的题材，无论从内容审查还是从市场收益的角度，都是最合适的，所以大家都以文化创新的名义实际进行着大量的重复甚或抄袭。因而就出现一种怪现象，监管部门越是下限娱令，电视内容越会变着法儿地娱乐，只有同质化的娱乐内容能够满足关于审查和盈利的最低标准。① 文化经济发展中这种竞争性模仿的同质化竞争问题也不可避免地出现在基于行政区划的地方政府层面。典型市场经济国家的地方政府竞争主要表现在为吸引资本、技术、人才等发展要素而致力于改善环境、提升效率、优化公共品供给等方面。中国的地方政府竞争则更多地表现为快速凸显政绩并争夺中央政府的政策与资源。为了凸显政绩，本能地就会对短平快的文化经济项目更有热情，一个显著的表征就是大同小异的文化产业园区遍地开花。尤其是当中央政府提出某一类导向性文化经济发展政策的时候，地方政府为了争抢先机也会快速规划复制。在中央政府大力提倡创新的大战略背景下，地方政府围绕这个中央战略主题展开新一轮的激烈竞争，文化创新战略与特色小镇发展利好成为区域经济寻求转型升级竞赛的叠加目标，"文创造镇"的热潮在2016年因缘兴起。竞争会激发活力与创造性，但是，单一动机、单一目标的竞争往往导致模仿复制。地方政府的竞争动机就是尽快获得中央政策先机，竞争目标万变不离其宗，就是实现本位政绩利益最快化与最大化。最快化诉求更优先主要是因为政府官员任期制和先行先试的利好导向。2016年迅速蹿热的特色小镇，由于文化是最显著也是最低成本可以凸显的特色，因此，各种高举区域性文化特色的类型化特色小镇遍地开花，但出于最快化和最大化的竞争性目标，文创特色小镇往往又回归到地产发展模式，只不过换了个特色小镇的面孔，换了个

---

① 魏鹏举：《切合人民利益 激发文化活力》，《人民日报》，2013年11月5日。

文化创意的新装。

文化创新的本质是价值创造。撇开重重创新泡沫，内容创造的苍白显示出中国文化经济发展的内生病灶。在新时期，中国文化经济的发展需要从供给侧结构性立场坚持"一体两翼"的创新融合腾飞模式，即以内容创新作为本体，融合科技创新与金融创新作为两翼。内容创新是文化经济的核心价值与关键竞争力，内容创新存在一定的市场失灵问题，在急功近利的环境下是很难有作为的，需要公共文化的涵养，也需要公共文化与文化产业的有机融合。科技创新既是内容创新的重要工具性支撑，也是内容价值实现产业化发展的必要手段。金融作为市场经济的高级形态，资本市场是推动现代产业发展最有效率的资源配置机制，由于内容创新的轻资产高风险特征，只有通过金融创新才可以有效实现文化价值与资本市场的对接融合。"一体两翼"的文化经济发展模式得到了国际上许多国家发展经验的支持，在中国，虽然文化经济的现代化发展历程还很短浅，但淬炼的经验与教训已经让实践者与研究者形成了内容、科技与金融三位一体融合创新的总体性共识，而且，当前中国的文化体制机制也在自觉或不自觉地为这个模式创造条件。

（二）文化创意与科技创新的融合催生战略性新兴产业

近现代以来，中国对于科技创新重要性的认识不断提升，甚至成为民族国家起死回生伟大复兴的最大希冀，科技救国，科技兴业，科技是第一生产力，公共政策与公共资金都给予科技创新不遗余力的支持。在这样的氛围中，科技创新不仅是不假思索即被认可的正确价值，也是取得政策支持和财政资源的最佳概念。很快中国成为国际上申请专利数量最多的国家，但专利的转化率却低得可怜，这可以称为中国式科技创新泡沫。文化领域随着大发展大繁荣的号角吹起，科技创新的泡沫同样如同顽固的强大惯性一样蔓延到文化创新的"春天故事"里。所幸的是，虽然急功近利的政策与好大喜功的实践激发起大量的创新泡沫，但无论如何，创新的价值是确切存在的，各界对于创新的意义是有充分共识的，创新的规模效益也随着泡沫一起形成。更重要的是，创新的环境逐步改善，创新在量上的累积逐渐发生矿化反应，浮泛在表面的泡沫逐渐风干，创新的珍宝水落石出。文化创意与科技创新在很长一段时间内都是一种政策正确的概念或生拉硬拽的拼凑，但随着中国文化科技发展生态的日臻优化，也随着数字互联网文化消费新势力的迅猛崛起，文化创意与科技创新的融合便有了化学反应和内生动力，在政策层面，也应运而生类似数字创意产业的战略性新兴产业规划。

2016 年 3 月 5 日，李克强总理代表国务院在十二届全国人大四次会议上作《政府工作报告》时，在"加强供给侧结构性改革，增强持续增长动力"篇章中首次提出了"大力发展数字创意产业"。在随后正式发布的《中华人民共和国国民经济和社会发展第十三个五年规划纲要》中明确提出"支持新一代信息技术、新能源汽车、生物技术、绿色低碳、高端装备与材料、数字创意等领域的产业发展壮大"。2016 年底，数字创意产业正式纳入《"十三五"国家战略性新兴产业发展规划》（国发［2016］67 号），提出了在未来五年国家要"促进数字创意产业蓬勃发展，创造引领新消费。以数字技术和先进理念推动文化创意与创新设计等产业加快发展，促进文化科技深度融合、相关产业相互渗透。到 2020 年，形成文化引领、技术先进、链条完整的数字创意产业发展格局，相关行业产值规模达到 8 万亿元"。

这次中央政府使用了一个特定的专有概念——数字创意产业，没有使用文化科技，这个词有些浮泛模糊，也区别于文化产业的范畴，表面数字创意产业是一个新的交叉范畴，是文化创意、数字科技与相关产业交叉融合具有独立特质的新兴战略性产业。按照《"十三五"国家战略性新兴产业发展规划》的描述，数字创意产业在未来五年的关键发展任务包含四个方面：①创新数字文化创意技术和装备；②丰富数字文化创意内容和形式；③提升创新设计水平；④推进相关产业融合发展。从硬体到软体，从创意到产业，关于数字创意产业的发展，规划总体上周密完整，具体而微，但显然是从供给侧进行的部署，是供给侧结构性改革的重要战略性支持，也是对于虚拟现实、增强现实、互动影视等新兴数字技术发展以及创意设计日益成为产业核心价值的积极呼应。

其实，从更为现实的动力来看，传统的内容消费快速地向数字创意消费的升级转型是日益显著的市场趋势。在 20 世纪 90 年代，全球实体唱片音乐产业严重衰颓，数字音乐及其消费模式对于传统音乐产业产生了本质性的冲击，直到以苹果数字音乐商店为代表的数字音乐盈利模式逐步稳定成熟，音乐产业不仅开始复苏，也逐渐显现更具包容宽度和价值深度的大数字音乐融合经济前景。互联网视频内容业态的兴起很快对电视业形成破坏性冲击，视频消费者几何级累积，而电视开机率严重下滑。以 5000 万受众规模作为一个标尺，不同媒介实现这一数量所经历的时间，广播用了 38 年，电视用了 13 年，而互联网仅仅用了 5 年。以网上租赁影碟起家的 Netflix 到现今全球订阅用户接近 1 亿，市值达 600 亿美元。在过去 5 年中，Netflix 的壮大直接或间接地造成了北美传统电视网络流失了 670 万用户，电视观看时间下降了 3%。[①]

　　数字创意产业作为战略性新兴产业在中国作为供给侧结构性改革的重要措施被提出来，根本的动力是中国的互联网用户及其数字内容消费在需求侧的爆炸式突起形成对传统文化传媒产业的剧烈挤压以及对数字创意供给升级的倒逼。中国互联网络信息中心（CNNIC）的第 39 次《中国互联网络发展状况统计报告》显示，到 2016 年 12 月，中国互联网用户规模达到 7.31 亿，过去一年新增网民 4299 万人；互联网普及率为 53.2%，较 2015 年底提升 2.9 个百分点（见图 1-6）。预计 2017 年我国网民规模将达 7.72 亿，互联网普及率将达 55.9%。移动端网络用户是发展主力，截至 2016 年 12 月底，手机网民达到 6.95 亿，网民占比从 2015 年的 90.1% 进一步跃升至 95.1%。[②]

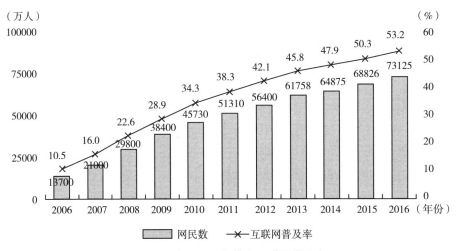

图 1-6　中国网民规模和互联网普及率

资料来源：CNNIC 中国互联网络发展状况统计调查，2016 年 12 月。

　　基于互联网的数字内容消费日益活跃，数字内容版权付费收益模式逐渐成熟。根据第 39 次《中国互联网络发展状况统计报告》，网络新闻、网络视频、

---

①　《Netflix 预言电视将消亡 近 3 万频道何去何从》，2017 年 4 月 7 日，http：//tech. sina. com. cn/zl/post/detail/i/2017-04-07/pid_8510421. htm。

②　第 39 次《中国互联网络发展状况统计报告》，中国互联网络信息中心，http：//www. cnn-ic. net. cn/hlwfzyj/。

网络音乐、网络游戏、网络文学等典型数字内容行业的单行业用户规模都达到3亿以上，网民使用率都在45%以上，而且2016年较此前一年都有大幅度的增长（见表1-3）。新兴的互联网直播，如游戏直播、体育直播、演唱会直播等，用户规模在2016年实现爆发式增长，12月底的用户规模达到3.44亿，比6月净增长1932万。

表1-3　2015~2016年中国互联网用户的使用率比较

应用	2015 年		2016 年		全年增长率
	用户规模（万）	网民使用率（%）	用户规模（万）	网民使用率（%）	（%）
即时通信	62408	90.7	66628	91.1	6.8
搜索引擎	56623	82.3	60238	82.4	6.4
网络新闻	56440	82.0	62390	84.0	8.8
网络视频	50391	73.2	54455	74.5	8.1
网络音乐	50137	72.8	50313	68.8	0.4
网上支付	41618	60.5	47450	64.9	14.0
网络购物	41325	60.0	46670	63.8	12.9
网络游戏	39148	56.9	41704	57.0	6.5
网上银行	33639	48.9	36552	50.0	8.7
网络文学	29674	43.1	33319	45.6	12.3
旅游预订	25955	37.7	29922	40.9	15.3
电子邮件	25847	37.6	24815	33.9	-4.0
论坛/BBS	11901	17.3	12079	16.5	1.5
互联网理财	9026	13.1	9890	13.5	9.6
网上炒股或炒基金	5892	8.6	6276	8.6	6.5
微博	23045	33.5	27143	37.1	17.8
地图查询	37997	55.2	46166	63.1	21.5
网上订外卖	11356	16.5	20856	28.5	83.0
在线教育	11014	16.0	13764	18.8	25.0
互联网医疗	15211	22.1	19476	26.6	28.0
互联网政务	—	—	23897	32.7	—

　　另据蓝莲花研究机构发布的关于数字内容付费的研究报告显示，随着移动支付的普及、用户付费意识的觉醒以及企业和内容创作者制作出越来越精美的数字内容，用户对数字内容的付费意愿和实际付费行为正在快速增长。从用户付费类型来看，用户付费内容日趋多元化，游戏、直播、视频、阅读均为用户付费较大的内容，其中直播、视频、音乐这类视频化和娱乐性的内容增速最令人瞩目。2016 年预估用户数字内容付费规模将达 2123 亿元，同比增长 28%。其中游戏是第一大用户付费内容，但非游戏付费规模正在高速增长，达到 515 亿元，同比增长 66%，占比提升至 24%，预计 2018 年这个比例将上升至 31%（见图 1-7）。①中国音乐版权付费环境一直饱受诟病，但在最近实现了显著好转（见图 1-8），按照《2016 中国音乐产业发展报告》，在 2015 年中国音乐著作权协会的版权许可收益达到 1.7 亿元人民币，同比增长 24%，创历史新高。②

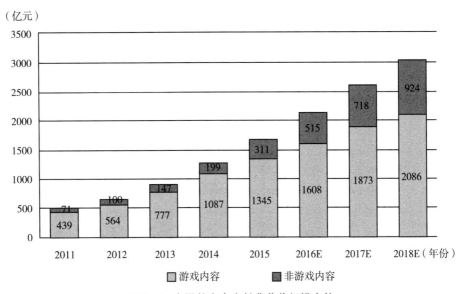

图 1-7　中国数字内容付费营收规模走势

　　面向以创新为内涵的发展新方位，中国文化产业在 2016 年经历着深度结

---

① 《2016 年数字内容付费规模或达 2123 亿元》，中国经济网，2016-10-14。
② 中国音乐财经网，http：//www.chinambn.com/show-3949.html。

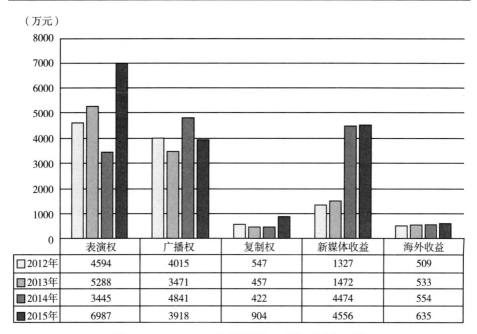

（万元）	表演权	广播权	复制权	新媒体收益	海外收益
□2012年	4594	4015	547	1327	509
■2013年	5288	3471	457	1472	533
■2014年	3445	4841	422	4474	554
■2015年	6987	3918	904	4556	635

图 1-8　2012~2015 年音乐版权各项权利收入对比

构性调整，带动文化消费实现结构性释放。国家统计局的相关数据表明，2015年我国国民生产总值 68.56 亿元人民币，人均 GDP 为 50116.67 元人民币，折合约为 7258.87 美元。我国的文化娱乐消费占比很低，但近些年增长明显。2013 年居民文化娱乐消费占比只有 4.4%，2014 年为 4.6%，2015 年达到 4.8%（见表 1-4）。中国文化消费潜力巨大，文化产业在供给侧的结构性调整正在成为最有力的市场红利，数字创意产业作为战略性新兴产业纳入国家发展战略版图，与正蓄势待发的文化消费市场形成供给与需求的良性呼应。

表 1-4　居民人均可支配收入与文化娱乐消费支出

指　　标	2013 年	2014 年	2015 年
全国居民			
人均可支配收入（元）	18310.8	20167.1	21966.2
人均消费支出（元）	13220.4	14491.4	15712.4
#文化娱乐（元）	576.7	671.5	760.1
文化娱乐占消费支出比重（%）	4.4	4.6	4.8

指　　标	2013 年	2014 年	2015 年
城镇居民			
人均可支配收入（元）	26467.0	28843.9	31194.8
人均消费支出（元）	18487.5	19968.1	21392.4
#文化娱乐（元）	945.7	1087.9	1216.0
文化娱乐占消费支出比重（%）	5.1	5.4	5.7
农村居民			
人均可支配收入（元）	9429.6	10488.9	11421.7
人均消费支出（元）	7485.2	8382.6	9222.6
#文化娱乐（元）	174.8	207.0	239.0
文化娱乐占消费支出比重（%）	2.3	2.5	2.6

（三）文化金融合作日益深化，协同文化与资本的双重利益成为瓶颈

文化领域与金融领域的融合是中国文化体制改革深化的重要标志。可经营性文化领域的市场化和资本化在中国几乎是同步发展的。市场化即意味着从政府出资供养到吸纳社会资本自负盈亏。在现代市场经济条件下，金融资本是一种高效的资源配置机制，文化产业的成长与竞争力的提升，与金融资本的融合成为必要条件。国有文化企业的市场化发展壮大需要在规则允许的范围内引入社会资本，非公文化产业与社会资本的对接相对更自由也更迫切。文化产业领域的银行信贷、债券市场、股权市场乃至互联网金融等在国内都有了跨越式的发展。需要注意的是，当前文化金融的融合，不仅活跃在文化产业领域，在具有一定市场失灵性质的非市场化文化领域，文化金融也得以快速发展，比如公共文化设施的政府与社会合作投资，比如博物馆等文化事业单位以资源作为股权与社会资本合作开发运营文化创意产品。

文化产业与公共文化的发展需要金融资本的支持，金融业与资本市场在新时期也把文化领域作为重要的战略性增长点来拓展。随着中国金融业在国际化开放以及市场化竞争的体制机制改革日益深入，加上互联网金融来势汹汹的逼迫，银行的垄断优势日渐被侵蚀，生存与竞争的压力推动传统金融业开始关注并探索新兴的文化金融。虽然对于这个行业的特殊性尚未完全理解，这个行业的风险也还有待专业化的管理，但文化领域的战略价值和成长潜力也还是引起

了保守的间接金融代表银行业、保险业的高度关注与热情。具有较大风险承受力甚或风险偏好的直接金融与文化领域的融合度就更深入、更广泛了，文化类的股权市场、债券市场、互联网金融等都在这些年有着狂飙突进式的发展。2014年文化部、中国人民银行和财政部联合下发了《深入推进文化金融合作的意见》，体现了文化与金融领域政府主管部门的战略性共识，也适应了文化金融繁荣的现实诉求。该意见进一步激励了文化与金融融合发展的热情，文件中提出的关于开展文化金融合作示范区的意见得到地方政府的积极响应，这也成为2016年文化金融合作的重要热点。

目前国内还没有关于文化金融的官方的统计体系，从多个渠道获取的数据综合分析来看，最近几年文化金融的总体规模增长至少超过20%，多元多层次的综合投融资体系正在形成。根据新元智库·中国文化产业投融资数据平台的综合报告《文化产业吸纳资金量迅猛增长，文化产业创富效应凸显》，2016年进入中国文化产业领域的资金规模呈爆发式增长，达到其有记录的历史最高点——3951.08亿元，比2015年规模增长了690.93亿元，增幅高达21.19%。而此前的2015年（3260.15亿元）比2014年同期增加7亿元左右，增长率只有0.21%。文化产业投融资最为活跃的十大行业分别为：互联网信息服务、旅游业、影视制作发行、软件业、文体娱乐器材制造、网络游戏、出版与发行、体育产业、广告创意与代理、互联网内容制作。债权、股权等直接投融资渠道流入文化产业的资金规模显著，总体上看股权模式是主流，在规模和增速上都更为显著。①

从趋势上来看，相比间接金融，直接金融会成为文化产业投融资更有生机的增长方式。中国的直接融资基础相对比较薄弱，制度规范也不够成熟，但创新发展空间巨大。股权投融资的模式一直是主流热点，多年来在资本市场的创

---

① 据新元智库·中国文化产业投融资数据平台显示，2016年我国文化产业通过债券、信托、IPO、上市后、创投、PE、新三板、股权众筹、奖励众筹融资渠道流入的资金分别为892.6亿元（22.59%）、39.92亿元（1.01%）、250.57亿元（6.34%）、1432.99亿元（36.27%）、238.66亿元（6.04%）、877.12亿元（22.20%）、204.84亿元（5.18%）、3.82亿元（0.10%）、10.54亿元（0.27%）。其中，奖励众筹、信托、IPO、上市后、新三板、创投、PE融资渠道资金流入量对比2015年同期均出现了上涨，且目前四者的增长率均保持在60%以上，分别为277.14%、91.00%、88.64%、64.38%，后三个渠道的资金流入规模增长速度相对较低，分别为32.27%、23.30%、0.06%。仅有股权众筹、债券融资渠道的资金流入量相比2015年出现下滑，分别下滑56.83%和10.56%。参见新元智库、段卓衫：《文化产业吸纳资金量迅猛增长，文化产业创富效应凸显》，2017-03-31，http://www.cciresearch.cn/detail.html? id=29656。

新发展很快，甚至出现了过度发展的问题，而债权投融资市场的发展相对比较滞后，文化金融在这个方面的增长还有很大的潜力，比如基于文化类无形资产或收益权的资产债券、融资租赁等方兴未艾。

间接金融是我国的主体，在国家政策的推动下，近些年文化领域的信贷规模增速很快，但从最新的数据分析，文化信贷的增速放缓甚至收缩会成为趋势。银行体系占有的存量资本规模最大，也拥有最为充分的信息优势，从2010年中宣部、中国人民银行、财政部、文化部、广电总局等9个部门发出《金融支持文化产业振兴和发展繁荣的指导意见》到2014年文化部三部委的《深入推进文化金融合作的意见》，文化金融政策的着力点都指向银行信贷，作为国有经济重要组成部分的银行业也积极响应，文化领域信贷规模从2010年的700多亿元快速增长到2015年的2500亿元左右的规模，年均增幅高达30%左右（见图1-9）。但毕竟银行信贷属于风险厌恶型的资金，文化产业具有典型的轻资产收益不确定特质，加之"新常态"下文化产业总体呈现增长缓滞的现象，2016年文化领域的信贷增长出现下滑迹象。根据中国人民银行公

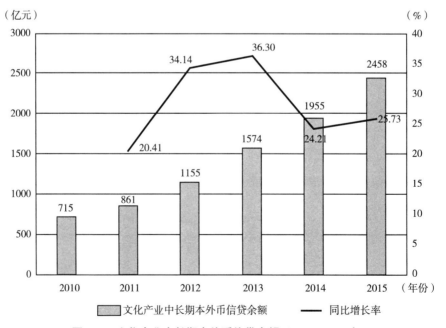

图1-9 文化产业中长期本外币信贷余额（2010~2015年）

资料来源：根据文化部、中国人民银行公布的公开数据整理。

布的数据，2016 年 6 月末，整体服务业的本外币中长期贷款余额 25 万亿元人民币，同比增长 11.1%，增速比上季末低 1.8 个百分点。其中，文化、体育和娱乐业中长期贷款同比增长 18.9%，增速比上季末低 3.4 个百分点①；2016 年 12 月末，文化、体育和娱乐业中长期贷款余额同比增长 8.3%，增速比上月末低 0.6 个百分点②。

随着文化金融合作的不断深化，从健康发展的立场出发，中国文化金融领域出现的一些新情况、新问题需要密切关注与研判。这里重点分析研判两类典型文化金融现象——文化类产权交易与国际文化投资。

作为中国文化金融迅猛发展的独特表征，文化类产权交易在最近四五年如雨后春笋般狂野生长，勇于创新但也出现过度金融化的问题。文化产权交易指法人、具有民事行为能力的自然人和其他经济组织等文化产权主体对其拥有的文化产权在不同地区、部门、所有制之间实行有偿转让的行为。中国设立文化产权交易平台的动力来自文化体制改革和文化产业的大发展大繁荣，其初衷是推动并活跃文化行业系统的产权交易及文化类企业的股权交易，为文化产业投资、咨询、并购重组等提供服务，或开展国家有关部门和市政府授权或委托的其他有关产权交易。③ 但在实际发展过程中，上述四类交易的开展并不如意。国内最早成立的文化类产权交易平台之一——深圳文化产权交易所，自其 2009 年 11 月开业到 2011 年年中，合同交易额不到 60 亿元人民币。在主体业务惨淡的情况下，艺术品资产包交易异军突起。2010 年 7 月，号称中国首个基于"权益拆分"模式的资产包"深圳文化产权交易所 1 号艺术品资产包——杨培江美术作品"发售。紧接着 12 月上海文化产权交易所和上海版权交易中心联合推出"艺术品产权组合 1 号黄钢艺术品"。2011 年 1 月，天津文化艺术品交易所将天津山水画家白庚延的两幅作品《黄河咆哮》和《燕塞秋》分别拆分为每份 1 元的价格挂牌交易。这种激进的份额化交易模式迅速催生了巨大泡沫，不得不紧急刹车。2011 年 11 月 11 日，国务院发布《关于清理整顿各类交易场所切实防范金融风险的决定》，12 月 30 日，由中宣部等五部门再次联手出台《关于贯彻

---

① 《2016 年上半年金融机构贷款投向统计报告》，中商情报网，2016-07-21，http：//www. ask-ci. com/news/finance/20160721/16190844749. shtml。

② 《央行发 2016 年四季度金融机构贷款投向统计报告》，中国经济网，2017-01-20，http：//finance. ce. cn/rolling/201701/20/t20170120_19767338. shtml。

③ 魏鹏举：《中国文化产业投融资体系研究》，云南人民出版社 2014 年版。

落实国务院决定加强文化产权交易和艺术品交易管理的意见》，监管发力艺术品份额化模式草草收场，文化类产权交易一度也因此陷入集体困顿。

作为艺术资产份额化交易的"合法"替代品，邮币卡、茶酒等收藏类资产由于具有天然物理标准份额，迅速蹿火，再次带动中国文交所的大繁荣，成为当前支撑几乎所有文化类产权交易平台生存的爆款。2013年南京文交所率先开展邮币卡线上交易，盛况空前，单日交易额就能突破10多亿元人民币。据其公开数字，南京文交所邮币卡交易中心2013年成交额为5.5亿元，2014年实现百倍增长达到550亿元，而2015年达到了匪夷所思的7830亿元。在这种新兴交易产品的刺激下，2016年全国文交所暴增，具备电子盘交易功能的文交平台达到120多家，较2015年（63家）翻了一倍。根据《2016中国邮币卡电子盘行业年度报告》，整个邮币卡交易行业，全年成交额3.99万亿元，已实现线上交易文交所达112家，藏品总量达4474个。[1]2016年2月中国证监会打击非法证券期货活动局（清理整顿各类交易场所办公室）（以下简称"清整联办"）在《"公平在身边"投资者保护系列丛书——打非清整问答》中公开指出："一些文化类交易场所开展邮币卡交易，采取连续竞价等集中交易方式，是违反国发［2011］38号和国办发［2012］37号文件规定的。这些交易所吸引大量自然人投资者参与，甚至通过恶意炒作、操纵市场等违规行为获取不正当利益，严重损害投资者的合法权益。"2016年12月末，清整联办再次发出风险警示函件，提示一些地方交易场所通过验收后违规行为"死灰复燃"，并点明部分以白银、原油等大宗商品为交易标的的交易场所涉嫌组织开展非法期货活动；部分以邮资票品、钱币、磁卡为交易标的，或以珠宝玉石、茶叶、老酒等实物商品为交易对象的交易场所涉嫌违规组织"类证券"交易活动。邮币卡业务在这样的灰色区域顽强生长，依然不断有新的交易平台加入，如何进一步完善监管，防范过度金融化的虚拟泡沫出现，这应是中国文化金融发展的当务之急。深圳文化产权交易所着力探索"文化四板"的发展模式可以说是回归文交所的初衷，但其能否在各类股权资本市场中提升吸引力、竞争力进而实现可持续发展，这还有待时日考验。[2]

---

① 《2016中国邮币卡电子盘行业年度报告》，和讯名家，2017-01-12，http://ybk.hexun.com/2017-01-12/187714694.html。
② 周正兵：《我国文化产权交易所发展状况、问题与趋势》，《深圳大学学报》（人文社会科学版），2017年第1期，第75-80页。

中国特色的文化类产权交易暗流涌动蔚为壮观，中国文化资本的国际化投资同样水涨船高挺立潮头。根据《中国文化投资报告》的相关统计，2013~2014年，国内文化企业海外并购25起，涉及金额39亿美元。主要覆盖软件网络及计算机服务、游戏动漫、广播影视、新闻出版和教育培训等领域。[①] 2015年，有研究认为，我国对外直接投资中文化、体育和娱乐业的增长最快，同比增幅236.6%，涉及金额32.3亿美元。[②] 在中国的对外文化投资大潮中，最为令人瞩目的代表是王健林领导下的万达集团。2012年万达集团成立万达文化产业集团，花费31亿美元完成对全球第二大影院公司美国AMC娱乐的并购。2013年，重组的美国AMC娱乐在纽交所成功上市。2015年，万达先后并购了西班牙马德里竞技俱乐部、瑞士盈方体育传媒集团、世界铁人公司、澳大利亚电影院线运营商Hoyts集团等。截至2015年底，万达海外投资总额已超过150亿美元，其中在美国就投资100亿美元。2016年万达集团的文化产业海外资本扩张越发高歌猛进，1月以35亿美元全资收购美国电影制作公司传奇影业；3月，万达旗下AMC娱乐以11亿美元收购美国连锁影院卡麦克影业，成为全球最大连锁电影院；7月12日晚路透社称，AMC娱乐宣布，将以9.21亿英镑（约合80.1亿元人民币）从私募股权公司Terra Firma手中收购总部位于伦敦的欧洲最大院线Odeon & UCI Cinemas Group；11月4日，万达集团宣布以约10亿美元收购美国迪克·克拉克集团100%股权；2017年1月，AMC娱乐宣布收购北欧最大院线Nordic院线集团，收购价高达9.29亿美元。

文化产业的国际化投资具有文化与资本的双重价值，在中国的特殊性文化语境和资本环境下，当前高潮迭起的对外文化投资引发起广泛而复杂的争议也就不奇怪了。据媒体报道，在宣布并购迪克·克拉克集团不到四个月的时间里，10亿美元的收购协议最快可能于2017年3月10日废止。能猜测到的原因有两个方面：一方面，中国政府大力限制资本外流；另一方面，美国立法者也对中国在好莱坞越来越强大的影响力颇有微词。[③] 万达这个具体案例中所涉及的文化与资本问题正是中国文化金融发展的两个关键点，也是中国文化"走出去"进程中颇为矛盾的现实悖论。

---

① 刘德良：《中国文化投资报告》，社会科学文献出版社2016年版。
② 刘宏：《中国对外直接投资现状、特征及存在问题》，《海外投资与出口信贷》，2017年第1期。
③ 《万达集团十亿收购DCP公司协议或将泡汤》，腾讯娱乐，2017-03-10，http://ent.qq.com/a/20170310/030905.htm。

最近几年中国对外文化投资提速固然与文化产业国际化发展的自身诉求有关，也或多或少与中国资本的外流动机有关。由于国内经济增速下行同时伴随的不确定发展因素日益复杂，加上人民币兑美元的贬值趋势明显，资本出于寻求更大的投资利益或保值需求也会考虑流出中国。根据国际金融协会（IIF）公布的数据显示（见图1-10），2016年中国资本流出创下7250亿美元的历史新高，估计2016年资本净流出比上年增加500亿美元。而这一年人民币兑美元的贬值幅度创历年最高纪录，达到6.5%。[1] 对外文化投资总体符合中国的文化战略利益和文化产业发展利益，但由于资本外流速度过快过猛，2016年末的外汇储备相比2014年减少了1/4（见图1-11），策略性的控制确实必要，这就会殃及对外文化投资。如果外汇管理部门对于文化投资特别采用绿色通道放行，不仅会造成管理标准及尽职调查的困惑，也会让美方更有理由怀疑文化投资背后的意识形态动机。据美国《华尔街日报》2016年12月1日的报道，美国参议院民主党领袖舒默致信特朗普等人，要求进一步调查中国万达等企业

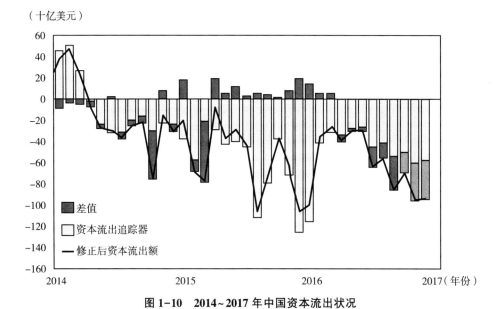

图1-10　2014~2017年中国资本流出状况

资料来源：IIF；adjustment factor accounting for the gap btw official figures and our estimates。

---

① 《2016年中国资本外流加剧，人民币贬幅创历史新高》，http://mt.sohu.com/20170204/n479872607.shtml。

收购美国公司一事背后是否牵扯中国政府利益。①

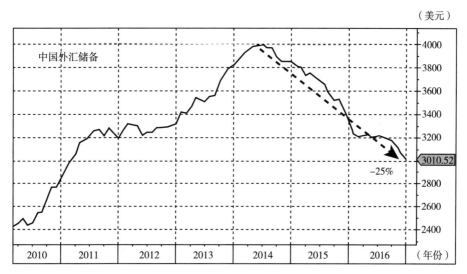

图 1-11　2010~2016 年中国外汇储备变化趋势

（四）打通事业与产业区隔的文化创新融合发展机制正在形成

文化是人类群体的总体性价值系统，文化创新是文化内部与外部充分交叉融合的综合工程。在普遍的文化事业体制时期，条块分割的文化管理机制严重束缚了文化生产力，导致文化产品与服务短缺，几乎没有文化创新活力。通过文化体制改革，部分经营性文化事业单位改制转企，在保障基本公共文化服务的情况下，国家大力扶持文化产业的发展，文化生产力得到极大的解放和发展，文化产品与服务的供给日益丰裕，但低水平同质化的问题显著，出现了有高原缺高峰的文化创新困境。在新时期，文化创新活力的释放需要进一步打破分类改革的平行模式，回归文化建设发展的本位，回归文化的包容与包容的文化。

打通文化事业与文化产业体制区隔的动力首先来自文化发展与管理的目标性需求。在我国，文化事业有广义和狭义之分，广义本身就包含文化产业部分，狭义是指与文化产业相对应的文化部门统称。在文化体制改革的语境中，

---

① 《美老牌参议员怀疑中国幕后操纵　要求更严格审查万达》，《环球时报》，2016-12-02，ht-tp：//www.rmzxb.com.cn/c/2016-12-02/1185531.shtml。

一般认为文化事业侧重社会效益，而文化产业偏向经济效益。然而，从最近的文化管理导向来看，文化事业与文化产业的这种约定俗成的区别有混合的趋势，即文化事业要有经营意识，而文化产业强调社会效益优先。2015年9月14日中共中央办公厅、国务院办公厅印发了《关于推动国有文化企业把社会效益放在首位、实现社会效益和经济效益相统一的指导意见》，提出文化企业必须始终坚持把社会效益放在首位、实现社会效益和经济效益相统一，强调国有文化企业要在推动两个效益相统一中走在前列。文化产业的这种事业化要求导向在2016年得到各级政府与各类文化管理部门的积极贯彻。文化事业与文化产业的统一也体现在总体的文化市场监管方面，文化事业部门产出的文化产品或服务与文化产业领域供给的产品服务在市场领域都是文化消费对象，要求监管的尺度和力度都是一样的。随着互联网文化产业的迅猛发展，原有的条块体系文化管理机制显得越来越不适应，出现了所谓监管尺度的"不公平论"，比如认为网络文化内容比传统事业性质媒体内容"尺度"更大、更能吸引消费者，因此传统媒体的受众大量流失、经济效益大幅下滑也是由于这种监管的不公平导致的。为了适应"文化体制改革向纵深拓展，文化开放水平不断提高，各类文化市场主体迅速发展，新型文化业态大量涌现"的新形势，2016年4月中共中央办公厅、国务院办公厅发布了《关于进一步深化文化市场综合执法改革的意见》，文件明确了综合执法适用范围、加强综合执法队伍建设、健全综合执法制度机制、推进综合执法信息化建设、完善文化市场信用体系、建立健全综合执法运行机制六大重点任务。

公共文化建设与市场机制的融合在2016年实现多维度的突破。从文化经济的范畴来看，文化事业与文化产业是互生互补的有机共同体，文化事业是文化产业发展的基础，文化产业是文化事业发展的引擎。诚如人民网的中国共产党新闻网上关于"文化事业"的词条所说："在市场经济条件下，文化事业和文化产业是社会主义文化建设的两翼。文化产业水平反映着文化事业的发展程度，没有高度发达的文化事业为基础，没有原创性的文化成果和大量的知识产权，文化产业就没有发展的基础；而没有发达的文化产业，文化事业也就缺乏发展的动力和资金。"[1] 2016年5月16日，国务院办公厅日前转发文化部、国家发展改革委、财政部、国家文物局等部门《关于推动文化文物单位文化创

---

① 人民网，http://cpc.people.com.cn/GB/134999/135000/8104988.html。

意产品开发的若干意见》对推动博物馆、美术馆、图书馆等文化文物单位文化创意产品开发工作作出部署，明确鼓励具备条件的文化文物单位采取合作、授权、独立开发等方式开展文化创意产品开发。文化文物单位进行创意产品开发是国际上的通行做法，是在保护的前提下充分实现公共文化资源社会与市场价值的有益机制，是实现公共文化机构可持续运营的长效机制。与公共文化部门开展合理的市场化创意开发有异曲同工的重要措施是文化领域政府部门与企业合作的投资模式（Public Private Partnership，PPP）也在 2016 年有了实质性的推进。2015 年 5 月，国务院办公厅转发了财政部、发展改革委、人民银行《关于在公共服务领域推广政府与社会资本合作模式的指导意见》，文化领域首次被纳入其中。2016 年 6 月，财政部联合文化部等 20 部委印发了《关于组织开展第三批政府和社会资本合作示范项目申报筛选工作的通知》。文化部门首次作为工作的推动部门，出现在国家 PPP 战略实施的文件中。2016 年 6 月 27 日，为推动文化领域积极申报 PPP 示范项目，文化部办公厅发布了《关于做好第三批政府与社会资本合作示范项目申报筛选工作的补充通知》（以下简称《补充通知》），提出投资规模 3 亿元以下的项目奖励 300 万元，3 亿元（含 3 亿元）至 10 亿元的项目奖励 500 万元，10 亿元以上（含 10 亿元）的项目奖励 800 万元。"显而易见，PPP 模式可以直接缓解当下的文化产业融资难题。对于具有公益性质和经营性质的文化公共设施，资本市场已成为文化企业的重要融资渠道。"① 文化领域的 PPP 模式是当前中国文化改革发展的重要创新机制，有机融合政府与市场的力量，在文化基础设施建设方面可以发挥极为重要的支持作用，对于公共文化资源的合理保护与长效开发也可大有作为。2017 年 3 月 15 日，由中文在线与中央财经大学文化经济研究院联合发起的国内首个专注文化 PPP 领域的研究机构"中央财经大学文化 PPP 研究中心"正式成立，这标志着中国的文化经济融合创新发展模式进入学术提升阶段。全国 PPP 综合信息平台发布 PPP 项目数量分布和投资分布分别如图 1-12 和图 1-13 所示。

文化创新的融合带动效应在特色小镇建设的新浪潮中得到广泛共识和全面实践。2016 年，文化产业创新附加值及其辐射带动区域社会经济发展的意义被充分重视。文化创新赋值区域经济增长，文化经济的融合发展模式逐步成为

① 鲁元珍：《PPP 模式为文化产业带来什么》，《光明日报》，2016 年 8 月 25 日。

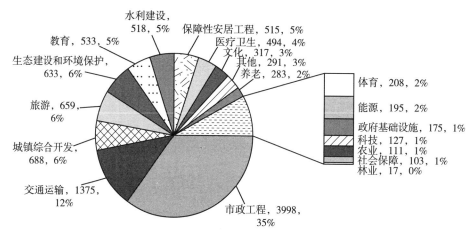

图 1-12 全国 PPP 综合信息平台发布 PPP 项目数量分布

（截至 2016 年 12 月 31 日）（单位：项）

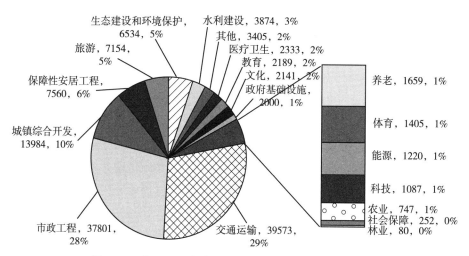

图 1-13 全国 PPP 综合信息平台发布 PPP 项目投资分布

（截至 2016 年 12 月 31 日）（单位：亿元）

区域转型升级的重要抓手。"文化+"战略不断凸显，通过延伸文化产业链条，推动文化与经济、文化产业与相关产业渗透融合，促进文化创意和设计服务与制造业、特色农业、旅游业、体育产业等相关产业融合发展。发展特色文化产业被纳入绝大多数地区发展规划，同时，特色文化也成为区域发展关键支撑点。比如 2016 年的另一个焦点——特色城镇的建设就是明证。通过研究发现，特色文化旅游成为引领特色小镇发展的核心引擎。在首次入选的 127 个小镇中，有 100 个特色小镇开发与文旅产业有关，占到特色小镇的 78.74%。尤其是中西部地区特色小镇，基本上都与文旅产业开发有关。

文化创新的融合协作保障机制在 2016 年随着财政部文化司的设立而正式开启。2016 年 11 月，"中央文化企业国有资产管理办公室"与财政部教科文司的"文化处"进行职能合并，成立了财政部文化司。财政部表示，财政部专门设立文化司，综合统筹文化行政、文化事业、文化产业相关的财政服务职能，集中行使宣传、文化、体育、旅游等相关部门的预算和相关财政资金、资产管理工作。中国文化领域的管理长期存在政出多门、条块分割的问题，尤其是随着文化经济的融合发展以及互联网等新兴技术在文化领域的广泛应用，现有的政府管理体制的不适应问题越来越突出，这在很大程度上对推动文化大发展大繁荣战略的实现形成了制约。财政部文化司的设立让人不免憧憬中国的文化"大部制"早日实现。

第二篇
文化供给与创新

第一章　创新文化要素供给
推动产业创新发展
化解文化产业发展的中国式悖论

何群[1]　孔少华[2]

（1. 中央财经大学文化与传媒学院副院长，教授；
2. 中央财经大学文化与传媒学院讲师）

一、引言

根据钱纳里的理论，当人均 GDP 达到 3000 美元时，居民文化消费支出应该占到总支出比重的 23%[1]。国家统计局的相关数据表明，2015 年我国国民生产总值 68.56 亿元人民币[2]，人均 GDP 为 50116.67 元人民币[3]，折合约为 7258.87 美元[4]，而 2015 年文化消费支出仅占支出总比重的 10%左右，并且近年来一直徘徊在 10%左右，数据见表 2-1。尽管人均 GDP 的不断增长带来消费需求的不断升级，人们对高端消费品，对文化精神消费的需求不断加大，但是有效供给不足使得文化消费缺口巨大。供给不足与产能过剩并存，人均 GDP 的增长未能带来文化消费的大幅度提升，成为中国文化产业发展的悖论。

---

① 陈思维：《文化消费：扩大内需的重要突破点》，《中国发展观察》，2009 年第 5 期。
② 根据国家统计局季度数据计算，http://data.stats.gov.cn/easyquery.htm?cn=B01。
③ 按照《中国统计年鉴 2015》提供的 2014 年末人口计算。
④ 1 美元=6.9042 元人民币，2016 年 12 月 10 日。

表2-1　文化消费支出与居民总支出的关系（2013~2016年）

指标	2016年1~3季度	2015年	2014年	2013年
居民人均消费支出（元）	24911.6	38620.5	35564.6	32324.2
居民人均教育文化娱乐消费支出（元）	2564.2	3949.8	3603.9	3298.6
教育文化娱乐消费支出占比（%）	10.29	10.23	10.13	10.20

资料来源：根据国家统计局数据库数据整理所得。

消除现有的悖论现象，以文化消费大幅提升推动文化产业的进一步增长，成为当前文化产业领域的重要发展方向，而解决这个悖论，就需要从供给侧入手，通过文化产业各要素的投入优化，实现文化产业的供给结构优化。习近平同志指出："供给侧结构性改革……既着眼当前又立足长远。要从生产端入手，重点是促进产能过剩有效化解，促进产业优化重组，降低企业成本，发展战略性新兴产业和现代服务业，增加公共产品和服务供给，提高供给结构对需求变化的适应性和灵活性。"[1] 新的认识使得"我国的经济发展正从关注投资、消费和出口'三驾马车'带来的短期经济增长，转向更加关注技术进步、创新等那些可以为经济发展带来长期繁荣的要素"[2]。对于文化产业来说，尽管大量的基础建设、大量的资本投资可以带来产业的增长，但是未来的产业发展则需要将推动创新、创意作为首要的发展目标，从关注粗放的投资方式，转向更加关注"人才（Talent）、技术（Technology）和包容度（Tolerance）"[3]。本文将以国家统计局及相关业务管理部门提供的数据，从财政、固定资产投资、专利、人才等维度分析各投入要素对文化产业发展的贡献情况，分析各个要素的重要性和发展趋势为文化产业的发展提供决策依据。

---

　　① 习近平：《在省部级主要领导干部学习贯彻十八届五中全会精神专题研讨班的开班仪式上的讲话》，《上海证券报》，2016年1月19日。
　　② 魏鹏举、孔少华：《内生增长视野下的文化产业创新发展思路分析》，《同济大学学报》（社会科学版），2016年第3期，第27-34页。
　　③ Florida R. *The Rise of the Creative Class—Revisited：Revised and Expanded*，Basic books，2014.

二、财政投入效果与财政投入创新

随着文化产业逐渐成为当前国际竞争的焦点，各国正加大对文化产业的财政投入，财政投入带来文化产业的快速发展，但是文化财政投入需要考虑投入产出绩效，需要考虑规模效率和技术效率，现阶段需要对文化财政投入与文化产业发展的关系进行定量分析，在定量分析的基础上判断财政投入是规模效益递减还是规模效益递增，从而判断未来文化财政投入的创新机制。

（一）基础数据与指标分析

本研究以国家统计局数据库为基础，并收集整理历年来文化产业增加值的相关数据。在指标选取上，投入变量是"国家财政文化体育与传媒支出"，产出变量包括文化产业增加值总量、人均文化产业增加值、人均文化产业增加值占比。指标数据如表2-2所示。

表 2-2　财政投入与文化产业增加值（2007~2014 年）

指标	国家文化体育与传媒支出（亿元）	中央文化体育与传媒支出（亿元）	地方文化体育与传媒支出（亿元）	文化增加值（亿元）	人均文化增加值（元）	人均文化增加值占比（%）
2014 年	2691.48	223.00	2468.48	23940	1759.36	3.74
2013 年	2544.39	204.45	2339.94	21351	1560.95	3.63
2012 年	2268.35	193.56	2074.79	18071	1334.60	3.48
2011 年	1893.36	188.72	1704.64	13479	1000.41	2.85
2010 年	1542.70	150.13	1392.57	7630	574.54	2.43
2009 年	1393.07	154.75	1238.32	6455	488.54	2.43
2008 年	1095.74	140.61	955.13	5123	389.74	2.37
2007 年	898.64	127.21	771.43	4253	325.26	2.30

（二）模型选择与参数估计

1. 财政支出与文化产业增加值

为了分析财政支出与文化产业发展的关系，本研究将进行回归分析，模型的选择将根据拟合度 R^2 分析进行，分析结果如表2-3所示。

表2-3　模型总计及参数评估

方程式	模型摘要					参数评估	
	R^2	F	df1	df2	显著性	常数	b1
线性	0.972	207.646	1	6	0.000	−8054.064	11.498
对数	0.908	59.063	1	6	0.000	−125364.626	18574.890
增长模型	0.986	414.058	1	6	0.000	7.442	0.001
指数模型	0.986	414.058	1	6	0.000	1706.419	0.001
Logistic分配	0.986	414.058	1	6	0.000	0.001	0.999

注：因变量为文化产业增加值；自变量为国家财政文化体育与传媒支出（亿元）。

根据 R^2 的计算结果，线性回归模型的拟合度为0.972，增长模型、指数模型的拟合度为0.986，各个模型的显著度均为0，具有较高的显著度，本文选择拟合度最高的模型进行分析，设财政支出与文化产业增加值的关系模型为：

$$Y = e^{kX+b}$$

（2.1）

式中，Y为文化产业的增加值，属于因变量；X为文化体育与传媒的财政支出，属于自变量；k、b为参数，利用SPSS分析软件计算参数，并进行系数检验。结果如表2-4所示。

表2-4　系数

	非标准化系数		标准化系数	T	显著性
	B	标准误差	Beta		
国家财政文化体育与传媒支出（亿元）	0.001	0.000	0.993	20.348	0.000
（常数）	1706.419	160.243		10.649	0.000

注：因变量是ln（文化产业增加值）。

k=0.001，b=1706，则ln（Y）=0.001X+1706，Y与X的关系可见图2-1。由于二者是指数关系，所以随着Y的投入加大，X的增速变快，数据证明了目前我国文化产业处在快速增长时期，现阶段的财政投入可以为文化产业提质增效，现阶段文化产业财政的规模效益递增，所以当前财政投入不足是文化产业面临的问题之一。

文化产业增加值（亿元）

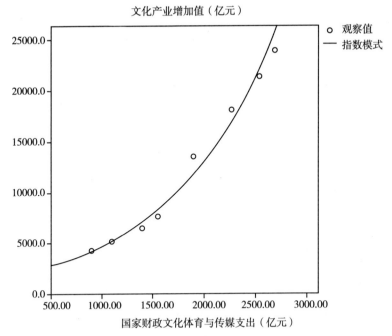

图 2-1 财政投入与文化产业增加值之间的关系散点分布图

2. 财政支出与人均文化产业增加值 GDP 占比

根据计算结果（见表 2-5）可知，指数模型、增长模型的拟合度较高，为 0.945，选择指数模型做进一步的分析（见表 2-6）。

表 2-5 模型总计及参数评估

方程式	模型摘要					参数评估	
	R^2	F	df1	df2	显著性	常数	b1
线性	0.936	87.953	1	6	0.000	1.303	0.001
对数	0.860	36.817	1	6	0.001	−7.728	1.432
增长模型	0.945	103.550	1	6	0.000	0.504	0.000
指数模型	0.945	103.550	1	6	0.000	1.655	0.000
Logistic 分配	0.945	103.550	1	6	0.000	0.604	1.000

注：因变量为人均文化产业增加值占比；自变量为国家财政文化体育与传媒支出（亿元）。

表 2-6　系数

	非标准化系数		标准化系数	T	显著性
	B	标准误差	Beta		
国家财政文化体育与传媒支出（亿元）	0.000	0.000	0.972	10.176	0.000
（常数）	1.655	0.094		17.696	0.000

注：因变量是 ln（人均文化产业增加值占比）。

由于非标准化系数较小，可以选择标准化系数，则文化传媒支出与增加值的关系为：ln（标准化文化产业增加值 GDP 占比）= 0.972 标准化财政支出，指数关系同样证明，随着财政投入的增加，文化产业增加值 GDP 占比也会快速增长。

三、创意人才作用与人才供给创新

不论是数据知识密集型产业还是创意密集型产业，人才的投入数量和质量对文化产业的增长都具有非常重要的作用，同时由于文化消费属于高层次精神消费，消费者的总体文化素质和审美水平对于文化产业的增长也具有非常重要的作用。总体来看，人才的总量和结构以及人才的受教育水平影响社会的总体文化资本，从而影响文化产业的发展，本部分将从人才供给的角度来分析人才与文化产业增长的关系。

（一）人口结构对文化产业的影响

首先分析人才供给结构，其数据来源于国家统计局人口抽样调查，如表 2-7 所示。

表 2-7　国家统计局人口抽样调查（2014 年）

单位：人

指标	2014 年	指标	2014 年
人口数（人口抽样调查）	1124402	15~19 岁人口数	64719
0~4 岁人口数	63990	20~24 岁人口数	90785
5~9 岁人口数	63132	25~29 岁人口数	98845
10~14 岁人口数	58287	30~34 岁人口数	82546

续表

指标	2014 年	指标	2014 年
35~39 岁人口数	81792	70~74 岁人口数	29133
40~44 岁人口数	101959	75~79 岁人口数	21330
45~49 岁人口数	99249	80~84 岁人口数	13289
50~54 岁人口数	77909	85~89 岁人口数	5604
55~59 岁人口数	66409	90~94 岁人口数	1757
60~64 岁人口数	61608	95 岁以上人口数	347
65~69 岁人口数	41709		

　　不同年龄段对文化产业增加值的影响不同，本文初步假设 14 岁（含）以下儿童和 65 岁（含）以上老人对文化产业增加值的影响不大，并计算 15~64 岁人口比例对文化产业增加值的影响，结果如图 2-2 所示。

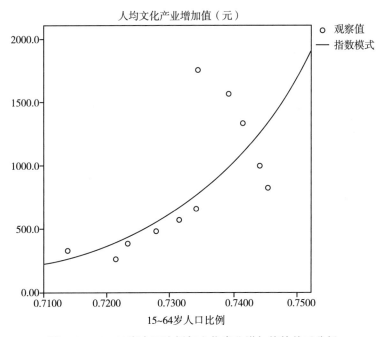

图 2-2　15~64 岁人口比例与文化产业增加值的关系分析

　　结果显示数据异常，则分组不合适，并分别计算 14 岁（含）以下人口与

65 岁（含）以上人口对文化产业增加值的影响。14 岁（含）以下人口占比与文化产业增加值呈现负指数关系，如表 2-8 所示。

表 2-8　系数

	非标准化系数		标准化系数	T	显著性
	B	标准误差	Beta		
0~14	−49.306	7.347	−0.913	−6.711	0.000
（常数）	3774276.388	4845180.396		0.779	0.456

注：因变量是 ln（人均文化产业增加值（元））。

为了进一步确定各个分组对文化产业的影响，我们继续分步改变群体的范围，如图 2-3 所示为 15~19 岁人口比例与文化产业增加值的关系。15~19 岁人口比例与文化产业增加值成反比关系，与 14 岁（含）以下人口相同，所以可以归为一组。

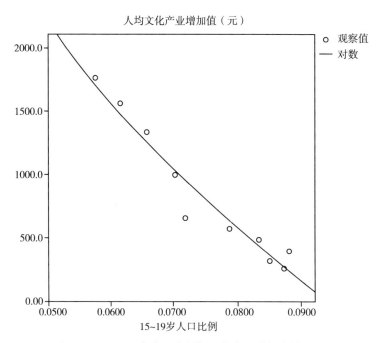

图 2-3　15~19 岁人口比例与文化产业增加值的关系

经过多轮分析，最终确定人口分组0～19岁为青少年组，20～64岁为中青年组，65岁（含）以上为老年组。青少年组的比例越高，文化产业增加值越低，从而证明青少年群体并不是文化产业生产和消费的主体，因为这个阶段的人群还处于受教育为主的时期。65岁（含）以上人口比例与文化产业的发展关系不明显，而20～64岁人口比例与文化产业呈现正相关关系（见图2-4）。

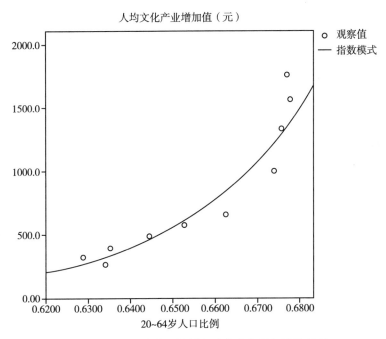

图2-4　20～64岁人口比例与文化产业增加值的关系

最终结果显示：

第一，19岁（含）以下青少年人口的比例与文化产业增加值的关系呈现负相关，19岁（含）以下青少年阶段的任务主要是学习，没有过多的业余时间。

第二，20～64岁的人群是文化产业增长的主要动力，总体来看，20～64岁人口比例与文化产业的人均增加值呈指数相关，直接影响着文化产业的提升。

第三，65～95岁人口比例与人均文化产业增加值关系不大。总体来说，65岁（含）以上老人在文化消费方面还有待提升。

（二）创意人才对文化产业的影响

创意人才的衡量维度有两个，一个是总量，另一个是质量，本研究选取创意人才在总人口中的比例作为人才总量的指标，而创意人才的受教育程度则是反映其质量的指标，指标和原始数据如表2-9所示。

表2-9　从业人口、受教育水平与人均文化产业增加值的关系

指标	文化、体育和娱乐业城镇单位就业人员比例（%）	高等人口教育率（%）	两者相乘乘以100	人均文化产业增加值（元）	人均文化产业增加值占比（%）
2014年	0.80	23.05	0.18	1759.36	3.74
2013年	0.81	22.64	0.18	1560.95	3.63
2012年	0.90	21.18	0.19	1334.60	3.48
2011年	0.94	20.12	0.19	1000.41	2.85
2009年	1.03	14.57	0.15	658.37	2.52
2008年	1.03	13.41	0.14	574.54	2.43
2007年	1.04	13.11	0.14	488.54	2.43
2006年	1.04	12.44	0.13	389.74	2.37
2005年	1.07	11.12	0.12	325.26	2.30
2004年	1.11	11.54	0.13	264.64	2.15

资料来源：国家统计局统计数据库，《中国统计年鉴》（2005~2015）。

首先分析文化产业人才比例与文化产业人均增加值的关系，分析结果显示，随着文化产业单位从业人员的比例减少，文化产业呈现上升趋势，也就是说尽管人才供给比例降低，但是人均文化产业增加值则有上升的趋势，文化人才能力的提升、文化产业效率的提升是文化产业增长的重要动力（见表2-9）。

假设"人才供给＝人才供给量×受教育水平"，我们进一步分析人才供给与文化产业人均增加值的关系（见表2-10和表2-11）。

表 2-10　模型总计及参数评估

方程式	模型摘要					参数评估	
	R^2	F	df1	df2	显著性	常数	b1
线性	0.978	350.423	1	8	0.000	5610.929	-488163.055
对数	0.976	319.775	1	8	0.000	-20370.432	-4576.961
增长模型	0.928	103.423	1	8	0.000	12.291	-589.017
指数模型	0.928	103.423	1	8	0.000	217774.417	-589.017
Logistic 分配	0.928	103.423	1	8	0.000	4.592E-6	6.412E+255

注：因变量为人均文化产业增加值；自变量为文化、体育和娱乐业城镇单位就业人员比例。

表 2-11　模型总计及参数评估

方程式	模型摘要					参数评估	
	R^2	F	df1	df2	显著性	常数	b1
线性	0.828	38.518	1	8	0.000	-1851.513	17337.336
对数	0.827	38.271	1	8	0.000	5905.651	2697.449
增长模型	0.888	63.164	1	8	0.000	3.084	22.228
指数模型	0.888	63.164	1	8	0.000	21.849	22.228
Logistic 分配	0.888	63.164	1	8	0.000	0.046	2.220E-10

注：因变量为人均文化产业增加值；自变量为两者相乘乘以 100。

结果显示，人才供给与文化产业人均增加值呈现指数关系，我们做进一步的分析（见表 2-12）。

表 2-12　系数

	非标准化系数		标准化系数	T	显著性
	B	标准误差	Beta		
两者相乘乘以 100	22.228	2.797	0.942	7.948	0.000
（常数）	21.849	9.615		2.272	0.053

注：因变量是 ln（人均文化产业增加值）。

根据分析结果可知 ln(人均文化产业增加值) = 22.2×人才供给+21.9，散点图如图 2-5 所示，人才供给与文化产业增加值呈现出人才供给越高，文化产业增加值越快的趋势，所以文化产业高端人才的培养，决定着文化产业的跳跃式发展。

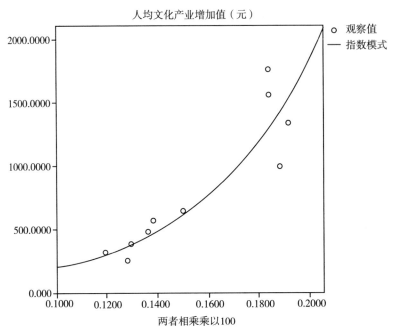

图2-5 高端人才供给与文化产业增加值的关系

四、固定资产投资与文化产业发展

固定资产投资是拉动产业发展的重要路径，近年来，随着文化产业的不断壮大，地方各级政府正加大对文化类固定资产投资的规模，2015年，全国文化产业固定资产投资28898亿元，比上年增长22.0%，增速比全社会固定资产投资（不含农户）高12个百分点；占全社会固定资产投资（不含农户）的比重为5.1%，比上年提高0.5个百分点。投资规模的持续扩大，强劲地推动了文化产业的快速发展。本部分将继续探讨固定资产与文化产业发展的关系。

（一）基础数据与指标选取

固定资产投资数据根据国家统计局提供的相关数据进行整理，其中2010年数据缺失，如表2-13所示。

表2-13　文化领域的固定资产投资数据

单位：亿元

指标	印刷和记录媒介的复制新建固定资产投资（不含农户）	新闻出版业新建固定资产投资（不含农户）	广播、电视、电影和音像业新建固定资产投资（不含农户）	文化艺术业新建固定资产投资（不含农户）	体育新建固定资产投资（不含农户）	娱乐业新建固定资产投资（不含农户）	合计
2014 年	684. 34	83. 27	430. 9	2040. 14	866. 9	1454. 94	5560. 49
2013 年	478. 17	66. 95	223. 95	1788. 9	868. 69	1121. 02	4547. 68
2012 年	462. 07	48. 79	147. 82	1406. 51	691. 86	874. 4	3631. 45
2011 年	400. 39	52. 14	102. 63	816. 47	364. 05	907. 89	2643. 57
2009 年	252. 86	33. 31	79. 93	492. 25	353. 92	540. 29	1752. 56
2008 年	201. 98	40. 61	56. 62	329. 79	213. 35	327. 94	1170. 29
2007 年	183. 3	25. 88	94. 42	264. 25	178. 11	245. 12	991. 08
2006 年	155. 4	15. 5	71. 98	165. 07	151. 03	200. 26	759. 24
2005 年	117. 4	9. 71	50. 45	176. 82	126. 73	163. 34	644. 45
2004 年	70. 62	8. 61	33. 53	118. 21	103. 73	121. 02	455. 72

最终固定资产投资采用六大指标的总和。固定资产投资与文化产业的关系如表2-14所示。

表2-14　文化产业固定资产投资与文化产业发展的关系

指标	文化产业固定资产投资（亿元）	文化产业增加值（亿元）	人均文化产业增加值（元）	人均文化产业增加值占比（%）
2014 年	5560. 49	23940	1759. 36	3. 74
2013 年	4547. 68	21351	1560. 95	3. 63
2012 年	3631. 45	18071	1334. 60	3. 48
2011 年	2643. 57	13479	1000. 41	2. 85
2009 年	1752. 56	8786	658. 37	2. 52
2008 年	1170. 29	7630	574. 54	2. 43
2007 年	991. 08	6455	488. 54	2. 43
2006 年	759. 24	5123	389. 74	2. 37

续表

指标	文化产业固定资产投资（亿元）	文化产业增加值（亿元）	人均文化产业增加值（元）	人均文化产业增加值占比（%）
2005年	644.45	4253	325.26	2.30
2004年	455.72	3440	264.64	2.15

（二）模型选择与参数估计

通过 SPSS 进行回归模型的分析和模型选择，分析结果如表 2-15 所示。

表 2-15　模型总计及参数评估

方程式	模型摘要					参数评估	
	R^2	F	df1	df2	显著性	常数	b1
线性	0.992	962.167	1	8	0.000	170.790	0.300
对数	0.941	127.870	1	8	0.000	−3621.242	604.091
增长模型	0.916	86.719	1	8	0.000	5.738	0.000
指数模型	0.916	86.719	1	8	0.000	310.539	0.000
Logistic 分配	0.916	86.719	1	8	0.000	0.003	1.000

注：因变量为人均文化产业增加值；自变量为合计。

结果可知，文化产业固定资产投资与人均文化产业增加值呈线性相关，拟合度为 0.992，显著度也较高。做进一步的计算，分析参数的显著性如表 2-16 所示。

表 2-16　系数

	非标准化系数		标准化系数	T	显著性
	B	标准误差	Beta		
合计	0.300	0.010	0.996	31.019	0.000
（常数）	170.790	27.086		6.305	0.000

则文化产业固定资产投资与人均文化产业增加值的关系为：Y = 0.3X +

170.79，其中 X 为固定资产投资，Y 为人均文化产业增加值，其线性关系如图 2-6 所示。

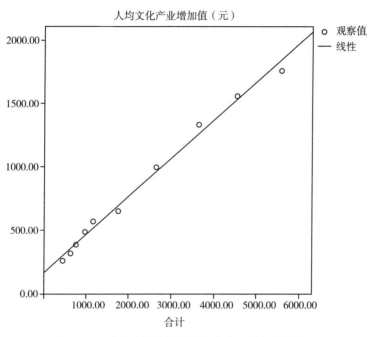

图 2-6　固定资产投资与人均文化产业增加值的关系

由此可见，固定资产投资的增加与文化产业的增加呈现正向线性相关，与财政投入和人才投入不同的是，目前文化产业的固定资产投资增长并不能带来文化产业的提速增长，所以就目前来看，文化产业固定资产投资会面临一个平稳增长的阶段，应采取适中的手段进行干预。

五、科技创新投入与文化产业发展

Florida 的 3T 模型中将技术（Technology）作为影响文化产业发展的一个重要因素，文化产业的发展与技术进步密切相关，从机械复制时代带来文化工业的发展，到文化产业的确立，再到移动互联技术、虚拟现实技术、3D 打印技术等新型技术对影视、艺术等文化产业的颠覆，科技进步在文化产业发展中起到了重要的作用，并且根据内生增长理论，技术进步的带动往往是根本性的，根本性的技术创新可以带来行业的长期发展，本部分将探讨科技投入与文化产业发展的关系。

（一）数据基础与指标选取

本研究首先通过国家统计局以及《中国统计年鉴》对科技投入相关的指标进行整理，如表2-17所示。

表2-17　文化科技创新投入要素（2006～2014年）

指标	研发人员数量（人）	研发经费（万元）	研发项目数（项）	专利申请书（本）	其中发明专利（项）	有效发明专利数（项）
2014年	24140	655441	3440	14162	2143	3829
2013年	20909	495880	3163	10885	1331	3355
2012年	18269	341220	2981	9050	903	3264
2011年	20223	379655	3116	7859	1167	2092
2010年	11222	209891	1739	3820	538	1282
2009年	14054.7	180530	1460			
2008年	8258.86	123005.7	1508	2751	302	1000
2007年	7930	104078.6				
2006年	6824.46	90013.3				

由于数据获取的局限性，研发项目数、申请专利数等数据较少，所以选取研发经费作为投入的主要衡量指标，如表2-18所示。

表2-18　文化科技创新投入与文化产业的关系（2006～2014年）

指标	研发人员数量（人）	研发经费（万元）	文化产业增加值（亿元）	人均文化产业增加值（元）	人均文化产业增加值占比（%）
2014年	24140	655441	23940	1759.36	3.74
2013年	20909	495880	21351	1560.95	3.63
2012年	18269	341220	18071	1334.60	3.48
2011年	20223	379655	13479	1000.41	2.85
2010年	11222	209891	7630	574.54	2.43
2009年	14055	180530	6455	488.54	2.43

续表

指标	研发人员数量（人）	研发经费（万元）	文化产业增加值（亿元）	人均文化产业增加值（元）	人均文化产业增加值占比（%）
2008 年	8259	123006	5123	389.74	2.37
2007 年	7930	104079	4253	325.26	2.30
2006 年	6824	90013	3440	264.64	2.15

（二）模型选择与参数估计

通过 SPSS 做科技创新投入与文化产业发展回归分析，尝试不同的模型及其拟合度，如表 2-19 所示。最终选择线性模型进行分析（R^2 为 0.938，显著度较高，说明研发经费与人均文化产业增加值存在明显的线性回归关系）。

表 2-19 模型总计及参数评估

方程式	模型摘要					参数评估	
	R^2	F	df1	df2	显著性	常数	b1
线性	0.938	106.700	1	7	0.000	43.696	0.003
对数	0.919	79.636	1	7	0.000	-8664.428	770.949
增长模型	0.890	56.849	1	7	0.000	5.548	3.437E-6
指数模型	0.890	56.849	1	7	0.000	256.843	3.437E-6
Logistic 分配	0.890	56.849	1	7	0.000	0.004	1.000

注：因变量为人均文化产业增加值；自变量为研发经费（万元）。

假设线性回归模型为：$Y = kX + b$。其中 Y 为人均文化产业增加值，X 为文化研发经费投入，k、b 为参数，参数估计结果如表 2-20 所示。由于常数的显著度不高，不能拒绝 b=0 的假设，所以 k=0.003，b=0，则文化产业增加值=0.003×研发经费。总体来看，研发经费与文化产业的发展呈现线性关系，即研发经费对文化产业的带动作用较为平稳，但是本数据仅仅证明了当期研发费用对文化产业的影响，由于科技对产业的影响往往具有积累性和滞后性，所以需要进行更深入的研究，由于当前研究的限制，其不作为本文讨论的主要内容。

表 2-20　系数

	非标准化系数		标准化系数	T	显著性
	B	标准误差	Beta		
研发经费（万元）	0.003	0.000	0.969	10.330	0.000
（常数）	43.696	93.489		0.467	0.654

六、要素比较及供给创新政策建议

在前面的部分，本文研究了财政投入、创意人才、固定资产投入、科技创新投入等要素与文化产业增加值的关系，研究结果表明，这些要素对文化产业具有正向的影响，但是各个要素的贡献度是比较各要素影响力的关键指标，本研究将根据回归弹性来分析各个投入要素的作用。

弹性系数 = $(\Delta y / y1)/(\Delta x / x1)$，本研究通过对数函数的形式反映各个投入要素对文化产业增加值的贡献，弹性系数的含义，即 x 每变动 1%，y 的变动百分比情况。根据前面的分析可知，尽管部分投入变量与产出形成了指数增长的关系，但是近期的变化也可以视为线性关系，我们分别对自变量和因变量去对数并进行线性回归分析。最终可得到如下的公式组：

（1）ln（人均文化产业增加值）= 1.673ln（文化财政投入）−3.176　　（2.2）

（2）ln（人均文化产业增加值）= 3.47ln（创意人才投入）−13.065　　（2.3）

（3）ln（人均文化产业增加值）= 0.789ln（固定资产投入）−3.299　　（2.4）

（4）ln（人均文化产业增加值）= 1.012ln（研发经费投入）−3.373　　（2.5）

经过比较分析我们可以知道，每增加 1% 的人均文化财政投入、创意人才投入、固定资产投入、研发经费投入，则人均文化产业增加值会提升 1.67%、3.47%、0.79% 和 1.01%。总体来看，人才的投入影响最大，其次是财政投入、研发经费投入和固定资产投入。根据各文化产业投入要素与文化产业关系分析以及各投入要素之间的弹性比较我们可知，目前各个文化投入要素存在不同的影响，需要区别对待，采用不同的方式进行管理，建议如下。

第一，继续加大文化领域的财政投入。财政投入具有较高的弹性，同时由于财政投入与人均文化产业增加值呈现指数相关，每提升 1% 的财政投入，会带来 1.67% 的文化产业增长，并且这种增长在指数关系下，弹性会进一步提升，所以进一步加大财政投入是推动文化产业高速发展的重要路径。

第二，把高端创意人才培养作为重要工作落实。研究数据表明，每增加1%的创意人才投入就会有 3.47% 的人均文化产业增长，创意人才的作用非常明显，同时创意人才的增长与文化产业的增长呈现指数增长关系，即目前创意人才的投入会带来文化创意产业的提速增长，所以坚定不移地落实人才政策，培养、引进文化创意高端人才，是目前推动文化产业进一步发展最为重要的工作。

第三，适度推动文化产业固定资产投资。研究结果表明，固定资产投入与人均文化产业增长存在线性相关关系，即文化产业固定资产投资与文化产业的关系较为平稳，未来随着产业的发展可能影响力会进一步减弱，并且目前每提升 1% 的文化产业固定资产投资，仅带动 0.79% 的文化产业增长，如果在资金充裕的情况下，可以适当加大文化产业固定资产投资，但是假如需要配置不同的资金资源到其他领域中去，固定资产投资可以适当减少。

第四，把文化科技创新作为一种长远的战略。结果表明当期科技创新投入与人均文化产业增加值呈现正向相关，且弹性系数为 1.01，即每增加 1% 的科技创新投入，就会带来文化产业 1.01% 的增长，科技创新投入对于文化产业的关系更具内生性和长远性，为了推动文化产业的发展，尤其为了提升我国文化产业的国际竞争力，文化科技的投入需要不断加强。

总体来看，我国文化产业的发展还处在规模效率递增的阶段，即目前各项投入规模的提升均会带来文化产业的高速增长，继续加大文化产业生产要素的投入，进一步提升文化产业的生产效率，将有利于文化产业的进一步发展壮大。

第二章　北京建设文化人才集聚中心的问题与对策

何群[1]　李静[2]

（1. 中央财经大学文化与传媒学院副院长，教授；

2. 中央财经大学经济学院讲师）

党的十七届六中全会指出，推动社会主义文化大发展大繁荣，队伍是基础，人才是关键。同样，在习近平总书记反复提到的建设社会主义文化强国、提高国家文化软实力的伟大目标中，文化人才的作用至关重要。因此，文化部与财政部于 2014 年初联合启动了"2014 年文化产业创业创意人才扶持计划"，以加大对文化产业创意人才培养力度。北京在习近平总书记的指导下，正在坚持和强化其全国文化中心战略定位，深入实施"人文北京"战略。在这场战略行动中，把北京建设成为文化人才集聚教育中心，以带动区域、全国的文化人才发展，提升中国文化人才的世界影响力，将是一个重要的发展任务。

一、北京文化人才集聚的基本状况

（一）北京文化人才的基本状况

所谓文化人才，是指文化领域内具有一定的专业知识或专门技能，进行创造性劳动并对社会做出贡献的人。具体到北京市，为了统计数据的方便，我们把凡是从事文化创意产业管理、生产、营销、创意、设计等工作的文化企事业单位从业人员，都列入了文化人才范围。

1. 文化人才总数增长迅速

北京市文化创意产业在近几年来发展迅速。从图 2-7 所显示的劳动力市场指标来看，文化创意产业的就业人口数在 2012 年时有 99.8 万人，占全市总就业人口的 10.84%，到了 2016 年，该产业的就业人数已达到 117.5 万人，占总就业人口的 11.27%。

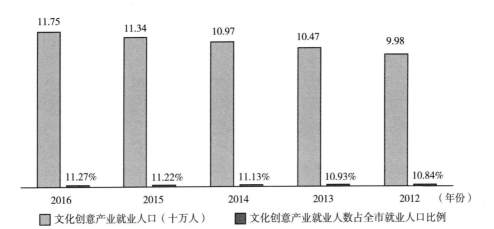

图 2-7　北京市文化创意产业就业人口增速及其就业比重

资料来源：北京市统计局网站。

2. 文化人才的增速与资产规模增速不匹配

从图 2-8 可以看出，资产规模的增速远大于就业人口的增速，2012~2013

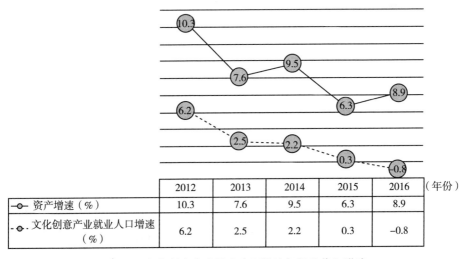

	2012	2013	2014	2015	2016	（年份）
资产增速（%）	10.3	7.6	9.5	6.3	8.9	
文化创意产业就业人口增速（%）	6.2	2.5	2.2	0.3	-0.8	

图 2-8　文化创意产业就业人口增速与行业收入增速

资料来源：北京市统计局网站。

年收入增速有所下降，但 2013~2014 年收入增速有所提高。类似地，2014~2015 年的行业收入增速有所下降，但 2015 年后，其增速又有所回升。而就业人口增速则逐年递减，各年的增速均在 10% 以下，而且就业人口增速处于稳步下行的通道中。资产规模与就业人口增速的背离，说明北京市文化创意产业的技术密集性增强，就业人口的素质在提高。

3. 文化人才更多分布在文化创意产业中的新兴行业

从表 2-21 可以看出，到 2016 年 5 月末，北京市文化创意产业从业人员增速较大的为软件、网络及计算机服务、广告会展等新兴行业，而文化艺术、新闻出版等传统行业则出现了下降。由此可见，北京文化创意产业中的新兴行业集聚了更多的文化人才。

表 2-21　2015~2016 年上半年北京市创意文化产业九大行业就业情况

领　域	从业人员平均人数（万人）		从业人员平均人数（万人）	
	2015 年 1~11 月	同比增长（%）	2016 年 1~5 月	同比增长（%）
合　计	113.3	0.3	117.8	0.9
文化艺术	3.7	-1.8	5.3	-0.7
新闻出版	9.8	-2.8	7.6	-4.3
广播、电视、电影	5.1	-0.1	5.2	-2.2
软件、网络及计算机服务	60.5	2.0	63.3	4.9
广告会展	6.6	-1.5	6.6	1.1
艺术品交易	1.2	-3.4	1.7	-8.1
设计服务	9.7	-2.6	7.7	-5
旅游、休闲娱乐	8.3	-0.3	8.4	0.8
其他辅助服务	8.5	-1.6	12.0	-7.6

资料来源：北京市统计局网站。

（二）北京文化人才的集聚水平分析

北京一直是国内文化人才集聚程度最高的城市之一。文化人才集聚是文化人才在流动过程中所表现出来的一种特殊状态，是指一个社会已经存在的和即将存在的各种动力，促使文化人才流动而向某一地区集聚，进而形成一个较大的文化人才群体的过程。

为了更真实准确地反映北京市文化人才集聚水平，我们设计了"文化人才集聚度"这一模型来对其进行衡量。文化产业集聚度是指每万人拥有的文化人才数，其模型为：$H = \sum\limits_{i=1}^{n} p_i$，其中 H 为文化人才集聚度，n 为文化人才的种类数，p_i 为每万人所拥有的各类文化人才。H 值越大说明集聚水平越高。

依照北京市对文化创意产业企业的界定，文化人才是身处文化艺术、新闻出版、广播电视电影等 9 大类型行业的人才。因此，我们设定 n = 9。通过对 2014~2016 年北京市文化人才数据的查找，我们得到如表 2-22 所示的数据。

表 2-22　2014~2016 年北京市文化企事业单位从业人员

项目	平均人数（人/万人）		
年份	2016（1~5月）	2015（1~11月）	2014
文化艺术	5.3	3.7	3.7
新闻出版	7.6	9.8	10
广播、电视、电影	5.2	5.1	4.8
软件、网络及计算机服务	63.3	60.5	56.3
广告会展	6.6	6.6	6.6
艺术品交易	1.7	1.2	1.2
设计服务	7.7	9.7	9.7
旅游、休闲娱乐	8.4	8.3	9.0
其他辅助服务	12.0	8.5	8.5

资料来源：《北京市统计年鉴》（2014~2016）。

通过表 2-22 我们可以算出 H 值分别为 11.14%、11.22%、11.30%。这三个数值表明，从 2014 年到 2016 年，北京市的文化人才集聚度在明显提高，显示出一种良好的发展趋势。

从与国外文化产业较发达的国家相比较来看，北京市的文化人才集聚水平已达到了一个很高的水平。2011 年，韩国文化产业从业人数约为 55 万人，总量上同期少于北京市。根据 2013 年 11 月发布的法国文化创意产业经济观察研究报告显示，法国文化创意产业 60 多种职业共有 120 万人从业人员，占全国总就业人数的 5%，而北京市的文化产业就业人数占全国总就业人数的 13.81%，从业人员总量上比北京市少。澳大利亚创意产业的从业人数 2011 年为 53.1 万人，占全国就业人数的 5.3%，而同年北京市的文化人才占全国就业人数比重为 13.18%，其远远少于北京市。但 2012 年底，英国创意产业人才总数约 230 万人，就总量而言多于北京市。

二、北京文化人才集聚的问题

北京市虽然文化人才的集聚水平与发达国家相比并不落后，在国内也处于领先地位，但是就文化人才的结构、集聚潜力、人才管理、人才培养而言，还存在着诸多问题。

（一）文化人才质量较低

1. 人才结构性短缺

首先，传统文化人才规模萎缩。北京市的文化人才越来越向软件、网络及计算机服务、广告会展等新兴行业集聚，出现了大量理科知识背景的计算机、网络人才等，而文化艺术、新闻出版等领域的传统的、核心的文化创意人才则几乎出现了年年下降的趋势。

其次，高端原创、行销人才稀缺。创意产业从业人员的原创力不足，推出的文化产品附加值不高，世界竞争力和影响力不足。高端文化人才尤其是大师级文化创意人才严重匮乏。

最后，文化人才分布不合理。受传统思想及户籍制度等影响，高校毕业生在择业过程中多倾向于选择国家机关和国有企事业单位。这意味着，急需人才的民营机构可能面临人才短缺的问题，人才浪费现象严重。

2. 人才的投入—产出效能低

《首都中长期人才发展规划纲要（2010~2020 年）》指出，截至 2011 年底，北京的人才贡献率达到 40.6%，与当前世界发达国家大多 60% 以上的人才贡献率相比，差距显著。北京市文化人才的产出效能低，在高端人才的人均贡献率上表现更为明显。

（二）人才环境亟待提升

理查德·佛罗里达在其《创意阶层的崛起》中提出，"环境是提高区域经济竞争力和生活质量的重要资源，是新经济时代吸引人才的先决条件"。作为我国人才集聚的主要城市之一，北京市在人才环境建设方面也亟须改善。

1. 生活环境

随着北京城市化的高速发展，"城市病"也随之而来并日趋严重。首先，生活区和工作区的分离，加重了交通负担。其次，城区人口的过度集中，使中心城区房价过高。最后，空气污染严重。此外，还存在着卫生安全与社会保障制度落后、子女教育困难等问题。

2. 文化环境

与其他世界性城市相比，北京在文化环境建设方面尚待提高，集中表现为对外开放程度不高和创意氛围不足。

受政治等因素的影响，北京一直采取较为严格的对外开放政策，对外开放程度不高。《机遇之都 2012》显示，在 27 个城市中，北京的经商便利指标排名第 21 位。同时，世界性城市的外籍人口比例通常都在 10% 以上，而北京的外国人口数量只占到市人口总量的 1% 左右，这些都直接反映了北京的国际化水平有待提高。

近年来，北京的各种文化硬件设施和软性活动应该说都有了很大的增长，但在人均占有量和设施使用率方面仍然远远低于西方发达国家。在创意软件方面同样如此。

3. 产业环境

近年来，虽然随着北京文化创意产业高速发展，其已具备了较为优良的吸引各方文化人才集聚的产业环境，但也依然在一些方面存在着不足。

首先，政府这只"有形的手"在文化创意产业各个领域的强势渗透，使市场这只"无形的手"无法很好地在北京的文化发展中发挥其应有的资源配置作用。

其次，北京文化创意产业近 3 年年均投资已有 300 亿元左右，而文化消费水平在 200 亿元左右，远远落后于文化投资的增长。北京文化消费所存在的巨大缺口，使得文化市场空间的增长有限。

再次，2013 年以来，北京市在文化税收优惠方面有一些比较大的举措，但总体来看，它们都是有明确适用界限的限制性税收优惠，还难以真正形成对于北京市文化创意产业发展的推动力。

最后，虽然北京市相继出台了各种鼓励创业的政策和措施，但真正致力于推动文化创意产业创业的措施还比较少，在创业启动资金的贷款、税收减免等关键问题上支持的力度还不够大。

4. 制度环境

目前，北京市的各类人才政策超过 300 项，但这些政策往往出自政府部门的规范性文件或部门规章，法律约束性不强，实施效果不佳，北京市文化人才相关法律制度仍然不完备。

首先，北京市的人才政策开放力度有限。如仅为高新技术企业、民营科技企业和跨国公司地区总部及其研究开发机构引进的人才，提供工作居住证。而关于外国留学生的专项政策制度并未正式出台，北京市的移民制度也不完备。

其次，北京市在引进人才时，对人才的评定方面，过多注重其学历和短期的科研成果等，缺乏着眼于人才潜力和长远发展的更有效的评定机制。

（三）文化人才管理模式不配套

人才资源发展的质量，关键性的决定因素是人才管理机制的建设。人才的管理包括政府管理、社会管理和企业管理三个方面。

1. 政府管理

首先，北京市关于文化人才的政策，基本出自政府各部门零散的规范性文件或部门规章，缺少法律的约束性，甚至缺乏整体性和长期规划性。

其次，政府在引进高端人才方面，热衷于定"计划"，定硬性指标，重引进轻考核、评估。以"计划"应对瞬息万变的国际人才竞争环境，以硬性指标评价人才质量，常常脱离市场需求，陷入"计划"永远赶不上"变化"的无奈境地。

最后，文化人才的财政投入较低，覆盖面很窄。《北京人才发展报告（2010~2011）》显示，与纽约、伦敦、东京三个世界城市相比较，北京市的人才投入无论是总量还是比重都落后于其他城市。虽然近两年政府总体人才投入有所增长，但针对文化人才的财政投入并没有明显变化。

2. 社会管理

在西方一些发达的国际化城市中，人才管理主要依靠高水平的社会管理网络进行，而目前北京市的人才社会化管理水平还比较低下。

首先，北京云集着众多的"人才市场"，但其基本职能相同，服务的对象、内容、方式经常出现交叉现象，而且彼此之间各自为政，对接交流不畅，难以在北京市形成一个高效、有机的人才管理网络。

其次，北京市目前还缺少专门针对文化人才进行信息统计、管理的机构，而日本东京早已成立了专门的文化人才信息管理平台，建立了日本甚至全球化的文化人才信息数据库，并对信息进行实时更新。相比之下，可见北京市的差距。

最后，北京市平均每76909个人有一个中介服务机构，而英国平均每

5000 人就有一个人才中介服务机构，数量明显偏少。而且，国内的中介机构大多规模不大，市场运作能力不高，难以从宏观上对精英人才的流动进行把握。

3. 企业管理

北京市企业中的文化人才管理也存在着一些问题。首先，不少企业在吸引人才过程中"任人唯亲"，制约了人才的有效集聚。其次，多数企业以规章制度为中心的刚性管理，不利于文化人才积极性、创造性的充分发挥。不少企业不敢承担创新可能带来的失败，缺乏与国际接轨的工作、组织环境，难以吸引国际化人才。最后，文化创意人才的高流动性，使大部分企业只注重眼前利益，不愿意为人才的培养进行支出。

（四）文化人才培养体系不健全

1. 文化人才的教育资源分散，缺乏有机整合

北京市培养文化人才的高校和职业培训机构很多，但专业设置重复、市场定位不清晰、师资水平难以保障、人才培养质量不高的现象也很多。并且，总体上缺乏对学历教育与职业培训的统筹与协调，缺乏对各种文化创意产业相关专业的定位与整合，缺乏国有和民办文化人才教育资源的综合利用。

2. 文化人才的培养模式与企业需求脱节

文化人才的培养模式与企业需求脱节主要表现在以下三个方面：第一，北京市高端创意人才及行销管理人才短缺，但很多相关高校培养的技术人才远多于创意人才和经营管理人才。第二，在专业课程设置中，传统文化艺术类课程较多，体现创意性和产业新业态的课程不足，学习内容滞后。第三，教育与实践结合的人才培养方式尚未形成。

3. 人才培养的国际化不足

目前，北京市人才培养的国际化水平不高。从培养体系看，以强制性、服从性为特征的传授型教育，使得国际化难以融入人才培养的各个环节。从培养内容来看，现有的课程设置缺乏对学生国际意识和国际交往能力的培养。从培养方式看，还比较缺乏与境外学校合作办学、国际学分互认等国际化人才培养方式。从师资队伍看，具有国际化背景的教师仍占少数，聘用的外籍教师不足。从学生构成来看，留学生数量较少，学生的国际化程度不高。另外，利于多元文化交流的国际化校园文化氛围尚未形成。

三、构建北京文化人才的集聚机制

人才集聚机制指的是为了确保人才集聚能够合理地发生、持续地进行而形成的一系列保障措施和政策制度。本课题组以北京目前的文化人才状况为基础，结合北京建设全国文化中心和世界创意之都的发展目标，构建了北京文化人才集聚机制（见图2-9）。

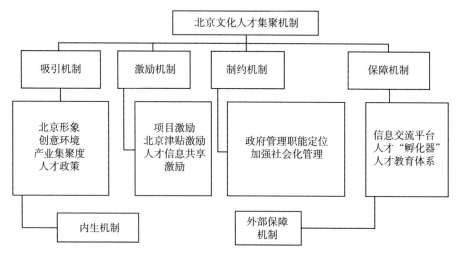

图2-9 北京文化人才集聚机制结构

（一）建立国际化的高端文化人才吸引机制

1. 塑造良好的北京形象

2008年北京奥运会，向世界成功推出了一个现代、创新、开放又富于传统文化韵味的新北京形象。北京市应该在此基础上，以"中国梦"和"北京精神"为内核，进一步推动"北京形象"的建设工程，使之真正成为从精神上吸引国际优秀文化人才的"招才榜"。

首先，深刻挖掘和大力宣传"中国梦"和"北京精神"中国际通行的文化价值。北京形象固然要重视宣传"爱国"、"民族复兴"等民族性内涵，但更要挖掘能够让全世界的优秀文化人才理解和认同的"创新"、"包容"、"民主"、"自由"等现代价值观念。把民族的和世界的文化观念巧妙地融合在一起，在北京的对外宣传中加以强调。

其次，打造"北京名片"。"北京名片"是最能够体现北京地域、文化、经济、政治特征的符号的集成，也可称为北京的文化符号。目前北京的文化符号在世界面前展现的还主要是一个历史文化古都的形象，其现代化、国际化都市特征体现不足。因此，北京应该在维护和提升传统文化符号的同时，着力打造、提炼一批新兴的现代化的北京文化符号，把 798 艺术区、北京国际设计周、北京国际电影节、北京马拉松以及正在建设中的首都核心演艺区等富有潜力的项目，变成北京新的耀眼的标识。并且，在打造文化符号的同时，应该注重以点带面地进行文化软件、硬件设施的规划布局，将北京市的文化符号优势扩大化，形成区域化的品牌效应和价值。

最后，重启北京形象 CIS 设计与推广工程。北京日新月异的变化，使以往的一些城市形象设计已经与现在北京市的发展状况和建设目标相去甚远。因此，现在很有必要重启北京形象 CIS 设计与推广工程。在设计中，应该充分调查国内外民众心目中的北京形象状况，以建设具有世界影响力的城市为目标，以"中国梦"和"北京精神"的国际通行价值为内核，以北京符号为表征，锻造集中、鲜明、统一的北京名片。在推广中，应通过有针对性地支持北京文化产品的国际输出等各种软性传播，打造一个驰骋世界的北京品牌。

2. 提升城市的创意品质

第一，人才环境营造。为了打造良好的生活工作环境，北京市必须在京津冀一体化的过程中加速进行产业结构调整，降低工业污染源，改善空气质量；继续增加城市植被覆盖率，提倡低碳出行，加快城市的生态营造；持续改善交通拥堵，实施智能交通，大幅度降低通行成本，有效缓解"城市病"带来的一系列问题。

北京还应全面提升其信息化建设水平，建设高质高速、价格低廉、大众普惠的信息网络传输通道；不断挖掘文化创意的信息资源，建设领衔全国和亚洲、通达全世界的文化创意信息枢纽，以促进信息交流和知识共享。

北京应该考虑将中关村人才特区政策扩大到北京市的文化人才领域，逐步放宽高端、国际文化人才的户籍准入标准，改善优秀文化人才的工作居住证制度。同时，通过提高文化行政审批的效率，加强文化人才政策的社会参与和监督，促进公平、透明、包容的人才环境的形成。

第二，创意氛围营造。首先，北京应该营造更多的小型文化创意空间，促进创意活动的密集发生。文化创意空间的营造，不仅包括更多的大型文化设施的建设，还包括各种有利于激发文化创意的小型实体空间的形成，如咖啡馆、画廊等。而后者才是真正培育民众创造力、带来文化人才聚集和促进创意活动扎根生长的"温床"。因此，北京市应该切实保护好老城区、老厂房等传统城市空间，吸引民间资本和文化人才对其进行现代化利用。同时，不断丰富文化创意设施的内容和种类，使之与各种场所相结合，形成创意市集、创意小区、创意体验馆等，有效提升社区和城市的整体创意氛围。

其次，除了继续建设"设计之都"之外，北京应该整合现有文化创意活动资源，经过系统规划、建设，集中力量，把已有一些基础的"北京国际文化创意产业博览会"、"北京国际音乐节"、"北京国际电影节"等活动，打造成为具有国际影响力的品牌活动，以进一步提升世界对北京的认识。

最后，加大力度，尽快形成完备的对外文化贸易服务体系。其一，加快推进北京国际文化贸易服务中心建设，使之尽早成为推动北京和全国对外文化贸易发展的重要平台；其二，从政策扶持、机制保障、信息咨询、人才培养、渠道搭建和加强服务等方面，全方位构建对外文化贸易服务支持体系；其三，通过科学规划，市场化运作，建立外向型文化产业聚集区；其四，顺应北京和国内文化创意产业的发展趋势，分阶段重点支持某些产业的国际化战略。

3. 增强文化创意产业的集聚度

产业集聚和人才集聚一直都是紧密相连、交互影响的，产业集聚促成人才集聚的发生和发展，而人才集聚反过来对产业集群的发展也起到巩固和推动的作用。因此，提高了北京文化创意产业的集聚度，自然就会提高北京市文化人才的集聚水平。

首先，对城市和文化创意产业集聚区进行统一的集聚度测量，在此基础上采取措施，以提升北京文化创意产业的集聚度。测量过程中应该着重关注文化企业地理密度、产值密度、人均密度、企业数量、技术衔接、企业规模和企业衍生度等因素。

其次，完善文化创意产业集聚区的内外部交流平台及配套措施，加强产业集聚和人才集聚的相互关联和沟通交流。同时，应该借鉴中关村人才特区建设创新平台和高层次人才创业支持体系的做法，建立起各种配套措施。

（二）建立现代化的文化人才激励机制

建立现代化的文化人才激励机制，主要指的是为进一步培养文化人才，激发文化人才的创意潜能而进行的制度设计。

1. 实施文化领军人才的"北京津贴"制度

在整合现有北京人才津贴基础上，设立针对文化创意产业领军人才的"北京津贴"制度。文化创意产业领军人才是指那些在北京文化创意行业内创新性强、贡献率大、取得了突出文化成果或效益的杰出人才，以及入驻北京、从事文化创意工作的海外高端文化人才等。津贴可由货币津贴和配套优惠组成，总体补贴额度应该具有一定的国际竞争力。在实施"北京津贴"制度时，应该遵循少而精的原则，并对补贴对象实施动态化评估和管理。

2. 设定特殊文化岗位，以完成重大攻关项目

目前北京市包括国家都在建设一些具有战略意义的重大文化攻关项目或工程，或者需要在一些领域进行一些重大的文化创新，此时，可以通过设立特殊文化岗位，以项目招标的方式在全球招聘人才，为其提供高薪和优越的工作生活条件，以快速集聚海内外文化精英人才。关于特殊文化岗位，建议由政府和有需求的国内重点企业合作，共同来设立。

3. 建立国内文化人才信息共享激励制度

目前国内通行的人才属地制度大大降低了人才的使用价值，有很大的局限性。北京应该出台促进人才的自由流动，或多地、多点使用的政策。同时，对于在文化人才共享方面为北京做出了贡献的省市政府部门、社会机构、企业和个人给予奖励，或享受一定的优惠政策，以鼓励更多的省市和海外机构参与北京文化人才信息共享体系。

（三）打造系统化的文化人才管理机制

文化人才管理机制是为了保证人才集聚机制有序化、规范化的一种机制。北京市应该在现有的文化人才管理方式上，不断明确管理职能，打造系统化的文化人才管理机制。

1. 政府人才管理职能向宏观调控、监管和服务转变

党的十七届六中全会提出要"深化文化行政管理体制改革，加快政府职能转变"，落实在文化人才管理方式上，就是要转变政府角色，强化宏观调控、监管和服务职能，把具体管理权下放给企业和行业组织。

首先，制定专门的北京市文化人才规划和政策。虽然目前北京已经有了"海聚工程"、"文化名家工程"等人才规划和相关政策，但没有专门的北京市文化人才规划和政策。这在文化创意产业已经越来越成为北京市支柱产业之一的今天，显然是不合适的。

其次，设立北京市文化人才"一站式"服务平台。文化人才"一站式"服务平台是指由政府打造的为文化人才服务的"绿色通道"和便捷平台。在此，政府可以为文化人才提供落户、就业等各种项目"一站式"服务。建议政府在整合现有人才服务资源的基础上，将文化人才的"一站式"服务纳入其服务体系。

2. 加强社会化人才管理力度，使之成为主要的人才管理方式

为了改变政府人才管理模式，政府可以将一部分权力或职能交由行业协会或联盟来执行，也可以通过购买企业社会服务的方式来进行间接管理，从而使社会化管理成为北京文化人才管理的主要方式。目前，北京市对文化人才进行社会化管理的措施应该包括如下几点：

（1）建立北京市文化人才结构及需求的监测、评估与发布体系。这个体系可以通过竞标方式委托行业组织或企业承办，主要职责是调研、统计、预测北京市文化人才的现状、构成和需求，绘制出相关的文化人才结构及需求监测图，并进行评估和发布。

（2）创建北京市文化人才素质测评与考核评估机构。为了更好地管理、使用北京的文化人才，北京市有必要设立文化人才素质测评与考核评估机构。为了显示其公正性，这个机构最好是第三方组织，具体行使文化人才的素质测评、级别或职称评定、文化企业人才绩效评估等职能。人才素质测评和考核评估体系应该同人才招聘体系、人才培养体系、人才信息交流体系等相连，以真正发挥其作用。

（四）完善全方位的文化人才保障机制

文化人才保障机制是指能够保障北京市文化人才有效、持久集聚的各种具体措施。

1. 整合资源，打造国际性文化人才信息交流服务平台

打造统一的、国际化的文化人才信息交流服务平台，能够有效整合全国乃至国际文化人才信息资源，使北京成为文化人才及其信息的汇聚中心。为此，北京市应该首先整合、连通现有文化人才网站，是指成为一个权威的、国际性的文化人才信息交流平台。其次，不断完善文化人才信息交流平台的全方位服务，甚至包括针对高端文化人才的猎头服务。

2. 加强文化创意产业孵化器建设，助推文化人才发展

北京现有的孵化器对新兴的文化创意类企业关注偏少。对此，建议政府首

先整合现有孵化器资源，扶持文化产业孵化器发展，创新文化人才孵化服务和机制。其次，要在孵化器中增加文化人才孵化、培育功能。最后，可以建设文化创意产业孵化器一体化网络，使孵化器在保持特色的基础上实现标准化建设，以提升孵化器的运营水平。同时，鼓励文化创意产业孵化机构与国际相关孵化器开展合作。

3. 建设完备的北京文化人才教育体系

文化人才的聚集，不仅需要不断地吸引"海龟"，更重要的是要搭建一整套文化人才的教育机制，来持续不断地培养出本土的文化"土鳖"，而后者才是真正保证北京市文化创意产业不竭活力的源泉。

（1）整合学校教育资源，分类定位，明确文化人才培养方向。北京市应该在现有教育体系的基础上，对不同的教育层次进行明确的定位，搭建一个"金字塔"式的文化人才教育体系，如图 2-10 所示。首先，北京的高校应当着重高端复合型文化人才的培养。其次，北京市职业技术学院（校）应主要培养应用型文化技能人才。最后，社区学院进行全民文化创造性素质教育。

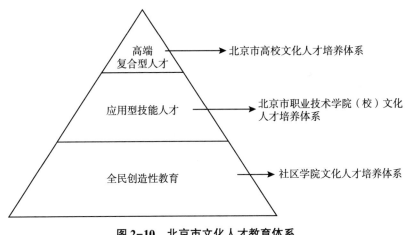

图 2-10　北京市文化人才教育体系

（2）引导和鼓励更多的企业参与文化人才的培养。鉴于目前学校教育与企业用人需求之间的脱节现象，北京市有必要通过各种优惠措施，引导和鼓励更多的企业参与文化人才的培养。

首先，鼓励高校和企业以大学文化科技园为载体，联合设立产学研相结合的高端文化人才培养模式。其次，引导企业或行业协会直接参与职业技术学院（校）的办学，使学校不仅可以使用企业的设备、环境和技术人员进行教学，而且还能与企业的用人需求直接对接。最后，由政府出台规定，要求文化企业达到一定规模后，有义务参加高校或职业技术学院（校）的人才培养，否则不能享受某项优惠政策。

（3）提升文化人才培养的国际化水平。首先，仿照日本"接收30万外国留学生计划"，制定留学生来京发展目标，并在招生制度、教学管理制度、激励制度上进行改革，以吸引更多的留学生来京学习、交流。

其次，建议北京市政府在现有北京市文化创意产业专项资金中划拨一部分资金，用来支持北京国内外文化人才交流活动。这个资金可以用来聘请国外高端文化人才来华讲学、访问，也可以用来资助国内优秀文化人才到国外短期学习或交流。

（4）将社区学院建设纳入公共文化教育范畴。建议北京市借鉴发达国家尤其是美国社区学院建设和发展的宝贵经验，结合北京的实际情况，将现有的社区学院建设纳入公共文化教育范畴，大力做实全民创造性教育。

首先，应该制定有关社区学院建设和管理的法规，确定社区学院的性质、定位，并且在招生、学历以及与各种职业证书、各层次教育的衔接，以及办学经费资助等方面给予大力扶持。

其次，支持社区学院建立科学的、开放的师资聘用机制，采用多样化的人才培养模式，实施灵活的教育教学方式等，以提高社区学院的教育质量。

最后，为了改变人们对社区学院认可度较低的状况，除了要求社区学院突出办学特色、加强自身的品牌建设之外，政府还可鼓励第三方组织对社区学院进行评估排名，定期向社会公布，以提升其影响力，推动其品牌建设。

第三篇
文化市场与消费

第一章　网络文化消费异军突起

——2015 文化市场消费研究

彭英柯

（中央财经大学文化与传媒学院讲师）

文化消费包括文化内容产品的直接消费以及辅助其发生的文化用品的间接消费，涉及文化产业价值链的最终环节，是整个文化产业流程的关键因素，把握好这一环节对于刺激文化企业生产、繁荣文化市场具有重大意义。扩大和提升文化消费，从经济层面上看，有利于我国文化产业增长模式的优化与转型——由单边投资驱动转变为消费与投资的双边驱动；从社会层面上看，有利于满足人民群众的精神文化需求，提升民众素质；从文化层面上看，有利于塑造文化软实力。

2012 年底党的十八大报告就明确指出，推进文化产业快速发展的首要目的是为了满足人们多样化的文化消费需求，从那时起，文化消费就成为了政府文化工作的重要内容。2015 年 6 月，文化部、财政部首次共同实施了"拉动城乡居民文化消费的试点项目"，选取了若干试点城市，采取有针对性的促进文化消费政策措施。在地方政府方面，2015 年 2 月，北京市人民政府正式印发《关于促进文化消费的意见》，成为全国首部专门针对文化消费的省级地方政策，旨在加强文化消费供给、培育文化消费理念、引导文化消费行为、丰富文化消费业态、拓展文化消费空间。

根据国际经验，人均 GDP 达到 3000 美元时，文化消费会出现爆发式增长；达到 5000 美元时，人们对精神文化生活的需求将进一步扩大，形成井喷式的发展和市场需求。在一些发达国家，居民的文化消费水平在居民总消费水平的平均占比为 20%~30%。反观我国情况：人均 GDP 早在 2007 年就超过了 3000 美元，2011 年首次突破 5000 美元，截至 2015 年，我国人均 GDP 已达 8020 美元。然而文化消费的"井喷"却迟迟未到，居民的整体文化消费仍处于较低水平。数据显示，当前我国文化消费市场潜在规模为 4.7 万亿元，但实际消费仅在 1 万亿元左右，缺口逾 3 万亿元。从消费比重看，我国居民的文化消费占总体消费金额的比重大约在 10%，远低于发达国家水平。积极地看，我国文化消费市场拥有巨大的增长潜力和长足的发展空间。

2015 年总体上看，我国居民文化消费稳中有增，人均支出达到 1723 元，同比增长 12.18%，增速比上年提高 2.29 个百分点；从消费条件上看，随着居民可支配收入、城镇化率、文化资金、教育及文化资源配置等相关指标的不断优化，文化消费发生的基础日趋稳固；从城乡结构上看，农村文化消费提速，城乡文化消费相对差距缩小；从区域方面看，中、西部地区文化消费稳步增长，中部地区的文化消费占比已成为全国最高的地区；从产业结构上看，文化服务类增加值达到 13640 亿元，首次突破文化产业产值比重的 50%；从消费产品结构上看，电影和网络文化服务的市场规模增速领先优势明显，增长率分别达到 45%、30%；在网络文化服务的市场结构中，网络直播、在线视频和在线音乐的年增长率排在前三位，分别为 161.3%、74.4%、67.2%，其中，网络直播凭借其惊人的市场增速成为 2015 年以来最受关注的行业。

一、文化消费总体发展情况

（一）文化消费总体趋势：稳中有增，2015 年后或迎提速

教育和文化娱乐支出是一年之内我国居民在接受教育、参与和享受文化娱乐活动方面的人均支出的名义金额（不包括旅游支出），因此，选择教育和文化娱乐的人均支出来衡量我国总体文化消费水平，如图 3-1 所示。

近三年教育和文化娱乐人均支出占人均消费以及人均可支配收入的比重如表 3-1 所示。

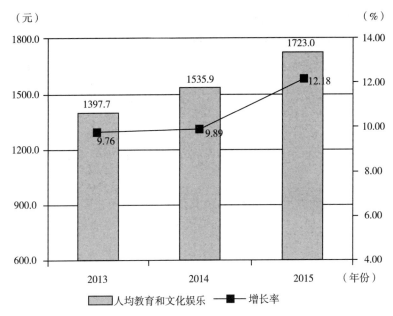

图 3-1　近三年人均教育和文化娱乐支出

资料来源：根据国家统计局发布数据整理。

表 3-1　文化娱乐人均支出占比情况

单位：%

年份	2013	2014	2015
教育和文化娱乐支出占人均消费比重	10.57	10.60	10.97
教育和文化娱乐支出占人均可支配收入比重	7.63	7.62	7.84

资料来源：根据国家统计局发布数据整理。

　　根据图 3-1 和表 3-1 的数据可知，我国教育和文化娱乐人均支出近三年呈现逐年上升态势。名义值方面，2013 年与 2014 年保持了增速在 9.8%左右的平稳增长，2015 年增速提升至 12.18%，教育和文化娱乐人均支出达到 1723元；消费占比方面，2013 年与 2014 年基本一致，2015 年有明显增加，占总体消费额度的比例已达 10.97%。

　　总而言之，我国文化消费总体水平近几年来稳中有升，2015 年开始出现增长提速的迹象。究其原因，一方面与不断更新的社会文化消费观念、不断增长的居民收入、不断丰富的文化消费形式以及不断升级的市场技术条件有关；另一方面跟政府在 2015 年首次实施"拉动城乡居民文化消费的试点项目"，采取有针对性的促进文化消费政策措施有关。在此基础上，2016 年文化部、财政部联合印发《关于开展引导城乡居民扩大文化消费试点工作的通知》，决定在全国范围内开展引导城乡居民扩大文化消费试点工作，这势必将迎来新一轮的文化消费刺激，我国文化消费或于 2016 年迎来全面的增长提速。

（二）文化消费发生条件分析：文化消费基础趋于稳固

根据文化消费理论，文化消费的发生受到诸多因素的影响，可分为主观因素和客观因素两方面。其中，主观因素体现为消费者进行文化消费的主观意愿程度，反映为一种文化消费的累计性偏好，该偏好通常受到对先期文化消费的满意程度及其自身受教育程度的影响；客观因素主要体现为居民的经济收入水平、价格指数变动、消费环境变化等方面。

1. 主观因素分析

（1）消费者满意度分析。文化消费满意度是消费者对于文化产品的种类、质量、文化消费渠道、文化市场秩序等一揽子条件的综合评价，将会直接影响居民文化消费满意程度。理论上，先一期的文化消费会对后一期文化消费产生影响，影响结果有二：如果对前者满意则会提升后续消费；反之，则减少。此外，先期文化消费会打造"标准"，进而对后续文化产品的质量提出更高要求。通过设计问卷，对消费者进行抽样调查，整理收集的数据，可得 2013~2014 年的消费者满意度调查结果，如图 3-2 所示。

相比 2013 年，2014 年对文化消费质量持否定态度的受访者比例下降明显，持中立态度者的比例大幅度上升，但持肯定态度的比例也在下降。总体来看消费满意度：中间部分在增加，明显的肯定或否定态度均下降。这一方面说明我国文化产品供给在逐步覆盖市场缺口，另一方面也反映出了我国居民对于文化消费质量的要求日益提高，文化产品质量及文化市场服务水平还需更大程度的提升。

（2）消费主体接受教育分析。文化消费受到消费者自身知识储备的影响。理论上，受教育程度越高的市场环境，越容易发生文化消费。甚至可以说，国家发展教育事业（尤其是高等教育）是夯实文化消费基础的重要方面。图 3-3

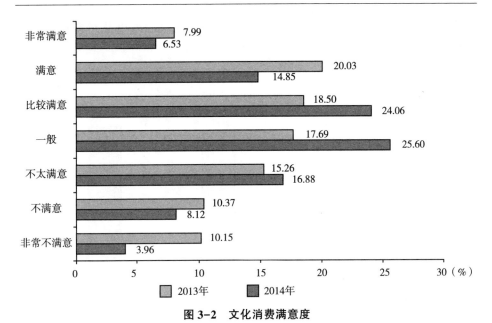

图 3-2　文化消费满意度

资料来源:《中国文化消费指数报告（2016）》。

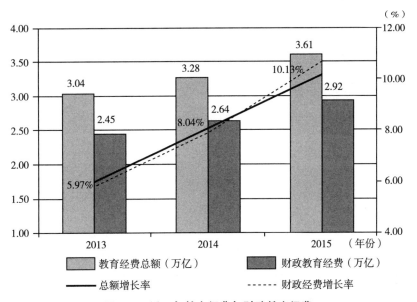

图 3-3　近三年教育经费与财政教育经费

资料来源：根据国家统计局发布数据整理。

和图3-4分别展示了近三年来我国对教育事业的支持力度以及高等教育人才培养的情况。

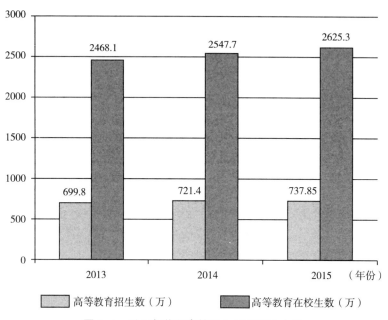

图3-4　近三年普通高校招生及在校生人数

资料来源：根据国家统计局发布数据整理。

2. 客观因素分析

文化消费的客观因素包括居民的可支配收入、消费价格、消费环境三个方面。

（1）可支配收入分析。我国居民人均可支配收入2015年达到21996元，比上年增长8.9%，扣除价格因素，同比增长7.4%，超过GDP增速，为文化消费的增长提供了基础条件。如图3-5所示。

同期，恩格尔系数也在逐年不断下降，充分说明了我国城乡居民的消费结构正在优化过程中。居民逐渐提高的消费能力，为文化消费的发生提供了更大的可能性。截至2015年，城镇居民的家庭恩格尔系数为34.8%，农村居民略高，为37.1%，如图3-6所示。

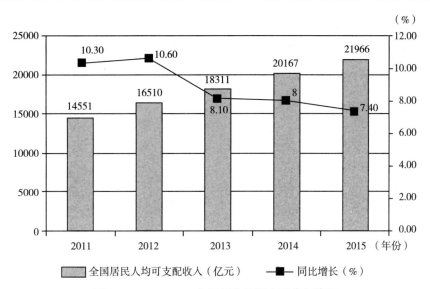

图 3-5　2011~2015 年居民人均可支配收入情况

资料来源：根据国家统计局发布数据整理。

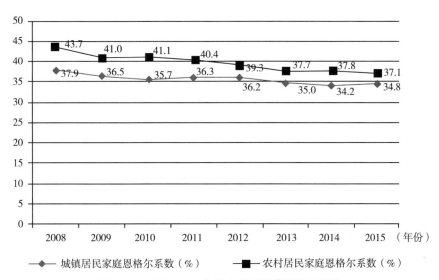

图 3-6　2008~2015 年城乡居民家庭恩格尔系数

资料来源：根据国家统计局发布数据整理。

2016 年，城镇居民人均消费支出 23079 元，比 2015 年名义增长 7.9%，实际增长 5.7%；农村居民人均消费支出 10130 元，比 2015 年名义增长 9.8%，实际增长 7.8%。农村居民人均消费名义增速和实际增速分别高于城镇居民 1.9 个和 2.1 个百分点。2016 年恩格尔系数继续下降。2016 年，全国居民人均食品烟酒消费支出增长 7.0%，占消费支出的比重为 30.1%，比上年回落 0.5 个百分点。

（2）消费价格指数。以上一年为基数 100 建立价格指数。一方面，受到宏观经济形势的影响，从 2012 年到 2015 年，全国居民可支配收入指数和居民总体消费价格指数均呈现下行趋势，虽未达负增长，但增速明显放缓。另一方面，文化娱乐消费价格指数则相对保持稳定，数值连续四年维持在 101.4 左右，虽然增速不高，却实现了平稳增长，具体如图 3-7 所示。

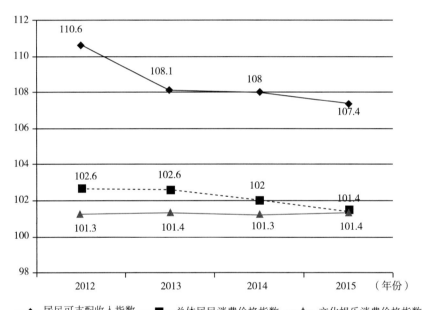

图 3-7　2012~2015 年文化娱乐及相关消费价格指数

资料来源：根据国家统计局发布数据整理。

在处于下行的宏观经济形势下，文化消费价格指数的温和增长显示了文化市场的强大生命力，同时也充分说明，在"新常态"下宏观经济结构势必迎来转型，文化消费乃至文化产业增加值完全可能"逆势上扬"，成为拉动国民经济增长的有生力量。

（3）文化消费环境。文化消费环境优化可从城镇化率、文化资金投入、文化资源投入等角度分析。

1）城镇化率。2011年我国城镇化率首超50%，2015年城镇化率已达56.1%，如图3-8所示。城市规模的扩展势必带来文化产业的蓬勃发展，也为文化消费的提升创造了空间上的条件。

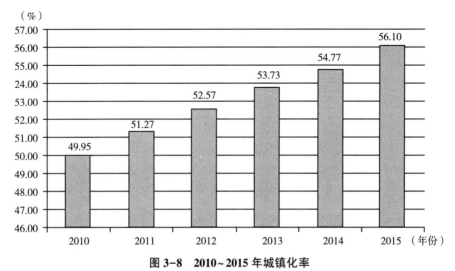

图3-8　2010~2015年城镇化率

资料来源：根据国家统计局发布数据整理。

2）文化资金投入。2015年中央对地方文化项目的资金补助达到47.8亿元，同比增速增加了2%，人均文化事业经费上升16.5%，较2014年大幅度增长，文体娱乐固定资产投资为6724亿元，增速持续放缓，具体如表3-2所示。

表3-2　2013~2015年文化资金投入情况

	2013年		2014年		2015年	
	金额	增速（%）	金额	增速（%）	金额	增速（%）
中央对地方文化项目补助（亿元）	46.19	11.19	46.53	0.74	47.8	2.73
人均文化事业经费（元）	38.99	10.00	42.65	9.4	49.68	16.5
文体娱乐社会固定资产投资（亿元）	5231.1	22.47	6178.4	18.11	6724.0	8.83

资料来源：《中国文化文物统计年鉴》（2014~2016）。

2016 年，财政部下达了 2016 年文化产业发展专项资金 44.2 亿元，共支持项目 944 个，项目数较 2015 年增长 11.06%，这将有力地支持文化体制改革和文化产业发展，对推动全国文化领域结构调整、合理配置文化资源、优化产业发展整体布局发挥了重要作用。

3）文化资源投入。从 2013 年到 2015 年，公共文化资源的投入逐年增加，不断满足广大民众的文化需求，为文化消费营造了良好的社会氛围，具体如表 3-3 所示。

表 3-3　2013~2015 年文化资源投入情况

	2013 年	2014 年	2015 年	增长率（%）
艺术团体演出场次（万场）	165.1	173.9	210.8	13.0
国内演出观众人次（万人次）	90064.3	91019.7	95799.0	3.1
公共图书馆人均藏量（册）	0.55	0.58	0.61	5.3
公共图书馆流通人次（万人次）	49232	53036	58892	9.4
公共图书馆文献外借册次（万册次）	40868	46734	50896	11.6
每万人群众文化设施建筑面积（平方米）	249.09	269.15	279.95	6.0
文物机构接待观众（万人次）	74706	84256	92508	11.3
文物机构接待未成年观众（万人次）	20237	22403	24663	10.4

资料来源：《中国文化文物统计年鉴》（2014~2016）。

二、文化市场消费结构分析

文化市场消费的结构分析从三个方面进行，分别是城乡结构分析、区域结构分析以及产品结构分析。

（一）城乡结构分析：农村文化消费提速，城乡差距相对缩小

1. 城乡居民人均教育文化娱乐支出分析

从 2010~2015 年的数据看，城镇人均教育文化娱乐支出虽在 2013 年出现下滑，但整体趋势仍是平稳上升。2015 年人均教育文化娱乐支出为 2382.8 元，同比增长 11.23%，增速较 2014 年（7.75%）有所回升。

农村人均教育文娱支出则逐年上升，增速上从 2012 年起超越城镇增长幅度，迎来快速增长阶段，2015 年人均支出为 969.3 元，增速为 12.77%。

2010~2015年人均教育文化娱乐支出的城乡差距经历了"拉大—缩小"的过程。从绝对水平看，二者差额基本维持在1400元左右，城乡差距仍然明显；从相对水平看，城乡教育文化娱乐支出倍数从4.4缩小到2.5，城乡差距缩小，具体如图3-9所示。

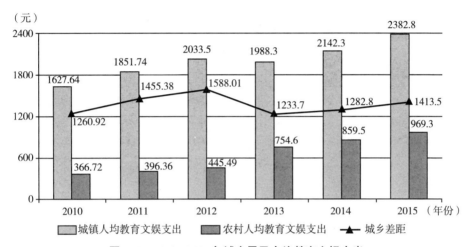

图3-9　2010~2015年城乡居民人均教育文娱支出

资料来源：根据国家统计局发布数据整理。

2. 城乡居民教育文化娱乐支出占比分析

2010~2015年，城镇教育文化娱乐支出的占比情况出现了明显的分化：以2013年为"分水岭"，一方面，城镇教育文化娱乐支出占总体消费的比重在稳步上升，连续三年稳定在11%左右；另一方面，城镇教育文化娱乐支出占城镇居民可支配收入的比重却出现明显回落，连续三年稳定在7.5%左右。这说明自2013年以来，城镇居民的边际消费倾向在下降，但就实际发生的消费而论，文化消费在城镇居民消费中的地位稳步上升。

农村教育文化娱乐支出占比的走势则清晰很多，在2012年之前曾出现消费比重的下滑，但之后迎来大幅度提升，增长后的比重明显超过之前的水平。2015年，农村教育文化娱乐支出占总体消费的比重达到10.51%，占居民可支配收入的比重为8.49%，已超越同期城镇的水平，如图3-10所示。

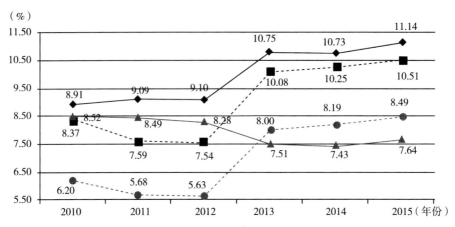

图 3-10　2010~2015 年城乡居民人均教育文娱支出占比走势

资料来源：根据国家统计局发布数据整理。

（二）区域结构分析：中、西部文化消费稳步增长，中部文化消费占比居首

依据区域划分惯例①，把我国分为东、中、西三个部分，分别考察城乡居民的区域文化消费情况。

1. 城镇居民区域文化消费分析

2011~2015 年间，东部城镇居民的人均文教娱乐消费领先于中西部地区，中、西部地区水平较为接近。从发展趋势看，东、西部城镇居民文教娱乐消费在增长过程中均出现过回调，2015 年东部地区该指标为 2669 元/人，甚至还略低于 2013 年水平；中部地区则保持了稳步增长，并在 2014 年再次超过西部地区水平，2015 年中部城镇文教娱乐消费为人均 2127 元，具体如图 3-11 所示。

再看城镇居民文化类支出占比的情况。如图 3-12 所示，东、中、西部地区城镇居民的文教娱乐消费在 2014 年均遭到困难，文化支出占总体消费的比重均出现严重下滑，其中东部地区和西部地区甚至出现了文化消费的负增长。主要原因在于城镇住房、医疗、养老、子女教育等各项改革的不断深化，导致原来一些由政府和企业承担的长期支出逐步退出，而完全市场化的社会保障制

---

① 东部包括：北京、天津、河北、辽宁、上海、江苏、浙江、山东、福建、广东、海南；中部包括：山西、吉林、黑龙江、安徽、江西、河南、湖北、湖南；余下地区属西部。

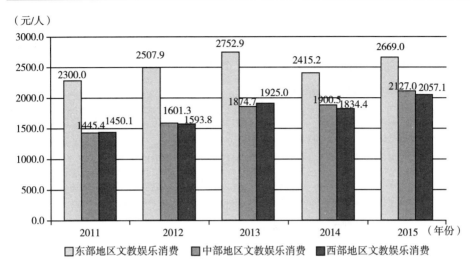

图3-11　2011~2015年东、中、西部城镇居民人均文教娱乐消费结构

资料来源：根据国家统计局发布数据整理。

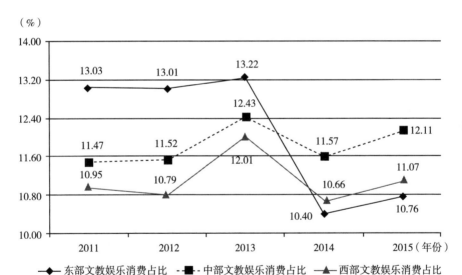

图3-12　2011~2015年东、中、西部城镇居民文教娱乐消费占比走势

资料来源：根据国家统计局发布数据整理。

度尚未建立，加上近两年宏观经济下行的压力，许多城镇居民在选择消费时，变得更加谨慎。

2015 年，我国城镇居民文化类消费开始企稳，并出现小幅回升，东、中、西部文教娱乐消费支出占总消费支出的比重分别为 10.76%、12.11%、11.07%，中部地区的城镇居民文教娱乐消费占比最高（见图 3-12）。

2. 农村居民区域文化消费分析

2011~2015 年间，东部地区农村居民人均文教娱乐消费水平领先中、西部地区，但差距已经逐年降低，中、西部地区增长十分迅速，尤其是中部地区。截至 2015 年，中部地区农村居民人均文教娱乐支出 1001.7 元，仅落后东部地区 48 元，并领先西部地区 161 元，拉大了同西部地区的差距。从发展趋势看，东、中、西部地区农村文教娱乐消费均保持了 10% 以上的较快速增长，中、西部地区更为突出，如图 3-13 所示。

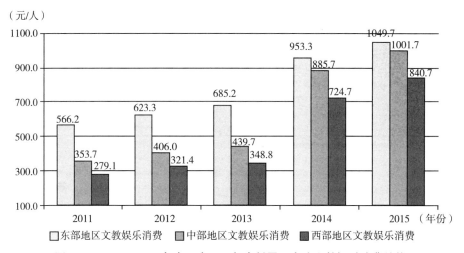

图 3-13　2011~2015 年东、中、西部农村居民人均文教娱乐消费结构

资料来源：根据国家统计局发布数据整理。

再看农村居民文化类支出占比的情况。相比城镇居民，农村居民几乎不受城镇住房、医疗、养老、子女教育等制度改革的影响。如图 3-14 所示，2013 年以来，东、中、西部地区农村居民文教娱乐消费占总体消费的比重开始大幅度提升，又以中、西部地区的增长更为明显，二者自 2014 年起便双双超过同期东部地区的水平。考虑到此期间我国农村总体消费支出也在快速的增长，因此可以得出结论，我国农村文化类的消费支出在 2013 年以后得到了很大程度的提升。究其原因，一方面在于随着城镇化进程，农村居民收入不断增加，农村的教育、医疗、交通、通信等刚性支出也在增加，生活成本的不断提升促进了农村整体消费支出的增加；另一方面，由农村居民收入增加以及农村基础设施建设带来的整体消费环境的改善，必然导致农村教育、文化娱乐方面消费的提升。也有分析观点认为，包括文化消费在内的农村消费提升，其根本原因还在于此前农村的一揽子生活指标水平过低，因此，当前文化消费及其他类生活成本名义值的提升都还在其承受范围内，农村的价格拐点尚未到来。

截至 2015 年，我国东、中、西部地区农村居民文教娱乐消费支出占总消费支出的比重分别为 9.56%、11.52%、10.54%，依然是中部地区的农村居民文教娱乐消费占比最高（见图 3-14）。

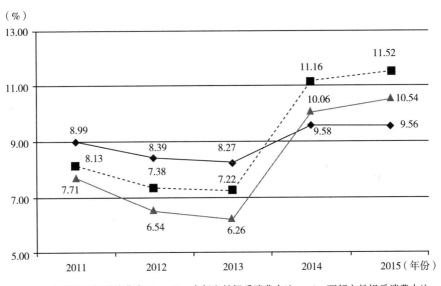

图 3-14　2011~2015 年东、中、西部农村居民文教娱乐消费占比走势

资料来源：根据国家统计局发布数据整理。

（三）产品结构分析：文化服务业成为消费主导，"互联网+文化"模式迎来发展

1. 文化消费产业结构分析

从产业类型看，2015 年文化制造业增加值为 11053 亿元，比上年增长

8.4%，占 40.6%；文化批发零售业增加值为 2542 亿元，增长 6.6%，占 9.3%；文化服务业增加值为 13640 亿元，增长 14.1%，占比 50.1%。文化服务业发展迅速，其占比目前已超过一半，这也是文化服务业增加值占比的首次过半。这充分说明，文化用品制造以及相关产品的批发零售业务已经退居文化产业增加值的二线，文化服务业已经成为主导。如图 3-15 所示。

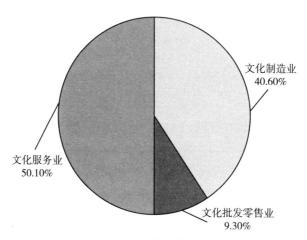

图 3-15　2015 年文化产业结构

资料来源：根据国家统计局发布数据整理。

究其原因，还在于当下居民的生活水平得到了极大的提高，物质层面的生活必需品消费需求已基本得到满足，精神层面的个性化文化消费需求正在不断提升。毫无疑问，多样化的文化服务更加能够满足居民多元化、多角度的文化消费需求。同时，文化服务业的发展也促进了我国经济的转型和升级。随着互联网信息技术的发展，"互联网+文化"的消费模式或将成为主流，文化服务型的创新创业也将全面迎来发展契机，促使各类新兴的文化业态和文化消费模式的诞生。

2. 文化消费产品结构分析

文化消费范围宽广。从消费产品看，主要包括演出、电影、出版、文化旅游、网络文化服务等，其市场规模以及 2015 年的增长率如图 3-16 所示。

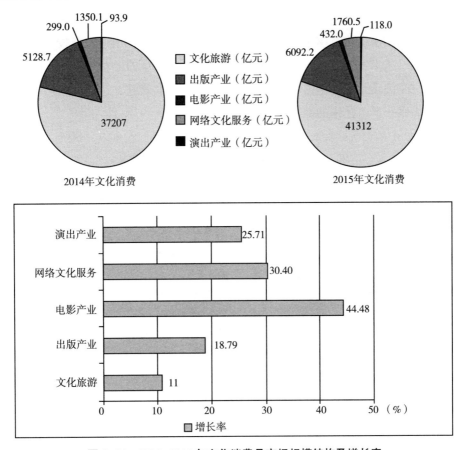

图 3-16　2014~2015 年文化消费品市场规模结构及增长率

资料来源：根据国家统计局、新闻出版产业分析报告、艾瑞咨询发布数据整理。

　　总体来看，随着居民生活水平的不断提高，以及国家相关政策的大力推动，文化消费在 2015 年稳步增长。成长方面，电影产业和网络文化服务市场规模的提升幅度明显领先于其他文化行业；体量方面，以旅游、出版为代表的传统文化消费规模明显超过其他行业。接下来，考察每类文化产品消费市场的具体发展情况①。

　　（1）演出产业消费。如表 3-4 所示，2015 年我国商业娱乐演出场次继2014 年之后出现持续下滑，但下行趋势减弱，娱乐演出票房收入则明显上升，

---

　　①　网络文化服务业的分析见本报告的第三、第四部分。

达到 24.07 亿元，较 2014 年上升了 32.47%。收入提升的主要原因在于 2015
年多数娱乐演出机构调整了经营策略，加强了成本控制、增加资金投入、提升
演出品质。艺术团体方面，2015 年艺术团表演场次为 210.8 万场，演出收入
达到 93.93 亿元，较上年二者均保持了 20% 以上的高增速，这也反映出我国居
民欣赏高雅、严肃艺术的需求在稳步提升。

表 3-4   2014~2015 年我国演出产业消费情况

	2014 年	2015 年	增长率（%）
娱乐演出场次（万场）	47.81	47.58	-0.48
票房收入（亿元）	18.17	24.07	32.47
艺术团体表演场次（万场）	173.91	210.80	21.21
票房收入（亿元）	75.70	93.93	24.08

资料来源：根据《中国演出市场年度报告（2016）》、国家统计局发布数据整理。

（2）电影产业消费。如表 3-5 所示，2015 年我国电影票房总收入超过
440 亿元，比前一年增长了约 144 亿元，同比增长 48.4%；观影人次为 11.4
亿，同比增长 48.1%；全年新增银幕 8035 块，平均每天增长 22 块，全国银幕
总数已达 31627 块，影院 6210 家。国产电影中有 8 部的票房超过 10 亿元。此
外，IP 成为了电影市场追捧的热点，我国 IP 电影票房全年累计 85.9 亿元，占
国产电影总票房近 1/3，未来比重还有扩大的可能。

表 3-5   2013~2015 年我国电影产业消费情况

	2013 年	2014 年	2015 年
内地票房（亿元）	218.0	296.9	440.7
增长率（%）	27.5	36.2	48.4

资料来源：根据《2016 年中国文化娱乐早期投资研究报告》整理。

（3）出版产业消费情况。2015 年全国出版、印刷和发行服务总共实现营
业收入 21655.9 亿元，较上一年增加 1688.8 亿元，同比增长 8.5%。跟市场消
费直接相关的各类出版物的发展情况如表 3-6 所示。传统纸质出版物方面，

仅图书出版维持了正增长，期刊、报纸均出现负增长，后者形势更为严峻；数字出版则表现出强劲的增长势头，收入为 4403.85 亿元，占出版产业整体营收的 20.34%，其增速高达 30%，具体如表 3-6 所示。

表 3-6　2015 年我国出版产业销售情况

	销售（亿元）	增长速度（%）
图书出版	822.55	3.96
期刊出版	200.99	-5.21
报纸出版	626.15	-10.27
音像制品出版	26.25	-10.13
电子出版物出版	12.41	13.96
数字出版	4403.85	30.00

资料来源：根据《2015 年新闻出版产业分析报告》整理。

（4）旅游产业消费情况。"文化是内核，旅游为载体"，文化旅游体现了人们对审美情趣、民族文化和精神世界的追求，已经成为文化消费市场的新宠。文化旅游不仅有利于传统文化、民族特色的传承和保护，也提升了旅游项目的内涵和精神价值，有利于促进地区的经济结构转型和发展。

2015 年，中国旅游业大幅增长：国内旅游市场持续高速增长，旅游人数达到 40 亿人次，收入 3.42 万亿元人民币，分别比上年增长 10.5% 和 13.0%；入境旅游市场企稳回升，人数为 1.34 亿人次，实现国际旅游收入 1136.5 亿美元，分别比上年增长 4.1% 和 7.8%；出境旅游市场增速放缓，人数为 1.17 亿人次，旅游花费 1045 亿美元，分别比上年增长 9.0% 和 16.6%。全年实现旅游业总收入 4.13 万亿元人民币，同比增长 11%。

值得注意的是，近年来在线旅游业务发展十分迅猛，年均增幅在 35% 以上。如图 3-17 所示，在线旅游市场的交易规模在 2015 年达到了 4326.3 亿元，同比增长 39.9%，已占文化旅游市场总体份额的 10.48%。

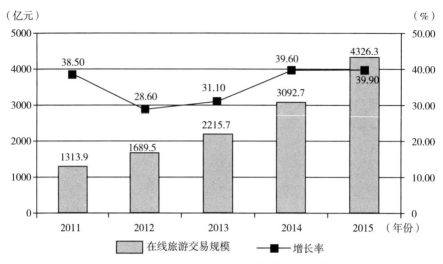

图 3-17　2011~2015 年在线旅游交易规模

资料来源：根据艾瑞咨询发布数据整理。

三、网络文化消费的总体发展情况

网络文化消费的兴起依赖于近年来网络文化服务业务的快速成长。作为"互联网+文化"为主要特征的消费市场，其一方面受到自身文化服务业务属性的影响，另一方面也必然受到网络产业消费品增长中的经济性因素以及技术性因素的制约。网络型消费产品或服务的关键词在于"规模"和"模式"，前者决定该产品是否能够突破网络阈值从而启动并发生大量的市场消费行为，后者决定该产品是否能够通过创新设计从而拥有相对稳固的厂商、平台、用户三者间的利益协同关系。如果单从市场（消费者）的角度看，"用户规模"和"用户黏性"是网络文化消费大面积发生的前提和基础。

（一）网络文化消费的发展背景：用户规模扩张、用户黏性加固、消费惯性形成

1. 互联网用户规模持续扩张

2015 年，互联网用户规模持续扩张，为网络文化服务业提供了人口规模上的保障。如图 3-18 所示，截至 2015 年 12 月，我国网民规模已达 6.88 亿人，全年共计新增网民 3951 万人；互联网普及率提升至 50.3%，较 2014 年增加了 2.4 个百分点。

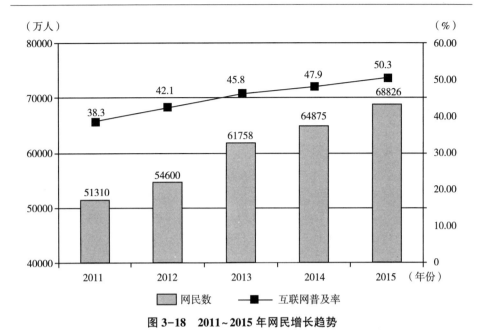

图 3-18　2011~2015 年网民增长趋势

资料来源：根据中国互联网络发展状况统计报告整理。

　　调查显示，2015 年新网民上网最主要的使用设备是手机，使用率为71.5%，手机已然成为拉动网民规模增长的首选设备。如图 3-19 所示，截至2015 年 12 月，我国手机网民规模达 6.2 亿人，较 2014 年新增 6303 万人，网民中使用手机上网的人群占比提升至 90.1%。另外，据第 39 次《中国互联网络发展状况统计报告》统计显示，截至 2016 年 12 月，我国网民规模达 7.31亿人，全年共计新增网民 4299 万人，互联网普及率为 53.2%；我国手机网民规模达 6.95 亿人，较 2015 年增加 7550 万人，网民中使用手机上网人群的占比由 2015 年的 90.1% 提升至 95.1%。

　　2."互联网+文化"业务的消费模式逐步形成

　　2015 年是"互联网+文化"的网络文化服务业取得长足发展的一年，以网络文学、网络游戏、网络直播、在线音乐以及在线视频为代表的五类互联网休闲娱乐业务，其市场规模均取得了高速的增长。

　　高增长的背后，离不开"互联网+文化"业务用户消费模式创新的帮助。不同种类的网络文化服务都拥有自身独特的业务属性，这将直接影响到应打造何种经营模式以适合未来发展。单从平台看，互联网平台运营机构已构造出了

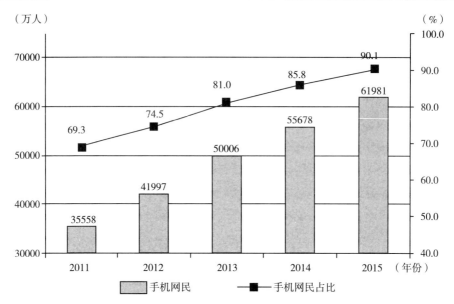

图 3-19　2011~2015 年手机网民增长趋势

资料来源：根据中国互联网络发展状况统计报告整理。

"广告费+增值服务收入+版权分销收入"的经营模式。其中，用户需要直接付费的是"增值服务"和"版权分销"的部分。

尽管具体经营模式或消费模式还在不断地探索和变化中，但我国目前网络文化业务蓬勃发展的势头已然证明了：相对确定的消费模式有助于绑定大量的网络用户，从而形成稳固的用户黏性。

3. 在线消费颠覆居民的传统消费习惯

互联网的普及正在改变着居民的生活消费习惯，不单是各类网络文化消费业务在扩张，居民同样十分热衷于在网络端进行生活必需品的消费活动，即互联网电商的零售业务。

2015 年我国消费市场最大的亮点是网络零售业务迎来迅猛增长。根据商务部监测的 5000 家重点零售企业中，实物商品网上零售金额同比增长 31.6%，连续三年维持 30% 以上的高增速，占全社会消费品零售总额的比重升至 10.8%；购物中心销售金额同比增长 11.8%，超市销售金额同比增长 6.8%，百货店销售金额同比增长 3.4%，专业店销售金额同比增长仅为 0.3%，具体如图 3-20 所示。

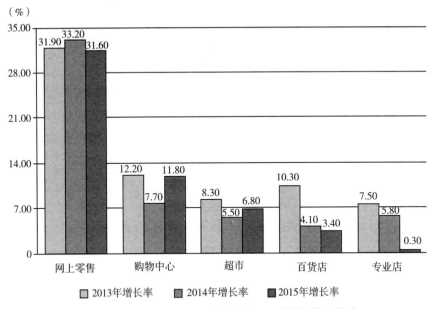

图3-20 2013~2015年五类零售商业平台销售收入增速

资料来源：根据商务部监测重点零售企业报告整理。

　　网络上的零售业务，虽然与"互联网+文化"服务业务并无直接联系，但应该看到，网上零售业务的飞速增长，能够长时间地把用户"锁定"在网络终端（手机或PC）上，如图3-21所示。这样一来，一方面，网络文化服务业的经营者可以通过"互联网生态互动"将零售业务的消费者转移至网络文化业务的消费领域中来；另一方面，发生长时间的在线消费行为，用户一旦形成上网消费的惯性，就容易倾向于把自身"一整套的生活方式"向互联网终端转移——这无疑为各类网络文化服务业务提供了大量的潜在消费对象。

　　（二）网络文化消费的现状：总量增速逾三成，网络直播或成"明日之星"

　　网络文化消费发生的基础是各类网络文化服务行业，它们主要包括网络游戏、网络直播、网络文学、在线视频以及在线音乐五类。

　　2015年，我国网络文化服务各行业增长势头强劲，加权后总量同比增长率超过30%。其中，网络游戏市场规模最大，达到1407亿元，在去年庞大的基数上实现了22.9%的高速增长；网络文学拥有70亿元的市场规模，增速为25%；在线音乐和在线视频的年涨幅分别是67.2%、74.4%；值得关注的是，

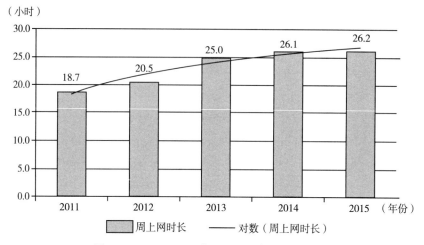

图 3-21　2011~2015 年网民平均每周上网时间

资料来源：根据中国互联网络发展状况统计报告整理。

网络直播成为 2015 年以来最受业界关注、成长最为快速的行业，年增长 161.3%。截至 2016 年底，网络直播用户规模达到 3.44 亿人，占网民总体的 47.1%，较 2016 年 6 月增长 1932 万人。其中，游戏直播的用户使用率增幅最高，半年增长 3.5 个百分点，演唱会直播、体育直播和真人聊天秀直播的使用率相对稳定。有分析人士认为，网络直播的增长还将提速，其市场规模将在 2017 年达到 500 亿元。

总体而言，以"互联网+文化"为主要形式的各类网络文化服务业在 2015 年营收达到 1760.5 亿元，年增长 30.4%，具体如表 3-7 所示。

表 3-7　2014~2015 年网络文化服务业市场规模

行业类别	2014 年	2015 年	增长率（%）
网络游戏市场（亿元）	1144.8	1407.4	22.9
在线视频市场（亿元）	97.0	169.2	74.4
网络文学市场（亿元）	56.0	70.0	25.0
网络直播市场（亿元）	28.2	73.7	161.3
在线音乐市场（亿元）	24.0	40.2	67.2
合计	1350.1	1760.5	30.4

资料来源：根据新闻出版产业分析报告、艾瑞咨询发布数据整理。

2015 年网络游戏、网络直播、网络文学、在线视频以及在线音乐相互间市场规模的比重，如图 3-22 所示。

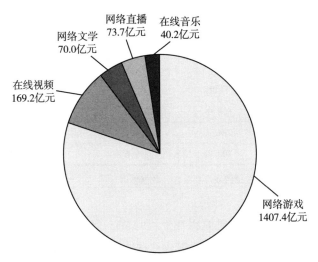

网络直播
73.7亿元

在线音乐
40.2亿元

网络文学
70.0亿元

在线视频
169.2亿元

网络游戏
1407.4亿元

图 3-22　2015 年五类网络文化服务行业市场规模

资料来源：根据艾瑞咨询发布数据整理。

四、网络文化市场消费细分

网络文化市场主要分为网络游戏市场、网络直播市场、网络文学市场、在线视频市场以及在线音乐市场。

（一）网络游戏：移动端游戏持续走高，拉动游戏业走强

2015 年，网络游戏的用户数达到 5.34 亿人，同比增长 3.3%，我国网络游戏市场的实际销售收入为 1407 亿元，同比增长了 22.9%。网络游戏涵盖客户端游戏、移动游戏、网页游戏、社交游戏等[①]。其中，客户端游戏、移动游戏、网页游戏三者的收入分别为 612 亿元、515 亿元、220 亿元，共计占网络游戏产业总收入的 95.7%。增长方面，2015 年网络游戏产业的增长驱动力来

---

① 本报告一直把网络游戏产业等同于游戏产业看待。技术上看，单机游戏、电视游戏也可以接入互联网成为网络游戏，但较其他几类游戏，二者的交互性偏弱。2015 年二者的销售收入共计 3.6 亿元，体量较小。因此，即便不把此二者视为网络游戏，那么，2015 年网络游戏产业收入占整体游戏产业收入的 99.7%。

自于移动游戏领域，其同比增长达到了 87.2%，同时也宣告连续五年保持了 85% 以上的增速（见表 3-8）。

表 3-8　2014~2015 年网络游戏产业及主要细分游戏类型

	2014 年	2015 年	增长率（%）	占比（%）
用户（亿人）	5.17	5.34	3.3	—
网络游戏总体（亿元）	1149	1407	22.9	100.0
客户端游戏（亿元）	608.9	611.6	0.4	43.5
移动游戏（亿元）	274.9	514.6	87.2	36.6
网页游戏（亿元）	202.7	219.6	8.3	15.6

资料来源：根据《2015 年中国游戏产业报告》数据整理。

移动游戏的持续增长主要原因在于：首先，智能移动设备不断更新换代，中国移动设备的普及率持续提升；其次，宽带中国战略在官方高层的推动下，中国移动宽带基础设施建设进一步加强，推进移动宽带相关业务的普及；最后，游戏厂商战略转移，从 PC 和网页端游戏转型开发移动游戏相关业务。在移动游戏市场份额进一步扩大的背景下，PC 端和网页端游戏受到持续挤压，竞争后生存下来的是一批经典而富有实力的游戏开发厂商，从而提供了产品质量的保障。

（二）网络直播：商业模式初现，未来升腾可期

1. 网络直播平台类型

网络直播又称为网络视频直播，或视频直播。直播平台可大致分为四类：秀场类、游戏类、垂直类、版权类。秀场类也称泛娱乐类，是与主播表现高度相关的直播类型，是目前最多的一类直播平台，数量接近全体直播平台的一半；游戏类直播伴随网络游戏的兴盛而起；垂直类的实质是"直播+垂直行业"，即通过直播跟其他行业建立互动联系；版权类主要是针对一些付费赛事、演唱会的直播。四类平台具体比重如图 3-23 所示。

2. 网络直播大幅增长的原因

2015 年网络直播市场规模达到 73.7 亿元，同比增长了 161.3%，是成长最为快速的行业。究其原因，首先有赖于我国互联网的发展逐步成熟，尤其是移动互联网，用户的数量以及流量持续增长；其次，硬件方面的提升促进了网

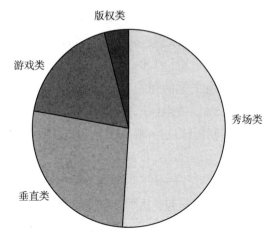

图 3-23　网络直播平台的类型及比重

资料来源：根据艾瑞咨询发布数据整理。

络直播的推广，如智能手机的普及为移动直播提供了便利条件；最后，秀场类的直播已形成了较为成熟的商业模式，资本市场对网络直播行业青睐有加。

3. 直播平台的商业模式

不同类别的直播平台，其收入方式存在差别。从整体行业看，泛娱乐类、游戏类直播的用户付费方式以打赏付费为主，版权类直播的用户付费以提供用户增值服务为主。在全体网络直播平台的营收中，用户付费占到了收入的八成。

（1）泛娱乐类、游戏类内容。根据用户互动打赏分成获得营收，平台依据发展状况以及不同主播间的创收能力制定分成规则。流量越充足，互动频率越高的平台给主播带来的收益越大，与此同时也会抽取较高比例的分成。主播与平台间是协同发展关系。

（2）版权类内容。以内容的观看价值为主，互动性较弱，因此该类用户付费方面以增值服务为主，目前优秀内容如演唱会直播、大型活动直播等依然为稀缺资源，因此付费观看为主要营收方式，同时提供免看广告和个性化定制等增值服务。

（三）网络文学：手机阅读用户激增，优质文学 IP 引发全新商业模式

2015 年，我国网络文学市场规模增长至 70 亿元，同比上涨 25%。随着优质 IP 越来越受到资本市场的重视，网络文学市场或将迎来加速发展的时代，预计 2016 年国内网络文学市场规模可增长至 90 亿元左右。

用户规模上，截至 2015 年 12 月，网络文学用户规模达到 2.97 亿人，较 2014 年增加了 289 万人，同比增长 1.0%，占全体网民的 43.1%，比上一年回落 2.2 个百分点；手机网络文学的用户规模为 2.59 亿人，较 2014 年增加了 3283 万人，同比增长 14.5%，占全体手机网民的 41.8%，比上一年增加了 1.2 个百分点。可见，手机上网阅读成为网络文学市场规模增加的有力保障，如表 3-9 所示。

表 3-9　2014~2015 年网络文学相关增长数据

	2014 年	2015 年	增长率/变动趋势（%）
市场规模（亿元）	56	70	25.0
用户（亿人）	2.94	2.97	1.0
用户占网民比例（%）	45.3	43.1	-2.2
手机用户（亿人）	2.26	2.59	14.5
手机用户占手机网民比例（%）	40.6	41.8	1.2

资料来源：根据中国互联网络发展状况统计报告整理。

对 2015 年的我国网络文学而言，最重大的转变在于商业模式的调整。借助于"泛娱乐"概念，网络文学产业为影视剧、游戏等领域提供优质 IP。这些 IP 以其巨大的潜在商业价值促使各大型互联网企业将其视为内容领域的战略重点，这直接带来了网络文学产业商业模式的调整。之前网络文学网站单纯依靠读者付费的商业模式已经逐渐退出舞台，"培养万众期待的优质 IP，再通过出售 IP 进行相关内容形式的改编来寻求变现"的商业模式已经成为当前网络文学产业追求的重心。

（四）在线视频：视频增值服务提升，助力行业收入结构全面升级

2015 年，在线视频行业的视频增值服务收入（即用户直接支付带来的收入）为 29.7 亿元，占整体收入的比重是 12.8%。相比于 2014 年的 5.6%，2015 年在线视频的用户付费市场实现了大幅增长。

对爱奇艺、优酷、腾讯为代表的在线视频网站而言，用户付费比例的增长意义重大：这预示着在线视频行业正在逐渐走向成熟。当视频增值服务逐渐发展成为与广告同等重要的收入来源之时，将有利于打破一直以来广告收入独占鳌头的营收局面，进而推动全行业的收入结构更趋于合理化。随着在线视频用户基数的逐年增长，在线支付技术的推广普及，以及政府对盗版行为的严厉打击，在线视频的消费市场也已步入成熟阶段。可以预见，未来的几年还将是用户付费的高速成长期。

用户规模方面，截至 2015 年 12 月，中国网络视频用户规模达 5.04 亿人，较 2014 年增加 7093 万人，网络视频用户使用率为 73.2%，较 2014 年增加了 6.5 个百分点。其中，手机视频用户规模为 4.05 亿人，与 2014 年相比增长了 9228 万人，增长率为 29.5%。手机网络视频使用率为 65.4%，相比 2014 年增长了 9.2 个百分点。由此可见，手机看视频也是在线视频市场规模增加的有力保障。

（五）在线音乐：价值回归版权，专项治理引发市场消费翻倍

截至 2015 年 12 月，网络音乐用户规模达到 5.01 亿人，较 2014 年增加了 2330 万人，同比增长 4.9%，占网民总量的 72.8%，比上一年减少了约 1 个百分点。其中，手机网络音乐用户规模达到 4.16 亿人，较 2014 年增加了 4997 万人，同比增长 13.6%，占手机网民总量的 67.2%，比上一年增加了 1.4 个百分点，具体如表 3-10 所示。

表 3-10　2014~2015 年在线音乐相关增长数据

	2014 年	2015 年	增长率/变动趋势（%）
市场规模（亿元）	4.7	10.5	121.8
用户（亿人）	4.8	5.0	4.9
用户占网民比例（%）	73.7	72.8	-0.9
手机用户（亿人）	3.7	4.2	13.6
手机用户占手机网民比例（%）	65.8	67.2	1.4

资料来源：根据中国互联网络发展状况统计报告、艾瑞咨询发布数据联合整理。

在线音乐行业一直以来有其"成熟"的商业模式，即"会员模式+增值服务模式+音乐社交模式+广告与游戏模式"的四大盈利模式组合①。但由于长期以来，国内互联网用户已习惯于免费模式，普遍缺乏互联网付费消费的意识，

---

① 总结自 2015.10 艺恩 EntGroup Inc.。

因此该模式中的"会员模式"以及"增值服务模式"带来的收入增加十分微薄。

2015 年，我国在线音乐用户付费达到 10.5 亿元，增速为 121.8%。如此大的增长幅度，主要原因在于：国家版权局在 2015 年 7 月 8 日发布了《关于责令网络音乐服务商停止未经授权传播音乐作品的通知》，并同时启动了规范网络音乐版权的专项整治行动。在这之后，国内主流音乐平台开始对部分获得授权的音乐作品进行收费，这一定程度上是在进行过渡，并同时培养用户的付费行为意识。可以预见，随着版权市场的进一步规范，在线音乐的用户付费规模将持续增长，在线音乐行业的价值重点将重新回归到音乐的版权上。从长期来看，"为版权付费"将是推动在线音乐市场可持续发展的主要且唯一重要的逻辑所在。

第二章　后红利时代的拐点与突围

——中国电影产业投资发展报告（2017）

陈端[1]　张涵[2]　张微[2]　聂玥煜[2]　赵鹏飞[3]　张午美[3]

（1. 中央财经大学文化传媒学院副教授；

2. 中央财经大学财经新闻专业本科生；

3. 中央财经大学文化产业管理专业本科生）

一、中国电影产业发展面临拐点

（一）市场泡沫渐退，中国电影行业迎来"拐点"

从 2010 年开始，中国电影市场发展速度惊人，连续 5 年票房都保持在 40% 以上的增速。2015 年，《捉妖记》、《港囧》、《煎饼侠》、《夏洛特烦恼》等国产电影票房均突破 10 亿元大关，票房总量达到 440.60 亿元，49% 的同比票房增量也创下了近 10 年来的涨幅最高值。如图 3-24 所示。

资本也竞相逐利影视行业，电影行业成为国内资本市场投资并购最为活跃的领域之一。统计数据显示，2015 年，电影娱乐业共计发生了 125 起并购投资案，总金额达到 927 亿元。据统计，2016 年 A 股上市公司共发起了不低于 26 起标的公司行业类型为影视与娱乐的并购事件，合计规模超过 476 亿元人民币。

高歌猛进的"黄金时代"，中影、华谊、万达、光线、博纳等集团脱颖而出，成为名副其实的全产业链娱乐集团巨头，众多中小规模电影公司也不甘示弱、风起云涌。随着 AT 为首的互联网企业闯入，中国电影行业更是"硝烟四起"。中国电影行业在优胜劣汰中逐步打造出相对完善的产业链，探寻新的发展模式的同时，也蕴藏着烂片充数、明星天价、估值泡沫、产量过剩、票房造假、保底泛滥等诸多问题，以及产品生产、资本市场、需求减弱、链条垄断等风险。

（亿元）

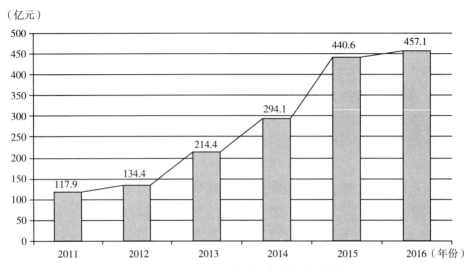

图3-24　2011~2016年中国内地年度总票房

资料来源：时光网专业版。

　　这些问题与风险在2016年被放大、被细化，直接"利空"票房市场。2016年全年我国电影总票房为457.12亿元，3.73%的增幅创6年新低。虽由《美人鱼》、《澳门风云3》、《西游记之三打白骨精》领衔的春节档创造了梦幻开局，但从4月到9月票房出现同比下跌，进入"冰河世纪"，直到国庆档黑马《湄公河行动》、年末大片《长城》等为2016年电影市场添上几抹不多的亮点（见图3-25）。

（亿元）

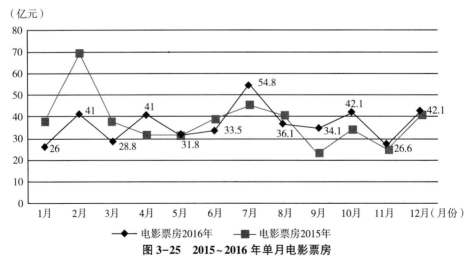

图3-25　2015~2016年单月电影票房

资料来源：新京报、时光网专业版。

从五家上市集团 2016~2017 年这一年来股价变动情况来看，都不约而同呈现下跌趋势，也揭示了电影产业在资本市场上的一个下行趋势（见图 3-26~图 3-30）。

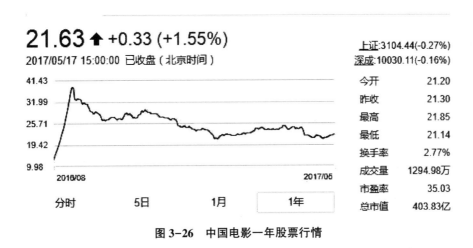

图 3-26　中国电影一年股票行情

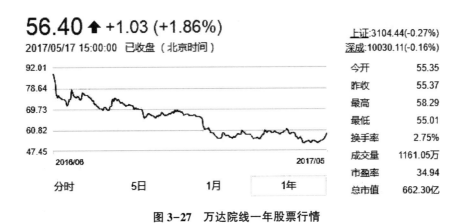

图 3-27　万达院线一年股票行情

8.57 ↑ +0.13 (+1.54%)

2017/05/17 15:00:00 已收盘（北京时间）

上证:3104.44(-0.27%)
深成:10030.11(-0.16%)

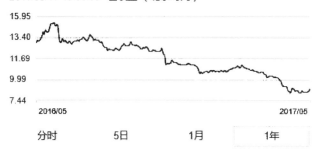

今开	8.38
昨收	8.44
最高	8.66
最低	8.35
换手率	1.77%
成交量	3377.40万
市盈率	-
总市值	238.73亿

分时　　　5日　　　1月　　　1年

图 3-28　华谊兄弟一年股票行情

8.60 ↑ +0.05 (+0.58%)

2017/05/17 15:00:00 已收盘（北京时间）

今开：8.55	最高：8.74	市盈率：34.09
昨收：8.55	最低：8.51	总市值：252.29亿

上证：3104.44(-0.27%)
深成：10030.11(-0.16%)

图 3-29　光线传媒实时股票行情

1.320 ↑ +0.010 (+0.76%)

2017/05/17 16:00:00 已收盘（北京时间）

恒指:25293.63(-0.17%)

今开	1.310
昨收	1.310
最高	1.340
最低	1.290
换手率	0.14%
成交量	3589.00万
市盈率	-31.08
总市值	333.10亿

分时　　　5日　　　1月　　　1年

图 3-30　阿里影业一年股票行情

影业市场表现欠佳的背后，是影片总体质量的下滑，是票补减少、银幕增多后上座率的下跌，是新媒体多屏幕的分流，是观众欣赏水平与观影要求的提升，是电影行业监管的重磅出击。毋庸置疑，中国电影行业遭遇了多重意义上的天花板。但与其认为 2016 年是中国电影发展的拐点，不如更确切地说是当下中国电影发展模式和结构出现了拐点。不同的是，前者看衰中国电影市场，后者着眼于中国电影行业的整体利益和长远发展。

（二）多重发展天花板呼唤破局突围之道

中国电影行业拐点已至，天花板突围战一触即发。如何在拐点之后把握住政策红利优势，有效应对监管、政策风险，扬长避短规划布局，实现企业和行业功能价值成为新的议题。

可喜的是，在政策（《电影产业促进法》政策加大明星资本化审查范围、资本违规操作处罚力度）、市场（产量过剩、供需结构有待调整、工业化体系尚未完成）等天花板压力下，影业开始冷静下来，不只是考虑如何在产业某一环节、某一项目、通过杠杆等金融手段赚快钱，更多地反思公司业务结构、战略布局和整体市场环境、产业发展问题。影片质量有所提升，主旋律题材电影有所突破，发行放映联盟接连启动，青年电影人才培养计划不断。

（三）研究方法

本报告选取行业传统四大老牌巨头（中影、万达、华谊、光线）和互联网强势破局者（腾讯、阿里）作为样本，选择这六家公司的原因，一是其在业内的影响力；二是作为上市公司财务信息相对公开，可以根据各自年报数据进行比较分析；三是这六家公司分别立足于不同前期资源和内在基因，在发展路径选择和战略布局上各有千秋，或立足优势整合产业链，或在国际市场开疆拓土，或积极打造生态闭环，或在资本市场长袖善舞，对其进行系统深入的比较分析，可以通过这些标杆企业的探索为行业未来发展指引方向。

二、六家标杆企业的发展模式梳理及对比

（一）发展模式

1. 万达院线：巩固院线龙头地位，集团院线两端发力

（1）观影收入绝对优势，广告收入逐步攀升。万达院线作为万达集团的子公司，是万达集团在影视行业的重要战略布局。2005 年万达院线成立，2015 年在深交所上市，其主营业务分为四个板块：影院投资建设、院线电影

发行、影院电影放映及相关衍生业务，主要业务收入来自于观影收入、卖品收入以及广告收入。

2014~2016年观影收入占比有所下滑，但一直占据万达院线营收的大头，商品、餐饮销售保持平稳占比（见图3-31）。总体观之，相较于行业其他影视企业，万达院线近几年的营收结构变化偏向于稳定。

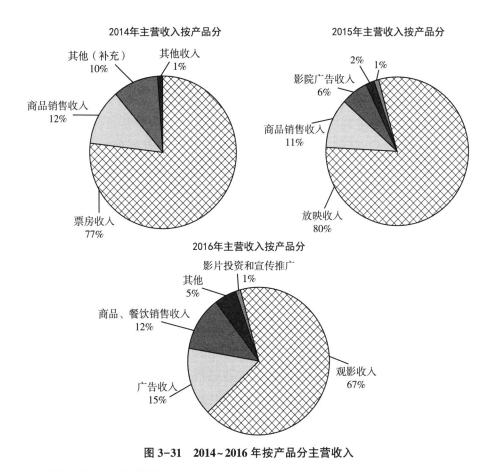

图3-31　2014~2016年按产品分主营收入

资料来源：万达公司年报。

三年营收结构纵向对比，其中有两点变化值得注意。首先，在主营业务整体结构变化平稳的状态下，主营业务的板块逐增，2015年增加影院广告收入一项，2016年增加影片投资和宣传推广一项。丰富业务板块为万达在提高非票房收入创造条件，从而分散业务单一的风险。其次，广告收入的比重已达到

15%并呈现递增趋势，从 2015 年的 4.63 亿元到 2016 年的 16.9 亿元，其增长率已超过 300%。这与万达院线今年来的几次收购动作是紧密相关的，2015 年 9 月收购旗下拥有影业投资与宣发、电影大数据票房营销服务和电影媒体广告三大主营业务的幕威时尚，2016 年 5 月又收购了一家娱乐营销老牌公司 Propaganda GEM Ltd.，与幕威时尚在国内外形成万达院线广告营销业务的互补。2016 年 12 月又成立万达传媒，成为万达院线对外广告业务的最大窗口。

近几年万达院线总体营收和净利润都实现同比增长（见图 3-32），但从 2016 年初到 2017 年初其股价却下跌不止。从行业整体背景来看，2015 年影视产业发展红火，大量热钱流入导致泡沫，2016 年市场趋于平静，热钱流出，这是导致整个行业股价下跌的重要原因。此外，万达院线近年凭借房地产资本支持溢价收购、产业链扩张动作频繁，其扩张成本与回报不能够合理匹配或达不到理想状态，从而不能顶住股价下跌趋势。另外，2016 年初大量限售股解禁导致大股东外逃是 2016 年初股价下跌的最直接因素。

图 3-32 近年万达院线业绩

资料来源：同花顺财经。

（2）海外扩张加速，院线集团两端发力。万达近年在海外的并购扩张十分引人注目，其扩张路径主要分为万达院线和万达集团两条线。万达集团自从 2012 年收购北美第二大院线 AMC 后，不断通过 AMC 加快其扩张的步伐。2016 年 3 月 AMC 出资 72 亿元人民币收购卡麦克院线，成为全球最大的电影连锁院线；2016 年 7 月斥资 80.1 亿元人民币收购欧洲最大院线 Odeon & UCI；2016 年 11 月收购美国著名电视节目制作公司 DCP 集团；2017 年 1 月以约合 63.71 亿元人民币收购北欧最大院线——北欧院线集团。逐渐地，万达集团涉足北美、欧洲、北欧并都占据领先地位。

从万达院线这条线来看，2015年收购澳大利亚第二大院线集团HG Holdco PtyLtd后，2016年澳洲票房市场占有率达到20%，收购还导致万达院线在海内外的营收结构发生较大变化，海外营收占比提升2倍（见图3-33）。

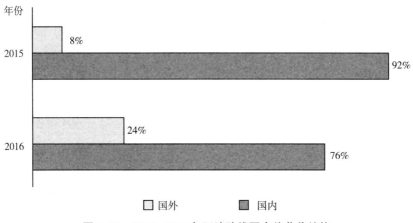

图3-33　2015~2016年万达院线国内外营收结构

资料来源：万达公司年报。

万达院线并购时光网后其往衍生品方向扩张的倾向愈加明显，时光网核心资产是衍生品设计品牌"影时光"，一个经营正版授权原创电影衍生品品牌。收购时光网可能成为万达院线非票房收入的一个爆发点（见表3-11）。2016年万达院线实现非票房收入39亿元，同比增长超过100%。公司年报中提到，其发展目标之一是持续提升非票房收入，优化营销模式，整合广告资源，创新卖品及衍生品，保持收入、利润持续增长。不断提高非票房收入有利于公司优化营收结构，也能够在一定程度上分散把绝大部分重心放置于票房市场所隐含的风险。此外，由于非票房收入成本远低于票房收入，其净利润就会有较大占比。

表3-11　被投资方分时间概述

时间	事项	被投资方概述
2015年9月	收购澳大利亚 HG Holdco PtyLtd	其实体品牌 Hoyts Group Holdings LLC 是澳大利亚第二大院线运营公司，业务有影院运营、影片发行和电影屏幕广告，这导致万达院线境外资产占公司比重21.63%

续表

时间	事项	被投资方概述
2015 年 12 月	收购慕威时尚文化传播（北京）有限公司	旗下拥有影业投资与宣发、电影大数据票房营销服务和电影媒体广告三大主营业务
2015 年 12 月	收购世茂影院 15 家子公司	主要从事影院的运营、电影放映，巩固院线优势地位
2016 年 5 月	收购总部位于瑞士日内瓦及美国洛杉矶的 Propaganda GEM Ltd.	一家专注于娱乐营销的老牌公司，提供策略性娱乐营销创意和理念，自主经营广告植入、联合推广等业务，是打进好莱坞上游产业链的突破
2016 年 7 月	收购时光网	时光网创立于 2005 年，是一家具有文艺气息的公司，其提供电影资讯和写影评讨论电影的社区，此外还切入线上购票领域及电影衍生品、直播技术
2016 年 12 月	成立万达传媒	一家整合营销公司，包括电影营销、内容营销、体育营销、商业实景营销等，是万达对外广告业务的最大窗口

在国内市场，2015 年万达院线国内新开业影院 43 家，并购增加影院 15 家、126 块银幕。2016 年全国影院投资保持高速增长，全年新增影城超过 100 家，全年新增银幕 9259 块，新增银幕数量创造新高，平均每天新增银幕 25.4 块。① 影院数量如雨后春笋般年年增加，万达院线在国内布局愈加广泛，保持院线优势来巩固其龙头地位。

2. 中国电影：全产业链布局，发行独占上风，院线分羹一杯

（1）全产业链布局，营收结构稳定，院线票房市场地位举足轻重。中国电影股份有限公司（以下简称"中国电影"）背靠中影集团，集制片制作、发行、放映、影视服务为一体。电影发行业务主要是从电影制片方或其授权方取得发行权；放映业务中电影院线再从电影发行方取得影片一定时期内的放映权，并分发到所属影院进行放映，放映业务包括电影院线业务与影院投资经营业务；电影营销业务是指影片的宣传策划、商务开发和版权经营等业务；此外，影视服务业务主要是影视器材业服务。

逐年分析中国电影 2013～2016 年主营业务，其营收结构保持在相对稳定

---

① 《中国电影股份有限公司 2016 年年度报告》。

的状态。发行收入一向占总营收的半数以上，其次为放映收入和影视制作收入（见图3-34）。

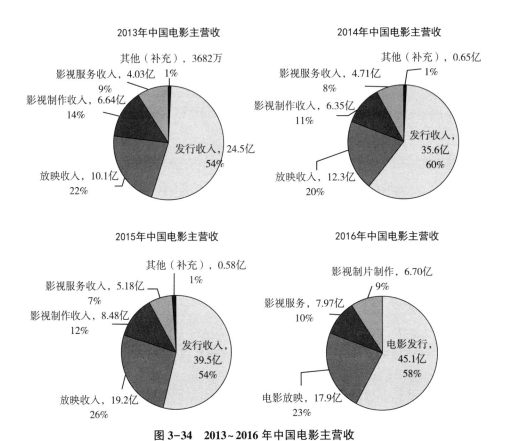

图 3-34　2013~2016 年中国电影主营收

资料来源：中影公司年报、东方财富网。

2016 年中国电影年报显示，旗下控股 3 家院线公司和 107 家影院，参股 4 家院线公司和 13 家影院。① 在 2016 年的十大票房院线中，中影星美、中影数字、南方新干线由中国电影控股，三家公司市场份额合计超过院线龙头"万达院线"（见图 3-35）。

_____

① 《中国电影股份有限公司 2016 年年度报告》。

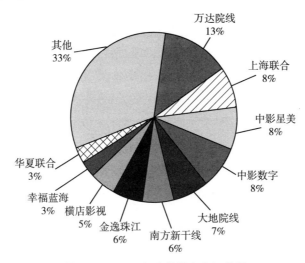

图 3-35　2016 年院线票房市场份额

资料来源：中国电影发行放映协会。

　　两方相比，万达院线的特点在于影院自建，其在资产连接影院中的绝对地位集中了万达话语权，便于统一管理影院、统一引进与排片。中国电影在院线放映技术上具有一定优势，万达院线选择引进国外 IMAX 系统，中国电影旗下品牌"中国巨幕"正在推广应用中，目前而言，在用户体验、一整套放映标准方面 IMAX 的表现较为成熟，另外不容忽视的是，影院放映中使用中国巨幕具有成本优势，不用面临高价引进外部放映系统导致高成本的压力，拥有价格优势就拥有竞争潜力。

　　从中国电影近几年的大事记来看，其业务布局愈加广泛，从影视投资、影视制作、宣传发行、院线放映、衍生品市场到影视器材服务纷纷涉足（见表3-12）。

表 3-12　中国电影大事记

时间	事项	相关情况
2014 年 2 月	签署股权转让协议，股权转让后公司持有中影动画产业有限公司 100% 股权	2014 年公司对中影动画产业有限公司增资 3000 万元，2015 年增资 4100 万元，2016 年增资 1100 万元
2015 年 6 月	中国电影收购梦想者电影	梦想者电影主营电影制作与发行
2015 年 7 月	成立北京中影营销有限公司	专门负责电影衍生品营销

时间	事项	相关情况
2016 年 2 月	中影音像出版发行有限责任公司增资，注资 1000 万元	主要出版电影、文艺等方面的音像制品
2016 年 10 月	收购大连华臣影业 70%股权	大连华臣旗下公司主营院线业务
2017 年 1 月	拟购法国 YMAGIS 公司 15%的股权	旨在开拓"中国巨幕"系统和"中影光锋"激光光源等电影技术设备的欧洲市场
2017 年 3 月	出资设立合肥中影中投中财投资管理有限公司，中国电影股 20%	投资于国内电影放映领域，公司具有优先购买权，有助于推进公司电影放映业务、影视服务业务的协同发展

（2）政策红利优势，发行市场占上风。中影集团持有中国电影 67.36%以上股权，中国电影作为国有控股企业其政策优势较为明显。面对"一家进口，两家发行"的形式，中影集团是唯一一家能够进口海外分账影片的公司，同时仅中影集团和华夏联合两家具有进口影片的发行权。中国电影作为中影集团的子公司承接进口影片发行业务，进口片票房增加将直接影响其分成。

进口影片票房占国内总票房四成左右（见图 3-36），中国电影是仅有的两家拥有进口发行权公司之一，其主营收半数以上来自发行业务，而发行业务作为连接上游制作与中下游院线放映的中间枢纽，起着承上启下的作用。中国电影凭借着这关键的枢纽地位，在进口票房市场分羹不少。

随着中国国际文化交流越发频繁，年度过亿元进口片的数量逐年增长，从 2014 年的 30 部到 2016 年的 41 部都反映出今后增长的趋势。2017 年 2 月中美双方谅解备忘录到期，新一轮谈判开启，在我国巨大的票房潜力诱惑下，海外分账片进口配额有望进一步开放。但政策优势并非立足于公平的市场竞争环境，要想在正常的市场环境中摸爬滚打，多方布局、分散风险是一个必要的选择。

3. 华谊兄弟：老牌巨头在资本与互联网夹击中的突围之道

（1）资本运作趋于冷静，重拾内容核心优势。华谊兄弟 2016 年年度报告显示，报告期公司实现营业总收入为 35.03 亿元，比上年同期下降 9.55%；归属于上市公司股东净利润为 8.08 亿元，比上年同期下降 17.21%。虽然受整体市场环境不利及电影业务表现不佳影响，华谊兄弟业绩遭遇了上市 8 年来的首

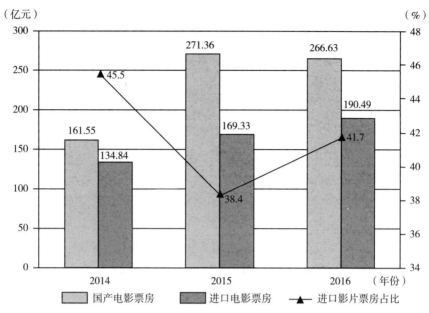

图 3-36 2014~2016 年国产影片与进口影片票房情况

资料来源：中国电影公司年报。

次下滑，但受惠于产业投资板块的亮眼表现，其净利润仍位居上市影视娱乐公司榜首（见表 3-13）。

表 3-13 华谊兄弟 2016 年年度报告

	2016 年	2015 年	2014 年	2013 年
营业收入（元）	3503457272.67	3873055085.38	2389022826.74	2013963791.47
本年比上年增减（%）	-9.55	62.14	18.62	45.27
资产总额（元）	19852631103.57	17893979297.14	9818641563.46	7212350494.06
本年比上年增减（%）	10.95	82.24	36.14	74.30
净利润（万元）	80813.40	121823.49	103436.83	67314.90
本年比上年增减（%）	-17.2	17.78	72.99	179.65

资料来源：华谊兄弟年报。

报告期内，华谊兄弟投资收益为 11.5 万元，较上年同期相比增长 84.75%；主要通过与拥有大量二次元 IP 库的上海童石网络科技股份有限公司进行投资合作，参与北京剧角映画文化传媒股份有限公司 D 轮融资，出售所持北京掌趣科技股份有限公司部分股份等取得投资收益。在主营业务外，华谊兄弟新近入股的移动电竞龙头公司英雄互娱在 2016 年实现业绩"井喷"，其三季报显示归属于挂牌公司股东的净利润约 3.69 亿元，这使其控股公司华谊兄弟获益匪浅。

但是不得忽略的是，在资本投资方面，华谊兄弟从上市初便一直在全面扩张，近两年更是开始了疯狂收购的步伐。数据显示，2009 年华谊兄弟上市初参控股公司数量为 6 家，到 2016 年，公司主要子公司、控股公司、参股公司已经达到 103 家。仅 2015 年，华谊投资并购总金额就达 37.36 亿元，连续收购"跑男"公司、冯小刚公司等，布局游戏、明星 IP、导演 IP 等多个方面。在国际化道路上，华谊兄弟更是制造出了很多资本故事，2016 年华谊兄弟投资曾出品《来自星星的你》的韩国 HB 公司以及以经纪业务见长的韩国上市娱乐公司 SIM；通过全资子公司 HUAYI BROTHERS INVESTMENT USA INC 与美国知名导演及制片人安东尼·罗素和乔·罗素兄弟在美国共同投资成立合资公司，分别持有以上三个公司 30%、26% 和 60% 的股份。

快速扩张的华谊兄弟伴随着负债的增加，即便获得超过 27 亿元的投资"补血"，2016 年华谊兄弟负债仍然近 80 亿元人民币，其中流动负债超过 52 亿元。

随着 2016 年监管趋严、资本热钱退出市场、大盘整体下挫，大力"买买买"和玩弄"明星证券化"的华谊兄弟受到一记重拳。2016 年下半年，证监会遏制借壳重组的短期炒作，影视公司的并购重组接二连三被否决，华谊兄弟跌幅超过 40%。

但若以完整财年来考量上市公司业绩，华谊兄弟已连续多年位居 A 股影视娱乐上市公司盈利榜首位，这验证了华谊兄弟整体业务结构的健康性和合理性。回顾华谊兄弟的崛起之路不难发现，相比于其他玩家，以内容起家的华谊兄弟有着布局内容产业的灵敏嗅觉和强大优势。

2016 年，华谊兄弟为进一步巩固其内容生产优势，正式提出了"强内核"（强化内容核心）战略并将之确立为现阶段的首要战略，随之展开了一系列拓展内容源头的布局动作。2016 年 3 月，华谊兄弟设立全资子公司"华谊兄弟点睛动画"，核心团队都是来自梦工厂、派拉蒙等美国好莱坞动画行业的专业人才，包括美国梦工厂前总制片人、东方梦工厂首席创意官及动画公司总监乔·阿奎拉（Joe Aguilar）担任动画公司 CEO，旨在开发有中国元素、全球水准的动画大电影。接下来的 7 月，合资公司"角虫娱乐"正式启动，双方将在童石网络的漫画 IP 库中筛选高人气 IP 进行改编，而华谊兄弟将享有对这些 IP 进行全形态开发的优先选择权。

2016 年下半年，华谊浩瀚也陆续推出了多个影视剧和综艺节目，其中包括：于 2016 年 7 月 24 日登陆湖南卫视的 IP 巨制《幻城》，于 6 月 26 日登陆浙江卫视的综艺节目《我去上学啦》第二季，华谊浩瀚与腾讯视频联合出品的《约吧！大明星》等。在网络大电影和网剧领域，华谊兄弟与七娱乐影业共同打造的《山炮进城 1》成为首部票房突破千万的网络大电影，同时打破了 12 项市场纪录；2016 年 3 月，该系列第二部作品再次刷新自己的纪录，成为首部票房破 2000 万的现象级网络电影；此外，双方于 2016 年上半年联手推出的《超能太监》系列网络大电影的第一部与第二部，也创下累计播放量近 2 亿次的优异成绩。

受到挫伤的华谊兄弟开始了布局的转向，冷静资本投融资态度、放缓兼并收购步伐，将优质的资金和资源转向内容源头和发行、院线等自身的短板领域，通过创新激励机制和提供具有吸引力的平台，集合了国内外顶尖的创意人才，持续储备和开发优质内容，进一步强化其发行和放映能力。

2017 年，华谊兄弟在内容领域的投入将继续加大。王中磊之前曾多次表示，2017 年将是华谊兄弟的制作大年：冯小刚导演的《芳华》已定档 2017 年国庆档，罪案动作片《引爆者》也在加紧制作中，继《功夫瑜伽》之后，成龙的动作大戏《英伦对决》也将在国庆档全球同步上映。管虎导演的《八佰》、徐克导演的《狄仁杰之四大天王》、田羽生导演的《前任攻略 3》等多部电影作品也将陆续开机。华谊兄弟点睛动画也将推出首部真人动画电影。2017 年 3 月初，华谊兄弟和陈国富监制的工夫影业一起发布了一份重量级的片单，里面虽只有 5 部片，却涵盖了华语电影最具工业化基础的 3 个高概念 IP，包括《狄仁杰》系列、《鬼吹灯摸金校尉》系列、《画皮》系列。此外，还有热门游戏改编电影《阴阳师》和黑泽明的大师遗作《黑色假面》。

（2）强化发行布局院线，建构大娱乐生态系统。目前国内排片的决定权在院线手中，在经历过多部影片叫好不叫座的尴尬后，华谊兄弟也开始认识到自己在终端放映市场的失语状态。2016 年下半年，华谊兄弟开始着力加强院线端的建设。根据公告，华谊兄弟已建成投入运营的影院为 19 家，其中报告期内新增开业的影院为4家，包括高端定制影院品牌——华谊兄弟电影汇。除了自身品牌院线的建设，华谊兄弟还通过其全资子公司华谊兄弟互娱（天津）投资有限公司以7885万元参与大地院线定增，进一步彰显了加码院线布局的决心。王中磊在同期接受采访时表示：2017年华谊兄弟将加速影院布局，计划在五年之内跻身院线行业前列；但我们不会盲目追求数量和规模，而是更依靠品质，有品质的影院才更有竞争力。

在加强院线建设的同时，华谊兄弟也开始一步步强化其发行能力。2015年，华谊兄弟（北京）电影发行有限公司正式成立，这是华谊兄弟进入电影行业近20年来首次组建专业发行公司，紧随其后华谊兄弟又通过华谊兄弟（北京）电影发行有限公司携手上影集团、微影时代、大地时创等各具优势的股东设立了华影天下（天津）电影发行有限责任公司，其进一步提升对终端市场影响力，加强电影主营业务的决心可见一斑。

但身为影视行业的"老大哥"，华谊兄弟似乎玩得更杂、走得更远。2016年12月，华谊兄弟与星影聚合"盒饭LIVE"玩起了互联网社群和粉丝经济。华谊兄弟将供给"盒饭LIVE"优势内容和全平台资源，通过高话题性、高品质娱乐内容的全新包装与资源整合，进行PGC内容的打造和输出。

王中磊曾在出席行业论坛时表示：作为国内产业链最为完整的综合性娱乐集团，华谊兄弟正着力构建"大娱乐生态系统"，以促进各种形态的娱乐内容在生态体系内外的共生、流转与增值，获取IP价值最大化的"生态红利"。从"大娱乐生态系统"的战略角度，目前华谊兄弟已经覆盖了电影、电视剧、网络大电影、网剧、漫画、动画、游戏、综艺、直播等多种娱乐内容形式。

作为华谊兄弟生态系统中规模最大的衍生业务，品牌授权与实景娱乐板块目前正处于加速推进中。根据2016年年报，位于苏州的华谊影城项目已进入实质性阶段，影城项目及悦榕庄酒店项目处于开发建设过程中，预计2017年建成开业；华谊艺术家村项目已经建成，开始销售；位于河南及湖南长沙的项目已开工建设。但Analysys易观智库发布的《2015年中国电影制发市场实力矩阵专题研究报告》指出，目前国内超半数的实景娱乐项目尚处于亏损状态，实景娱乐产业链尚不算成熟，以优质内容为运作核心的实景娱乐对游客的吸引力还有限。综合市场规模和发展潜力来看，品牌授权与实景娱乐板块的资源配置与生态布局是华谊"大娱乐生态系统"战略中机遇与挑战并存的部分。

在"后物欲时代消费主宰"的游戏领域，华谊兄弟也已经建立起从游戏制作、游戏发行到电子竞技赛事的完整链条，包括 A 股第一家上市手游公司掌趣科技、新三板第一家移动电竞公司英雄互娱、打造出积攒近 2 亿人用户的爆款手游《时空猎人》的银汉游戏。目前，银汉游戏正在推进《时空猎人》的 IP 二次变现，其中不仅包括与服装、快消、数码等行业领军品牌的跨界合作，还包括游戏到影视作品的 IP 转换。2017 年，银汉还将研发全新游戏《时空猎人 3D》，5 月将推出影游联动 IP 手游——《思美人》，S 级 IP 手游《拳皇命运》将于暑期上市。

华谊兄弟投资的移动电竞龙头英雄互娱在上半年实现了井喷式的业绩增长，作为其第二大股东，华谊兄弟除收获投资回报外，英雄互娱开发或经营的任何一款电竞类游戏产品有改编成电影、电视剧、网络剧或其他舞台艺术作品等的权利，在同等条件下优先授权或转让给华谊兄弟享有。

2016 年 6 月，华谊兄弟控股子公司华谊创星入选全国中小企业股份转让系统创新层，其打造的"星影联盟"是背靠华谊兄弟、腾讯两大跨行业龙头推出的国内首款移动互联网粉丝经济产品，被称为目前中国最大的明星粉丝互动平台，拥有总用户量超过 1.8 亿人。2017 年 3 月，华谊创星发布年报，2016 年公司实现营业收入为 1.79 亿元，净利润为 6590.2 万元，同比上升 19.43%。

2017 年，华谊兄弟率先提出了"明星驱动 IP"的发展模式。围绕明星个人进行 IP 定制、流转、追求价值最大化的布局逻辑，打造综艺节目、影视剧、娱乐营销及粉丝经济等一系列以明星为内核的 IP 产品矩阵。明星在驱动 IP 的同时，也成为娱乐生态的黏合剂和催化剂，加速华谊兄弟大娱乐生态圈协同和整合。

（3）打造国际化战略布局，双线并行延展产业链。在国内布局的同时，华谊兄弟也在向外积极拓展生态版图。2016 年初，华谊兄弟投资的香港上市公司"中国 9 号健康"正式更名为"华谊腾讯娱乐"，这是华谊兄弟整合国际娱乐资源、对接海外资本运作的国际平台，并且已经开始发挥功用。2016 年 3 月，华谊兄弟投资曾出品《来自星星的你》的韩国 HB 公司，即是通过华谊腾讯娱乐来操作的。在此之前，华谊兄弟还投资了经纪业务见长的韩国上市娱乐公司 SIM。

华谊兄弟与美国 STX 的合作也收获了多个佳作，实现了中小成本电影的票房逆袭。惊悚电影《灵偶契约》于 2016 年初在中美两地陆续上映取得全球票房近 3800 万美元；于 2016 年 6 月 24 日登陆北美各大院线的《琼斯的自由国度》目前北美票房收入已逾 2000 万美元；接下来的 7 月，华谊兄弟和 STX 共同出品的《坏妈妈》登陆北美暑期档，首周末票房即超过 2340 万美元，目前全球票房已突破 1 亿美元，而该片成本约为 2000 万美元。

华谊兄弟参与开发的第一部全球性动画电影《摇滚藏獒》于 2016 年 7 月 8 日在国内上映，并定档 2017 年 2 月 24 日登陆北美，狮门影业将负责海外发行，同时许下了在北美至少 2000 块银幕上放映的承诺，有望创造近年来中国影片海外票房的新纪录。在与"点睛动画"合作后，其也将成为华谊兄弟向海外输出"中国故事"的重要内容端口。

据中国经济网，王中磊在接受采访时表示："我们与海外公司的合作并非从纯投资的角度出发，更多的是用资本和专业人才来对接。比如我们在美国寻找具有全球创作能力的人，一起创建内容公司，之后再跟全球渠道对接，因为有好的内容是能否成功输出的关键。"① 这也契合了华谊兄弟在内容领域积累的优势资源和独到眼光。

华谊兄弟以内容流转为增长原动力，以海内外的投资布局延展产业链，打造有机增长和外延增长双线并行的发展路径。然而，布局国际化战略的道路对于华谊兄弟而言，并非是一条坦途。

业内人士指出，目前中国电影走向海外市场主要是以中国电影海外推广公司作为输出渠道，以及中国电影集团等国有电影企业和一些民营电影企业进行海外发行。中国公司缺少话语权，很难在实质上推动中国文化的海外传播。面对大环境的制约，华谊兄弟的"走出去"之路具有很大的局限性。

同时，华谊兄弟在入股、收购国际电影公司，与国际知名导演制片人合作等国际化步伐中，更多的是以资本投入的角色出现，但资本投入不代表内容输出和品牌建立。只有建立华谊兄弟的内容生产黏性和品牌文化认同，华谊兄弟才能真正成为国际化的电影公司。

4. 光线传媒：小行业大公司的"IP 全产业链梦想"

（1）青春无敌以小博大，逆势而为收获亮眼票房。2016 年，光线传媒创下了 7.41 亿元归属母公司的净利润和 84.27% 的同比增速，也迎来 10 年 91 部影片 200 亿元总票房的里程碑时刻（见表 3-14）。在行业整体增速放缓的大环境之下仍然维持了高速增长的态势，这样的业绩表现可谓非常亮眼。

① http：//www.ce.cn/cluture/gd/201608/25/t20160825_15229852.shtml.

表 3-14 光线传媒近年部分财务指标

单位：亿元

	2014 年	2015 年	2016 年	同比（%）
营业收入	12.18	15.23	17.31	13.66
总资产	4.98	81.89	91.50	11.73
归属母公司净利润	3.29	4.02	7.41	84.27
基本每股收益	0.125	0.14	0.25	78.57

资料来源：光线传媒 2014~2016 年年报。

2004 年，光线传媒从电视娱乐节目半路出家成立子公司光线影业，2006年以与保利博纳联合发行寰亚的电影《伤城》进军电影产业。相较于当时的中影集团、华谊，晚了近十年的光线凭借对娱乐的敏锐度和强大的造势能力，在青春、轻喜剧题材上发现了市场的空缺，找准了合适的路线——着力打造青春、喜剧题材系列片等中小成本电影，起用非职业新导演占领市场。

2011 年，光线传媒正式登陆 A 股创业板，成为继华谊兄弟、华策影视之后第三家在内地上市的影视传媒公司。2012 年与徐峥合作拍摄的《泰囧》一举斩获 12.67 亿元票房。2013 年，《致青春》、《中国合伙人》再次成为爆款，光线传媒一度飙升至 28.65 元/股，市值达到 145.07 亿元人民币，跻身国内民营电影公司前三甲。

2014 年《匆匆那年》、《爸爸去哪儿》，2015 年《港囧》、《恶棍天使》、《左耳》，2016 年参投的《从你的全世界路过》、《大鱼海棠》、《谁的青春不迷茫》，保底发行的《美人鱼》、《火锅英雄》，以及引进的日本动画《你的名字》……光线已然形成非常成熟的制片模式，并在青春、喜剧题材电影的基础上不断向外拓展，完善内容布局（见表 3-15）。

表 3-15 光线传媒 2014~2017 年案例

操作	案例
青春题材成熟制片模式	《致青春》、《同桌的你》、《匆匆那年》、《左耳》等；新演员+新主创=中小成本+宣发配合度
深耕内容完善内容布局	3900 万元铁血科技，合资战火影业，军事题材 IP；投资动漫成熟 IP（吉林省凝羽动画、上海青空绘彩动漫文化）

续表

操作	案例
实力营销 发行贯穿全年	点映抢跑，预售护盘 + 社会化营销《港囧》；影片平均分布全年，春节档、暑期档、国庆档年度大作

（2）票房升高收益反降，泛娱乐布局之路道阻且长。然而，在对表 3-16 和图 3-37 的亮丽数据具体分析之后发现，在光线传媒 2016 年高营收、高净利润业绩的背后，实则危机重重。

表 3-16　光线传媒 2015~2016 年营业收入比例

单位：亿元

	2015 年		2016 年		同比（%）
	金额	占比（%）	金额	占比（%）	
传媒收入合计	15.23	100.00	17.31	100.00	3.66
电影及衍生品	13.11	86.05	12.34	71.29	-5.84
电视剧	0.67	4.39	1.35	7.80	101.80
视频直播	—	—	2.51	14.48	100.00
游戏及其他	—	—	1.10	6.44	23.48

资料来源：光线传媒 2015~2016 年年报。

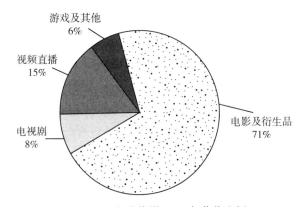

图 3-37　光线传媒 2016 年营收比例

从净利润的组成来看，此次净利润主要归功于投资收益，即通过减持天神娱乐累计套现等共计 2.77 亿元的投资收益就占到了总体净利润的 37.38%（2014 年、2015 年投资收益分别为 0.56 亿元、0.76 亿元）；与此同时，电影及衍生品业务营收上，光线传媒就遭遇了近三年来的首降。

2016 年在片数减少、票房增长的同时为何收益反降（见表 3-17）？原因有三：一是中国电影市场进入"拐点"和"冷静期"；二是中小影视公司入场分羹；三是光线传媒自身对影片项目的分散投资策略。减少单片的投资比例可规避风险不假，但也加大了中小影企分羹的态势，没有绝对的主动权。《美人鱼》一部影片，涉及的制作和发行方就达到 30 多家，排在三名开外的光线传媒虽靠此年初收益暂时喘息，但实际所占的营收比例并不高。

表 3-17 光线传媒参与投资、发行、联合发行影片统计

年份	片数	票房（亿元）	占比	排名	备注
2015	15	55.76	>20%	1	投资比例、参与程度不高；《寻龙诀》、《恶棍天使》部分结转
2016	13+2	64.2	>20%	1	《美人鱼》、《从你的全世界路过》、《大鱼海棠》、《谁的青春不迷茫》、《你的名字》等 13 部

资料来源：壹娱观察。

为了稳定业绩表现、扩大收益，影视公司往往选择拓展业务领域，向电影产业链的上下游延伸的同时，也围绕自身优势进行多元布局。游戏、综艺、文化地产逐渐成为业务拓展的标配。对于娱乐节目起家的光线传媒来说，自身的娱乐基因使其在青春题材电影产品选择、发行整体规模方面拥有优势，同时也致力于打造"中国最好的内容公司"，布局涉及电视剧、动漫、音乐、文学、戏剧、游戏、电商、VR 以及各类互联网平台等。而在游戏和动画领域，光线传媒动作更为频繁。

资料显示，光线传媒于 2014 年、2015 年分别以 1.76 亿元和 1.70 亿元收购"热锋网络"——一家主营游戏的公司。怎料第一年由于"热锋网络"未完成对赌业绩，动漫游戏收入减少 5.92%，并持续败绩。据统计，2016 年"热锋网络"仅完成承诺业绩 5577 万元的 46.23%。2016 年 7 月 23 日，光线

传媒公告称减持部分天神娱乐的股票，累计获得现金收入 2.08 亿元。至此，光线传媒在游戏领域的两大投资，一个业绩不佳，一个及时止损，光线传媒暂停了对游戏领域的布局。

再来看动画板块，2015 年 10 月，光线传媒集结了十月文化、彼岸天、蓝弧文化、玄机科技等 13 家动漫公司，成立了被当时称为"中国皮克斯"的彩条屋影业。根据工商资料来看，彩条屋影业对上述动漫公司纷纷进行了投资，金额在几十万元到百余万元不等。成立近两年来，出品了多部动画电影，其中包括叫好卖座的《大鱼海棠》。2016 年继续投资动漫成熟 IP 吉林省凝羽动画、上海青空绘彩动漫文化公司。然而，2016 年底，光线传媒宣布出售蓝弧动画的股权，放弃曾经重金投资的动画公司，也意味着光线在动漫领域的迈步有所改变。

综合近三年发展来看，光线传媒影视类业务占比仍然高达 71%，游戏、动漫、实景娱乐、视频等泛娱乐产业链上的收入占比刚过 6%，其 IP 全产业链的"迪士尼"梦想之路道阻且长。

（3）战略转移输血"猫眼"，全产业链发展势在必行。除了多元化投资布局有较大的调整外，2016 年光线传媒豪掷 23.83 亿元的现金和价值 23.99 亿元的光线传媒股票换来国内市场份额最大的线上票务平台"猫眼电影"的 57.4% 的股份，正式在互联网宣发渠道砸下重重一拳，这无疑是光线传媒的历史性机遇，也是资金层面极大的挑战。

在线票务平台，近几年俨然成为"烧钱"的代名词。2016 年 6 月，光线传媒分别发行了 10 亿元和 20 亿元的短期和超短期票据，以此来弥补收购猫眼电影带来的资金缺口。光线传媒 2016 年前三季度报告显示，猫眼电影在 2016 年 1~9 月，净亏损 3405.17 万元。

面对大众的质疑，光线传媒董事长王长田在投资者交流会上透露，2017 年第一季度猫眼电影收入超过 6 亿元，平均月利润超过 5000 万元，市场占有率平均 39%。由此，猫眼电影业绩实现扭亏，也可能是线上票务平台首次最大规模的盈利。

从最初的售票网站到进入 2016 年主控发行的《驴得水》、《情圣》、《我不是潘金莲》，再到 2017 年联合出品、发行热映电影《记忆大师》等，猫眼已经从烧钱"拼票补"，进化到目前真正主控参与电影项目，更有"猫眼独立上市的计划"。

进化的过程是用资本铺就的道路。在 BAT（阿里影业的淘票票、合并格瓦拉背靠腾讯的娱票儿、绑定院线的百度糯米）猛烈进攻下，"猫眼电影"想要继续保持第一的市场占有率必将付出更多的真金白银，以不断增强的盈利能力和日趋稳定的商业模式继续增持信心。毕竟，"票补战"后的四大平台都在依托自身资源探索盈利之道。

5. 阿里影业：互联网巨头的巨额亏损和生态故事

（1）携资跨界影视圈，中下游迅猛发力，上游未有显著成绩。2014年，阿里集团子公司 Ali CV 豪掷 62 亿港元收购老牌影视内容制作上市公司"文化中国"，正式宣告跨界影视圈。财报数据显示，2014 年 6 月至 2016 年末，阿里影业的营业收入、总资产指标保持增长态势。据其 2014 年年报显示，年中开始控股的阿里系仅作为一种电商概念与文化产业相容，希望在"内容创新、投资、制作、发行 C2B 方面善用阿里集团的网上专才及资源，扩大媒体业务"，此时的"阿里影业"并未摆脱原公司的运营模式，制作及发行电影、电视版权占到总收入的 91.15%。

2015 年，阿里影业依靠阿里系电商基因和资源优势，先后开展三大收购，强势切入宣发环节。2015 年 6 月以 8.3 亿元收购中国最大影院票务系统提供商之一的广东粤科软件工程有限公司；后斥资 31 亿元人民币向 AGHL 收购"淘宝电影"（线上电影售票业务）和娱乐宝（电影、电视和其他娱乐内容的 C2B 投融资平台）两大业务，直接刺激公司股价上涨超过 36%，以互联网为核心驱动，拥有投融资、娱乐内容生产制作、宣传发行、粉丝运营和院线服务平台的全产业链娱乐平台初具模型。反映在营收上，就是内容制作比例从 91.15% 下降到 21.05%，同时由于自制影视作品遭遇推迟，加上项目投资支出加大，2015 年内容制作业务是亏损状态；相反，互联网宣发成为主要营收来源，且实现小额盈利（见表 3-18）。

表 3-18　阿里影业 2014~2016 年持续经营业务数据

单位：亿元

业务	2014 年		2015 年		2016 年	
	收入	业绩	收入	业绩	收入	业绩
内容制作—包含国际	1.154	-0.660	0.555	-1.061	2.118	-2.435
互联网宣传发行	—	—	1.363	0.219	6.826	-6.074
娱乐电子商务—综合开发	—	—	0.028	0.017	0.060	-0.150

业务	2014 年		2015 年		2016 年	
	收入	业绩	收入	业绩	收入	业绩
国际业务	—	—	0.687	0.069	—	—
其他业务	0.112	-0.019	0.004	0.002	0.041	0.041
总额	1.266	-0.641	2.637	-0.754	9.046	-8.618

资料来源：阿里影业 2014~2016 年年报。

2016 年，国际业务并入内容制作参与核算，但总体比例仍有较大减少，此时，互联网宣发不仅在业绩上成为支柱，更是在年报战略定位排在了业务首位（见表 3-19）。"淘票票"（"淘宝电影"更名而来）与阿里影业对小规模影院业务、实力宣发公司的投资布局构成宣发业务的主体，进入扩张期。同时娱乐电子商务业务更名为综合开发进行业务核算，在原有融资模式"娱乐宝"的基础上融入阿里"大文娱"概念的版权创新综合运营。

表 3-19　阿里影业 2016 年营业收入、营业亏损

单位：亿元

业务	收入	亏损
互联网宣发	6.826（1.363）	6.074（21.9）
内容制作	2.118（1.242）	2.435（-0.991）
综合开发	0.060（0.028）	0.150（0.017）

资料来源：阿里影业 2016 年年报。

通过 2014~2016 年核心财务指标，我们可以看到阿里影业作为一个年轻"换血"型企业发展势头有多么迅猛。阿里影业的营收规模从开始的 0.6 亿元，到后来的 2.75 亿元，翻了近 4.58 倍；公司营收已超过 9 亿元，且 2015 年同比增长 108.26%，2016 年同比增 223.04%，规模和增长速度表现不俗；同期的总资产从 63.37 亿元，增长了 2.09 倍至 195.63 亿元；虽然资产负债率指标有所上升，但其最高值仅为 2016 年中的 16.4%；收入的上升主要来自淘票票、粤科和内容制作的贡献。

目前为止，阿里影业的宣发业务已极具规模，收入达到 6.826 亿元，占据营收的大头，然而也暴露出业务上的不少问题：一是由于"淘票票"巨额观影票补等市场费用，产生了超额亏损；其他业务目前也都处于净亏损状态，尚未体现出清晰的盈利模式和强力的"造血"能力。二是内容制作被"倒挂"，部分自制影片延误或主导电影"不叫好也不叫座"，让阿里影业陷入了"内容空心化"的尴尬境地。

据新财富整理，阿里影业在近 3 年的 12 部主要影视作品中，大多扮演投资方之一、联合出品、联合宣发的角色，唯一一部上市的为主导方的处女作影片《摆渡人》，还在票房和口碑上被狠狠一击，即使它汇集了一线导演王家卫，著名作家张嘉佳，梁朝伟、金城武等大牌明星。三年时间，阿里影业在上游没有拿出代表产品向市场交单。《三生三世十里桃花》终于宣布定档在 2017 年 7 月，在经历了小说 IP 同名电视剧的热度加持下，电影热度也跟着不减，虽有刘亦菲、杨洋的颜值和粉丝助攻，但电影市场转为"内容为王"的时代，前期热度能否转化为票房商业价值，最后等待的还是市场对于电影内容的考验。

（2）利润持续负增长，短期亏损又怎样，阿里在下一盘生态大棋。Wind数据显示，阿里影业营业利润全部为亏损，并且亏损数额逐年扩大。2014 年上半年为 -2.366 亿元，2015 年同期进一步增至 -3.952 亿元，2016 年亏损15.039 亿元（见图 3-38）。当时亏损主要原因有四个方面：一是年内收入大

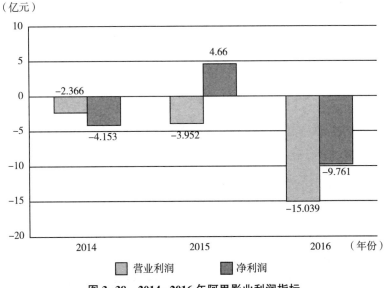

图 3-38　2014~2016 年阿里影业利润指标

幅度下降（若干作品推迟，一次性的版权减值）；二是上半年资产计提减值准备及认股权证公允价值变动；三是出售子公司的收益下降（卖掉手机增值业务全资子公司）；四是出售艺术品的收益下降。

虽然 2015 年底实现一次盈利 4.66 亿元，但主要是靠净财务收益 8.828 亿元带动。一方面，2015 年 6 月收购粤科带来贡献；另一方面，汇率变化赚差额、利息收益（当期的财务收益为 8.94 亿元，其中 1.66 亿元是银行存款利息收入，另外 7.28 亿元来自于汇兑收益）。也就是说，上述收益掩盖了阿里影业的巨额亏损，并余下 4.66 亿元的净利润。但剔除该项影响，阿里影业的净利润实际也是亏损状态。2016 年巨亏 9 亿多元，主要来自"淘票票"的市场费用和管理费用的增加。

阿里影业并不缺钱，他们更看重短期亏损是否能提升"淘票票"的市场地位，阿里影业是否能在阿里"大文娱"下实现生态协同效应。通过 2016 年上半年的战略性投入，淘票票在 2016 年 5 月已经完成 17 亿元的 A 轮融资，整体估值达到 137 亿元。加上阿里影业不断对"淘票票"进行市场推广支持，使"淘票票"为国内 5000 多家影院提供线上售票和选座服务，覆盖影院票房占全国总票房的 95%。据 2017 年 2 月公开数据显示，在线票务平台排名上，猫眼电影以 33%的市场份额保持第一，淘票票以 30%的份额位居第二，微影以 16%居第三，百度糯米只占 6%左右居第四。

电商优势也促使其从经典电影 IP《星际迷航 3》全面切入衍生品市场，一方面通过淘宝众筹、娱乐宝打造众筹预售模式，另一方面也入驻淘宝等综合电商进行衍生品直营。

2016 年 7 月，阿里影业集团宣布发起设立目标为 20 亿元人民币的文化产业基金，成为中国互联网巨头掘金电影产业的一个标识性事件。2016 年 10 月底，阿里巴巴集团宣布正式启动筹建阿里巴巴文化娱乐集团——大文娱集团，俞永福出任董事长兼 CEO，随后俞永福接任邵晓锋出任阿里影业董事局主席。俞永福上任后，向阿里影业全员发出《阿里影业加速度：业务加速，组织升级》的邮件，指出阿里影业的目标不是成为传统意义上的影视公司，而"非传统"的属性决定了阿里影业必须要在行业既有规律基础上进行模式创新的同时，还要具备专业能力，以及能够充分应对行业变化的组织形态。

阿里大文娱旗下业务涵盖视频、资讯、音乐、体育、阅读、游戏，加上阿里巴巴生态体系内的数据，资源方面具有绝对优势，再加上阿里巴巴近年来在大数据挖掘、分析和应用积累的经验，将有助于阿里影业推动电影行业的数字化、网络化、智能化。具体而言，阿里巴巴大文娱板块下优酷、阿里文学、阿里游戏等拥有的版权内容，阿里影业获得有线合作权；与大文娱板块旗下业务围绕影视作品的营销宣传进行合作；与优酷土豆合资成立艺人经纪公司，联合优酷土豆、阿里文学共同出资开发网络大电影；收购优酷土豆旗下合一影业。

阿里影业一连注入淘票票与娱乐宝、参与博纳影业私有化、认购大地影院10亿元可转债、战略投资和和影业，投资斯皮尔伯格公司 Amblin Partners，通过收购、入股、自建手段实现着优势项目互联网发行营销、链接国际业务衍生品开发、进军线下实体院线、IP 孵化、金融等影视全产业链布局和生态化建设（见图3-39）。

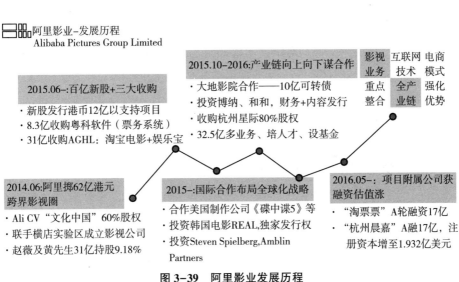

图3-39　阿里影业发展历程

资料来源：笔者自行整理。

三年的摸爬滚打，阿里影业厘清文化中国的旧账，重新调整业务架构和战略方向的艰难时期将要过去，进入实打实的发展新阶段。"市场不需要多一家拥有庞大资源的'玩家'。"

6. 腾讯影业：后入局者的冷静以及腾讯的"泛娱乐生态"闭环

（1）腾讯的野心：从全球最大的游戏公司到全球最大的内容公司。经历了电商与搜索业务的调整，2015 年马化腾为腾讯总体战略做了减法，"腾讯未来只专注做两件事——连接和内容"。腾讯的野心是从全球最大游戏公司到全球最大的内容公司。

腾讯已经是全球最大的游戏服务提供商，对于 1999 年成立的腾讯游戏而言，十多年来，用户在游戏里实现了朋友的互动和情感的寄托。伴随着游戏产业的成长，游戏已经无法完全承载越来越复杂丰富的文化内涵以及用户情感，腾讯需要给用户更多的消费形式，即与游戏内容相关的漫画、小说、电影、电竞。因此，程武在"UP2012 腾讯游戏年度发布会"上提出了"泛娱乐"的战略。以 IP 授权为核心，以游戏运营和网络平台为基础所展开的多领域、跨平台的商业拓展模式。随后 2012 年，腾讯动漫成立。

2014 年年报中，腾讯将对内容业务的投资放在各项战略首位。以微信、QQ 为连接器，"自营+合作输出内容"成为 2015 年的重点发展方向，最赚钱的游戏业务也被囊括在"内容"这个大概念下。2015 年，腾讯以 50 亿元收购盛大文学，并将盛大文学与腾讯文学整合成为阅文集团。同年，腾讯影业和企鹅影业相继成立。2016 年底，随着腾讯电竞的成立，腾讯互娱旗下游戏、文学、动漫、影视、电竞业务一起组成了腾讯泛娱乐五大内容业务矩阵。

腾讯发布的 2016 年年报显示，2016 年腾讯营收达到 1519 亿元，经营盈利为 561.17 亿元，年度盈利为 414.47 亿元，较 2015 年的 291.08 亿元有了大幅增长。其中，71% 的收入来自增值业务，增值业务的收入为 1078 亿元，同比增长 34%（见表 3-20）。在增值业务中，腾讯游戏全球用户和收入第一，受益于《王者荣耀》、《穿越火线：枪战王者》、《剑侠情缘》等几款手机网游的增长，2016 年营收 708.44 亿元；阅文集团作品储备近 1000 万部，腾讯动漫月活用户 9000 万人，腾讯电竞赛事用户超过 1.7 亿人，腾讯影业方面并未公布数据。

表 3-20　腾讯对内容业务的投资

单位：百万元

	2016 年		2015 年	
	金额	占收入总额百分比（%）	金额	占收入总额百分比（%）
增值服务	107810	71	80669	78
网络广告	26970	18	17468	17

续表

	2016 年		2015 年	
	金额	占收入总额百分比（%）	金额	占收入总额百分比（%）
其他	17158	11	4726	5
收入总额	151938	100	102863	100

资料来源：腾讯控股 2016 年年报。

可以看出，经过多年的积累，腾讯在内容领域打造了国内领先的 IP 的孵化平台——文学和动漫，经营出强劲的 IP 变现平台——游戏。

但动漫和文学在商业上并不是最佳变现通道。动漫和文学最大的优势在于能够放大版权的影响力，反向为游戏和影视输出 IP。

为了实现更大价值的联动和布局内容产业的生态闭环，腾讯成立腾讯影业，布局内容产业和泛娱乐业务板块中至为关键的一步。在最理想的状态下，文学、动漫、游戏、影业各个板块通过自有的商业模式盈利，又通过互动形成更大的合力：动漫、文学是 IP 的孵化来源，电影是影响力的放大器，通过游戏和电竞实现最大价值的收割。

相比阿里、乐视等互联网公司，腾讯布局影业的步伐缓慢而犹豫。腾讯之所以在游戏、文学、动漫等领域获得成功，重要的一个原因是这几个产业都已经和互联网从头到尾紧密整合，作为互联网平台巨头的腾讯，可以给它们带来优势的资源补给，营造巨大的产业价值。而互联网和电影产业的结合还只是起步阶段，因此一直以低调、稳健而著称的腾讯也多次表明态度，希望在具备系统性的能力之后再正式进入电影行业。

2014~2015 年，影视行业发生巨大变革，互联网对影视产业的影响已深入骨髓，网剧时代的来临被视为是互联网在发展过程催生的影视行业变局。大量互联网资金流入、阿里等互联网巨头争相控股影视行业的优质资源，在很多传统影视公司的股东表里都能发现互联网公司的身影；互联网的发展为影视行业优化了产业链，无论在院线、宣发还是衍生品的上下游，互联网公司都拥有比传统影视公司更大的话语权。

对于腾讯来说，这恰恰是最好的时机。影视行业洗牌，互联网渠道瓦解了传统的宣发模式，原本集中在传统影视公司的资源正开始分散并且等待再次聚拢。这个时候进入影视行业，既理清了自身核心优势，明确了发展方向，又能在更大程度上发挥互联网公司的优势，汇聚更多资源，夯实其做"最大的内容公司"的基础。

（2）腾讯的打法：强调"双保险"和"连接"。2015年9月11日，腾讯网络媒体事业群成立企鹅影业，属于腾讯视频旗下；同年9月17日，腾讯互动娱乐事业群成立腾讯影业，属于腾讯互娱旗下。两者是基于腾讯在影视行业的整体战略所做出的布局，企鹅影业的成立，以视频平台为核心，对外广泛合作电影项目，并帮助各大电影公司联合投资、发行和宣传；腾讯影业则是以IP为核心，进行全产业链的开发，不仅运作腾讯内部的游戏、动漫、文学IP，也对外合作IP。

两个部门的电影业务有着很大的互补性：腾讯视频的企鹅影业是横向上下游产业链，腾讯互娱的腾讯影业则是纵向的内容生态链（见图3-40）。

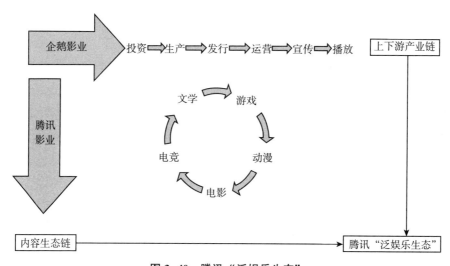

图3-40 腾讯"泛娱乐生态"

资料来源：笔者整理自制。

归根结底，企鹅影业和腾讯影业虽然定位不同，但都是基于"互联网+"的平台优势，在电影业务上不同方向的探索。最终两者还是会殊途同归，并基于协同、合作、互补，为整个腾讯的"娱乐生态"大战略服务。

其实类似的业务安排在腾讯内部也有过，例如腾讯不仅有手机QQ，还有微信。企鹅影业和腾讯影业同时成立运作，是腾讯又一次采取的"双保险"策略。其实这也是中外互联网巨头们面对变幻莫测的互联网常见的市场策略。

有分析认为，腾讯之所以采取两个事业群协同、合作、互补的"双保险"策略，是因为电影业务对腾讯而言十分重要。电影业务对腾讯内容产业的扩张和"泛娱乐生态"布局的建构具有十分重要的作用。因为在考量市场潜力和用户需求时，不管是游戏、文学、动漫，还是网剧、娱乐节目都不及电影业务。电影是最具备社会关注度及话题传播效应的文化传媒产业，也是最主流、受众群体最大的娱乐产业。游戏和网络小说到目前还属于亚文化，而它们如果想要变成主流，通常的方式就是改编成电影。例如《鬼吹灯》、《花千骨》以前只是网络小说，虽然读者和粉丝也不少，但只有当它们改编成电影之后，才算是被主流社会真正认可。

对于腾讯的内容业务而言，电影是最能把其各项并列的业务串起来的业务。当腾讯影业成立后，腾讯互娱就完成了自身的最后一块拼图，形成了一个完整的内容产业闭环。2017 年"两会"上，马化腾曾说，"所谓的 IP 就是一鸡多吃，一个 IP 有各种炒法，从动漫、文学走向影视剧、电影甚至到游戏，甚至舞台剧、表演等"。"一鸡多吃"的比喻，阐述了影视和文学、动漫等泛娱乐业务基于 IP 联动的思路。

在抢占电影市场的道路上，电影行业内的公司不断在进行并购、整合，打通上下游的产业链，然而这些都不是强调"连接"以及"投资非控股"的腾讯的惯常打法。

腾讯对所孵化的在线票务平台微影时代的持股比例，已经由最初的 25%下降至 17%。而在此前所投资的柠萌影业等影视公司中，腾讯占股也是小比例。

腾讯宣称建立内容生态链，其投资焦点便聚焦于行业的上游资源。阅文集团与光线传媒合资成立了新的影视公司，旨在共同开发优质的内容。脱胎于腾讯的微影时代已经在投资布局上变得强势，先后在上游投资了开心麻花、九州梦工厂，拥有衍生品、文化科技主题公园业务的华强文化等。

内容链的打通并非一日之功。最困难的地方在于部门之间的高度协调。通俗来说，就是需要有一个如上帝之手一般的统筹者操控整个 IP 运转流程和协同方式。在这之中，各个部门对内容创作的理解表达、部门之间合作生产的协同性是重中之重。现在大多影视公司都在布局上下游产业链，这也恰恰给内容生态型的公司留下了窗口期和空间，打磨适应不同平台的内容。

（3）腾讯影业：冷静的后入局者，激活腾讯生态资源。在成立当日的发布会后，腾讯影业CEO程武接受采访时表示："腾讯影业将不会追求短期收入回报，而是要着重打造明星IP，腾讯影业希望打造的是迪士尼+漫威的模式。"程武不仅一次在公开场合表示，"最大的投资就是耐心，有精品才有未来"，腾讯影业将做电影的方向用四个关键词概括——年轻、独特、高品质、连接。"连接"意味着腾讯影业"不孤立做电影"，在内围绕IP价值构建做泛娱乐联动，在外与行业伙伴开展合作，开发更大空间和更多可能性的影片。

成立之初，腾讯影业做了这样一个设计，其下设三个工作室："黑体工作室"、"大梦电影工作室"、"进化娱乐工作室"，2016年目标分别是将4部文学、3部动漫、4个游戏IP改编成影视。三个工作室将独立开展影片的创制工作。

在热钱涌动的2015～2016年成立腾讯影业，并将目光聚焦于布局完整内容生态链而非大手笔的资本运作，在某种程度上腾讯这样的"入局"是冷静明智的，但也看得出来受到电影市场多重因素的制约，腾讯影业不得不"弃资本"而"选内容"的艰难。

2016年9月17日，成立一周年的腾讯影业一共发布了21个影视项目，当中包括腾讯影业的主控电影、电视剧和动画电影。然而直到《魔兽世界》，市场上才开始有了一些来自"腾讯影业"的回响。《魔兽世界》在宣发上的创新，为这部小众电影带来超越原计划的票房，而腾讯在社交媒体上的优势也显现出来。

在2015～2016年这一年中，腾讯影业在广泛的泛娱乐联动与国际合作上的布局也逐渐凸显。腾讯影业2016年和开心麻花合力出品的舞台剧《我叫白小飞》正在全国巡演，并确定将与美国Free Association合作开发《我叫白小飞》大电影，并将邀请《功之怒》的导演David F. Sandberg以及知名编剧Matt Lieberman来共同创造这个片子。

2017年，腾讯影业与陈国富的工夫影业达成战略合作，首部作品《一代妖精》预计2017年上映；腾讯影业副牌"春藤电影工作坊"正式推出，注重挖掘年轻与独特影视项目，比翼新电影计划成为"春藤电影工作坊"成立后首个系列计划，与爱奇艺、二十世纪福斯、新片场、伯乐影业、毒舌电影旗下好家伙影业携手，计划邀请10位年轻导演拍摄10部网络大电影。

值得注意的是，与其他巨头不同，腾讯影业的线下布局并非落脚在放映终端、扩大院线规模，腾讯更在意线上线下的整合，希望构建"互联网+影院"的营销生态模式。因此，腾讯影业协同游戏、文学、动漫等泛娱乐业务与万达院线在院线流量运营、影城电竞赛事、影城互动体验专区以及影片互动宣发等多个环节展开合作。

在宣发业务上，腾讯影业也占据得天独厚的优势，其正逐步建立基于用户行为和喜好的互联网宣发形态，希望让影视资讯和营销内容更精准地触达核心圈层用户。基于动漫、游戏展开整合营销的《火影忍者博人传》撬动了中国火影粉丝群体；基于数据模型，精准触达核心用户的《魔兽》宣发，助力了中国区的票房佳绩；《爱乐之城》、《金刚：骷髅岛》整合腾讯全平台资源，采用更有趣的互动营销方式。

总的来说，腾讯影业作为腾讯布局中的重要一环，既聚合了腾讯大平台大生态的优势做强自身，也发挥了自身的连接潜能，激活了腾讯的生态活力和资源（见图3-41）。

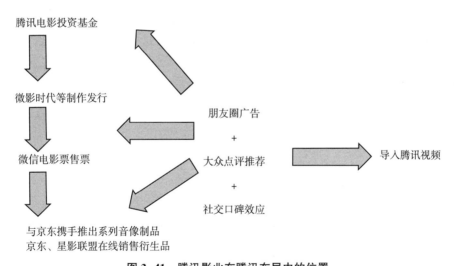

图3-41　腾讯影业在腾讯布局中的位置

资料来源：笔者梳理自制。

7. 标杆企业发展模式总结

通过上述分析，六大影企业务结构、各自竞争优势及发展路径清楚明晰，现用表 3-21 集体归纳。在各自发展模式的横向对比中不难发现，互联网对传统影企也好，对跨界影业的互联网企业也好，都产生了巨大的影响。区别的是，传统媒体立足自身电影业务优势，积极拥抱互联网思维，发展线上票务、影视众筹等；而互联网企业背靠互联网基因，不断深化O2O线上—线下互联互销。

表 3-21　标杆企业发展模式对比

名称	业务结构	竞争优势	发展路径
中影股份	全产业链，发行传统强项，院线收入比重增加，上游制作稳定	广电直属，进口片发行垄断；昔日独大今日仍体量巨大	业务无明显扩张；合作华纳布局衍生品市场
华谊兄弟	互联网+全产业链闭环，影视娱乐、互联网娱乐等	强内容、大导演大制作；衍生品见效，渠道有布局	内容+渠道+衍生；院线联盟华影天下
万达院线	全产业链，观影、广告、餐饮营收比重大	把控自有影院；场景营销；国际化步伐快；五洲发行；时光网	院线+国际化+O2O发行
光线传媒	电影业务迅速，布局动漫，传统强势节目制作收缩	类型电影，扩张盈利能力强；发行规模显著；动漫游戏见效	板块磨合，业务扩张
阿里影业	产业链、生态、泛娱乐；互联网宣发强	电商基因，票务平台强势控场；实力参股华谊、光线，全资优土	电商票务+投资+收购；大文娱协动出产品
腾讯影业	内容生产链、娱乐生态	范围经济，票务；社群；内容开发潜力大	视频平台为核心，IP一体化运作
	传统发行巨头		互联网寡头
核心优势	B端或内容生产或影院资源；掌握变现渠道		数据端口、用户基数大、成本低、了解需求指向性发行
突出劣势	新媒体分流；内容波动性		盈利模式；烧钱阶段
融合布局	(1) 万达收购时光网，谋取售票、衍生品、直播、视频方面的突破；参股娱票儿 (2) 光线收购猫眼，布局线上票务市场		(1) 互联网电商平台，主营在线售票业务：阿里淘票票；腾讯娱票儿 (2) 互联网众筹平台：阿里娱乐宝 (3) 阿里10亿元投资大地影院；微影发行公司
发行趋势	(1) 发行线上化：O2O（线上虚拟+线下实体），发行环节是否平起平坐 (2) 地网+网络：分工合作，优势互补，充分释放口碑和票房		

（二）国际化道路专题

1. 影视国际化条条大道

中国影视企业特别是民营企业，近年来在国际化的道路上逐渐形成主体多元、渠道融合的局面，影视企业国际化的方式有很多种，但是近年来的主要方式包括中外合作制作拍片和投资海外影片、国产影片出海、跨境新设并购三种方式。

其中，合作制作拍片和国产影片出海是影视作品国际化的方式，而跨境新设并购是影视企业走向国际的方式，虽然国际化主体不同，但殊途同归，三种方式都是促进中国走向世界扩大中国文化传播力的可探索途径。

合作制作拍片或直接投资的影片通常都会融合多种文化、提高与受众的接近性，以此来扩大市场范围，增加票房收入。截至 2016 年初，中国已经与意大利、法国、韩国、印度等 13 国签订了合作拍片协议，中外合拍影片一方面不仅不受中国分账影片配额所限制，另一方面影片合拍还有机会从双方政府处获得部分资金支持和税收优惠。2014 年中外合拍片立项 77 部，2015 年立项 94 部，2016 年立项 96 部，如 2015 年上映的中法合拍项目《狼图腾》，中韩合拍项目《第三种爱情》，中国直投《碟中谍 5》和 2017 年上映的《长城》等。

国产影片出海是较少借助国外力量来完成制片并出海的方式，国产华语片改革开放几十年来在北美上映结果喜忧参半，像《卧虎藏龙》、《赤壁》、《英雄》、《功夫梦》这类经典之作在海外市场曾掀起热潮，口碑票房双丰收，同时也有影片面临着海内外票房收入云泥之别的窘境。

在中国影视企业国际化浪潮中，民营企业的力量越发突出，并购和海外新设成为独立的影视企业是走向国际的有效方式。首先，万达担当起了海外并购的"排头兵"，其领衔不断以大手笔在北美、欧洲、澳洲市场展开并购。2014 年乐视影业出资 2 亿元在洛杉矶设立子公司；2016 年乐视在洛杉矶成立"乐视美国影视公司"；2014 年华谊兄弟出资 1.3 亿美元在美国特拉华州设立全资子公司"华谊（美国）"；2016 年华谊兄弟在中国香港买壳成功，国际化再落一颗子。

2. 国际化过程中的瓶颈

（1）国产出海影片：文化价值与商业价值并驾齐驱愈加困难。中国影视企业国际化的过程中一直以来的信念是"越是民族的就越是世界的"，相当数量的影片带着浓郁的中国文化，海外市场上映的影片本身也就兼具商业和文化双重价值。但当国产影片在国际展上斩获奖状无数时（见表3-22），华语影片在北美票房却表现平平（见图3-42），这样的瓶颈使得中国文化传播受阻。一部部发声无力的电影印证着商业价值与文化价值并驾齐驱的道路很艰难，《黄金时代》北美票房仅10.2万美元，《金陵十三钗》31万美元，《一个人的武林》12.9万美元。

表3-22 国产电影各年获奖情况

获奖情况 年份	上海国际电影节	戛纳	柏林	威尼斯	圣塞巴斯蒂安
	奖项				
2012	最佳导演奖：高书群《神探亨特张》；最佳摄影奖：石栾《萧红》		最佳艺术贡献奖（摄影奖）银熊奖：王全安《白鹿原》	地平线单元大奖：王兵《三姐妹》	
2013	最佳男演员：张家辉《激战》；最佳女演员：李馨巧《激战》	最佳编剧奖：贾樟柯《天注定》		评审团大奖：蔡明亮《郊游》	
2014	评委会大奖：张猛《胜利》；最佳摄影奖：罗攀《五彩神箭》		最佳男演员银熊奖：廖凡《白日焰火》；最佳艺术贡献奖（摄影奖）银熊奖：娄烨《推拿》	闭幕影片：许鞍华《黄金时代》	
2015	最佳导演奖：曹宝平《烈日灼心》；最佳男主角奖：邓超、段奕宏、郭涛《烈日灼心》；最佳纪录片奖：吴飞跃、曹晓宇《我的诗篇》	最佳导演奖：侯孝贤《刺客聂隐娘》；金马车奖：贾樟柯			
2016	金爵奖最佳影片：刘杰《德兰》；最佳男演员：刘烨《追凶者也》；最佳摄影奖：郭达明《皮绳上的魂》		最佳艺术成就奖：李屏宾《长江图》		最佳影片金贝：冯小刚《我不是潘金莲》；最佳女演员奖：范冰冰《我不是潘金莲》

资料来源：根据公开资料整理。

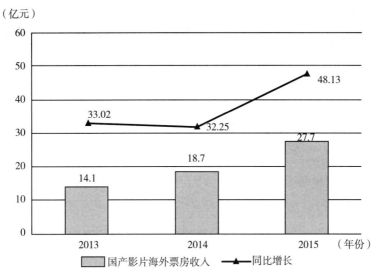

（亿元）

图3-42　2013~2015年国产影片北美票房收入

资料来源：伟德福思《2015年度中国电影产业报告》。

与国内红火的电影市场相比，北美票房劣势明显，但也表现出较高的增长率。《银皮书：中国电影国际传播年度报告》指出，海外观众对中国现实主义题材的影视作品不感兴趣，但是受访者普遍表现出对中国现实和社会的兴趣。这说明中国现实主义题材影视作品传播方式有一定问题，但是也有很大的提升空间和潜在的受众市场。电影出口的目的在于互相讲故事，如果国产影片所讲的故事不能引起海外观众的共鸣那就不算是一个好电影。把中国的故事以最淳朴的情感讲出来，从人类共同的情感出发寻找连接点不失为一个好方式。

（2）中外合拍影片：文化融合不成熟，国际市场份额偏低。2017年初上映的由文投控股、中影股份、华策影视、阿里影业等投资的中印合拍片《功夫瑜伽》融合了中印双方元素，其在票房市场上表现尚佳，国内票房收入17.5亿元。但在印度票房和口碑都表现一般，印度影评人士表示该片没有消除中国对印度的一些错误认知和文化误解。北美媒体对中影股份、乐视影业、传奇影业、环球影业联合出品的《长城》也颇有微词，中美文化不成熟的融合不能俘获海外观众的心，王健林也表示其内容和票房未达到预期。由传奇影业、暴雪娱乐、腾讯影业、环球影业、中影集团、华谊兄弟等联合出品的《魔兽》获得 4.3 亿美元的票房中，中国观众贡献了 2.21 亿美元，影评出现两极化的趋势，最终仍有 1500 万美元的亏损，可见海外票房不尽如人意。

以上影片都是中国影企和海外影视企业合作制片，并融合多元文化的作品，其在中国票房市场表现不凡，但得不到国外观众的青睐。而文化的融合是需要精耕细作不断磨合的，简单的故事情节和视觉元素难以支撑背后的文化底蕴。

（三）影视投融资创新专题

电影作品票房收入具有很大的不确定性，而国内票房收入占电影产品盈利份额的绝大部分，使影视行业具有高风险、高回报的特性。面对高回报的诱惑，总会有资金游走在影视行业；面对高风险的压力，也会有金融的逻辑在其中运转。在"金融+影视"的逻辑下，影视投融资方式和模式层出不穷。

1. 影视基金大量涌现

影视行业的发展吸引大量的 PE/VC 机构介入，在影院上映的影片结尾那冗长滚动的字幕中不乏 PE 机构的身影。PE 机构进入影视产业方式之一就是成立影视基金，PE 机构以影视基金投资影视产业的模式也日益成熟。PE 机构通过成立专项影视投资基金或部分投资于影视产业的非专项基金，资金募集完成后通过投资公司股权或投资影视项目的方式进入影视行业。

笔者通过私募通搜索"影视基金"得到影视基金数量为 520 只，包括 2013 年博纳影业联手诺亚控股、红杉资本（中国）发起的中国第一只市场化电影专业投资基金——博纳诺亚影视基金，规模为 10 亿元人民币，基金投资期为 2 年。2015 年博纳诺亚影视投资基金 Ⅱ 成立，目标规模为 20 亿元人民币，该基金由诺亚财富、博纳影业与红杉资本共同发起，主要投资于影视文化产业。2013 年由弘毅投资发起的弘毅 SMG 影视基金，目标规模为 30 亿元人民币，投资方向主要包括电视剧、电影和少部分股权投资。2014 年成立的东方富海影视投资基金，目标规模为 20 亿元人民币，基金主要投资电影和电视剧。2016 年成立的枢纽—影视基金主要投资拍摄电影《新永不消逝的电波》以及电视剧《硬骨头》。

2. 票房资产证券化

票房资产证券化的目的主要是解决院线融资难题，将院线的未来票房收入通过资产证券化在交易所上市，把未来的现金流变成流动性较强的证券可降低资金提供方的流动性风险。其原理为先成立信托收益权资产支持计划，借款人把影院未来质押期的票房收入质押给信托计划，以获得融资。为了完成信托收益权份额的标准化和上市，会成立一个资产支持专项计划受让信托收益权，并在交易所挂牌转让，具体流程如图 3-43 所示。

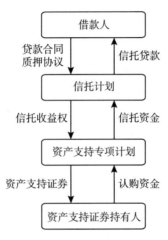

图 3-43　票房资产证券化流程

通过公开资料整理，中国的资产证券化主要有星美控股、大地影院和今典院线三个案例。2015 年星美控股集团本金总额为人民币 13.5 亿元之资产支持证券，在深圳证券交易所上市，成为国内首个以票房收入作为支撑，发行的资产证券化产品。2016 年初，大地影院集团两家全资附属子公司以旗下 80 家影院未来部分票房收入作为质押发行资产证券化产品，并在深圳证券交易所挂牌，融资总额为 11.3 亿元人民币，资金用于影院建设相关业务。2016 年中旬，今典集团以旗下 78 家影院未来受益为基础，在上交所发行资产支持证券，募资规模总额为 10 亿元。

3. 金融风险控制

（1）投资人的风险分散：拼盘投资。拼盘投资是指一般由一家银行或投资公司建立起一只电影基金，从私人或机构投资者那里募资，这笔基金被用于投入某个特定制片机构在一定时间范围内的较多数量的电影项目，一般电影拼盘投资项目会涉及 10~30 部电影。

拼盘投资是将股票市场的投资组合理论运用到电影投资中来，拼盘中的电影盈亏不一，通过盈利的影片收益来弥补票房不佳甚至拍摄失败的影片造成的亏损，实现盈亏互补。采用拼盘投资来分散风险的方式在好莱坞被广泛运用，如 2015 年，华谊"美国项目公司"与美国 STX 娱乐达成合作，华谊计划与美国 STX 娱乐公司联合投资、拍摄、发行不少于 18 部合作影片。2015 年湖南电广传媒计划参与投资 50 部狮门影业的电影，金额共计 15 亿美元，投资份额在 25% 左右。2016 年，完美环球与环球影业共同成立一只 2.5 亿元基金，计划未来 5 年合作至少 50 部电影项目，投资占比约为 25%。

（2）投资人的风险转嫁：电影完片担保。艺恩报告显示，院线电影中有九成处于亏损状态，只有 10% 左右的影片才能实现盈利。亏损影片中有八成是因为没有在预定时间完成拍摄或超出预算导致亏损。影视保险主要分为针对演员的人身意外险、针对幕后人员的雇员责任险、针对剧组财产的财产险和完片保险。

电影完片担保是保证投资人投资的影视项目能够按照前期约定的内容、形式等要求完成拍摄，并按预算如期交付产品的融资性担保方式，目的主要是规避影视制作风险。2016 年中国完片担保市场规模约为 1 亿元人民币，中国的完全担保才刚刚开始，目前张艺谋的《英雄》、《满城尽带黄金甲》、《长城》采用了完片担保的方式，其中《长城》是由美国最大的完片担保公司 FFI 担保。

目前涉足国内完片担保领域的公司主要有两类：一类是保险公司，如中国平安保险提供人身意外险和财产险；另一类是影视制作公司，如和力辰光采用"完片保险+制作+投资"的方式。完片担保是保险行业与影视行业的结合，需要提供完片担保服务的企业对两个领域都要深入了解，所以中国平安和和力辰光都选择与另一家另一领域的企业合作，中国平安联合中央新影集团对影片进行评估和审查，而和力辰光与太平洋保险签订长期独家合作协议（见表 3-23）。如 2016 年和力辰光为徐静蕾导演的影片《绑架者》提供完片担保服务，影片于 2017 年上映。

表 3-23　和力辰光合作模式、关注点及盈利方式

和力辰光合作模式	关注点	盈利方式
完片担保	导演风格、主要演员	完片担保费（与保险公司分摊）
完片担保+制作	制作团队能否把控，是否可以使用自己的器材、场地	完片担保费+制作费
完片担保+制作+投资	剧本、粉丝效应等	主要投资收益

资料来源：艺恩网。

（3）对制片方的票房承诺：保底发行。保底发行是发行方对制片方或投资方作出的承诺，发行方承诺一个最低票房数额，若票房达不到该数额，发行方依然按照该数额给被承诺方分账，若票房超过该数额，发行方就能够在超过部分多分成。具体以《美人鱼》为例来解释保底发行的具体操作。和和影业作为《美人鱼》的保底方，以 18 亿元保底发行，最后票房以 33.9 亿元完美收官（见图 3-44）。

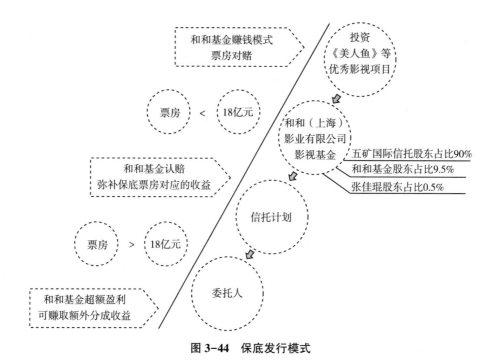

图 3-44　保底发行模式

保底发行在 2015 年与 2016 年比较广泛地应用于影视发行中，有双方赚得盆满钵满的现象，也有保底失败的例子，无论保底发行在影视产业扮演着一个怎样的角色，其都是"影视+金融"的一种结合方式。

三、资本力量对影视行业的影响——爱恨交织的"双刃剑"

2014 年的内地电影票房最终定格在 296.39 亿元，与 300 亿元的预言只差"一步之遥"。从 2012 年的 171 亿元、2013 年的 218 亿元到 2014 年的 296 亿元，30%的增幅昭示着中国电影行业的井喷式态势与欢腾局面。整个电影市场的蛋糕正在逐步做大，尤其是进入 2015 年以后，以互联网、金融为代表的资本力量强势布局影视行业，金钱随着热点流动，2015 年全国电影总票房达440.69 亿元，同比增长 48.7%。

然而，从票房市场看，各家影业公司却都没能在 2016 年实现跨越式发展。2016 年 12 月 20 日，中国电影市场票房总额突破 440 亿元，终于超越了 2015年，这一超越来得比预期晚得多。2016 年中国电影票房为 455.2 亿元，同比增长仅 4%，观影人次为 13.8 亿次，同比增长仅 9.5%。相较于 2015 年同比增长接近 50%来讲，2016 年中国电影票房和观影人次增速下降。整体来看，国内票房市场增长进入一个瓶颈期，欲延续前几年的高速增长比较困难。

不可否认，资本是最敏锐的"投资雷达"，高速发展的行业和领域会得到资本青睐。2015 年中国的影视投融资迎来全面"井喷"，正是由于技术推动、金融产品发展、行业监管引导、消费者品位变化等多种因素的共同作用。

资本流动更深层次的原因还在于对当前社会大环境的判断，当下经济增速放缓、实业投资不景气，制造业、房地产等产业滑落。对于金融和资本而言，继"煤老板"和地产商之后，高投资回报的影视产业成为了新一轮接棒的热点。

同时，移动互联网的壮大使内容原创方式、消费方式、宣发方式等都发生了深刻改变，视频网站开启付费模式、内容产业与电子商务结合等，都为未来的电影市场打开了巨大的想象空间，从而产生一系列投资热点。随着新一代年轻观众的快速成长和消费的不断升级，消费主力军"85 后"、"90 后"的中产阶级正在崛起，受到市场欢迎的多元文化内容生产成为不断引爆行业投融资的燃点。

（一）电影+金融，碰撞出更多可能

从积极方面看，资本的进驻可有效弥补资金不足，推动电影产业做大做强。2011 年，张艺谋导演的《金陵十三钗》以 6 亿元的总投资刷新了国产电影的投资纪录，其中 1.5 亿元是通过电影版权质押融资获得，创造了当时国内单部影片最高贷款纪录；2013 年，《小时代》在南京银行 6995 万元信用贷款的支持下，不仅顺利完成第一部发行营销，并且启动另外三部续集的立项。2015 年以《速度与激情 7》为代表，《捉妖记》、《港囧》、《煎饼侠》和《夏洛特烦恼》等影片同时发力，每一部都为总票房贡献 10 亿元以上的票房。

影视与金融资本交融共赢，不断激发出电影产业的活力。影视与金融资本交融共赢的关系壮大了市场规模，提升了电影产品的市场竞争力，并在影视金融领域形成了一系列成熟的合作模式，如银行贷款与版权质押、版权预售、影视基金、信托计划、资产证券化、互联网金融、电影保险以及完片担保等。与此同时，一些结合影视行业本身特点并参考国外成熟经验的影视金融产品也在探索尝试中。

借助资本的力量，可以有效提升文化产业的市场集中度，实现中华文化"走出去"。文化产业具有典型的规模经济与范围经济的特征，需要一定的市场集中度才能提升文化产业的盈利能力和发展实力。我国的文化企业大多比较分散，这种局面很不利于国家文化产业整体实力的提升。我们需要经历一次兼并重组的阵痛，培育文化产业的战略投资者，打造文化产业的"旗舰航母"，这是中国文化产业升级的必由之路。

（二）资本"入侵"，融资更要融智

当我们看到资本对电影产业积极作用的同时，也需注意资本的复杂性。大规模的资本介入潜移默化地渗透和影响着电影产业的布局乃至具体影片的创作、生产与发行。

在内容制作上，制作方受到来自于资本方的压力，内容制作的时间被压缩。由于非专业资本的大量融入、"保底发行"模式的滥用和对粉丝经济的依赖等因素让导演在剧本和角色的选择上存在局限性，拍摄高质量影片的动力也不足。

然而在资本泡沫幻灭后，市场需要的是真正优质和稀缺的内容。从观众角度来看，名导、明星、流量小生不完全是主导一部票房的关键因素，电影归根结底还是一个内容为王的产业，观众对内容有很大的需求。2016 年口碑不错的《路边野餐》、《长江图》、《罗曼蒂克消亡史》、《驴得水》、《塔洛》等影片多出自新导演，以丰满的故事和精品的制作取胜。

在发行放映上，资本的"投机性"更加明显。大量资本转入近年来高速成长的电影业，一些投资者并不在意电影的文化属性、质量水平和运营规律，而把投资电影等同于其他商业投资，甚至更看重小概率商业暴利；还有投资者则想借助电影平台，嫁接其他更多资源，少花钱多办事，实现名利双收。多种复杂投机诉求资本的进入，给电影业运营决策、良性发展留下诸多隐患。2016年3月，《叶问3》刚上映不久就被曝出票房造假问题。该片被查实非正常时间虚假排场7600余场、涉及票房3200万元；同时总票房中含有部分自购票房，发行方认可的金额为5600万元。随着《叶问3》票房造假事件持续发酵，幕后"金主"快鹿集团用"票房换股价"的资本运作路径随之清晰。而且与过往以影院为单位挪移票房谋利不同，本次《叶问3》资本运作路径显示其票房造假涉及投资、发行、放映多方合谋，电影本身已沦为资本游戏的外壳。

在产业布局上，资本运作生成一些畸形影视公司。中国电影业运营模式一直比较单一，尽管大家一直期待电影大娱乐产业模式以及电影后产品开发，但实际效果和效益乏善可陈。近年来受资本带动，出现明显变化：一些老牌影视制作发行、艺人经纪公司开始通过资本扶持打造综合性娱乐传媒集团，在股票市场上制造出众多资本故事。从传统影视公司运作模式盲目拓张到手机游戏、实景娱乐等领域。由于国家大力扶持文化产业发展，地方政府对文化项目用地均会给予较高优惠，一些有实力的资本看中投资地产的巨大收益，便借主题公园建设之机开发房地产，使影视公司发展畸形。

从市场监管来看，"资本+影视"必须走良性发展之路。2016年下半年，证券市场刮起监管风暴，以影视公司为代表的娱乐业成为这轮监管风暴的焦点。借壳、并购当中对标的资产超高的估值、对标的公司预期利润的疯狂对赌以及无法捉摸的明星证券化等引发了趋紧的监管。在这之后已有数例影视并购选择终止，包括万达院线终止收购万达影业，暴风集团终止收购稻草熊影业，唐德影视终止收购爱美神文化公司等。

2016年7月中旬，深交所发布《深圳证券交易所创业板行业信息披露指引第1号——上市公司从事广播电影电视业务（2016年修订）》，其中对从事广播电影电视业务的上市公司定期报告提出了新的披露要求，包括对票房收入背后的营业收入的披露、与演职人员的合作等。前者要求上市公司披露与其他投资方的分账比例，这一修订指向天价对赌；后者则要求披露包括双方具体的合作方式、授权事项、排他性条款等，这一修订针对绑定明星的高溢价的做法。

当前中国电影产业发展仍处于初级阶段，跨越式的市场增长与正在完善的市场规范尚不完全匹配，资本乱象虽是产业初期和市场经济过程中难以避免的阵痛，但市场监管在国产电影保护、票房监管、艺人行为规范等多方面加大了力度，为电影产业与资本市场同时打了一针镇静剂，引导资本与电影探寻更加良性的合作之道。

四、预测 2017 年电影产业发展趋势——拐点之后的突围

2016 年，中国的电影市场迎来"拐点"和调整，资本的冷却使市场对电影产业的核心竞争力和未来发展方向有了新的回归和思考，伴随着互联网的深入影响，电影市场开始新一轮的资源配置和前景规划。

2017 年将是中国电影的突围和重生之年。著名电影专家、清华大学影视传播研究中心主任尹鸿认为，2017 年中国影片的内容质量的制作水准将成为核心竞争力；网络大电影红利减退，面临新挑战；网络直播与短视频洗牌不可避免；IP 维权初见成效，打击剽窃和抄袭的力度将加大。据中商情报网预测，2017 年总票房将进一步提升，达到 540 亿元。根据艺恩电影智库推算，2016 年 1~2 月进口片票房占当年进口片票房总量的 13.4%，2017 年 1~2 月进口片总票房为 36.3 亿元，假设其占比与 2016 年相仿，预计全年进口片票房约为 270 亿元，占全年总票房的 50%。[①]

（一）用户市场上："90 后"变观影主力，"互联网土著"引发变革

新传智库发布了基于全国首次大规模线下调研而形成的中国电影受众市场研究发现，当下的电影观众平均为 24 岁。"90 后"的崛起必然要影响电影创作方向，其对影片内容、题材、营销方式等的偏好也势必会引发未来的电影投资创作方向的转移。影视产业必须充分考虑这一代人的教育、生活等背景，才能符合其观影喜爱，获取市场收益。

除带动影片的创作理念发生改变以外，"90 后"也促使营销渠道开始一定的改变。作为所谓的"互联网土著"，互联网成为"90 后"资料获取的重要

---

① "2016 年全国总票房为 457.12 亿元，预计 2017 年将达 540 亿元"，中商情报网，http://www.askci.com/news/chanye/20170313/11242293176.shtml。

来源渠道，也势必会成为电影宣传、销售的新战场。

对于当代电影受众而言，观看电影虽然已经成为习惯，但电影仍然只是众多文化娱乐项目之一，观影并不再是需要慎重考虑的"大事件"，而只是日常生活中随意而为的"普通事件"。普通受众也不再纠结于电影所承载的文化与艺术内涵。对于电影产业来说，这种"随意性"带来的不确定性也将随之成为常态。对于电影产业从业者、投资者、研究者来说，旁观式的观察和反思似乎已经不足以了解电影，对电影受众的深入研究需要有更科学、更多元的技术手段和方法。

（二）影片类型上：喜剧、奇幻片成为口碑和票房首选

根据猫眼电影年报，年青一代更加偏重于剧情片和动画片，但是喜剧在全年龄段当中都是最受欢迎的类型片；而三、四线城市相对于剧情片、动作片和动画片，更加偏好观看喜剧片。因此总结来看，伴随着银幕下沉，最适合打动"小镇青年"观影习惯就是喜剧，此外剧情片也可以适当加码。

同时，奇幻类影片可能会成为综合口碑和票房的首选（见图3-45）。2017年奇幻IP电影有望迎来爆发。奇幻电影本身工业化水平较高，适合大众口味，中国前几年网络文学、动漫积累了大量的IP前端资源，为剧本创作提供了选择。有分析认为，爱情片、喜剧片都已经过了高峰期，观众逐渐进入审美疲劳

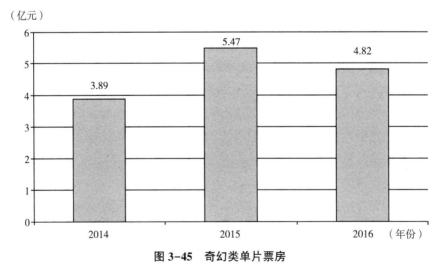

图3-45 奇幻类单片票房

资料来源：中国产业发展研究网《2017年中国电影行业发展趋势及市场规模预测》。

期。目前从公布的片单上来说，已经有诸多电影公司选择了奇幻类领域。其中可能在 2017 年上映的影片包括博纳安排在暑期档的《悟空传》，华策影业翻拍韩国 IP 的《内在美》，同时腾讯影业也有望推出《择天记》、《从前有座灵剑山》等剧集、动漫等其他内容形式继续滋养 IP。

（三）内容制作上，大导演纷纷出手，续集影片有望突围

2017 年，各路大腕导演都纷纷出手。陈凯歌将带着新作《妖猫传》亮相，影片的故事取材自日本著名作家梦枕貘的魔幻小说《沙门空海》，讲述了一只口吐人语的妖猫的奇闻异事。经历了《黄金时代》口碑两极票房败北，今年许鞍华也带着同类型题材的新作《明月几时有》回归，此番出手再组周迅、春夏等豪华阵容，也有收复失地之意。冯小刚新作《芳华》2017 年初已在海口开机，编剧由严歌苓操刀，已预定 2017 年国庆档上映。在《有一个地方只有我们知道》之后，徐静蕾再度担任导演，新片《绑架者》尝试了从未涉足过的犯罪片领域。此外，伍仕贤也再度联手夏雨，新作《反转人生》已定档暑期档。

票房火爆就拍续集也成为市场的一种"套路"。2017 年，不少曾经的爆款电影都将卷土重来。例如，引起极大关注的《捉妖记 2》，2015 年《捉妖记》凭借 24 亿元票房一举拿下暑期档冠军。2017 年该片除了井柏然、白百何等原班人马外，更引来梁朝伟加盟。

另一部不得不提的续作就是《建军大业》，该片由朱亚文、欧豪、刘昊然、鹿晗等新生代演员主演，请来香港导演刘伟强坐镇。从人气演员到大腕导演，该片的看点很多。除此之外，2015 年电影市场的"黑马"《战狼》同样也将在 2017 年推出续集《战狼 2》，导演仍然是吴京，故事格局从中国延展到了非洲。

（四）热门领域中，IP 遭洗牌，明星成为新风险

2016 年是 IP 飞速发展的一年，知名 IP 与当红"鲜肉小花"的"强强联合"成为一种趋势。强大的原著受众和当红偶像的粉丝群体的"双保障"在一定程度上受到资本和受众的多重青睐。就内地影市来看，IP 热潮今年仍将持续。苏有朋翻拍东野圭吾的小说《嫌疑人 X 的献身》，《悟空传》也即将登上大银幕，刘亦菲、杨洋主演的《三生三世十里桃花》和廖凡、李易峰主演的《心理罪》同样都是万千粉丝翘首企盼的知名 IP。

然而在 IP 改编的背后，对原著小说不尊重、侵犯版权、剧集质量不佳、观众审美疲劳等问题接踵而至。《夏有乔木雅望天堂》、《幻城》等遭遇差评，或票房惨败或收视不佳。

另外，明星也成为了产业链的一环风险。当红的偶像明星面临着演技质疑、抠图、替身、天价片酬等争议。以《孤芳不自赏》为例，该剧首播即创下了 1.303% 的收视率，并且连续四天收视率破 1。但在开播不久，就传出了男女主演"扎戏、依靠替身、抠图、天价片酬"等新闻，舆论呈现"一边倒"的负面评价。除此之外，"戴立忍事件"也使演员的个人因素实际影响到整体影视产业，成为全产业链风险的一环。

因此，在 2017 年，受到市场和观众的反作用力，IP 运作将逐渐走向规范化、成熟化，保护 IP 版权，洞悉受众心理，把控质量关口；投资者和创作者在选择演员角色时为了规避一定风险，将逐渐关注角色本身，关照观众喜好。

（五）资本运作上，融资方式更加多元化，互联网金融持续创新

随着产业环境的改善，中国电影融资渠道更加多元化，不仅有自有资金、行业外热钱、上市并购等方式，还有银行金融机构、影视基金、互联网金融等新兴方式。在电影制作层面，"电影保险"、"完片担保"是中国电影投融资科学发展的关键要素。2015 年，华谊兄弟和平安银行达成全面战略合作，打造"大金融+大娱乐"合作模式，这是国内首次影视公司与银行全面战略合作。根据协议，平安银行整合了平安集团保险、银行、投资全牌照金融体系的资源，从"商行+投行、融资+融智、引资+引流"三个层面，全面支持华谊兄弟业务板块的发展，助推影视与金融的融合。

但类似的资本操作需要一系列的配套金融产品作为辅助，还需要银行、保险公司等多个单位共同协作、循序渐进。随着中国电影产业工业化体系的发展、电影企业的推动，未来将有望进一步促进电影产业金融支持平台的完善。

在众多投资人方式中，互联网金融作为普惠金融的重要体现，正成为电影融资的新兴渠道。2015 年，国务院出台《关于加快构建大众创业万众创新支撑平台的指导意见》，首次提出支持影视等创意项目依法开展实物众筹，稳步推进股权众筹融资试点。2017 年，随着互联网金融的增信机制逐渐健全，众筹的演变形式和应用路径将更加多元协同。

第三章　2016年中国数字音乐产业消费报告

全嘉琪

（中央财经大学文化与传媒学院传媒经济学专业硕士研究生）

2015年中国音乐销量上涨63.8%，达1.7亿美元，其中由于政府加大音乐版权监管力度并严厉打击盗版行为，使我国数字音乐收入整体上升了68.6%，为整个音乐产业的增长带来了巨大的贡献。[①] 随着国内几大音乐平台的合并与重组，付费型数字音乐市场正在我国逐步发展起来，数字音乐用户已经开始慢慢地接受付费的模式。2016年，在数字音乐版权规范化的背景下，随着数字音乐服务提供商支付版权费用行为的产生及用户付费意愿的逐渐形成，数字音乐行业开始迎来健康发展时期。

一、数字音乐消费市场分析

（一）数字音乐市场出现大规模整合与重组

自数字音乐版权整治活动开展以来，国内数字音乐平台逐渐从"多超多强"格局走向了"三足鼎立"格局。2015年之前，我国数字音乐市场由QQ音乐、酷我音乐、酷狗音乐、天天动听、网易云音乐、虾米音乐、音悦台等诸多在线音乐平台共同分享。由于QQ音乐平台将大量原QQ使用者引流至音乐平台，使得原始用户源远多于其他音乐平台；而酷狗、酷我音乐平台则是最初的专业化在线音乐平台，故多年来积累了大量的原始用户；其他在线平台也依赖于自身个性化特点在数字音乐市场中占有一席之地，从而最终形成"多超多强"的市场格局。而版权更迭之后，多家音乐平台合并重组，形成了由酷

---

① 数据源自国际唱片业协会发布的《2016年全球音乐报告》。

狗音乐为代表的海洋系、以 QQ 音乐为代表的腾讯系以及由虾米音乐和天天动听合并成的阿里系为主的三大主流在线音乐平台"三足鼎立"的格局。海洋系和太合麦田、海蝶、丰华、种子音乐等海内外 600 家版权方达成合作，拥有歌曲版权达到 2000 万首；腾讯系独家代理了华纳音乐、索尼音乐、杰威尔音乐、福茂音乐等 200 多家版权方的内容，拥有 1500 万首歌曲版权；阿里系则拥有滚石、华研、寰亚、BMG 等公司的版权，版权歌曲数量超过 250 万首。[①]2016 年，我国在线音乐市场再次洗牌。太合音乐集团与百度音乐合并，利用百度用户入口优势吸引用户源；腾讯宣布把 QQ 音乐业务和中国音乐集团（原海洋系）进行合并，形成新音乐集团；阿里集团则聘请知名音乐人、制作人、主持人等加盟阿里音乐。至此，中国数字音乐产业进入新"三足鼎立"的 BAT 时代。

（二）版权保护政策促进数字音乐收入规模扩大

中共十八大报告提出要大力发展文化传媒产业，随着中央和地方政府对文化传媒产业发展的高度关注，近些年来，以数字音乐为代表的新媒体产业迅速崛起，成为文化传媒产业发展的新亮点，各种利好政策相继出台为数字音乐产业的发展提供了良好的政策环境。2015 年 6 月 10 日，由国家版权局、国家互联网信息办公室、工业和信息化部、公安部四部门联合开展的"剑网 2015"专项治理行动正式启动。"剑网"活动重点整治网络音乐、网络云存储空间、智能移动终端第三方应用程序以及网络广告和网络转载等移动互联网发展新态势下产生的侵权盗版行为。在国家政策的监督下，数字音乐的版权重点监管工作取得突破，极大地促进了我国数字音乐市场版权的规范化发展。同年 12 月，国家新闻出版广电总局发布的关于促进中国音乐产业发展的若干意见指出，计划在"十三五"期间，打通音乐创作、录制、出版、复制、发行、进出口、版权交易、演出、教育培训、音乐衍生产品等纵向产业链，连接音乐与广播、影视、动漫、游戏、网络、硬件播放设备、乐器生产等横向产业链，基本形成上下游相互呼应、各环节要素相互支撑的音乐产业综合体系，到"十三五"期末，整个音乐产业实现产值 3000 亿元。[②]基于国家政策层面上对于数字音乐版权的保护以及对于数字音乐行业的支持，数字音乐行业成为文化创意产业中最具市场潜力的一部分。据 199IT 发布的《中国在线音乐用户行为信息图》显

---

①② 艾瑞咨询：《中国在线音乐行业研究报告》。

示，2010~2016 年中国在线音乐用户规模已达 5.3 亿人，预计 2016 年的增长率为 5.1%；2015 年在线音乐收入为 40.2 亿元，市场规模增长率为 67.2%，2016 年这一数字将再创新高，预计可达 61 亿元。① 当前阶段，原有的数字音乐市场布局出现了剧变，这也成为中国互联网音乐产业发展历程中一个崭新的起点。

（三）数字音乐用户付费意识与意愿度增加

随着国家版权保护政策的出台以及政府监管部门对数字音乐版权的严格审查与监管，音乐版权得到了保护，人们的版权意识开始觉醒，越来越多的数字音乐消费者开始愿意为收听和下载音乐付费。在"最严版权令"的监管下，国内数字音乐平台纷纷整顿音乐版权，并进一步着手平台的变革与转型。在《关于进一步加强和改进网络音乐内容管理工作的通知》规定的三个月过渡期满后，包括酷狗、酷我、QQ 音乐、虾米音乐、网易云音乐等多家提供内容的数字音乐服务商主动下线未经授权音乐作品。基于国家法律政策对于数字音乐版权的保护，各大数字音乐平台都在尝试变革，纷纷推出付费下载音乐、会员制收听、数字专辑销售等方式建立盈利模式。因此，我国的数字音乐逐渐进入"付费时代"。除了政策环境，我国手机用户的小额支付习惯在很大程度上为数字音乐的付费带来了便利的条件，支付宝、微信钱包等手机支付软件能够快速便利地在音乐平台上支付，由于平台商的收费不高，都是小额支付，因此对于年青一代的音乐爱好者来说付费音乐是一件易于接受的事情。随着数字音乐版权市场逐渐走向规范化，用户在音乐消费上的付费意识及习惯逐渐形成，付费收入将持续增长，成为推动数字音乐市场发展的重要动力。

二、数字音乐产业存在问题

（一）数字音乐版权法律法规不成熟

数字音乐产业的核心是版权经济，版权保护与制度完善是数字音乐产业持续发展的基本保证。当前我国数字音乐市场所面临的问题，归根结底是围绕数字音乐版权监管产生的。自 1999 年在线音乐平台正式在中国上线，我国数字音乐市场开启了无版权保护、无政策监管、用户免费下载的时代。2005 年起，国家开展了长达十年的版权整治活动，但由于监管不严、政策下达不到位等因

---

① 卢扬：《在线音乐用户增长迅速达 5.3 亿人》，《北京商报》，2016 年 8 月 1 日。

素，版权监管与保护行为始终没有彻底落实。直至 2015 年 7 月，国家发布《关于责令网络音乐服务商停止未经授权传播音乐作品的通知》，随后文化部发布《关于进一步加强和改进网络音乐内容管理工作的通知》，我国对数字音乐版权开始了规范化的保护与监管，数字音乐产业迎来了新的发展契机。虽然我国在政策和行动上都已经开展了对数字音乐市场的严格监管，但由于我国长期对数字音乐版权的忽视，使得相关法律法规不充分、不完善，尤其在音乐版权的所有和分配等细节方面，更是没有清晰的法律界限来保障版权所有者的合法权益，这也使得监管部门在执法过程中难以把握监管力度。与此同时，数字音乐自身的特殊性也为监管带来了一定的难度，因为音乐版权不仅包括音乐作品所有权，还包括词作者著作权和曲作者著作权，且每一方都可以拥有独立的版权。要解决版权混乱的环境，国家就必须制定相关完善的法律制度和版权纠纷解决机制，以规范化的法律形式对数字音乐市场存在的版权问题进行彻底的整治。相较于欧美、日韩等版权制度完善的数字音乐市场，我国数字音乐市场还处于成长期，缺少专业的监管部门与监管制度，因此未来还需要加大投入，以建立良好的市场环境。

（二）付费习惯有待持续培养

由于过去我国的版权监管制度不严格，版权付费意识淡薄，自互联网数字音乐引进我国以来，平台商一直以免费的形式向消费者提供数字音乐，使得消费者习惯于免费，正因如此数字音乐提供商们很难在这一领域获得付费收入。与此同时，由于缺乏盈利利好激励，市场上充斥着盗版数字音乐，音乐质量参差不齐，在这样的双重不利因素恶性循环下，数字音乐付费模式在我国举步维艰。但随着国家版权保护政策的出台以及政府监管部门对数字音乐版权的严格审查与监管，音乐版权得到了保护，人们的版权意识开始觉醒，越来越多的数字音乐消费者开始愿意为下载和收听音乐付费。虽然部分消费者对于数字音乐已经有了付费意识与付费意愿，但这部分人仅占整个音乐市场消费者的一小部分，大部分消费者难以迅速调整对于付费音乐的态度，因此音乐付费服务对于整体消费者而言是难以快速普及的。2016 年 5 月，在企鹅智库发布的《数字音乐大数据报告》中有一项调查结果，经过对 1.8 万网民进行调查研究得出，在"90 后"调查者中有 13.2%的网民愿意为数字音乐付费；在"80 后"中有 9.2%的网民愿意为数字音乐付费；而在"70 后"中仅有 5.8%的网民愿意付费。从调查中可以看出，整个数字音乐市场的付费意愿普及率不到 30%。除此之外，虽然当前我国数字音乐市场付费收入有所增加，尤其在数字专辑收入上增加幅度较大，但不断增长的销售额依然不足以支撑整个音乐专辑的制作成本。因此，对于我国当前的数字音乐市场而言，持续培养数字音乐消费者的付费习惯，扩大数字音乐付费覆盖范围，增强付费意识与付费意愿是未来发展中的一项重要议程。

（三）利益分配不均导致市场竞争不协调

随着未来我国数字音乐市场的付费习惯逐渐形成，付费收入将会有大幅度增加，并且随着国家版权政策的严格实行，数字音乐产业不仅在在线音乐收费和付费下载等方面增收，还会依据版权政策，将数字音乐的范围扩大到整个音乐产业，在音乐市场上通过提供互联网数字化服务来增加收入。由于收入增加的可预见性，当前阶段，诸多数字音乐提供商开始为未来争取更多的利润而创建根基。因此，由于市场利益分配不均衡而导致的市场竞争不协调成为当前不可忽视的一大问题。利益分配不均衡主要体现在两个方面：第一个不均衡是数字音乐平台商与版权所有者之间的收入分配不均衡，由于付费收入主要由平台商获取，大部分版权所有者仅获得少量的版权费，且此费用难以支撑音乐创作者的日常所需，因此打击了原创音乐的积极性，不利于音乐市场的良性发展。当然，对于名气较大的音乐创作人来说，版权足以带来丰厚的收入，而对于大量普遍的音乐创作人来说还是欠缺的。第二个不均衡是大型数字音乐平台商与中小型数字音乐平台商在获取音乐版权能力上的不均衡，由于大型数字音乐平台商具有雄厚的资金支持以及行业优势，在版权争夺过程中，大型平台商的介入会使版权价格快速上涨，造成音乐市场版权价格虚高的现象。加速增长的版权价格必然会剥削原本就微薄的中小平台商的利润，尤其对于独立音乐平台而言，其运营将变得更加艰难。而对于占据优势地位的大型平台来说，这种不均衡现象更加能够强化其在数字音乐市场中的位置，进而形成寡头垄断。寡头垄断并不利于整个音乐行业的良性竞争。除此之外，由于版权争夺而形成的版权价格虚高也会影响消费者对数字音乐产品的支出，若支出超过消费者心理预期，则会影响数字音乐付费的积极性。

三、数字音乐消费市场发展趋势

（一）版权规范化促进数字音乐产业加速开发

从当前我国数字音乐市场来看，未来发展呈现出良好的发展趋势，尤其在数字音乐版权市场的规范化监管下，未来将迎来版权付费时代。在国家监管部门、社会环境以及运营商等各方的共同努力下，消费市场中已经开始树立版权意识，并加强了对版权的保护，从而促进了数字音乐版权市场的规范化发展。政府从立法和司法两方面对音乐版权进行保护，严格执行"未经授权歌曲全面下线"和"推动各平台间的转授权"这两项措施，从国家政策层面推动整个社会的版权意识；各大数字音乐平台商则在版权方面加大投入与管理，严格遵守国家规定，用实际行动支持数字音乐正版化并推动音乐版权市场的规范化发展，从而为数字音乐付费时代的开始创造基础条件。在未来的发展过程中，版权规范化一方面促使数字音乐平台商间相互授权、版权共享的现象出现，另一方面促使数字音乐平台商在音乐资源趋同的情况下，基于现有内容资源进行市场深耕和精细化运作。[①] 针对不同消费者的音乐平台差异化定位，以及个性化、多样化的服务，将不断拓展数字音乐市场的服务方向，并提高服务质量，促进数字音乐市场向健康有序的方向发展。

（二）数字音乐产业向全产业链延伸

随着当前我国数字音乐政策环境、商业环境以及消费环境的变革，数字音乐市场出现了新的空白点与盈利点，过去单纯的音乐试听平台的运营已经满足不了数字音乐产业的发展，全产业链开发将成为未来数字音乐产业链延伸的必然方向。根据艾瑞咨询发布的《2016 Q1 移动音乐市场报告》，2015 年我国数字音乐市场规模达到 63.7 亿元，同时由于目前泛娱乐文化产业成为众多公司布局的方向，衍生出众多跨界布局及合作营销，再加上会员付费模式、演出 O2O 模式、周边产品推广等多个变现方式，使得移动数字音乐市场持续发展，预计今年年末市场规模将达到 96.2 亿元。数字音乐的全产业链开发将主要面对以下几个方面进行：第一，向产业链上游的内容输出方面延伸，如音乐发行、投资合作、版权引进、音乐人培养等，在产业链上游争取独家版权。第二，依托数字音乐产品本身延伸，例如，在数字音乐平台吸引广告商赞助、会员等其他增值服务等。第三，向产业链下游的用户全娱乐方向延伸，如社区、电台、直播、游戏、K 歌、周边产品等。2016 年，各大数字音乐平台开始进行产业化战略布局，如阿里 1.95 亿元投资韩国娱乐公司 SM、腾讯投资韩国娱乐公司 YG、中国音乐集团与 JYP 签署音乐版权独家合作协议，并将共同投资

---

① 王坤宁：《中国数字音乐走向付费时代》，《中国新闻出版广电报》，2016 年 5 月 19 日第 7 版。

成立合资公司等。① 未来我国数字音乐产业将沿着全产业链深度开发方向继续探索与前进。

（三）个性化服务与粉丝经济将成为重要盈利增长点

单纯的数字音乐试听早已无法满足人们对于音乐产品的需求，在移动互联网时代，人们更加倾向于富有个性和创意的数字音乐产品。随着数字音乐平台数量的增加，同质化的数字音乐内容使各平台商分得的收益逐渐减少，因此未来阶段平台间的区别商业定位与个性化服务探索将成为主要的发展方向。当前，QQ音乐正以粉丝经济为切入点打造"看、听、玩、唱"的娱乐生态；酷狗音乐以直播、电台、K歌等功能为用户提供全方位服务；网易云音乐则以社群互动为主要方向发展核心业务。只有区别定位和个性化服务才能让各大数字音乐平台在市场中合理、有效、良性竞争，共同促进我国数字音乐产业的发展。除此之外，粉丝经济也将是未来各平台着重利用的商业模式。粉丝是愿意付出情感溢价的消费者，更愿意为喜欢的明星付费，也具有更大的购买力与消费黏性，因此，刺激以粉丝为核心的消费也是未来数字音乐产业获利的重要途径。

---

① 艾瑞咨询：《2016年中国在线音乐行业研究报告》。

第四章 浅析移动游戏发展趋势

申李青

(中央财经大学文化与传媒学院传媒经济学专业硕士研究生)

移动游戏是指运行在移动终端上的游戏软件。移动终端又称移动通信终端，是指在移动中使用的计算机设备，广义概念包括手机、笔记本电脑、平板电脑、POS 机、车载电脑等，现主要指的是智能手机和平板电脑。

一、2016 年移动游戏市场现状

易观智库发布《中国移动游戏市场年度综合报告 2016》数据显示，总体上，相较于 2014 年移动游戏的集中爆发式增长，2016 年我国移动游戏市场发展显现出理性增长的特征。一方面，腾讯、网易等大厂商将其传统端游业务与手游相融合，推出端游 IP 移动端产品，深受玩家欢迎。同时，常通勤时间和快生活节奏使玩家对游戏移动化的需求加深。另一方面，游戏研发运营成本的不断提升使得移动游戏行业资本热度降低，中小微游戏企业大多被市场淘汰，龙头企业如腾讯、网易等大厂商凭借自身强大的资本优势囤积大量优质 IP，使移动游戏行业进入门槛提高，市场逐步寡头化，市场主流格局逐步确立。

然而，进入 2016 年，我国移动游戏用户总量便已达到天花板，新增用户规模逐渐缩小，用户总量开始下滑。截止到 2016 年 12 月，我国移动游戏用户规模约为 5.21 亿人①。市场人口红利效应逐渐减弱甚至几乎被消耗殆尽。越来越多的业界人士意识到，如何在有限的资源中保持用户黏性和忠诚度是未来

---

① mUserTracker，基于对百万名 iOS 和 Android 系统的智能终端用户使用行为长期监测获得，2017 年 6 月。

移动游戏发展的重中之重。尽管如此，凭借着相对较高的增速，移动游戏依然占据着游戏市场中较大的份额。

二、移动游戏发展分析

2016 年我国移动游戏市场中单机游戏近 9500 款，网游近 2700 款[①]。相较而言，单机游戏在生命周期、用户黏性、游戏质量上的市场表现较网游表现出色。单机游戏生命周期长，简单的玩法通过多次版本更新、玩法升级、资料片投放等方式吸引玩家，同时，经过长时间的市场检验，优质移动游戏被市场筛选出来，进一步吸引用户并保持其黏性和忠诚度。2016 年，在中小微游戏企业逐步淘汰、游戏数量普遍减少的背景下，移动游戏行业巨头纷纷开启业务变革，着力开发培育优质游戏，重质而不重量，积极开拓新领域融入新元素，使游戏用户并没有大规模流失，获得市场高度认可。

在移动游戏内容方面，总体来看，2016 年我国移动游戏类型分布较为平均，市场中较为火热的类型包括 RPG、卡牌、ATC、射击、SLG、休闲等，各游戏分类下也不断出现新的细分类型。棋牌类、卡牌类、角色扮演类和策略类游戏的玩家黏性较其他类型表现得更为出色[②]。在题材方面，经典游戏类、传统武侠小说类、动漫类移动游戏受到用户的普遍认可，尤其是传统端游、页游移植移动版游戏受到用户欢迎。造成这一现象的原因很大程度上在于 IP 资源的研运一体。值得注意的是，IP 改编游戏依旧是移动游戏行业的消费核心。与其他文化形态相比，游戏具有很强的变现能力和丰富外延性，这也促使以网络游戏为核心，以影视剧、文学作品、动漫为外延的"泛娱乐"文化日渐形成，并逐渐成为行业热点，催生了知识产权（IP）、影游联动等概念[③]。艾瑞咨询数据显示，2016 年上半年 IP 手游的市场平均热度是非 IP 手游的 2.6 倍。在类型上，端游 IP、动漫 IP 移动游戏凭借强大的优质 IP 资源和原有用户规模迁移占据市场先机，市场热度较高，而小说、影视类 IP 发展相对较慢，而且始终走不出热潮一过就急速降温的怪象。对于 IP 游戏来说，移动游戏企业消

---

① mGameTracker，基于对中国应用商店、手机助手等榜单监测数据统计，不包含非榜单类信息，2017 年 6 月。

② 艾瑞咨询于 2016 年通过 iUserSurvey 在 43 家网站及艾瑞 iClick 社区联机调研获得。

③ 北京掌趣科技股份有限公司 姚文彬：《资本力量助推移动游戏全面发展》，《中国新闻出版广电报》，2016 年 7 月 14 日 007 版。

费的是 IP 粉丝，而 IP 粉丝消费的是游戏。然而，IP 游戏始终是游戏，新奇出彩的玩法才是 IP 游戏的核心，仅仅依靠情怀实难将粉丝留在游戏里。

在移动游戏用户层面，经过长期的发展，移动游戏行业已经形成了多样化的用户群体。主要用户群为大学生游戏玩家、鲸鱼用户、电竞玩家、TV 游戏人群、二次元游戏人群。鲸鱼用户主要是指安装过移动游戏且近 30 天付费超过 1000 元的人群；电竞玩家主要是指同时安装过移动游戏和电竞直播应用或电竞游戏助手的人群；TV 游戏人群主要是指同时安装过移动游戏和电视游戏、应用或 TV 游戏社区的人群；二次元游戏人群主要是指安装过二次元类型移动游戏的用户群体。同时，数据显示，男性是游戏行业的主力军，既偏好电竞和 TV 游戏，又追赶 VR/AR 等新兴游戏，也对移动游戏投以较多花费。[1] 同时，根据移动游戏用户偏好及表现，可以分为快餐游戏、轻度游戏、中度游戏、重度游戏。不同程度的游戏用户表现不同。快餐游戏是指在移动游戏发展的初期，借助人口红利效应，游戏的研运以新用户、刺激首次付费为主。然而，随着近年来人口红利的衰减，玩家要求的提升，快餐游戏显现出越来越多的局限性。轻度游戏以社交游戏、休闲游戏、H5 游戏为主，能够充分利用移动设备碎片化时间特征，满足用户社交性和休闲性的需求，能够培育大量的手游用户群。中度游戏即"简单又好玩"的游戏，介于休闲游戏和硬核游戏之间，比重度游戏易上手，又比轻度游戏可玩性高。因此，中度游戏能够兼顾用户可玩性与碎片化的游戏需求，是目前最适合移动游戏发展的形式[2]。重度游戏则是集硬核、社交、可玩性于一体的端游化移动游戏。它能够满足用户更多端游化的操作和社交需求，用户的黏性和忠诚度得到进一步巩固。

三、2016 年移动游戏发展趋势

移动游戏是否能够长足发展取决于其是否能做到研运一体。对于移动游戏来说，社交元素和经济系统是移动游戏生存发展的命脉[3]。优质的 IP、新颖的玩法、精美的画面能够把用户吸引住，但社交和经济系统才能够把用户黏住。综观目前的移动游戏市场，绝大多数都是缺乏社交元素和经济系统的 F2P（Free to Play）单机游戏，然而，移动游戏用户群是一个金字塔，塔尖的用户

---

① TalkingData：《2016 年上半年移动游戏行业报告》。
②③ DataEye：《2016 年中国移动游戏行业半年报》。

需要有沉浸式社交的移动游戏并愿意为其支付一定的费用，而绝大多数塔底的用户则需要满足碎片化需求的轻中度游戏甚至是快餐游戏。这在很大程度上就会造成移动游戏产品的极度不平衡。在未来，社交元素和经济系统的统一是领跑移动游戏市场的主力。对于用户来说，游戏本身就是社交的一部分，是其建立社交关系的重要组成部分。目前我国移动游戏市场发展很大的不足就是缺乏社交元素。IP 手游在这一点上表现极为明显。IP 手游的用户群大多是原有 IP 粉丝的转移和扩散，如果他们不能够在 IP 手游上进行交流与互动，依靠粉丝个人内心对于 IP 资源本身的情怀实难维系游戏与用户的关联。正因为金字塔塔尖的用户和塔底的用户性质不同、经济能力不同，移动游戏企业应当完善游戏经济系统，使得付费与不付费群体都能够在移动游戏中得到满足，从而促进移动游戏的长足发展。

（一）VR 应用

虚拟现实（Virtual Reality，VR），也称人工环境。它是指利用电脑或其他智能计算设备模拟产生一个三度空间的虚拟世界，提供用户关于视觉、听觉、触觉等感官的模拟，让用户如同身临其境一般。VR 的视觉呈现方式是阻断人眼与现实世界的连接，通过设备实时渲染的画面，营造出一个全新的世界。尽管目前 VR 行业都处于起步阶段，但整个市场未来增长潜力巨大，2016 年被认为是 VR 元年，其沉浸感特性也被看作游戏体验的未来。根据 Digi-Capital 预测至 2020 年，全球 AR 与 VR 市场规模将达到 1500 亿美元，而根据市场研究机构 BI Intelligence 的统计，2020 年仅头戴式 VR 硬件市场规模将达到 28 亿美元，未来 5 年复合增长率超过 100%[①]。

目前，世界范围内 VR 游戏的开发模式有四种[②]：

第一，电影公司与硬件厂商合作开发。电影公司提供内容资源，硬件厂商制造合规的硬件及标准，借助 VR 设备开发 VR 游戏。以平台内容独占为主，跨平台内容为辅。这种模式主要应用于电影周边游戏开发方面。例如，2014 年 7 月传奇影业公司开发的动作街机类游戏——《环太平洋：贼鸥驾驶员》即是这一模式的典型代表。

第二，游戏公司与硬件厂商合作开发。同样地，游戏公司通过整合其公司

---

①　数据来源：投资银行 Digi-Capital、BI Intelligence。

②　艾瑞咨询系列研究报告：《iResearch 中国移动游戏行业研究报告》，2016 年。

资源与硬件厂商提供的硬件及标准，进而进行 VR 游戏的开发。目前为 VR 产品开发游戏的大多是小型团队，大型游戏公司较少，处于准备状态。而硬件厂商 HTC 与游戏公司 Valve 合作开发的 Vive 集中了双方的优势资源，是该模式的强势代表，但目前未有大作公开。例如，2015 年 6 月 12 日，Insomniac Games 公司发布的第三人称动作冒险类游戏——《Edge of Nowhere》是这一模式的典型代表。

第三，硬件厂商独自开发。硬件厂商一般为推广硬件设备，会开发与设备适配的应用游戏。这类应用游戏以影音应用为主，差异性较小，对设备的兼容性较好。例如，大相科技公司于 2015 年 5 月发布的影音游内容聚合应用——《3D 播播》是这一模式的典型代表。

第四，内容公司独自开发。这一模式目前还不成熟，大多为小型公司开发一些轻量级游戏影音内容，这些应用内容往往跨平台，与多种设备相兼容，效果较为粗劣。例如，焰火工坊公司于 2015 年 5 月发布的抢滩登陆类冒险游戏——《最后的荣耀1944》是这一模式的典型代表。①

在我国，VR 概念火热但 VR 实践尚处于初级阶段，无论是在硬件上还是在内容上都很不成熟。硬件的短板具体表现为屏幕分辨率和刷新帧速低、设备笨重、交互方式不自然、易产生眩晕感等。内容短板则表现在专属 VR 内容匮乏、交互体验内容不足等方面。不可否认的是，VR 游戏具有广阔的潜在发展前景。随着我国移动设备的普及，市场需要新的智能设备消费点，企业需要开拓新的利润增长点。2016 年，VR 技术在实践中不断试错、不断前进，越来越多的行业巨头和企业布局 VR 游戏，开发多样化的 VR 硬件和游戏。然而，VR 游戏是否成功的关键不在于游戏的价格和数量，而在于如何将其融入人们的日常生活中，使之能够像智能手机一般潜移默化地影响用户消费行为偏好，如此一来，VR 游戏才有可能成为新的市场燃点。

（二）移动电竞

狭义的电子竞技游戏是指具有实时对战、相对公平、有全国性赛事活动特性的游戏。以《英雄联盟 DOTA2》、《星际争霸 2 CS：GO》、《全民枪战》及《皇室战争》为代表。广义的电子竞技游戏是指具备对抗性的玩法、有赛事活动的游戏，以《QQ 飞车》、《地下城与勇士》为代表。随着游戏市场的发展，

---

① 艾瑞咨询系列研究报告：《iResearch 中国移动游戏行业研究报告》，2016 年。

电子竞技游戏概念被进一步泛化，出现了"泛电子竞技游戏"的概念。"泛电子竞技游戏"是指棋牌类等现实类体育游戏的电子版、非实时对战的锻炼脑力体力的电子游戏。典型代表是《联众世界》、《水果忍者》等。

艾瑞咨询数据表明，2014 年开始我国电竞产业步入成熟期。《2016 中国电竞产业报告》显示：2016 年电竞整体用户规模预计达到 2.68 亿，市场规模超 500 亿元。电子竞技市场中端游电竞的发展已经相当成熟。相较之下，移动电竞的发展并不尽如人意。移动电竞依托移动设备，自然有其局限性。虽然移动设备便携性好、利于用户碎片化需求，但其存在操作性差、续航不佳的问题。加之移动电竞产品生命周期短、同质化高而品质低下问题，导致移动电竞企业盈利模式单一，盈利能力低下。

然而，2016 年轻中度移动游戏进一步向电子竞技方向发展，同时，电子竞技也出现移动化趋势①，移动电竞进一步发展，可见其发展潜力不容小觑。我国国内行业巨头也开始纷纷布局移动电竞行业。在热门的移动电子竞技游戏中，腾讯游戏占据了主要地位，这与其深度布局移动电竞产业链条、构造移动电竞生态圈、深厚的用户基础以及成熟的赛事体系有关，如"TGA 移动游戏大奖赛"就为旗下产品电竞化打造提供了一个有利的平台。而从产品来看，除了移植 MOBA、射击等在 PC 端表现游戏类型外，一些更为适应移动平台的新类型得到了行业追捧，如《皇室战争》，围绕《皇室战争》的比赛与直播均获得了很高的关注。除此之外，英雄互娱、网易游戏、中青龙图等发行商也凭借代理或者自研优质移动电竞游戏产品占据一席之地。但是由于移动电竞仍处于初级阶段，行业"马太效应"下可能存在两极分化趋势。2016 年 1 月 25日，在文化部的牵头下中国文化娱乐行业协会电子游戏竞技分会成立，成员包括了万达大玩家、英雄互娱、腾讯、微软、索尼等国内外电竞企业，在此基础上，我国移动电竞行业进一步整合资源，从行业规范到发展模式都得以优化。

（三）移动电竞直播

在我国，直播主要有电竞直播、秀场直播、移动直播、其他直播四种形式。在游戏行业主要体现为电竞直播。对移动游戏用户来说，在社交媒体平台提供的帮助下，直播游戏视频变得越来越容易。在 2016 年，移动游戏直播的趋势变得越来越流行。成熟的电子竞技市场为电竞直播提供了优质的内容资

---

① DataEye：《2016 年移动电竞专题报告》。

源，推动了电竞直播的高速发展。2014年电竞直播行业集中式爆发后，两年来行业竞争越来越激烈，资本布局也显得更为小心和谨慎，导致的直接后果就是层出不穷的直播平台同质化、两极分化极为严重。随着市场竞争的日益白热化，行业细分平台——移动电竞直播出现并发展，如斗鱼、全民TV、触手TV等移动电竞在线直播平台。庞大的用户群体和用户的偏好导向使直播平台内容越来越向娱乐化发展。与此同时，用户对移动游戏直播的强烈需求催生了一批移动游戏直播平台。大量资本不断从其他直播平台抽离转而加注各类移动电竞直播平台，这与移动电竞本身的赛事影响、用户基础有关。同时，移动游戏直播平台积极拓展新渠道，融入新元素。例如，2016年7月28日，手游直播第一平台触手TV正式宣布进军VR游戏直播领域，同步将VR游戏体验以直播方式在线上呈现给广大的触手用户。同时，触手TV着力新型高技术直播方式，通过绿幕等高端的直播技术打造混合型直播。

然而，市场逐利性所带来的负外部性也在逐渐显现。与移动游戏直播相伴而生，大量劣质、低趣味内容充斥直播行业，主播价值虚高，资本投资风险加大，各类恶性事件层出不穷，整个直播市场亟待肃清。为解决上述问题，国家和社会都在制定和实施深度制度要求和行业准则，同时在线直播行业内部也在不断规范自身发展，逐步净化在线直播行业。在线直播通过"博眼球"来博出位短期来看是有一定的效果，但是这样的发展模式是不符合市场发展规律的。经过层层监管和市场筛选，劣质内容将被摒弃，优质内容将会进一步促进移动电竞直播行业的发展。

毫无疑问，移动游戏是2016年的发展风口之一。基于对移动游戏产业的良好预期，越来越多的资本投注于移动游戏产业，这有助于大型、高品质游戏项目的开发，对创意度高的游戏产品孵化同样价值不菲。同样地，这也预示着移动游戏市场内竞争将更加激烈，如何保留用户黏性和忠诚度、紧跟时代潮流、在激烈的市场角逐中占有一席之地，是移动游戏企业当下必须思考的问题。

第四篇
文化贸易与传播

第一章　中华文化走出去战略背景下文化企业海外投资分析与展望

宫丽颖[1]　黄可[2]　刘蕾[3]　刘昶甫[4]　吴荔言[4]

（1. 中央财经大学文化与传媒学院教授；
2. 中央财经大学文化与传媒学院副教授；
3. 中央财经大学文化与传媒学院讲师；
4. 中央财经大学文化与传媒学院传媒经济学专业硕士研究生）

中华文化走出去战略是国家在综合考量国际和国内情势的基础上，结合我国当前经济发展状况以及文化产业发展动向于 2006 年 9 月提出的一项综合性的国家发展战略。经过数年的发展，我国文化走出去进程不断拓展，取得了令人瞩目的成就。作为文化"走出去"的重要组成部分，文化企业海外投资在中华文化走出去战略的政策支撑与指引下也同样取得了较大的发展。

一、中华文化走出去政策支持分析

（一）中央层面中华文化走出去政策分析

1. 中华文化走出去战略分析

2002 年 11 月中共十六大报告中首次提出将文化"走出去"作为国家走出去战略中的重要组成部分之一。2004 年 9 月中共十六届四中全会通过的《中共中央关于加强党的执政能力建设的决定》提出"推动中华文化更好地走向世界，提高国际影响力"，[①] 这是首次在国家级文件中提出要推动中华文化走出去。2006 年 9 月国家"十一五"规划纲要提出"十一五"时期要抓好文化

---

① 《〈中共中央关于加强党的执政能力建设的决定〉辅导读本》，人民出版社 2004 年版。

走出去重大工程、项目的实施，推动中华文化走向世界。① 随后，我国文化部出台了《文化建设"十一五"规划》，指出要实施中华文化走出去战略。② 由此，中华文化走出去正式成为了我国一项重要的发展战略，对于推动我国文化走向世界，提高我国文化的国际影响力发挥着重要的政策支撑作用。同时，这一战略的提出也使得我国对外文化贸易和文化投资受到了广泛关注。2013 年 5 月，中宣部部长刘奇葆在文化贸易工作座谈会上指出要推动更多优秀文化产品走出去。③ 同样，在 2014 年 5 月的文化贸易座谈会上，刘奇葆讲话再次指出要多措并举，多方发力，大力推动中华文化走向世界，不断增强中华文化的国际影响力。④ 2016 年 11 月 1 日上午召开的中央全面深化改革领导小组第二十九次会议上审议并通过了《关于进一步加强和改进中华文化走出去工作的指导意见》，该意见提出要在坚定文化自信的基础上，创新内容形式和体制机制，向世界推介更多富有中国特色的优秀文化，提升国家的文化软实力。由此可见，中央层面政策的推出为中华文化走出去提供了重要的政策支撑和方向，体现了国家对文化"走出去"的高度重视。⑤

2. 中央层面文化走出去配套政策支持分析

为了保证中华文化走出去战略的顺利实施，国家出台了多项配套政策支持。2014 年国务院出台了《关于加快发展对外文化贸易的意见》，这一文件出台的主要目的是加快发展文化贸易，提高我国文化贸易的质量，提升我国文化的国际影响力。政策通过明确支持重点、加大财税支持、强化金融服务、完善服务保障体系等措施来为文化企业开展文化贸易和海外投资提供支持与帮助，进而促进我国文化贸易的发展。⑥ 2016 年 6 月文化部制定的《"十三五"文化

---

① 新华网：《国家"十一五"时期文化发展规划纲要》，http：//news. xinhuanet. com/politics/2006-09/13/content_5087533. htm，2006-09-13。

② 《文化建设十一五规划》，《中国文化报》，2006 年 11 月 2 日。

③ 中华人民共和国国家新闻出版广电总局：《文化贸易工作座谈会举行 刘奇葆出席并讲话》，http：//www. gapp. gov. cn/news/1671/149523. shtml，2013-05-20。

④ 中华人民共和国国家新闻出版广电总局：《推动中华文化走出去座谈会在深圳举行 刘奇葆出席并讲话》，http：//www. gapp. gov. cn/news/1671/202693. shtml，2014-05-16。

⑤ 百度百科：《关于进一步加强和改进中华文化走出去工作的指导意见》，http：//baike. baidu. com，2016-11-01。

⑥ 中华人民共和国中央政府：《国务院关于加快发展对外文化贸易的意见》（国发〔2014〕13 号），http：//www. gov. cn/zhengce/content/2014-03/17/content_8717. htm，2014-03-17。

产业发展九大重点任务》中也提出要加快文化贸易的发展。① 我国已经初步搭建起了支持文化企业进行文化贸易和对外投资的政策支撑体系（见表4-1）。

表4-1　国家文化"走出去"政策

时间	政策名称	政策内容
2004年9月	《中共中央关于加强党的执政能力建设的决定》	首次提出要推动我国文化"走出去"
2006年9月	《文化建设"十一五"规划》	中华文化走出去正式成为了我国的发展战略之一
2014年3月	《关于加快发展对外文化贸易的意见》	加快发展文化贸易，出台多项措施促进文化贸易的发展
2016年6月	《"十三五"文化产业发展九大重点任务》	提出要加快我国文化贸易的发展
2016年11月	《关于进一步加强和改进中华文化走出去工作的指导意见》	在坚定文化自信的基础上，创新内容形式和体制机制，向世界推介更多富有中国特色的优秀文化，提升国家的文化软实力

资料来源：中华人民共和国政府网站。

（二）地方文化"走出去"相关政策分析

在国家中华文化走出去战略方向的指引下，为了促进地方文化产业的发展，我国各省、市、自治区在综合考虑地方文化产业发展状况以及文化资源禀赋的情况下，制定出了各具特色的文化贸易发展政策，在很大程度上促进了地方对外文化贸易和文化投资的发展（见表4-2）。

表4-2　地方文化"走出去"政策（部分）

时间	省份	政策名称	政策内容
2015年2月	广东省	《广东省加快发展对外文化贸易实施方案的通知》	培育优质文化企业、建设文化贸易基地、培养高素质文化贸易人才来推动本省文化贸易发展

① 新华网：《文化部部署"十三五"文化产业发展九大重点任务》，http://news.xinhuanet.com/politics/2016-06-29/c_1119134249.htm，2016-06-29。

续表

时间	省份	政策名称	政策内容
2015 年 3 月	江苏省	《江苏省政府关于加快发展对外文化贸易的实施意见》	增强对外向型文化企业的综合支持，加快开拓国际市场的力度
2015 年 6 月	新疆维吾尔自治区	《新疆维吾尔自治区人民政府贯彻落实国务院关于加快发展对外文化贸易意见的实施意见》	围绕建设"丝绸之路"经济带核心区文化科教中心战略目标，推动文化产品的出口
2015 年 7 月	浙江省	《浙江省文化出口重点企业项目管理办法》	培育本省优质文化企业
2015 年 12 月	上海市	《上海市人民政府关于加快发展本市对外文化贸易的实施意见》	利用全国文化体制改革试点城市的优势，推动文化贸易发展
2016 年 3 月	北京市	《关于加快发展对外文化贸易的实施意见》	设立国家文化艺术口岸，大力发展国际版权贸易以及跨境文化电子商务
2016 年 3 月	山西省	《关于加快发展服务贸易的实施意见》	通过发掘本省的特有资源来促进本省文化贸易的发展

资料来源：各省、市、自治区官方网站。

浙江省政府于 2015 年 7 月出台了《浙江省文化出口重点企业项目管理办法》，旨在培育本省优质文化企业，促进本省文化贸易和文化企业对外投资的发展，这一政策的出台在很大程度上拉动了浙江省文化企业海外贸易和海外投资的发展。根据海关的相关统计数据显示，2016 年上半年浙江省文化服务出口达到 3.65 亿元，同比增长 166.42%。同时，浙江省文化企业海外投资的步伐也在逐步加快，2016 年 5 月，杭州夏天岛影视动漫制作有限公司投资 2.06 亿元在日本成立了事务所；浙江天鹏传媒有限公司在美国、韩国、瑞士投资 7205 万元用于影视业务的发展。[①] 由此可见，浙江省在文化贸易和文化对外投资方面取得的这一系列成就，与其积极落实中央政府的相关文化政策，并制定与本省文化贸易和文化企业对外投资发展现状相符合的政策有密切关系。同样，上海市于 2015 年 12 月出台了《上海市人民政府关于加快发展本市对外文化贸易的实施意见》，同时凭借其拥有中国（上海）自贸区以及国家对外文化

---

① 中华人民共和国商务部：《2016 年上半年浙江省文化服务贸易加速发展》，http://www.mofcom.gov.cn/article/difang/201606/20160601348609.shtml，2016-06-28。

贸易基地的优势，通过积极召开文化贸易授权会、制定相关优惠政策以及评选年度文化贸易重点项目等活动，来促进本市文化贸易和文化企业对外投资的发展。北京市政府也于 2016 年 3 月出台了《关于加快发展对外文化贸易的实施意见》，借助北京市作为我国文化中心的区位优势，通过大力发展国际版权贸易以及跨境文化电子商务来促进自身文化贸易的发展。除此之外，我国的一些文化产业发展状况不佳的省市也积极结合本省文化资源的特点制定了本省加快发展文化贸易的政策，如山西省政府于 2016 年 3 月 11 日出台了《关于加快发展服务贸易的实施意见》，旨在通过发掘黄河之魂、晋商文化、关圣故里等山西特有的文化资源来促进本省文化贸易额的增加。由此可以看出，支持本省文化产业发展，推动文化贸易和文化企业对外投资已经成为了各省市重点关注的方向之一。

二、2016 年我国文化企业海外投资回溯及特征分析

近年来作为文化走出去重要组成部分的文化企业海外投资的规模正逐年扩大。据不完全统计，2016 年文化企业海外投资总额为 257. 3018 亿美元，共 39 项投资，具体的投资企业、投资方和投资金额如表 4-3 所示。

表 4-3　2016 年我国文化企业对外投资情况统计

投资公司	投资时间	投资方选择	投资金额
腾讯控股有限公司	2016 年 1 月	VC Mobile Entertainment Inc.	0. 0451 亿美元
	2016 年 1 月	Discord	0. 2 亿美元
	2016 年 1 月	Women. com	0. 0175 亿美元
	2016 年 3 月	HB Entertainment	2. 36 亿元[a]（0. 363 亿美元）
	2016 年 4 月	Kamcord	0. 1 亿美元
	2016 年 5 月	Paradox（5%股份）	1. 37 亿元[b]（0. 188 亿美元）
	2016 年 5 月	韩国 YG 娱乐公司	0. 3 亿美元
	2016 年 6 月	IM Global	2 亿美元
	2016 年 6 月	WME-IMG	0. 45 亿美元
	2016 年 8 月	Supercell	86 亿美元
	2016 年 8 月	Original Force Animation	投资金额不明
	2016 年 8 月	Hike Messenger	1. 75 亿美元
	2016 年 8 月	STX 娱乐	7 亿美元

续表

投资公司	投资时间	投资方选择	投资金额
乐视集团	2016 年 1 月	乐视云在美国设立子公司	资金未披露
华谊兄弟传媒集团	2015 年 4 月	STX 娱乐公司	资金未披露
	2016 年 8 月	Oakton Circle LLC	2.5 亿美元
大连万达集团股份有限公司	2016 年 1 月	美国传奇影业	35 亿美元
	2016 年 2 月	法国欧尚集团	30 亿欧元[c]（33.06 亿美元）
	2016 年 3 月	美国卡迈克院线	11 亿美元
	2016 年 7 月	Odeon & UCI Cinemas Group	12 亿美元
	2016 年 10 月	Dick Clark Productions	10 亿美元
阿里巴巴文化娱乐集团	2015~2016 年	参与投资多部电影	资金未披露
	2016 年 2 月	SM 娱乐	1.95 亿元[d]（0.297 亿美元）
	2016 年 10 月	安培林合伙人	资金未披露
	2016 年 10 月	Working Partners 公司及 Coolabi 集团达成协议	资金未披露
杭州夏天岛影视动漫制作有限公司	2016 年 5 月	在日本成立一间事务所	2.06 亿元[e]（0.316 亿美元）
浙江天鹏传媒有限公司	2016 年 5 月	在美国、韩国、瑞士投资	0.7205 亿元[f]（0.111 亿美元）
百度	2016 年 7 月	AC 米兰	4.37 亿美元
网易	2016 年 8 月	NextVR	0.2 亿美元
掌趣科技	2016 年 3 月	Webzen 网禅科技	11 亿元[g]（1.687 亿美元）
猎豹移动	2016 年 8 月	News Republic	0.57 亿美元
华谊嘉信	2016 年 6 月	Smaato	1.48 亿元[h]（0.226 亿美元）
巨人网络	2016 年 7 月	Playtika	44 亿美元
复娱文化	2016 年 10 月	START, SGPS, S. A	0.03 亿欧元[i]（0.037 亿美元）
映客	2016 年 12 月	Next Entertainment World	0.25 亿美元
今日头条	2016 年 10 月	Dailyhunt	0.25 亿美元
欢喜传媒	2016 年 1 月	MUBI	0.5 亿美元
美图秀秀	2016 年 8 月	Migme	0.07 亿美元

续表

投资公司	投资时间	投资方选择	投资金额
顺荣三七互娱	2016 年 3 月	Archiact Interactive	0.0317 亿美元
携程	2016 年 1 月	MakeMyTrip	1.8 亿美元

注：a 以 2016 年 3 月 24 日，人民币对美元汇率换算得出，1 人民币 = 0.1537 美元。

b 以 2016 年 5 月 27 日，人民币对美元汇率换算得出，1 人民币 = 0.1369 美元。

c 以 2016 年 2 月 26 日，美元对欧元汇率换算得出，1 美元 = 0.9074 欧元。

d 以 2016 年 2 月 11 日，人民币对美元汇率换算得出，1 人民币 = 0.1521 美元。

e 以 2016 年 5 月 10 日，人民币对美元汇率换算得出，1 人民币 = 0.1535 美元。

f 以 2016 年 5 月 10 日，人民币对美元汇率换算得出，1 人民币 = 0.1535 美元。

g 以 2016 年 3 月 8 日，人民币对美元汇率换算得出，1 人民币 = 0.1534 美元。

h 以 2016 年 6 月 10 日，人民币对美元汇率换算得出，1 人民币元 = 0.1525 美元。

i 以 2016 年 10 月 13 日，美元对欧元汇率换算得出，1 美元 = 0.8908 欧元。

资料来源：IT 桔子。

　　如表4-3 所示，2016 年我国文化企业海外投资涉及领域广泛，包括文化娱乐、游戏、社交软件、广告营销和体育运动领域等。各领域的具体投资数为文化娱乐 24 项、游戏 9 项、社交软件 3 项、广告营销 1 项、体育运动 2 项、旅游 1 项，各投资领域占比如图4-1 所示。

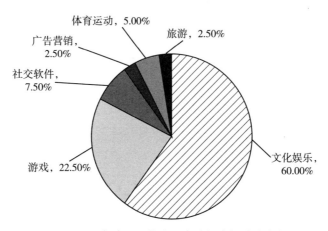

图 4-1　2016 年我国文化企业海外投资领域分布状况

资料来源：IT 桔子。

2016 年腾讯控股有限公司、乐视集团、华谊兄弟传媒集团、大连万达集团股份有限公司、阿里巴巴影业集团有限公司 5 家具有代表性的文化企业在海外文化投资方面表现突出。以下将从投资方向、投资方式、合作方选择、投资回报、特征总结以及未来趋势六个研究角度，从微观上深入探析我国文化企业海外的投资状况。

（一）腾讯控股有限公司

腾讯控股有限公司在 2016 年进行了多项海外投资，主要集中在影视产业方面，同时涉及游戏、音乐和即时通讯领域。2016 年，腾讯控股有限公司的对外投资主要有以下 13 项（见表 4-4）：

表 4-4　腾讯控股有限公司 2016 年海外投资概况

投资时间	投资方选择	投资金额
2016 年 1 月	VC Mobile Entertainment Inc.	0.0451 亿美元
2016 年 1 月	Discord	0.2 亿美元
2016 年 1 月	Women.com	0.0175 亿美元
2016 年 3 月	HB Entertainment	2.36 亿元
2016 年 4 月	Kamcord	0.1 亿美元
2016 年 5 月	Paradox（5%股份）	1.37 亿元
2016 年 5 月	韩国 YG 娱乐公司	0.3 亿美元
2016 年 6 月	IM Global	2 亿美元
2016 年 6 月	WME-IMG	0.45 亿美元
2016 年 8 月	Supercell	86 亿美元
2016 年 8 月	Original Force Animation	投资金额不明
2016 年 8 月	Hike Messenger	1.75 亿美元
2016 年 8 月	STX 娱乐	7 亿美元

资料来源：各被投资公司的官方网站。

1. 投资方向

腾讯公司的海外投资项目注重整个影视产业链的拓展，从其 2016 年的投资项目可以看出腾讯公司海外投资的项目囊括影视制片、发行、艺人经纪业务。除院线外，腾讯公司已经基本形成了一条完整的海外影视产业链条。同时，腾讯也注重对游戏项目、音乐项目以及即时通讯项目等自身发展较好业务的投资。目前，腾讯投资的游戏项目遍布世界各地，而投资的即时通讯项目也在向我国的周边国家拓展，同时也在加紧对音乐唱片公司的投资。

2. 投资方式

通过对腾讯控股有限公司 2016 年海外投资状况的分析，其投资方式主要有以下两个特点：一是腾讯公司的海外投资方式以直接投资和合资经营为主，根据上述案例的介绍可以看出，腾讯的投资以直接投资为主，同时也采用合资设立新公司的方式来进行对外投资，投资所采用的方式较为简单；二是腾讯控股有限公司的投资是基于影视产业链条进行的收购，同时注重收购公司与自身业务的互补关系。从上述投资案例中投资方的选择可以看出，腾讯控股有限公司根据影视产业链的构成状况分别投资了影视制作公司（包括动画制作工作室和中等成本影片制作公司）、发行公司、艺人经纪公司，逐步在海外形成了一条较为完整的影视产业链条。腾讯在投资的过程中注重收购企业技术、业务水平等与自身公司技术、业务水平的互补关系，注重通过借助投资公司的技术、业务来提高自身的技术、业务水平。

3. 合作方选择

腾讯控股有限公司 2016 年海外投资的公司主要是影视类公司，同时兼顾一些音乐公司、游戏公司以及即时通讯公司等。其所投资的公司总体来说规模较大，经营状况良好。这些公司的具体介绍如下：VC Mobile Entertainment Inc. 是一家位于美国的游戏开发商，目前正处于天使轮投资阶段；Discord 是一家手游语音交流服务提供商，为玩家在游戏中的语音交流提供服务；Women. com 是一个提供女性交流服务的社区；HB Entertainment 是一家位于韩国的娱乐经纪公司，电影制作、电视剧制作、原声音乐出版、代理及经纪事业等均属于其业务范围；Kamcord 是一家提供手机录制游戏和分享服务的公司，成立于 2012 年；Paradox 是一家位于瑞典的游戏开发及制作公司；YG 娱乐公司于 1996 年成立，是韩国最大的娱乐经纪公司之一，其培养的艺人有 BIG-BANG、2NE1、WINNER、具惠善等，是一家主要提供音乐制作和音乐服务的公司；IM Globa 于 2007 年 3 月成立，总部位于洛杉矶，是一家以电影融资为主，辅以影片发行业务的公司；WME-IMG 是一家跨国演艺经纪公司，同时也是目前好莱坞最大的一家经纪公司，目前主要开展的业务有赛事演出活动、演艺经纪、特许经营、媒体等业务①；Supercell 是一家在芬兰注册成立的私人公司及移动游戏开发商，自 2010 年成立以来，Supercell 已在市场推出四款主要游戏，分别为《部落冲突》、《部落冲突：皇室战争》、《海岛奇兵》及《卡通农场》，其中《部落冲突》以及《部落冲突：皇室战争》在世界范围内广受欢迎②；Original Force Animation 成立于 1999 年，是在视频游戏领域的一家优秀的动画公司，提供服务的客户包括微软、索尼、迪士尼、腾讯等，参与制作的游戏有《极品飞车：运行》、《英雄联盟》、《模拟人生 3》等；Hike Messenger 是一款印度即时通讯（IM）应用，目前用户数已超过 1 亿人，月发送消息 400 亿条；STX 娱乐公司是一家成立于 2014 年的中等成本制片公司，这家公司主要业务是制作、营销和发行中等成本有明星加盟的电影、电视节目以及其他数字内容，2016 年已经参与制作了四部上映影片，已上映的两部影片均获得了不俗的票房成绩。

4. 投资回报

腾讯控股有限公司的投资回报主要来自两个方面：一方面，从投资公司获得技术协作和市场拓展协助。例如，腾讯控股有限公司投资的 STX 娱乐公司于 2016 年 8 月 15 日宣布收购 Surreal 这家专注于沉浸式内容制作和分销的公司，正式进军 VR 领域，以便借此提高公司制作跨平台内容的能力。③ 而作为 STX 娱乐公司投资者之一的腾讯控股有限公司将有可能从 STX 娱乐公司的此次收购中提升自己 VR 技术的水平，进而为腾讯旗下游戏的开发提供技术支持，增强自身在游戏产业领域的影响力和竞争力。而腾讯控股有限公司注资印度即时通讯软件 Hike Messenger 是出于拓展印度市场的需要，Hike Messenger 目前在印度有 1 亿用户，腾讯可以通过对该公司的投资来获得这 1 亿印度用户资源，为其深入发掘印度市场提供帮助。另一方面，所投资公司的运营获利分红，即所投资的公司经营盈利所获利润按比例得到的分红。

5. 特征总结

腾讯控股有限公司 2016 年的海外投资呈现出如下特点：一是腾讯的海外

---

① IT 桔子：《WME-IMG 介绍》，http：//www.itjuzi.com/company/36012，2016-06-24。

② 蓝鲸 TMT 网：《腾讯 86 亿美元收购芬兰手游开发商 Supercell》，http：//tech.hexun.com/2016-06-22/184525734.html，2016-06-26。

③ 搜狐网：《STX 公司收购 Surreal 预示金主腾讯正式进军 VR》，http：//mt.sohu.com/20160825/n465890599.shtml，2016-08-25。

投资着眼于长期收益。从上述的介绍中可以看出，腾讯控股有限公司在开展海外投资的过程中更加关注所投资企业或项目的未来发展潜力，着眼于长期收益。腾讯控股有限公司在投资的过程中倾向于对优质资源的投资，与其整合，实现优势互补。二是依照产业链进行有序的投资。腾讯控股有限公司在海外收购的过程中是从产业链协同的角度出发进行投资的，根据产业链条依序开展投资活动。

6. 未来趋势

根据腾讯公司海外投资的情况，可以预测腾讯公司将来一定会为搭建完整的海外影视产业链条而投资海外院线。同时，腾讯也会在全世界收购游戏公司来不断提升自己游戏制作的能力和水平，对即时通讯公司、音乐公司的投资也会有所增加。

（二）乐视集团

2016 年乐视集团海外投资的文化产业的项目主要是乐视云全球市场的拓展。2016 年 1 月 6 日，乐视云在美国成立子公司，开始提供服务。

1. 投资方向

乐视注重在全球进行产业链布局，通过利用在海外设立子公司的方式，在全球进行乐视生态的搭建。

2. 投资方式

乐视的投资方式主要是直接在海外投资成立子公司，运用当地的人才、技术来提升自身的服务水平。除此之外，由于在当地设立公司更加接近当地的市场，便于了解当地市场的需求，根据当地客户的实际需求情况提供更加优质的服务，同时也有助于乐视生态的全球布局。

3. 合作方选择

乐视云是一家提供视频云（CDN、云点播、云直播、Data+等）、生态云以及视联网服务的公司，乐视云持续创新，开创多元化商业合作模式，主导共享发行经济。近年来，乐视云相继与微软、英特尔等多家跨国企业在技术、商业和战略等多个层面展开深入合作。[1]

4. 投资回报

乐视云服务范围在全球拓展，随着付费服务业务的增加以及客户量的增

---

[1]　资讯：《乐视云成立美国子公司，正式开启全球服务》，http：//www.csdn.net/artiole/a/2016-01-07/15833742，2016-01-07。

长，乐视可以从中获得丰厚的利润。

5. 特征总结

乐视通过在海外设立子公司，根据当地市场的需求来提供相应的服务，将会帮助其乐视生态在全球拓展，符合其发展策略。

6. 未来趋势

乐视云是我国目前唯一一家全面融合视频云服务和内容共享发行的云计算公司①，为了更好地拓展产业链条，乐视云会在提高技术水平的基础上为用户提供更加多元的服务。同时，乐视云也会进一步在全球进行业务拓展，在世界范围内设立子公司，拓宽自身的市场范围，从而实现在全球搭建乐视生态的目标。

（三）华谊兄弟传媒集团

华谊兄弟传媒集团在 2015~2016 年的投资有两项，主要集中在影片制作方面。具体内容如下：①2015 年 4 月，华谊兄弟传媒集团与 STX 娱乐公司开始了长达 3 年的影片制作的合作，二者签署协议，约定在 2017 年 12 月 31 日前，共同制作的影片数量不少于 18 部；②2016 年 8 月 18 日，华谊兄弟传媒集团与罗素兄弟的 Oakton Circle LLC 共同合作在美国成立一家合资公司，华谊兄弟传媒集团持股 60%，罗素兄弟的公司持股 40%。

1. 投资方向

华谊兄弟传媒集团作为我国一家大型的影视制作公司，注重从其核心业务出发来进行投资，通过与世界上优质的影视制片公司合作，来逐步提高自身影片的制作水准。

2. 投资方式

华谊兄弟影视集团主要采用的投资方式有两种：一是基于影片制作本身的投资合作。华谊兄弟影视集团与 STX 娱乐公司的合作投资便是基于影片制作本身，这一投资方式的选择有助于华谊兄弟影视集团学习国外影视公司中等成本影片的制片方式，提升自身中等成本影片的制作水准。二是基于合资设立公司的投资。华谊兄弟影视集团与罗素兄弟所成立的公司合作所开展的投资便是设立一家影视制片公司，这可以帮助华谊兄弟影视集团学习好莱坞大片的制作

---

① 资讯：《乐视云成立美国子公司，正式开启全球服务》，http：//www.csdn.net/article/a/2016-01-07/15833742，2016-01-07。

方式，同时也可提高华谊兄弟影视集团自身在影片制作过程中的话语权，使国外制作的影片拥有更多中国文化特色。

3. 合作方选择

2016 年，华谊兄弟影视集团在海外所投资与合作对象主要是一些中等规模的影视制片公司。其中 STX 娱乐公司于 2014 年成立，该公司主要业务是制作、营销和发行中等成本有明星加盟的电影、电视节目以及其他数字内容，2016 年参与制作了 4 部上映影片；Oakton Circle LLC 是美国导演及制片人安东尼·罗素和乔·罗素（以下简称"罗素兄弟"）成立的公司，罗素兄弟拥有 20 余年的好莱坞电影、电视剧集的从业经验，执导并制作过多部好莱坞电影，包括观众熟知的《美国队长 2》、《美国队长 3》等好莱坞商业大片。

4. 投资回报

华谊兄弟影视集团的投资回报主要来源于两个方面：一方面是影片制作获利收入。根据协议，华谊兄弟影视集团在与 STX 娱乐公司合作制作的 18 部影片中享有全球票房分成以及影片版权收益的回报。这部分电影投资中 STX 娱乐公司持股 55%，华谊兄弟投资 25%，腾讯和沈南鹏投资的 Tang Media Partners 持股 20%。① 2015 年华谊兄弟与 STX 娱乐公司共同制作的影片《礼物》，成本约为 500 万美元，而票房达到了 6000 万美元，华谊兄弟从中获得了丰厚的收益。同时，华谊兄弟与罗素兄弟公司合资成立公司的投资回报也主要来自于制作影片的票房盈利分成。另一方面是衍生品的开发收入。在华谊兄弟影视集团与 Oakton Circle LLC 合资成立公司协议中可知，华谊兄弟有权对合资公司的项目或 IP 进行主题公园、衍生品的开发，因而可从衍生品的销售和开发中获利。

5. 特征总结

华谊兄弟影视集团从自身的主营业务——影视制作出发，在全球进行影视制作方面的投资，提高其在国际影片制作与合作项目中的参与机会和话语权，加快自身的成长，提升国际竞争力。

6. 未来趋势

可以预见，华谊兄弟影视集团未来的投资趋势主要是：一是提高自身在国际合作作品中的话语权。从协议中可以看出，华谊兄弟影视集团与 Oakton

---

① 搜狐网：《腾讯也投资好莱坞电影了》，http://mt.sohu.com/20150731/n417932076.shtml，2015-07-31。

Circle LLC 合资成立子公司的重要目的之一便是要提高自身在国际合拍影片中的话语权和参与度，让国际影片制作者从了解、认可到逐步接受中国文化，乐于在制作的影片中使用中国元素，使得合作制作的影片中拥有更多的中国文化特色。为此，华谊兄弟将来一定会为提高自身在国际影片合作中的话语权而不断努力。二是增强自身超级系列大片的制作和开发能力。华谊兄弟影视集团和 Oakton Circle LLC 合资成立的公司旨在对全球性超级系列 IP 的投资和制作以及相关衍生品的开发。因此，华谊兄弟会将更多的资金投资到超级系列大片的开发和制作之中。

（四）大连万达集团股份有限公司

大连万达集团股份有限公司于 2016 年进行了数项海外投资，投资方向以影视产业和文化旅游产业为主。万达在 2016 年进行的文化方面相关投资主要有以下五项：①2016 年 1 月万达宣布以不超过 35 亿美元收购电影制片公司美国传奇影业。②2016 年 2 月万达与法国欧尚集团签订协议，合作投资 30 亿欧元的后者旗下大型文化旅游商业综合项目 EuropaCity（欧洲城）。该项目位于巴黎市区东北部，毗邻戴高乐机场，距巴黎市中心约 10 公里。项目占地 80 公顷，总建筑面积 76 万平方米，全部持有经营权，由室内外主题公园、大型舞台秀、酒店群、商业中心、会议中心等内容组成。[①] ③2016 年 3 月 AMC 出资 11 亿美元并购美国卡迈克院线。这笔交易使 AMC 成为全球最大的电影连锁院线。④2016 年 7 月万达旗下 AMC 宣布以 9.21 亿英镑（约合 12 亿美元）并购欧洲最大院线 Odeon & UCI Cinemas Group。⑤2016 年 10 月万达集团以 10 亿美元收购全球最大的电视直播制作商之一 Dick Clark Productions。[②]

1. 投资方向

万达的投资方向主要分为两个领域：一是影视领域的投资，主要特征为基于电影院线逆流而上拓展全线业务链；二是打造文化旅游地产，投资综合性文化城。

万达选择从下游的院线向上游布局整个影视行业产业链。通过收购院线，可获得观众、排片和宣传等下游资源，而通过收购上游影视公司，可以直接拿下被收购公司的所有 IP 和经验。这是万达海外影视产业链布局的独特路径。

---

① 王珑娟：《深扒万达海外投资：1000 亿买买买今年就能收入 600 亿》，http：//pedaily. baijia. baidu. com/article/338687，2016-03-03。

② 影视圈：《美媒炸了：王健林要用钱把好莱坞变成万达的"后宫"？》，https：//zhuanlan. zhi-hu. com/p/23219720，2016-10。

此外，万达依托商业地产，打造文化旅游地产，投资综合性文化城，实现了传统地产的转型和升级。这也与万达近年来通过文化旅游地产进军文化产业的整体战略一致。

2. 投资方式

万达的投资方式主要以直接并购为主。一方面，这种投资方式的优势是万达可以更好地控制被投资企业，提高对被投资企业的话语权；另一方面，这种投资方式需要消耗大量资金，会给企业的资金链造成一定的风险。直接并购被投资企业后，被投资企业的业绩与万达的投资回报息息相关。

3. 合作方选择

万达在文化领域海外投资的合作方包括院线和影视制作公司，涉及全产业链，这些公司均为规模较大、历史较长，且在业内有一定地位的公司。卡迈克院线为美国纳斯达克上市公司，是美国第四大院线集团，在美国拥有 276 家影院、2954 块屏幕，主要分布在城郊及乡村区域；Dick Clark Productions 是一家知名的影视制作公司，制作了众多颁奖典礼，包括 "全美音乐奖"、"金球奖"以及 "好莱坞电影奖"；传奇影业由托马斯·图尔（Thomas Tull）创建于 2004年，是美国独立的电影制片公司，其母公司为传奇娱乐。该公司目前已制作30 多部影片，包括《蝙蝠侠》等；[①] Odeon & UCI Cinemas Group 是欧洲最大的院线，总部位于英国，设立于 1930 年；与万达合作投资文化旅游地产 Europa City（欧洲城）的法国欧尚集团是法国第二大以经营零售业为主的商业集团，全球十大零售商之一，1961 年成立于法国北部的里尔，集团的主力业态为大型超级市场、超级市场、便利店，同时涉足加工生产和金融业。[②] 万达的合作对象均为规模较大的，有影响力的各国企业。选择这些企业进行合作，有利于降低万达海外投资的风险。

4. 投资回报

在进行并购的几个项目中，万达获得被并购企业资产所有权，控制被并购企业资源，并有权分享企业利润。万达投资回报与被并购企业业绩密切相关。

---

① 百度百科：《传奇影业》，http：//baike.baidu.com/link？url＝AsnrhGkxg93qjnddFOsLP－emWN-JWWIFlYFfD6GEHZKY8Y70VEI5KaAxwNsKjyBupUjZgZdYO＿8＿sQyskEqG8lviJ4Z1MLxqOS4r1hkUY2IDAT－4xt5gsNCep6znmyAhPw，2016-11-07。

② 百度百科：《法国欧尚集团》，http：//baike.baidu.com/link？url＝zR38N＿r4Z8jTMUBKDhn1R-76PAcZIAk1iVUD3－nMaqE0ctfCuemWtGxQKIthvWmPWxwlAK5XQSulvPeJ1pGm＿hmiJM2FNVoOv48q97n＿RiBEJaNh4lPxu5913V43O1ywk,2016-11-11。

在与欧尚集团的合作中，万达将获得 Europa City（欧洲城）项目的盈利回报，该项目还能促进万达的产业方向调整。

目前，万达 2016 年海外投资项目由于时间较短，具体的投资回报金额难以预估。从万达之前进行的文化领域海外投资项目看，万达的文化领域海外投资回报较为可观。2012 年 5 月万达投资 26 亿美元对 AMC 院线进行并购，除去替 AMC 偿还债务的 19 亿美元，万达在股权方面的投资为 7 亿美元。从投资回报上来看，该项目取得了良好的回报，仅 2012 年就盈利 5000 万美元。这也使万达对文娱方面的其他海外投资更有信心。

5. 特征总结

万达的海外投资主要有投资金额巨大、主要采取直接并购方式和海外与企业整体战略相配合三个特征。首先，万达海外投资金额巨大，在对传奇影业进行的并购中，万达耗资 35 亿美元，这是迄今为止中国企业在海外的最大一桩文化并购。据新浪财经数据，万达 2016 年海外投资额已达 1000 亿元以上。从投资方式上看，万达在海外投资过程中主要选择直接并购的方式，这种方式提高了万达对于被投资企业的控制，也带来了一定的风险。2016 年万达在文化领域的海外投资明显增多，文化产业是近年来万达投资的重点板块，万达海外投资的布局与企业整体向文化产业转型的战略一致。

6. 未来趋势

从总体投资规模上看，万达的海外投资金额不断增长，致力于打造国际化企业。从投资领域上看，万达在文化娱乐行业的投资不断增长。王健林称，未来万达集团将不断做大娱乐文化产业，预计今年文化产业收入将突破 700 亿元人民币；万达并将依靠中国和海外的并购，在 2020 年前达到全球票房占比 20%的目标。从合作对象的选择上看，万达一直将合作对象锁定好莱坞电影巨头，其下一个目标将是好莱坞举足轻重的"六大"电影公司（即派拉蒙、环球、20 世纪福克斯、华纳兄弟、哥伦比亚、迪士尼）之一，据路透社 2016 年 7 月的消息，万达正与派拉蒙洽谈合作，但合作尚未敲定。

（五）阿里巴巴文化娱乐集团

阿里巴巴集团旗下的阿里巴巴文化娱乐集团有限公司于 2016 年进行了一系列国际投资，投资方向包括电影、影视制作公司和娱乐公司。阿里巴巴文化娱乐集团具体的投资主要有以下几项：①2015~2016 年，参与投资《忍者神龟 2：破影而出》、《星际迷航 3：超越星辰》，并投资出品《碟中谍 5：神秘国度》、韩国人气巨星金秀贤主演的《REAL》等国际电影项目。②2016 年 10 月 9 日阿里影业与安培林合伙人（Amblin Partners）建立合作伙伴关系，两家公司将共同制作和放映电影并为电影项目融资。阿里影业成为安培林合伙人战略股东之一，并享有一个董事会席位。双方将在投资、联合制作、衍生品及宣传发行领域展开密切合作。③2016 年 10 月 20 日法兰克福国际书展上阿里影业与英国 Working Partners 公司及其母公司 Coolabi 集团达成协议，获得《猫武士》电影版权。阿里巴巴文化娱乐集团计划将《猫武士》打造成世界级的奇幻电影巨制。① ④2016 年 2 月，阿里音乐宣布与韩国 SM 娱乐公司进行合作，阿里音乐以 0.298 亿美元收购 SM 娱乐 4% 股份，双方将共同发展音乐事业。

1. 投资方向

阿里巴巴文化娱乐集团的投资方向包括了小说、电影、影片制作公司和娱乐公司。总体来看，阿里巴巴文化娱乐集团非常重视内容方面的投资。阿里影业投资的电影均为系列电影中的一部，且系列电影的前几部有较高的收视率，积累了一定的人气。阿里影业即将改编的《猫武士》系列小说在全球已售出超过 3000 万册，也积累了一定的读者资源。阿里音乐的合作方 SM 娱乐旗下有丰富的艺人资源，也有丰富的音视频版权资源。

2. 投资方式

在对好莱坞电影项目进行投资时，阿里巴巴文化娱乐集团旗下阿里影业作为这些电影项目中方合作伙伴，负责宣传、营销等。在与安培林合伙人进行合作的过程中，阿里影业将会利用其互联网宣发、在线售票、院线服务和影院运营及娱乐电商系统，成为安培林合伙人在中国地区电影项目的营销、发行及衍生品伙伴。阿里音乐对 SM 娱乐的投资则主要是股权投资，阿里音乐获得 SM 娱乐的版权资源，并与对方进行音乐事业的合作。

3. 合作方选择

阿里巴巴文化娱乐集团的合作方涉及影视和出版领域，包括派拉蒙影业、安培林合伙人和 Working Partners 公司，这些企业均有优质的内容积累，为阿里巴巴文化娱乐集团提供了充足的内容资源。派拉蒙影业以群星环绕雪山的标志为人所熟知。派拉蒙影业是好莱坞六大巨头之一，这家公司以众多的明星、

---

① 刘竞宇：《阿里影业拿下英国火爆 IP〈猫武士〉，产业链布局终于完成了?》，http://www.iy-iou.com/p/33451，2016-10-21。

高质量的影片和遍布全美的连锁影院闻名，一直坐在好莱坞霸主的宝座上。派拉蒙影业产出了许多知名电影，其中包括《教父》、《周末夜狂热》、《夺宝奇兵》、《阿甘正传》和《变形金刚》等叫好又卖座的绝好电影。安培林合伙人创建于 2015 年 12 月，该公司前身为梦工厂影业。2015 年，斯皮尔伯格同 Participant Media 公司、印度 Reliance 集团以及加拿大 Entertainment One 公司合作成立了安培林合伙人这家全新的公司。该公司旗下囊括了安培林影视、梦工厂影业和 Participant 三大品牌。Working Partners 公司成立于 1994 年，是一家为出版商提供原创科幻作品的公司，截至目前该公司已出版了超过 100 个科幻系列，出版作品超过 1400 部。该公司的知名作品《猫武士》已销往日本、俄罗斯、中国等 15 国。SM 娱乐是韩国一家综合性娱乐公司，旗下艺人众多，素有"造星梦工厂"之称。

4. 投资回报

在投资影片的过程中，阿里影业的投资回报主要以全球全产业链分账权的形式体现（见表4-5）；在与安培林合伙人公司进行合作的过程中，阿里影业的投资回报则包括股权投资回报和阿里巴巴文化娱乐集团影片制作水平的提升。对于 SM 娱乐的投资中，阿里音乐能获得的投资回报主要是对方丰富的音频视频版权资源。

表 4-5　阿里巴巴文化娱乐集团国际业务投资项目概况①

	《碟中谍5》	《忍者神龟2：破影而出》
制作公司	派拉蒙、坏机器人、天空之舞	派拉蒙、尼克影业、白金沙丘
拍摄成本	1.5 亿美元	1.35 亿美元
投资份额	接近 5%	不详
报告周期	2015 年下半年	2016 年上半年
分部收入	6870 万元人民币	2182 万元人民币
盈亏业绩	691 万元人民币	-4894 万元人民币

根据阿里影业投资《碟中谍5》时公布的合作方案，阿里影业等中方公司获取的是"全球全产业链收益分账权"，亦即"包括 DVD 为代表的'家庭娱

① 陈锁：《阿里影业国际业务首亏，投资好莱坞电影风险几何？》，https://www.huxiu.com/article/166472.html，2016-11-16。

乐'销售收入（与分账者分的是版税收入）、电视端销售（付费电视、有线电视、公共电视）、电影衍生品/授权商品等基于版权分销的收入"。

阿里影业在2015~2016年投资的两部影片，投资回报存在波动。2015年上半年的《碟中谍5》分部收入为6870万元人民币，盈亏业绩为691万元人民币；而《忍者神龟2：破影而出》分部收入为2182万元人民币，盈亏业绩为-4894万元人民币（见表4-5）。官方表示，"亏损主要因其全球票房表现而就电影《忍者神龟2：破影而出》做出的拨备而导致的。"

在与安培林合伙人的合作中，阿里影业获得安培林合伙人公司部分股权和一个董事会席位，除获得股权投资回报外，双方在影视制作等方面的深度合作也会提升阿里巴巴文化娱乐集团的影视制作能力。

在对SM公司的投资中，阿里音乐能获得丰富的版权资源，填补自身音乐平台的版权内容，阿里音乐将借助这次合作进一步发展音乐事业。

5. 特征总结

从阿里巴巴文化娱乐集团的投资活动中可以看出，阿里巴巴文化娱乐集团非常重视影视内容的投资。电影投资方面，阿里巴巴文化娱乐集团与海外影视的投资方式主要集中在海外电影在中国的发行上，未来将有可能进一步涉足影视制作等上游产业链。音乐投资方面，阿里巴巴文化娱乐集团同样非常重视优质音视频版权的引进，与其他影视公司图谋海外市场不同，目前阿里巴巴文化娱乐集团更想利用海外的优质电影和音乐资源，深耕本土市场。事实上，越来越多的海外投资人，特别是好莱坞电影人和大型娱乐公司都非常重视中国市场。阿里巴巴文化娱乐集团的这一举措利用了自身对中国文化和市场的了解，有利于与海外文化娱乐集团进行合作。

6. 未来趋势

从影视投资看，阿里影业前期的海外影视投资主要针对电影制作公司，投资的电影也是较为成功的系列电影中的一部。通过对《猫武士》的投资，有理由预见，阿里影业之后投资的电影类型会更加丰富。同时，阿里影业之后的投资将不仅仅满足于投资系列电影，在电影上游制作方面也将有更多参与。阿里影业相关人员表示，未来阿里影业将与安培林合伙人集团深化合作，加入更多中国元素。此外，阿里影业和安培林合伙人公司计划将进军虚拟现实行业。斯皮尔伯格认为，虚拟现实可能是未来娱乐行业中最重要的形式。马云则表示，移动手机和物联网将把电影推向各种各样的播放平台。① 从音乐投资看，阿里音乐对 SM 娱乐的投资是阿里音乐国际化战略的重要步骤，由于海外音视频版权的火热，有理由预见，未来阿里音乐将与海外知名音乐和娱乐公司有更多的合作。

2016 年我国主要文化企业走出去特征状况如表 4-6 所示。

表 4-6 2016 年我国主要文化企业走出去特征状况

文化企业	投资方向	投资方式	合作方选择	投资回报	特征总结	未来趋势
腾讯	影视（除院线）、游戏、音乐、即时通讯	直接投资为主、合作	影视、游戏、音乐、即时通讯公司	技术协作；市场拓展协作；分红获利	产业链角度出发，着眼长期利益投资	投资增长；完整海外影视产业链（院线）
乐视	全球产业链布局	直接投资；成立子公司	跨国高科技企业多层合作	付费业务等的获利	设立子公司；乐视全球生态	基于技术的产业链全球拓展加深
华谊	电影核心业务出发，提高制作水平	合作投资影片；合资成立公司	影视制作公司	票房衍生品等获利；合作中话语权提高	影视主营业务出发，国际化	合作中话语权的继续提高；增强系列大片制作开发
大连万达	影视；文化旅游地产	直接并购	影视公司	股权等获利	基于下游院线向上游布局产业链；投资金额大；与战略一致	规模扩大；文娱行业增强；锁定好莱坞巨头合作
阿里巴巴文化娱乐集团	影视；出版；音乐	合作投资	内容资源优质的影视公司，知名音乐公司	全球产业链分账权；音视频版权；股权回报；制作水平提高	注重影视和音乐内容投资；集中于中国发行，深耕本土市场	投资电影类型丰富；参与上游制作；进军虚拟现实行业；扩大海外音乐合作

基于以上分析可以看出，在文化企业海外投资的整体趋势上，我国文化企业海外投资规模不断增长，涉足领域不断增多，投资地域也越来越广泛。据北京新元文智数据，自 2013~2014 年共收集到来自阿里、华谊兄弟、腾

① 赢美股：《阿里影业与斯皮尔伯格旗下 Amblin 签订合作协议》，http：//business. sohu. com/ 20161011/n469963294. shtml，2016-10-11。

讯、百度及搜狐等 21 家国内文化企业海外并购事件 25 起，并购金额达约 39 亿美元。[①] 从 2016 年的情况来看，仅万达集团的海外文化领域并购额已超过 60 亿美元。从投资地域上看，我国 2016 年文化企业海外投资的地域很广，包括美洲、亚洲、欧洲。而从投资方向和项目选择上来看，我国文化企业海外投资横跨影视、娱乐、游戏、即时通讯、文化城、云视频等多个领域，其中影视领域的占比最高，这一现象与我国近年及全球影视领域的蓬勃发展相符。我国文化企业海外投资领域也囊括了云服务、VR 等高科技领域，这些领域有强劲的发展势头。从投资水平上看，我国文化企业海外投资过程中的项目参与水平不断加深，但整体投资水平仍然偏低，以影视投资为例，腾讯、华谊兄弟、阿里巴巴文化娱乐集团等企业虽然投资数额很大，但在投资影视项目的过程中并未深入参与企业管理和影视制作的上游过程。在对好莱坞进行投资的过程中，我国文化企业虽然希望涉足影视制作等上游领域，提高对于影片的参与程度，但包括好莱坞在内的众多影视公司拥有完整的影片制作和发行流程，中国企业很难深入参与文化公司管理和文化产品生产的整体过程。从投资方式上来看，我国文化企业海外投资方式丰富多样，企业采取入股、并购、新设子公司等多种方式进行海外投资。从投资回报上看，我国文化企业海外投资回报的形式也比较多样，根据企业投资方式的不同，投资回报也不尽相同，大体上说，企业的投资回报与被投资企业和项目的盈利息息相关。此外，文化企业进行海外投资的投资回报除了企业投资盈利，还包括学习海外文化企业的先进经营理念、扩展文化企业海外市场、完善文化企业产业链、打造文化企业国际品牌等诸多方面。文化企业海外投资作为投资企业国际化战略的重要组成部分，对文化企业的国际化有很大的提升。

三、中国文化企业海外投资现存问题

（一）暂无针对文化企业海外投资的专项政策支持

在文化走出去战略的指导下，我国出台了一系列相关支持政策。如国务院于 2014 年出台的《关于加快发展对外文化贸易的意见》提出"支持文化企业拓展文化出口平台和渠道，鼓励各类企业通过新设、收购、合作等方式，在境外

---

① 庞博：《海外投资文化企业的机会在哪?》，http://www.mcprc.gov.cn/whzx/bnsjdt/whcys/201510/t20151029_458856.html。

开展文化领域投资合作，建设国际营销网络，扩大境外优质文化资产规模。"

文化部"十三五"文化产业发展九大重点任务中的文化贸易部分（2016年）提出加快对外文化贸易发展。从改善发展环境、强化公共服务、提升规模效益这三方面入手，不断夯实对外文化贸易持续快速发展的基础。

这些政策大多针对文化贸易，其中偶有提到文化投资，但针对文化企业海外投资的专项政策非常缺乏。部分政策中虽然偶有条款涉及文化企业海外投资，但相关政策缺乏完善的配套机制，落实也不到位。我国文化企业海外投资的空间巨大，急需相关政策支持体系的进一步完善。

（二）海外投资目的地过于集中，主要集中在美国

我国文化企业海外投资的目的地过分集中在美国，将美国作为海外投资的目的地，有一定优势，美国的文化产业非常发达，与国际投资者合作的历史也比较悠久，这为我国文化企业海外投资创造了优势条件。但海外投资目的地的过分集中也会带来一些问题。

首先，美国文化产业，尤其是电影产业本身产业成熟度较高，他国企业进入会遭遇一定壁垒。美国文化产业也存在投资金额巨大、回报难以预估的问题，这些问题均会导致我国文化企业海外投资的风险增大。以好莱坞为例，由于好莱坞有完善的融资流程，中国投资者往往采用"拼盘投资"的模式，与多个投资者合作对好莱坞影片进行投资，而这种投资方式风险较高，投资过程中对资金的控制也比较受限。另外，好莱坞大片高昂的制作成本和大制作影片票房的难以预测也给投资者带来了风险。

其次，投资目的地的过于集中不利于企业自身分散投资风险，不利于企业进行风险控制。中国企业的蜂拥而入也会增强企业间的竞争压力，降低文化企业海外投资的回报。

（三）投资水平较低

目前我国文化企业虽然通过并购、入股、设立子公司等一系列方式发展对外投资，但由于中国企业并未深入参与文化公司管理和文化产品生产的整体过程，因此，文化企业在对外投资项目中的话语权不足，资本走出去对文化走出去的带动作用不明显。如万达虽然并购了AMC院线，但由于AMC院线基于自身业务方向和票房预判的种种考虑，电影《人在囧途之泰囧》并未获得排片优势，该电影于2013年2月初在北美上映，到2013年2月底，每部电影仅有每日两场的排片量，排片较少也在一定程度上影响了该片的海外票房。此外，虽然有些好莱坞大片因有中方资本加入而选用中国明星，但影片的主线和核心价值仍然是好莱坞化的，中国明星的加盟并未对电影产生实质性的影响，这也从一个侧面证明了我国文化企业海外投资的水平较低。投资水平会严重影响我国文化企业海外投资的回报和文化企业的国际影响力，在我国文化企业走出去的过程中，如何深入海外文化领域的各个部分，实现文化产业链上下游的贯通，由"走出去"变为"走进去"，发挥文化企业海外投资对中华文化走出去的带动作用，是我国文化企业今后海外投资过程中应把握的一个重点。

（四）受到贸易保护主义冲击

文化具有独特的渗透力。文化投资影响了被投资国的文化传媒行业。人们担心与其他投资活动相比，它会在意识形态等方面对输入国消费者产生潜移默化的影响，易遭受投资壁垒。据《华尔街日报》2016 年 10 月 4 日报道，美国众议院 16 名议员在 9 月 15 日递交给政府问责的一封信件中提及，万达集团在好莱坞进行了一系列大宗收购，其中包括收购美国传奇影业公司和美国电影院连锁公司，引起了人们对一个外部强国控制美国很大一部分传媒业的担忧。众议院们在信中写道，这些收购加重了人们对"中国企图审查题材并对美国媒体实施宣传控制的担忧"。① 文化对外投资易引发被投资国关于文化控制和文化侵略的担忧，从而会对文化投资造成一定壁垒，这也是我国文化企业对外投资过程中面临的一个重要问题。

（五）存在文化折扣问题

文化折扣度是指任何文化产品的内容都源于某种文化，因此对于那些生活在此种文化之中以及对此种文化比较熟悉的受众有很大的吸引力，而对那些不熟悉此种文化的受众的吸引力则会大大降低。②

在文化企业海外投资的过程中，会涉及电影等文化产品的输入和输出问题，在文化产品输入和输出过程中，由于我国文化和被投资国文化的不同，极易产生文化折扣问题，从而影响文化产品的盈利。仍以影片《人在囧途之泰囧》为例，有分析认为，该影片在美票房惨淡的一个重要原因是它所承载的文化内涵不能被海外观众认可，海外观众认为《人在囧途之泰囧》的故事形式和喜剧元素都很老套，不能引发他们的兴趣。

---

① 杨宁昱：《中国红星照耀好莱坞？美媒：美政府不应干涉电影制作》，http：//www. cankaoxiaoxi. com/finance/20161018/1353368. shtml，2016-10-18。

② 薛华：《中美电影贸易中的文化折扣研究》，中国传媒大学出版社 2009 年版。

文化产品的背后承载着一国的独特价值观和文化背景，文化产品的输出也是对外文化投资的重要一环，在文化产品，尤其是影视产品的对外输出过程中，如何讲好故事，降低文化折扣，提升文化产品的价值，从而使文化对外投资获得更大回报是我们面临的又一重要问题。

（六）文化投资领域和文化投资主体类型比较单一

我国文化企业海外投资的投资领域比较单一，主要集中在影视领域。影视产业是文化产业的一个重要组成部分，随着影视市场的不断发展，全球范围内资本对影视产业的介入也越来越多。同时，影视产业领域的竞争也越来越激烈，给影视产业领域的投资造成了一定的风险。在企业打造国际化文化品牌的过程中，如何结合自身优势资源，在综合性领域进行文化对外投资，是一个值得思考的问题。

此外，从投资主体上看，进行对外文化投资的公司（腾讯、华谊、乐视、万达、阿里）均为大型民营企业，中小型文化企业和国有文化企业海外投资较少，这与企业自身的实力和资源积累有关。

四、给中国文化企业海外投资的建议

（一）加大政策支持力度

目前，我国的文化"走出去"政策主要集中在文化贸易方面，并没有出台专门针对文化企业进行海外投资的支持政策。同时，由于目前我国的相关政府机构大多缺乏对民营文化企业的足够认同，政府和民营文化企业之间的合作也相对较少，因此，民营文化企业参与政府开展的对外文化交流活动的机会较少，这便使得民营文化企业在开展对外投资的前期需要投入大量精力和金钱去进行信息搜集，在一定程度上提高了民营文化企业海外投资的风险和成本。为此，我国政府有必要在加强对民营文化企业身份认同的基础上出台支持文化企业海外投资的专项政策。首先，政府要鼓励和支持我国的民营文化企业积极参与国家的对外文化交流项目，帮助民营文化企业在海外投资地开展信息搜集活动，降低文化企业的信息搜集成本。其次，政府要积极运用财政、金融、税收等多种手段助推优质文化企业开展对外投资，同时，由于文化企业海外投资的风险较高，为此，政府也有必要通过设立相关的保险机构来为文化企业的海外投资活动提供保险，降低文化企业的海外投资风险，促进文化企业进行海外投资活动。最后，政府在制定政策的过程中要更加注重中央和地方两个层面的政策联动，注重中央和地方在支持文化企业海外投资政策上的相互协调，从不同侧面来共同协助文化企业开展海外投资，从而全方位、多层次落实中华文化走出去战略。

（二）加强对"一带一路"沿线国家的文化投资

"一带一路"战略是目前我国重点发展的对外合作战略之一，这一战略的实施为文化企业开展文化交流合作以及海外投资提供了广阔的市场，同时由于"一带一路"沿线国家在历史上有过长期的经济、文化方面的交流，其传统文化中蕴含着一些共同的元素，这也为我国文化企业在"一带一路"沿线国家进行投资时降低文化折扣提供了可能。为此，文化企业要抓住这一机遇，借助国家出台的《推动共建丝绸之路经济带和 21 世纪海上丝绸之路的愿景与行动》这一政策中促进投资和消费方面的措施以及国家在"一带一路"沿线国家进行建设的跨国基础设施，来在"一带一路"沿线国家开展文化投资活动。由于"一带一路"沿线有 60 多个国家和地区，各个国家的文化背景和经济发展状况各有不同，因此，文化企业在"一带一路"沿线国家开展投资之前首先要根据自身的业务发展情况选择重点投资国家和地区，随后再在此基础上进行投资领域的拓展。其次，文化企业在开展投资之前要对所选择投资国家和地区的文化市场进行深入考察，分析文化市场的发展潜力，在结合自身和当地文化特点的基础上制定文化投资策略，建立富有特色的多样文化品牌。最后，文化企业要善于挖掘"一带一路"沿线国家的传统文化与我国传统文化的共同之处，增强文化认同感，降低文化折扣和文化投资阻力。同时，这一方式也有利于拓宽文化企业的投资地域和投资范围，进一步深化我国与"一带一路"沿线国家文化产业合作，从而加强中华文化的国际辐射力和影响力。

（三）打造具有国际影响力和知名度的文化品牌

推动中华文化走出去，就必须提高对外文化贸易和文化投资的水平，而提高文化对外投资水平的重要方式之一便是打造具有综合实力的文化航母，提高文化企业综合实力和国际竞争力，如贝塔斯曼、索尼等国际知名文化品牌，由于其影响力和实力较强，这使得其在国际文化贸易和文化投资中占据优势，从而进一步提高了企业自身的实力。因此，有必要打造具有国际影响力和知名度的国际文化品牌。同时，由于文化产业的核心在于创新[①]，想要打造具有国际

[①] 来有为、张晓路：《全球化条件下引导和支持中国文化产业"走出去"》，《中国发展观察》，2016 年第 4 期，第 27 页。

影响力和知名度的文化品牌，核心在于不断提高企业自身的创新水平和创新能力。为此，政府要鼓励文化企业结合自身的优势，不断提高自身的创新能力和创新水平，同时也要注重将具有中国特色的元素融入企业文化品牌的打造过程中，进而培养一批具有国际竞争力的文化品牌，提高国际市场对我国文化品牌的认知度，降低文化折扣，提升文化企业的海外投资竞争力，带动中华文化在国外广泛传播。

（四）深入参与公司管理和文化产品生产过程

从前文的分析可以看出，目前我国文化企业的海外投资大多停留在收益分成阶段，很少有文化企业能够参与到所投资项目或企业的管理之中以及文化产品的生产过程之中，缺乏生产和管理过程中的话语权，这不利于我国文化的海外传播。为此，文化企业在海外投资过程中要注重深入参与公司管理与文化产品生产过程，由资本输出带动文化输出，增强我国文化企业在所投资项目中的话语权，将更多具有中国特色的文化要素融入文化产品中，促进国外文化企业对我国文化的理解以及文化元素的应用，打破文化壁垒，降低文化折扣，提高中华文化国际认可度。

（五）培养熟悉文化企业海外投资运作的人才

由于文化企业的产品和服务带有意识形态，因此文化企业在开展海外投资的过程中会比一般企业的海外投资遇到更多的阻力，这就需要既熟悉一般企业海外投资流程，又了解文化企业特点的人才来进行文化企业海外投资项目的运作。然而，由于我国文化企业海外投资的起步相对较晚，目前缺乏熟悉文化企业海外投资运作的人才，为此，国家可以采用引进与培养相结合的措施来解决这一问题，通过引进发达国家或地区熟悉文化企业海外投资的人才来解决当前文化企业海外投资中存在的问题，同时，也要重视国内文化产业及其相关专业人才的培养，加快培养掌握投资、营销、文化运作以及法律等方面知识的复合型人才，为中华文化"走出去"储备更多的人才。

第二章 中华文化走出去背景下民营图书企业海外投资策略研究

宫丽颖[1] 刘昶甫[2]

（1. 中央财经大学文化与传媒学院教授；
2. 中央财经大学文化与传媒学院传媒经济学专业硕士研究生）

改革开放以来，我国民营企业经历了从形成、发展到逐步壮大的过程。随着我国加入世界贸易组织以及中华文化走出去战略的提出，诸多资本实力雄厚的民营企业基于拓宽产品市场、规避贸易壁垒、利用国外优势资源、学习国外先进技术以及提高产品国际竞争力的目的，开始进行海外投资，经过数年发展，目前已经形成了一定的规模。根据柏林墨卡托中国研究中心和荣鼎咨询于2017年1月11日联合发布的报告显示，中国企业2016年海外直接投资额达到1890亿美元，与2015年相比上涨40%[1]；另据普华永道于2017年1月12日发布的《2016年中国企业并购市场回顾与2017年展望》的报告显示，民营企业已经成为了我国企业海外并购市场的主导，在2016年度海外投资的交易金额方面第一次超过了国有企业[2]。由此可以看出，民营企业海外投资已经成为我国企业"走出去"中的一股重要力量。

同样，作为民营企业重要组成部分的文化企业，在2016年也进行了大规模的海外投资。据不完全统计，2016年我国民营文化企业的海外直接投资总额为254亿美元，投资领域主要集中在影视、游戏和社交媒体等行业，而作为

---

① 网易财经：《中国 FDI 已接近 2000 亿美元》，http：//money. 163. com/keywords/6/c/67cf6797/1. html，2017-02-03。
② 中国财经：《民营企业已经主导海外并购市场》，http：//finance. china. com. cn/roll/20170113/4067147. shtml，2017-01-13。

文化企业重要组成部分的图书企业，在 2016 年的对外直接投资额相对较少，其对外贸易活动主要集中在版权贸易方面。然而，长期以来，我国政府一直把版权贸易和图书企业的海外投资作为文化"走出去"的重要方式。为了支持图书企业顺利地"走出去"，国家新闻出版广电总局先后出台了诸如《关于加快我国新闻出版业走出去的若干意见》、《非公有制文化企业参与对外专项出版业务试点办法》等一系列措施。同时，国家领导人也在会议中强调了图书"走出去"的重要性，如 2016 年 10 月，中宣部部长刘奇葆在图书"走出去"工作座谈会上便指出图书"走出去"是文化"走出去"的重要组成部分。[①]由此看来，我国民营图书企业进行海外投资有着强有力的政策支持。民营图书企业是我国民营文化企业的重要组成部分，在文化"走出去"过程中承担着不可替代的作用。现阶段，我国民营图书企业在海外的投资刚刚起步，投资的地域具有一定的局限性。本文在梳理我国民营图书企业海外投资现状的基础上，从投资背景、投资方式、出版物的内容、出版物的营销方式、投资回报五大研究视角对北京时代华语图书股份有限公司（纽约中国时代出版公司）、北京求是园文化传播有限公司（英国新经典出版社）、云南昆明新知集团以及新经典文化有限公司四个民营图书企业的海外投资案例进行深入剖析，总结其在投资过程中的经验以及存在的问题，为我国民营图书企业未来的海外投资提供借鉴与启示。

一、我国民营图书企业海外投资现状

经过多年的发展，我国图书出版业"走出去"形成了三种主要模式，分别是贸易式、契约式和投资式。[②] 贸易式是指出版机构在国内对图书、报刊等进行编辑，以商品的形式将此在世界范围内进行销售；契约式是指国内的图书出版机构通过签约的方式将版权授予国外出版机构，允许其在一定时间和空间范围内从事出版经营活动；投资式是指国内的出版企业以海外直接投资的方式在海外设立分支出版机构或者与国外出版机构合作在海外成立新出版公司的一种模式。当前，我国图书出版业"走出去"最常用的模式是贸易式。然而，随着国内出版企业实力的增强，越来越多的出版企业开始使用投资式的模式来

① 人民网：《刘奇葆出席图书走出去工作座谈会》，http://paper.people.com.cn/rmrbhwb/html/2016-10/21/content_1720376.htm，2016-10-21。

② 潘文年：《中国出版业"走出去"研究》，《南京大学》，2011 年，第 2 页。

实现"走出去"的目标。我国图书企业的投资式模式起步于 1990 年科学出版社在美国投资设立子公司。2000 年之后，图书企业的海外投资规模逐步扩大。2002 年，中国外文出版发行事业局收购了美国的中国图书刊社；2007 年，我国三家大型的国有图书企业在海外进行了直接投资。随着文化"走出去"战略的提出，我国图书企业海外投资的步伐逐步加快，投资地域也在不断拓展。当前，我国图书企业的海外投资已经形成了一定的规模，根据"中国图书对外推广计划"工作小组的统计显示"截至 2016 年 6 月，我国的新闻出版企业借助国务院启动的'中国图书对外推广计划'以及'中国文化著作翻译出版工程'，已经在全球 50 多个国家和地区一共投资设立了 450 多家分支机构①，与全世界 500 多家出版机构建立起了合作关系②。"我国出版企业海外投资取得了一定的成就，出现了中国出版集团、安徽出版集团、浙江出版联合集团等一批具有国际竞争力的出版集团。可见，当前我国图书企业进行海外投资的主体是一些资本实力雄厚的大型国有图书企业。然而，由于民营图书企业具有产权清晰、策划能力强、竞争观念强等特点③，再加上国家逐步放宽民营资本进入图书出版行业的限制，使我国涌现出了一批具有竞争力的民营图书企业，而且一部分民营图书企业已经开始在海外进行投资，取得了良好的效果。这些民营图书企业海外投资成立的机构主要出版宣传我国主流文化的书籍以及现当代作家的文学作品，在海外引起了关注，取得了不错的销售业绩，对在海外传播我国的文化起到了不可替代的作用。与国有出版企业的海外投资相比，当前民营图书企业海外投资的力度还相对比较小，进行海外投资的企业也相对较少，投资的区域主要集中在欧美以及东南亚、南亚等地区，范围相对较为狭窄。

二、我国民营图书企业海外投资案例分析

（一）案例概述

北京时代华语图书股份有限公司于 2008 年成立，是一家专门从事社科、

---

①　中国出版商报：《"中国图书对外推广计划"工作小组谋新篇 七大亮点接轨国际促升级》，http：//www.cnepaper.com/zgtssb/html/2016-06/14/content_1_2.htm，2016-06-14。

②　网易：《"中国图书对外推广计划"工作会召开》，http：//news.163.com/16/0609/02/BP38SE8200014AED.html，2016-06-09。

③　莫林虎：《民营书业海外投资机遇与发展策略初探——以英国新经典出版社、纽约中国时代出版公司、云南昆明新知集团为例》，《中国出版》，2013 年第 11 期（下），第 16 页。

文学、传记、经管、时政等方面图书策划的企业，是目前我国发展较好的大众图书提供商之一。2012 年北京时代华语图书股份有限公司在美国纽约成立了一家名为纽约中国时代出版公司的全资子公司，专注于我国图书的对外销售和海外市场的开拓。

北京求是园文化传播有限公司成立于 2004 年，专注于我国文化的海外传播。该公司于 2008 年在英国伦敦成立了英国新经典出版社，成为我国首家在海外进行出版业运营的民营图书企业。自成立以来，英国新经典出版社出版了一系列宣传我国主流文化的书籍，在海外引起了热议，并取得了不错的销售成绩，产生了广泛的影响。

云南昆明新知集团于 1991 年在云南昆明成立，是一家从事图书和文化产品经营的连锁企业，目前已经在中国、泰国、老挝、柬埔寨、马来西亚、缅甸、斯里兰卡、印度尼西亚、尼泊尔和南非这 10 个国家建立起了配书服务，成为我国民营图书企业与东南亚、南亚等地区进行文化交流的重要代表。

新经典文化有限公司是一家成立于 2002 年的图书策划和发行企业，经过多年的发展，目前已经成为了我国最大的民营图书策划和发行企业，在我国多个城市设立了子公司。该公司已经策划出版了多本畅销书，连续多年在当当网的销售排名中位居全国第一。2016 年 5 月，新经典文化有限公司投资了法国菲利普·毕基埃出版社，开始涉足海外出版市场。

（二）投资背景分析

国家与地方政府的政策支撑与经济的快速发展推动了民营图书企业进行海外投资。

在政策方面，2003 年《出版物市场管理》中明确提出民营企业可以经过国家相关部门的审批获得出版物的总发行权。2005 年《关于非公有制资本进入文化事业的若干规定》出台，为我国民营资本进入图书策划和发行行业提供了政策支持。因此，诸多民营图书企业在这一时间段内成立。同时，随着 2006 年，中华文化"走出去"战略的提出，国家相关部门制定了一系列的政策方针，从财政、金融、税收、保险等方面来支持文化企业"走出去"，鼓励文化企业进行对外文化交流、文化贸易和文化投资，提高我国文化在国际上的影响力。基于此，我国的民营图书企业利用国家文化政策的支持开始了"走出去"的进程。以云南昆明新知集团的海外投资为例，该企业在柬埔寨进行投资，设立书店，就是源于云南省新闻出版局与其周边国家驻云南领事馆共同召开的文化交流座谈会，以及多次组织本省文化企业所进行的对外考察活动。云南省政府对民营图书企业的海外投资给予了高度重视。2011 年，云南昆明新知集团在柬埔寨投资设立的第一家书店开业时，云南省新闻出版局的副局长便参与了开业仪式。除此之外，云南省政府还将云南昆明新知集团的海外书店作为我国对外文化交流的窗口，国家也为其提供了多样的支持。如 2012 年 8 月，云南昆明新知集团与人民教育出版社就中文教材"走出去"签订了战略合作协议，合作将中文教材在东南亚和南亚市场进行推广和销售。随后，人民教育出版社在老挝、柬埔寨的云南昆明新知集团的华文书局举办了教材推广活动。同时，云南昆明新知集团在 2012 年被评为 2011～2012 年度文化出口重点企业和重点项目，这也会为其带来财政、金融、税收等方面的支持。[①]

　　在经济环境方面，改革开放以来，我国经济经历了飞速发展，成为了世界第二大经济体。经济实力的提升，必然会有文化在国际上影响力提升的需求。为此，我国政府于 21 世纪初提出了中华文化"走出去"战略。同时，随着与世界各国经济交流的日益密切，我国的经济政策、历史渊源、思想传统、风俗习惯等也会受到各国的关注，而文化"走出去"正是帮助各国了解我国的重要方式。因此，我国诸多发展较好的文化企业开始"走出去"，进行海外投资。正是在这一背景下，我国的民营图书企业也开始进行海外投资，承担起了宣传我国主流文化的作用。以北京求是园文化传播有限公司在伦敦成立的英国新经典出版社为例，在成立之后其策划出版了一系列宣传共产党执政理念的书籍，将我国的主流文化推广到了世界。

（三）投资方式分析

　　一般来说，文化企业对外投资的方式有直接投资和间接投资两种。直接投资是指企业以各种形式进入目标国家进行生产经营活动的一种投资方式，典型的直接投资方式有兼并、收购、设立新厂；间接投资是指企业以购买有价证券的方式进行投资的一种方式，典型的间接投资方式有购买企业的股票、债券等。当前，我国民营图书企业进行海外投资的方式既有直接投资（如北京求是园文化传播有限公司在伦敦成立英国新经典出版社，北京时代华语图书股份有限公司在纽约成立了纽约中国时代出版公司，云南昆明新知集团在南亚和东

---

　　① 莫林虎：《民营书业海外投资机遇与发展策略初探——以英国新经典出版社、纽约中国时代出版公司、云南昆明新知集团为例》，《中国出版》，2013 年第 11 期（下），第 17 页。

南亚的多个国家设立书店），也有间接投资（如新经典文化有限公司投资了法国菲利普·毕基埃出版社）。我国民营图书企业多样化的海外投资方式已经初步形成。

（四）策划出版图书的内容

当前我国进行海外投资的民营图书企业策划出版图书的内容以介绍我国基本情况为主，包括宣传我国的历史文化、风俗习惯、主流思想、经济政策、发展路径等，其中最主要的是宣传中国共产党的执政理念和政策方针。如英国新经典出版社在成立初期便是以出版和发行一些介绍我国人文地理情况的书籍为主。随后，该出版社于2011年开始转型，在这一年，该出版社购买了《历史的轨迹：中国共产党为什么能》这一本书的版权，经过翻译后在国外出版，受到了国外市场的欢迎，成功销售8000多册。随后，英国新经典出版社与中央文献出版社、当代世界出版社等国内出版社开始合作，出版了《中国共产党建设90年》、《战略创新与管理之道：我在党校讲国学》等主旋律图书的英文版，引发了西方出版界对这一现象的关注，该出版社以此在海外立足并不断拓宽其销售市场。同样，纽约中国时代出版公司在成立之初便以策划出版时政书籍为自身的主要出版目标，成立以来相继出版了《习近平时代》、《习大大说如何读经典》、《中国梦》等主旋律图书。而新经典文化有限公司在投资了法国菲利普·毕基埃出版社后将重点对我国现当代的文学作品进行翻译出版。由此可以看出，目前进行海外投资的民营图书企业以出版主旋律书籍为主，同时也会兼顾出版一些文学、艺术类书籍。

（五）出版物的营销方式分析

一本书的成功销售离不开完善的营销策略。当前，我国图书企业在海外出版活动中所采用的营销策略主要有以下四种：第一，积极参与国际知名书展。如英国新经典出版社在全球推广《战略创新与管理之道：我在党校讲国学》时，参加了伦敦书展和法兰克福书展，在国际大型书展上对该书进行了宣传，提高了该书的知名度，吸引了西方出版界的关注。2016年，云南昆明新知集团在中国—泰国书展、影视推介暨中泰出版影视论坛上将《习近平谈治国理政》、《之江新语》等书籍作为书展的重要书目进行了推介，受到泰国当地民众的关注。第二，在有代表性的地点开展出版物的宣传活动。如英国新经典出版社出版的《中国共产党建设90年》英文版便是在伦敦书展举行了首发会，其在推广《历史的轨迹：中国共产党为什么能》一书时，在马克思出生和成长的地方——特利尔城举行了"马克思故乡文化之旅"系列交流活动，引起了当地媒体的广泛关注，达到了对该书的宣传推广作用。第三，与国外的研究机构展开合作，向国外的图书馆进行图书捐赠。如在 2016 年 1 月 9 日，云南昆明新知集团与柬埔寨王家研究院共同承办了《历史的轨迹——解读中国共产党书系》的首发式和研讨会，使得柬埔寨学术界对这一系列书籍有所关注；同样在 2016 年 3 月 24 日，新知图书柬埔寨金边华文书局的总经理向柬埔寨参议院秘书局副秘书长赠送了《历史的轨迹——解读中国共产党书系》、《中国共产党为什么能?》、《中国共产党如何反腐败?》等图书。第四，与国际知名的图书发行机构合作，建立起自己的海外销售网络。如英国新经典出版社与国外的诸多机构进行合作来进行书籍推广。英国新经典出版社与 BBC、卫报等国际知名媒体进行合作来对出版的图书进行宣传；与兰登、亚马逊等合作进行线上线下的图书销售；与英国文化协会等机构合作开展图书研讨会，进行图书推广。纽约中国时代出版公司在图书推广过程中也与美国最大的图书发行商英格拉姆集团公司进行了合作。

(六) 投资回报分析

当前民营图书出版企业海外投资的回报主要来自两个方面：一方面是图书销售所获得的收益；另一方面是国家政府为鼓励其在海外进行投资所提供的经济支持（见表4-7）。民营企业作为独立经营的主体，其主要的收入来源于自身生产经营活动所带来的收益，民营图书企业也不例外。民营图书企业在海外投资所获得的回报最主要来源是海外设立的机构出版书籍并进行销售后所获得的利润。另外，由于当前"走出去"的民营图书企业都承担了一定宣传我国文化的功能，因此政府为其对外投资提供了财政、税收、保险等方面的支持，同时国内的出版机构，尤其是主旋律书籍的出版机构在与其进行合作的过程中，一般都很少要求其支付版权费用，这在很大程度上降低了民营图书企业海外经营的成本，从而提高了收益水平。

表4-7　我国民营图书企业海外投资状况

	北京时代华语图书股份有限公司	北京求是园文化传播有限公司	云南昆明新知集团	新经典文化有限公司
成立时间	2008 年	2004 年	1991 年	2002 年
投资时间	2012 年	2008 年	2011 年	2016 年

续表

	北京时代华语图书股份有限公司	北京求是园文化传播有限公司	云南昆明新知集团	新经典文化有限公司
投资国	美国	英国	泰国、老挝等东南亚、南亚以及非洲共10个国家	法国
投资方式	直接投资设立纽约中国时代出版公司	直接投资设立英国新经典出版社	直接投资设立书店	间接投资法国菲利普·毕基埃出版社
出版物的内容	宣传我国主流文化的书籍，以及部分现代文学书籍	宣传我国主流文化的书籍	主要销售与我国文化相关的书籍	主要致力于出版我国现当代作家的著作
出版物的营销方式	选择合适的地点进行宣传活动；与国际知名的出版和发行机构开展合作	参与国际知名书展；选择合适的地点开展出版物推介活动；与国际知名的出版和发行机构开展合作	参与国际知名书展；与国外研究机构开展合作	与国际知名的出版和发行机构开展合作
投资回报	图书销售收益、政府政策支持所获的收益	图书销售收益、政府政策支持所获的收益	图书销售收益、举办文化交流活动的政府财政补助	暂无

三、我国民营图书企业海外投资中存在的问题及发展建议

（一）我国民营图书企业海外投资中存在的问题

当前我国民营图书企业海外投资取得了一定的成效，但其中依然存在一些问题。

第一，出版物内容的同质化程度较高。当前进行海外投资的民营图书企业重点出版的是宣传我国共产党执政理念、我国发展道路的书籍，内容的同质化程度较高。这在我国民营图书企业海外投资的数量较少时可以吸引国外媒体、出版界的关注，产生轰动效应，图书销售也容易开展。但是，随着民营图书企业在海外投资的增加，如果依然策划和出版同类型的书籍，不仅不能吸引西方图书消费者的关注，还有可能会有"文化侵略"的嫌疑，引起国外出版界的抵制和抗议。

第二，民营图书企业现今投资地域的范围较窄，主要集中在欧美和东南亚、南亚地区。如英国新经典出版社和新经典文化有限公司投资的法国菲利普·毕基埃出版社，其主要的销售市场是欧洲地区；纽约中国时代出版公司的主要销售市场是美国及其周边国家和地区；云南昆明新知集团在海外开设的书店主要集中在东南亚和南亚地区。可见目前我国民营图书企业投资范围较为狭窄，还有诸多地区未涉及。

第三，与国外大型的跨国出版企业相比，盈利水平较低。目前，虽然图书出版企业海外投资设立的出版社或书店都发展较好，但是与国际大型的图书出版策划企业，如贝塔斯曼、爱思唯尔相比，其盈利水平相对较低。而且民营出版企业受到我国政府的财政补贴力度较大，这不利于图书出版企业海外投资的可持续发展。

（二）我国民营图书企业海外投资的未来发展建议

1. 紧随国家文化政策

2005 年《关于非公有制资本进入文化事业的若干规定》出台，为民营资本进入文化产业提供了政策支持，使民营图书企业的规模在此期间扩大。2006年，中华文化"走出去"战略的提出为民营图书企业的海外投资在金融、财务、税收以及政策方面提供了支持。当前民营图书企业之所以能够在海外开展投资，很大程度上与国家政策以及政府相关部门的支持密不可分。因此，民营图书企业在进行海外投资时要重点关注国家文化政策，跟随国家文化政策的指导来开展投资。目前我国政府对民营文化企业的支持力度正在逐步加强。2015年，"一带一路"战略的实施为民营图书企业的海外投资提供了更加广阔的投资市场。民营图书企业可以借助"一带一路"战略的实施在沿线国家进行图书出版业的投资，扩大海外投资市场，拓展我国文化的影响范围。2016年，"十三五"规划纲要提出了建设文化强国的目标，要将文化产业发展成为国民经济的支柱产业，这为民营图书企业的发展带来了新的发展机遇。

2. 确定自身的投资方向和发展方向

正确的投资方向和发展方向是民营图书企业海外投资成功的必备条件。英国新经典出版社，在其成立初期以出版与我国传统文化有关的书籍为主，但是在海外市场上的销售成绩不佳。为此该出版社于 2011 年开始转型，出版了一系列与中国共产党执政理念、我国的经济政策、发展道路等内容相关的书籍，受到了西方图书市场的关注，有了不错的销量成绩。同时，该出版社也由此引起了我国相关政府部门的关注，获得了政府部门提供的诸多优惠政策，为其进一步开拓海外市场提供了保证。同样，纽约中国时代出版公司也以出版主旋律书籍为主，兼顾出版我国现当代文学作品，受到了政府有关部门的关注，获得了一定的政策支持。而且该图书公司位于美国，与英国新经典出版社图书销售市场的重叠度较低，便于开展图书销售。云南昆明新知集团位于我国的云南省，少数民族众多，与东南亚、南亚国家人民的关系较为紧密，为此该企业便将设立在各国的书店作为我国与周边国家文化交流的平台，举办了一系列与民族相关的文化活动，引起了政府的关注，得到了国家和云南省政府的支持。而新经典文化有限公司选择投资法国的菲利普·毕基埃出版社，与二者之间的长期合作密不可分。新经典文化有限公司将借助法国的菲利普·毕基埃出版社开拓欧洲的图书销售市场。由此可见，民营图书企业进行海外投资的第一步便是要确定好出版方向和投资方向，以便更好地实现民营图书企业"走出去"。

3. 积极与投资国的出版企业展开合作

出版业与文化产业的其他细分领域相比，具有更强的意识形态属性和文化折扣。出版物更多的是用文字去传达信息的，由于各国读者阅读习惯以及文化素养的不同，对于同一本出版物，不同国家的读者可能会有不同的反映。为此，与投资国的出版企业合作进行出版是降低出版物文化折扣和意识形态属性的一类重要方式。本土出版社对本国读者的阅读习惯、文化素养等有所理解，在对外文图书的翻译中可以更好地做到与本国读者的阅读习惯相契合，能够尽可能地降低文化折扣。如新经典文化有限公司在投资法国的菲利普·毕基埃出版社之前，便与该出版社进行了长期的合作，将我国多位现当代作家的文学作品引入到了法国。纽约中国时代出版公司以及英国新经典出版社在图书策划出版过程中，都会与当地的学者、出版业从业者进行合作，对出版物的内容进行翻译、编写，在降低文化折扣的同时，也注重弱化主旋律书籍的意识形态属性，以便更好地被国外读者所接受。为此，民营出版企业在"走出去"的过程中要注重与投资国出版社、出版业从业者展开合作。

4. 打造具有国际知名度的中国图书出版品牌

推动民营图书企业海外投资水平提高的重要方式之一便是打造具有国际知名度的图书出版品牌。目前，我国民营图书企业对外投资已经取得了一定的成就，但是相对来说规模比较小，实力较弱，难以与贝塔斯曼、培生等国际知名的跨国出版企业相比。通过分析贝塔斯曼、培生等国际知名出版企业的海外投资路径可以看出，国际知名出版企业之所以能够在全球范围内进行广泛的投资，与其强大的经济实力以及在国际上建立起来的具有广泛影响力的品牌密不可分。为此，我国民营图书企业想要在海外顺利地开展投资，有必要先提高自身的经济实力，打造具有国际影响力的图书出版品牌，从而提升我国民营图书企业在海外的影响力和知名度，降低投资风险，带动中华文化更好地"走出去"。

5. 注重相关人才的培养

当前我国民营图书企业的海外投资处于起步阶段，缺乏图书企业海外投资和运营的人才。目前进行海外投资的民营图书企业经营管理人员主要是由投资国当地出版业从业者构成。如纽约中国时代出版公司在成立之初，其员工大多来自美国各大出版社。我国民营图书企业想要更好地"走出去"，就有必要培养图书企业海外投资方面的本国人才。民营图书企业可以与我国的高等院校合作，共同培养图书企业海外投资方面的人才。同时，民营图书企业也可以从国外引进相关方面的人才，指导和培训本公司的员工，提高员工的能力，以便更好地推进本公司开展海外投资业务。

第三章 "一带一路"战略下虚拟现实技术助力跨文化传播探析

刘蕾¹ 吴荔言²

（1. 中央财经大学文化与传媒学院讲师
2. 中央财经大学文化与传媒学院传媒经济学专业硕士研究生）

　　2012 年 9 月和 10 月国家主席习近平在出访中亚和东南亚国家期间，相继提出共建"丝绸之路经济带"和"21 世纪海上丝绸之路"的重大倡议。丝绸之路不仅为沿线各国提供了经济交流的机会，更是一条"文化之路"，丝绸之路沿线各国间的文化交流，对各国来说都具有非常重要的意义。2014 年 5 月，文化部提出，以文化先行方式建设"丝绸之路文化产业带"，加强影视、演艺娱乐、动漫游戏、文化旅游、民族文化、工业制造、文化体育等多领域的交流合作，打通文化壁垒，增强国家文化传播力，提升文化软实力；充实丝绸之路经济带的发展规划，推动文化产业融合发展，加速文化贸易往来；最终实现产业带各地、各国互利共赢、和平稳定、繁荣发展。①

　　虚拟现实亦作虚拟实境（Virtual Reality，VR），也称灵境技术或人工环境，是利用电脑模拟产生一个三度空间的虚拟世界，提供用户关于视觉、听觉、触觉等感官的模拟，让用户如同身临其境一般，可以及时、没有限制地观察三度空间内的事物。用户进行位置移动时，电脑可以立即进行复杂的运算，将精确的三维世界视频传回产生临场感。② 2016 年被称为虚拟现实元年，虚拟

---

① 新华网：《文化部提出全力推进"丝绸之路文化产业带"建设》，http：//www.chncia.org/2014/0513/2467.html，2014-05-13。

② 互动百科：《虚拟现实》，http：//www.baike.com/wiki/%E8%99%9A%E6%8B%9F%E7%8E%B0%E5%AE%9E，2017-03-08。

现实技术正在民用范围内普及，并广泛应用于数字化博物馆、影视制作等方面。据华为发布的《2016 年 VR 大数据报告》称，2016 年，VR 搜索热度较上一年度增长 709%；VR 购物、VR 新闻较传统在线购物和新闻的流量消耗增长高达 30 倍，VR 探索 Google Earth 流量消耗甚至为传统实景地图的 70 倍。[①]

虚拟现实技术的普及，带来了一个全新的传播方式，并给跨文化传播带来了全新的契机，许多国家和地区开始重视虚拟现实技术对于国家文化传播的重要性，并通过影视制作、数字场馆、展览展会、科技交流等方式对虚拟现实技术进行运用。

"一带一路"战略涉及的沿线国家数量众多，横跨亚非欧三大洲，各国的经济、政治、文化情况不尽相同，不同国家在进行经济文化交流的过程中，需要对其他国家的自然和人文情况有所了解，以促进国家间的相互理解和交流合作，这对我国跨文化传播提出了新的要求，也创造了新的契机，如何在"一带一路"的战略背景下，以多种方式促进跨文化传播是我们当前面临的重要课题。在进行跨文化传播的过程中，应当积极利用虚拟现实技术等创新技术，以丰富跨文化传播的方式，提升传播效果。

一、虚拟现实技术的传播特点

作为一种由计算机技术辅助生成的高技术模拟系统性技术，虚拟现实技术在传播过程中有其独特的特点，了解虚拟现实技术的特点能帮助我们更好地进行跨文化传播活动。

（一）虚拟现实技术能够带给受众沉浸式体验

虚拟现实技术能够利用计算机技术产生的三维立体图像创造一个虚拟自然环境，并与人的感官和肢体产生互动，让人置身于一种虚拟环境与真实世界难辨的场景。视觉系统是人产生沉浸感的第一要素，也是虚拟现实视频中用户与机器界面产生沉浸式传播的重要系统。[②] 虚拟现实技术的诞生，将观众从旁观的视角解放出来，给人们带来了全新的观看体验，当虚拟现实技术应用于跨文化传播时，更可以给被传播者以沉浸式体验，从而提升传播效果。这里所说的沉浸式体验包括强烈的包围感和高度的真实性。与一般视频图像的平面视角不

① 百度 VR：《华为 iLab 发布〈2016 年 VR 大数据报告〉VR 时代已来》，http：//ivr.baidu.com/report/s5875a714931f.html。

② 林丰：《基于虚拟环境的仿真设计研究与实践》，武汉理工大学，2003 年。

同，VR 视频可以利用便捷、移动的可佩戴设备展现 360 度全方位的虚拟影像世界，配合 3D 空间环绕声音信息、立体的视觉显示系统和使用者的双眼视差，产生具有深度的立体画面。这种 360 度的全景视角给用户带来一种强烈的包围感；强烈的真实性则指虚拟现实技术对用户视觉、触觉、嗅觉等多种感官的调动，使用户身心沉浸在接近真实的环境中，产生强烈的真实感。

通过使用虚拟现实技术的巨幕视频、电子书、虚拟现实眼镜等方式，受众可以多维地感受文化资源。在跨文化传播的过程中，虚拟现实技术打破了空间、语言等障碍，给受众带来视觉乃至触觉的丰富体验，拉近了不同文化受众的心理距离，缩小了文化鸿沟。

（二）虚拟现实技术能够全面、深入发掘文化内涵

虚拟现实技术借助某些工具，将虚拟画面逼真、立体地呈献给观众。在对多样且丰富的历史文化和自然地理资源利用过程中，虚拟现实技术可以更好地呈现素材细节，对素材进行全方位、多角度的呈现。相比平面化的视觉产品，虚拟现实技术对历史文化素材的利用无疑更为全面和深入。

在对文化资源进行发掘时，专家团队对文化资源的了解全面深入。而在为普通观众呈现文化资源的过程中，文化资源的呈现往往趋于平面化，普通观众难以捕捉展览等所呈现出的许多细节。2016 年 8 月，北京国际书展展出过运用虚拟现实技术的《清明上河图》，《清明上河图》画中有约 814 人，牲畜 60 多匹，船只 28 艘，房屋楼宇 30 多栋，车 20 辆，轿 8 顶，树木 170 多棵，人们往来衣着不同，神情各异。在观看过程中，观众不会知道角色之间的关系，但每人都具有鲜明的特征，角色也置身于不同的环境之中，展览借助人物的行为轨迹，来展现北宋时期的赶集、买卖、闲逛、饮酒、聚谈、推舟、拉车、乘轿、骑马、娶亲等生活场景和众生相。① 与平面化的清明上河图相比，虚拟现实版清明上河图让北宋生活活灵活现地呈现在观众面前，为他们带来了良好的体验。在与"一带一路"沿线国家的跨文化交流过程中，运用虚拟现实方式，对相关历史文化资源进行深入挖掘和全面呈现，无疑是值得借鉴的。

二、虚拟现实在"一带一路"战略中的应用案例分析

"一带一路"政策给虚拟现实技术的应用提供了广阔的空间，虚拟现实技

---

① 伽利略：《VR 版〈清明上河图〉带你穿越回北宋 | VR 技术》，http：//www.heix.cn/news/a1978.html，2016-08-23。

术也助力了"一带一路"战略的推进，对沿线国家的文化技术交流和合作起到了很大的作用。我国各城市正在积极探索"一带一路"战略下虚拟现实技术的应用可能，其中四川和陕西在"一带一路"战略支持下，通过多种渠道发展虚拟现实技术，推动跨文化传播与交流。

（一）四川：注重城市品牌打造与虚拟现实技术国际交流

为了让"一带一路"沿线国家的民众与成都"亲密接触"，以"熊猫快铁穿越成都"为主题的成都城市形象宣传大型活动在德国法兰克福书展上亮相，并于随后亮相波兰华沙。活动借助特有的 VR 熊猫房车进行宣传，在熊猫房车中，观众可以借助 VR 眼镜观赏熊猫的日常生活，从前只能在成都看到的熊猫通过这种方式呈现，非常活泼，在法兰克福和华沙皆引起了良好的反响。配合其他成都城市品牌宣传活动，"一带一路"沿线国家更深刻地了解了成都，达到了宣传目的。

在"熊猫快铁"活动成功举办后，成都又推出了黑眼圈 & pandapia 熊猫直播，该平台是由四川广播电视台新闻频道和成都大熊猫繁育研究基地共同打造的网络直播频道。该平台上线后，全球"熊猫粉"可以通过电视、电脑、手机等多终端实时观看成都大熊猫基地内 1、2 号别墅、月亮产房、幼年园等多处大熊猫繁育、生活起居、娱乐的情况，并可以通过弹幕评论实现网友互动。[①] 直播平台采用虚拟现实技术，网友可以以独特的视角近距离感受熊猫的日常起居，与它们进行视觉上的亲密接触，相关视频在网络上得到了大量转发和好评。

会址设于四川的中国西部国际博览会（以下简称西博会）是我国西部地区对外开放的重要窗口和平台，也是"一带一路"战略白皮书的重要组成部分，是国家推动"一带一路"沿线地区经贸发展的重要举措。2016 年，西博会特设中国国际 VR & AR 与人工智能产业博览会，邀请美国、日本、韩国等国内外行业领军人士、行业专家齐聚成都，建言献策，共同探讨 VR & AR 与人工智能产业发展方向，为四川省虚拟现实产业发展提出创新思路和可行性方案。

（二）陕西：依托西安，承接项目和展览

作为我国"一带一路"战略辐射的重要省份，西安抓住"一带一路"战略契机，积极推动与"一带一路"沿线国家的文化交流活动，举办了各种展

---

① 熊猫直播平台上线全球同步 VR 看熊猫，http：//sichuan. scol. com. cn/ggxw/201612/55784740. html。

会，这些展会也同时成为了西安对外交流的重要窗口。在展会中，虚拟现实技术的出现频率很高，受到了展会参与者的喜爱。2016 年 5 月 13 日，在曲江国际会展中心举行的"2016 丝绸之路博览会暨第 20 届中国东西部合作与投资贸易洽谈会"上，境内外不少商家展示出他们开发的虚拟现实相关用品，让人们现场体验虚拟现实里的过山车、高山滑雪等刺激的游玩项目。① 在丝绸之路电影节上，虚拟现实技术作为电影制作的新兴技术受到了高度重视，丝绸之路电影节邀请了海内外虚拟现实技术专家，举办 VR 论坛，进行相关交流。

在科技创新领域，虚拟现实（简称 VR）与增强现实（简称 AR）产业在 2016 年高速增长。作为全国最早布局该产业的城市之一，西安涌现出了近百家虚拟现实与增强现实领域的创业公司，在技术和产业孵化上一直处于领先地位。2015 年 10 月，西安高新区主办了引自于美国硅谷的首届世界 AR（亚洲）博览会，并与国际 AR 协会等机构联合成立国内首个国际 AR 产业基地和全球首家 AR 产业孵化器。作为我国高新技术人才的聚集区之一，西安有深厚的科技传统，在虚拟现实技术发展的过程中，西安涌现了大量虚拟现实科技企业，并与"一带一路"沿线国家积极进行交流，提升产业创新性，使虚拟现实技术与产业相结合。

三、虚拟现实技术在跨文化传播中的应用前景

文化的发展离不开科技的支撑、现代科技的发展和应用，在不断衍生出科技消费产品和服务的同时，也无时无刻不在塑造和影响着人类文化的内容与形态。在"一带一路"战略的大背景下，不同国家和地区间的文化合作与交流日益频繁，虚拟现实技术在新闻报道、数字场馆等方面也有着越来越大的应用空间。

（一）数字场馆：完善资源库，提升互动体验

"一带一路"沿线地区有丰富的场馆资源，目前仅西安就有 121 家博物馆。这些场馆展览内容涵盖文化历史传统以及自然风貌等。场馆数字化建设是增强"一带一路"战略下文化传播的重要一环。许多场馆通过数字技术的应用，实现了场馆功能的深入发掘和提升。虚拟现实技术独有的体验感能够与"一带一路"地区沿线场馆完美结合，受到更多的关注。虚拟现实技术的应用能够促进场馆功能的进一步提升，加快其数字化进程。

---

① 西安丝绸之路博览会：VR 众生相，http://mt.sohu.com/20160515/n449572143.shtml。

场馆工作人员可对场馆资源进行全方位收集整理，使这些资源成为虚拟现实素材，并通过虚拟现实技术的植入，以 VR 视频、电子宣传册、互动游戏等方式在数字场馆中展现出来。这些工作能够增强数字场馆的互动性和趣味性，促进数字场馆发挥"一带一路"沿线文化传播窗口的作用。

（二）新闻报道：发掘沿线素材，推广城市品牌

"一带一路"沿线地区许多位于我国中西部，世界其他国家对于这些地区的了解比较有限，新闻报道是促进世界了解"一带一路"沿线地区的良好时机和绝佳方式。虚拟现实技术在新闻报道中也有很大的应用空间。随着新闻报道形式的多样以及读图时代的到来，提供丰富视觉内容的新闻报道能够吸引更多关注，虚拟现实技术对于视觉素材的全方位呈现则满足了这一要求。

随着"一带一路"战略的推进，有关"一带一路"沿线地区的新闻报道数量呈上升趋势，"一带一路"沿线丰富的自然景观、人文景观等为新闻报道提供了丰富的素材，结合这些素材，运用虚拟现实技术进行视频新闻的制作，能够促进"一带一路"沿线地区城市品牌的打造和推广。虚拟现实技术与新闻报道的结合，是"一带一路"相关主题新闻报道的重要趋势。

（三）游戏：升级交互方式，提升沉浸体验

虚拟现实技术在游戏领域已有一定的应用，作为一种形式多样、广受喜爱的载体，游戏开发可与多个领域、多种素材结合，也可作为文化传播的一种独特载体。"一带一路"战略为游戏制作提供了良好的题材和创意起点，"一带一路"战略丰富的历史文化底蕴则为游戏开发提供了良好的创意源泉。

在运用虚拟现实技术进行游戏开发的过程中，可结合"一带一路"战略的历史背景和文化传统，开发多款游戏，与受众形成良好的互动体验，促进跨文化交流的顺利进行。

四、虚拟现实技术助力跨文化传播建议

"一带一路"战略对文化交流的强调，给跨文化交流提供了新的契机，也提出了新的要求。作为一种新兴技术，虚拟现实技术在传播过程中有沉浸性等独特的特点，这些特点能够与文化产业进行一定程度的结合，对推进跨文化传播有一定意义。

（一）结合各地区资源优势，促进资源利用与跨文化传播

在"一带一路"重点规划省市中，陕西等有着丰富的历史文化资源；新

疆、四川等拥有丰富的民族资源和自然资源。不同省市的不同特点和资源积累决定了跨文化传播的主题和方向。对不同地区的资源进行利用，结合虚拟现实技术进行拍摄、展览等，可以使资源利用的灵活性和丰富性大大加强。例如，对于陕西丰富的场馆资源，可在数字化的基础上运用虚拟现实技术进行开发，使场馆的展览内容更加丰富，展现陕西丰富的历史文化细节，给观众带来全新体验。而对于新疆、四川等地，则可结合当地的自然资源，制作视频短片进行传播，充分发挥虚拟现实技术在视频制作上的优势，全方位、多角度地对自然风光和风貌进行呈现。

（二）发挥虚拟现实技术在城市品牌传播和国家品牌传播方面的优势

"一带一路"战略强调"一带一路"沿线国家的相互了解和交流，利用虚拟现实技术进行国家和城市的品牌打造和宣传，是促进跨文化传播的重要环节。积极而充满魅力的国家形象往往是一个国家软实力的标志，是一个国家重要的战略资产。近年来，在国家品牌的塑造方面，我国政府做了许多努力。除国家品牌外，城市品牌的概念也被各地政府越来越多地提及，在跨文化传播过程中，良好的国家品牌和城市品牌能够提升世界对国家、城市的认同效应和满意度，增强国家、城市的聚集效应、规模效应和辐射效应。[①]

在文化传播的过程中，城市品牌和国家品牌的传播是一个综合而持久的过程。虚拟现实技术的应用对国家品牌和城市品牌的传播均具有巨大的推动作用。虚拟现实的技术特征之一即其对文化细节的全方位挖掘，在进行跨文化传播的过程中，虚拟现实技术能够生动地展现国家城市的自然风貌和历史文化传统，以更为直观活泼的方式呈现城市特征，克服了跨文化传播过程中的语言等障碍，更易为不同文化背景的观众所接受。

在进行"一带一路"战略下国家品牌与城市品牌传播相关工作时，我们应有意识地利用虚拟现实技术，在展会和数字场馆中增加国家与城市宣传片，并利用虚拟现实互动平台等设施举办相关活动，潜移默化地打造品牌。在这一过程中，运用虚拟现实技术将"一带一路"的历史文化和沿线地区情况以更直观的方式进行传播，促进城市、国家形象的提升，并最终促进国家品牌与城市品牌效应的发挥。

---

① 张燚、张锐：《城市品牌论》，《管理学报》，2006年第4期，第468-476页，DOI：10.3969/j.issn.1672-884X.2006.04.017。

（三）充分开发虚拟现实技术相关产品，提升用户体验

包括 VR 眼镜、虚拟现实体验馆、虚拟现实游戏等产品，已在"一带一路"沿线地区相关展会上频频亮相，在跨文化传播过程中，我们应注重结合虚拟现实技术相关产品进行传播，这能够极大地提高跨文化传播的效率。

虚拟现实技术的高速发展促进了虚拟现实技术与各项产业和技术的结合。而利用虚拟现实技术开发的硬件、软件产品则促进了虚拟现实技术的进一步普及。"一带一路"地区丰富的资源为虚拟现实技术相关产品的开发提供了良好的基础。例如，虚拟现实技术与"一带一路"地区新闻报道的结合，可加强新闻报道的内容丰富性和真实性，也会提升跨文化传播过程中新闻报道的吸引力和影响力；依托"一带一路"沿线地区开发的虚拟现实电影、游戏等产品，更能以新颖活泼的方式进行跨文化传播。"一带一路"沿线地区的丰富资源，是天然的素材宝库；虚拟现实技术所特有的沉浸感和体验感特征，又能与传媒和娱乐产品相结合，带来良好体验。在跨文化传播的过程中，我们要丰富虚拟现实产品形式，增加"一带一路"地区跨文化传播过程中的趣味性和普及度，从而促进"一带一路"沿线地区的对外交流与合作。

第五篇
文化资源与资本

第一章　守正出奇：我国文化产权交易所发展新趋势研究[①]

周正兵

（中央财经大学文化与传媒学院教授）

自 2009 年上海文化产权交易所（以下简称文交所）设立以来，文交所在争议与波折中进入新的历史时期：一方面，文交所或者类似名称的机构有 100 余家，邮币卡、资产包等交易品种花样百出，似乎市场一片繁荣。另一方面，文交所鱼龙混杂，如有些交易所踩着政策红线，金融风险一触即发；有些交易所定位不清，并无促进文化产业发展之功能。几年前，笔者曾撰文论述这种现象，主要是针对艺术品份额化问题[②]，如今文交所的业务似乎发生了新变化——文交所已经沦为邮币卡的江湖，而且也出现了诸如深圳文化产权交易所这样业务逐渐清晰、功能逐步彰显的业界翘楚，我们将在此背景下分析文交所的现状与问题，并以深圳文化产权交易所为例分析文化产权交易所发展的新趋势。

一、邮币卡的江湖：政府驱动下文交所的"异象"[③]

产权经济学认为，产权的交易存在成本，如果有某种制度或者组织能够节约交易成本，那么，它将有利于改变产权交易的"锁定状态"，优化资源配

---

① 本文引用自周正兵：《我国文化产权交易所发展状况、问题与趋势》，《深圳大学学报》（人文社会科学版），2017 年第 1 期，第 75-80 页。
② 周正兵：《我国文化产权交易市场发展问题研究》，《中国出版》，2009 年第 9 期，第 25-28 页。
③ 李彬、潘爱玲：《文化产权交易中心：中国情境下的定位、异象与创新》，《贵州社会科学》，2015 年第 7 期，第 115-121 页。

置，提升经济效率。① 就此而言，我国的文交所与其他各类产权交易所，如技术产权交易所一样，不是市场的自发行为，而是一种政府为了产业发展之目标而"人为"的制度安排，所以，解读相关制度，就成为探索文交所官方定位的重要切入点。就政策层面而言，我国第一份有关文交所的政策文件是2010年中央九部委共同签署的《关于金融支持文化产业振兴和发展繁荣的指导意见》。这份文件在"完善知识产权法律体系，切实保障各方权益"条目下这样表述："积极培育流转市场，充分发挥上海文化产权交易所、深圳文化产权交易所等交易平台的作用，为文化企业的著作权交易、商标权交易和专利技术交易等文化产权交易提供专业化服务"。按此表述，文交所其实就是知识产权的交易场所，这只是那个时期所出现各类版权交易场所的一种政策总结，或者说只是为了特定目标的应时工具，而没有真正思考文交所的本质功能。恐怕也正因如此，这个时期的文交所多是名实难副，其中很多文交所都沦为艺术品份额化交易的"跑马场"。文交所只见炒作，难见交易，其中天津文交所就是典型，在社会上造成了极其负面的影响。也正是在此背景下，中宣部根据国务院的统一部署，加强文交所的治理、整顿与提高，其政策文件就是《关于贯彻落实国务院决定加强文化产权交易和艺术品交易管理的意见》，该文件第一次科学界定了文交所，即"文化产权交易是指文化产权所有者将其拥有的资产所有权、经营权、收益权及相关权利全部或者部分有偿转让的一种经济活动。交易范围包括文化创意、影视制作、出版发行、印刷复制、广告、演艺娱乐、文化会展、数字内容和动漫等领域。文化产权交易所是为文化产权转让提供条件和综合配套服务的专业化市场平台，业务活动主要有政策咨询、信息发布、组织交易、产权鉴证、资金结算交割等，是文化领域多层次市场的重要组成部分"。这份政策文件明确了文交所的专业定位：一方面，文交所是为文化产权交易提供服务的专业化平台；另一方面，它又与银行、证券等构成文化领域的多层次市场，是其中重要的组成部分。基于这种战略定位，文交所的核心功能不是要为曾经火爆的份额化艺术品，或者现在火爆的邮币卡——这些现有市场已经能够实现资源优化配置，甚至市场出现虚热的领域——提供过度的、高杠杆的交易服务，而是要为未来前景无限，但是现实却很严峻的文化行业——这

---

① 曾小春、田清旺、邓晓兰：《产权交易中心的经济学分析》，《中国软科学》，2001年第8期，第22~26页。

些行业与资本的对接还存在诸如确权、评估、保险以及风险分担等问题——提供能够降低交易成本、促进交易顺利完成的专业服务。总而言之，文交所是现阶段我国政府，特别是文化行政部门为了促进文化产业发展，所设立的产业促进性质的金融中介组织。

但是，文交所的发展事实上却偏离了这个定位，如文交所年初就因为其不务正业并触犯相关法律，而遭到证监会的点名批评，2016 年 2 月中国证监会打击非法证券期货活动局（清理整顿各类交易场所办公室），在其发布的《"公平在身边"投资者保护系列丛书——打非清整问答》中，公开批评道："一些文化类交易场所开展邮币卡交易，采取连续竞价等集中交易方式，违反了国发〔2011〕38 号和国办发〔2012〕37 号文件规定。这些交易所吸引大量自然人投资者参与，甚至通过恶意炒作、操纵市场等违规行为获取不正当利益，严重损害投资者的合法权益。"文交所背离政府的初衷所呈现出的异象不能不引发我们思考：为什么有些政府批准设立，甚至是国有资本主导的官方机构，却常常触碰官方的政策底线？为什么原本行政主导定位明确的机构，却在市场操作中偏离了初衷，市场与政府在其利益博弈中到底发生了什么？这些问题的回答恐怕还是要回到实践本身，回答前者需要我们梳理文交所的缘由及其本质诉求，回答后者需要我们检视文交所活跃的交易对象，特别是艺术品份额化与邮币卡等。

首先，我们来理清文交所的定位及其本质诉求。据文交在线等专业网站的统计，全国文交所按其授权单位的级别大致可以分为国家级、省级与市级三个级别，共计百余家。由于省市级文交所资质较低、运营极不规范，且多为社会力量因投机目的所设，并不能反映政府层面所设立文交所的本质诉求，故而，此处所讨论的只限于"经国务院证监会部际联席会验收通过"且主业为文化产权交易的国家级文交所，如深圳文交所、上海文交所、北京文交中心、南京文交所、湖南文交所等。仅从字面来看，这些文交所都是地方甚至全国性交易平台，其资本有一部分来自国有企业，如深圳、上海、北京等地的文交所，其余大多来自社会资本，如南京文交所、湖南文交所、华夏文交所等，其中尤以南京文交所最为典型。据工商资料显示，南京文交所由南京本地企业南京八城科技有限公司（71%）联合国影投资管理有限公司（5%）与北京兰亭风文化传播有限公司（24%）发起并于 2011 年 8 月设立，注册资本 3000 万元，是一个完全由社会资本注册的企业。由于该年国务院出台《国务院关于清理整顿各类交易场所切实防范金融风险的决定》，所以南京文交所就必须获得各级政府的审查验收，这其中就有南京市、江苏省以及中央层级的部际联席会，当然，从公开的材料来看，南京文交所获得上述所有层级官方机构的认可，是"合法、合规运营单位"。[1] 从其网站对公司定位的介绍来看，"南京文化艺术产权交易所是江苏省首家运营的大型文化交易平台，是依托全国文化资源，集文化产权交易、文化投融资服务、文化企业孵化、文化产业信息发布为一体的专业化综合性服务平台"，其定位与《关于贯彻落实国务院决定加强文化产权交易和艺术品交易管理的意见》有关表述几无二致。也就是说，南京文交所就其起源而言，是企业对政府决策意图的准确把握，以及对政府"发包"行为的积极响应，即弥补文化领域多层次资本市场之不足，实现促进文化产业发展的功能。但是，一旦企业成功"抓包"，获得了各项资质之后，企业的盈利本性便暴露出来，它不会主动弥补市场失灵，如服务中小文化企业投融资，而是尽量在政府"发包"中寻找那些能够盈利的项目，这恐怕是为什么邮币卡"一统江山"，而其他当初"抓包"时承诺的业务早已销声匿迹的关键原因所在。[2] 总而言之，无论是国有资本，还是社会资本主导的文交所，虽然就其表象来看，是呼应政府诉求的"抓包"行为，但是，由于企业天然的盈利本性，盈利永远都是其第一位的诉求，其他诉求只能位居其次，或者沦为实现盈利的工具。

其次，我们再来分析其主要的交易对象，如艺术品份额化与邮币卡业务。如前所述，从政府宏观管理的角度而言，文交所设立的初衷是完善文化领域的多层次市场，如国有文化企业产权交易、中小文化企业投融资提供平台与服务，但是，这类业务不仅量少、难度大，而且很难实现盈利。据《2015 年中国文化产业资本报告》显示，2015 年文化产业资金流入 3241 亿元，其中新三板与上市融资额度 1192 亿元，其他股权、债券等融资规模大约为 2049 亿元。也就是说，即便所有股权、债券等融资活动均在文交所平台实现，那么，全国文交所实现的融资规模大概在 2000 亿元，如此规模的交易额度如果再被全部的百余家平台所均分，每家平台从中获得的服务收益就少得可怜，要想以此盈利则如同痴人说梦。于是，文交所自诞生之日就一直在寻找所谓的"盈利模

---

① 黄金萍：《比炒股更疯狂地炒邮票》，《齐鲁周刊》，2015 年第 28 期，第 60-61 页。

② 渠敬东：《项目制：一种新的国家治理体制》，《中国社会科学》，2012 年第 5 期，第 113-130 页。

式"，而艺术品份额化与邮币卡恰恰是其中两款明星产品，这两款产品的金融属性与运作方式又极其相似。其一，类证券化特征，即艺术品的收益权在与物权分离前提下，将其未来的收益权，通过各种技术手段实现证券化。也就是说，无论是艺术品份额化还是邮币卡，文交所平台上所交易的对象并非物权，或者说，投资人关注的并非为了占有物权，而是基于该物权的未来收益权，因此，这些产品都具有类证券化特征。就此而言，学术界目前尚有争议，有学者认为，文交所平台所交易的对象是物权，应受《物权法》之规制，但是，现实的情形是，文交所虽然设置了物权交割种种规则，却很少有投资主体通过交割获得物权，几乎所有投资主体都着眼于该物权作为资产，或者称为证券化资产的未来收益。就此而言，文化交易所此类产品的交易应受《证券法》以及证券管理部门监管，可是，这些部门联席会议核准的文交所，却在实际运营中处于监管的真空状态，以致中国证监会虽然公开宣传邮币卡业务违规，却迟迟不采取任何实际的监管措施，任由事态肆意发展。其二，流动性特征，即两款产品的设计都是为了增加流动性，以增加交易平台的收益，其中艺术品份额化是通过大额标的细分来增加流动性，而且它们都采用做市商、"T+0"等证券模式来增加流动性，因为流动性是平台盈利的关键所在。以南京文交所为例，笔者写作本文的 2016 年 11 月 17 日，该日总成交金额为 23 亿元，成交量为1919 万手。相对于现货市场而言，无论是成交量还是成交金额，都是天文级数字。其实，这些流量就是基于"T+0"这种连续竞价交易模式，虽然无论是国务院或者国家有关行政部门所制定的各项政策都将此列为非法行为，然而这却是邮币卡交易的关键，如果按照国务院文件所要求的"T+5"模式，那么现有的交易量与交易额将大幅度缩水，甚至很难保证市场活跃所需要的流动性，当然，其结果就是交易所无法实现商业利益。其三，虚拟化特征，即交易对象脱实入虚，虚拟化的产品而非实物成为交易对象，其中邮币卡电子盘就是如此。这正如华尔街流传的那则故事：人们炒作沙丁鱼罐头，即便里面的沙丁鱼臭了，也不影响其交易的功能。而在各地文交所的实践中，人们根据邮币卡电子盘价格，而不是邮币卡的实际市场价值来交易。如南京文交所交易的三轮虎大版，其线上交易五日均价为 35418 元，而现货基准价为 1928.33 元，线上线下价格偏离了 17 倍，也就是说，艺术品只是资本市场上的沙丁鱼，是资本炒作的由头，一旦这场资本炒作的游戏开始，人们就进入了击鼓传花的游戏之中，其最初的由头就可以完全弃之不顾。邮币卡电子盘设计者汪新准在接受采访时就坦言，"这是一个很简单的道理，就是市场份额的事，现货市场的份额越来越小，现在仅有 30% 在现货市场，70% 在电子盘，那么市场的交易价格当然会以电子盘交易价格为主，不同的市场、不同的交易群体，会产生不同的价格，这个很正常，而且投资人不用担心的是，电子盘份额的逐步增长迟早会吃掉现货市场的价格。"① 也许我们要担心的是，当电子盘的市场价格涨势达到如三轮虎大板那样疯狂的程度是否就是尽头，或者未来就是一场击鼓传花的疯狂游戏而彻底失控，并爆发局部性的金融风险。

总而言之，文交所是市场经济条件下，政府行政主导产生的又一个"非驴非马"的现象。一方面，文化行政部门设立文交所，旨在通过促进产权交易以推动文化产业发展，就其本质而言，文交所是文化领域多层次资本市场的重要组成部分，可是这些交易所却在实践中大量引入证券化技术，成为邮币卡的江湖，与政府的初衷相去甚远，文化行政部门却对此束手无策。另一方面，国家证券管理部门虽然受迫于部际联席会议的威权不得不承认其存在的事实，却在理论层面不承认其证券化的地位，更是在监管层面对其违规行为置若罔闻。于是，文化行政部门所发起的文化产权交易所，却在实践中引入大量证券化技术，将文化产品演化为类证券化产品，但是，这些证券化产品却得不到证券管理部门的认可，也无法纳入其监管的范围，文交所变成一个"非驴非马"的现象也就在情理之中了。

二、文交所的新趋势：以深圳文交所为例

虽然，大多数文交所已经沦为邮币卡的江湖，但是，国家文化行政部门所认定的两家国家级文化产权交易所——深圳文交所与上海文交所，无疑是中流砥柱，这不仅是因为它们没有随波逐流，游走于法律的边缘，投入邮币卡的江湖，让文交所变成一个"非驴非马"的存在；而且更是因为它们通过自身的创新性实践，探索文化领域多层次资本市场建设，让文交所成为我国文化产业发展的重要加速器。其中深圳文交所以其"文化四板"的定位而独树一帜，该平台集聚的信息、管理与资本多种优势资源，为文化产业提供专业、高效的投融资服务，是文交所规范发展的重要范例，这里我们结合就此分析规范的文

---

① 曹原：《邮币卡电子盘设计者汪新淮：预计明年全国总交易额规模接近 1 万亿》，《上海证券报》，2015 年 10 月 26 日第 8 版。

交所的定位、功能及其管理流程。

首先，我们看看深圳文交所的定位与功能，按其官方说法，"深圳文交所作为国家级、全国性的场外交易市场，建立的一个立足深圳、服务全国非上市文化企业的金融服务及交易市场。通过非上市企业的登记托管、挂牌交易、资本对接、竞价流通及上市孵化辅导等功能，为企业提供存量股权转让、增资扩股、权益众筹、质押融资、基金发行等股权融资、短期小额资金及私募债等债权融资，从而搭建开放式、资本化、机制灵活的'文化四板'"。总而言之，文交所是专门服务文化领域的"场外交易市场"。一方面，它与主板、创业板，乃至新三板有着不同的定位与特征，是文化领域资本市场金字塔结构的底座[①]；另一方面，它也与区域性的四板市场有所不同，它突破区域限制，并专注于文化领域，是专门性交易市场，以下结合表5-1予以说明。

表5-1　"文化四板"与其他层次资本市场的区别

项目 类型	定位	功能	交易主体	交易规则
主板	服务大型骨干企业的公募市场	融资服务	公众投资者	指令驱动模式
创业板	服务创新性、成长性企业的公募市场	融资服务	公众投资者	指令驱动模式
新三板	服务创新性、创业性、成长性中小企业的公募市场	融资服务	公众投资者	指令驱动模式
区域性四板	服务小微企业的区域性场外交易市场	融资、管理与展示服务	机构投资者	报价驱动模式
"文化四板"	服务小微文化企业与项目的场外交易市场	文化企业的融资、管理与展示服务	机构投资者	报价驱动模式

资料来源：作者整理。

从表5-1可见，作为文化领域资本市场金字塔结构的底座，"文化四板"所服务的是小微文化企业，甚至仅仅是有竞争力的项目，这就决定"文化四

---

① 胡燕：《新型资本市场：中国技术产权交易所研究》，《科学学与科学技术管理》，2006年第2期，第34-37页。

板"不同于位于上端的各层次资本市场，专注于融资服务，而是要成为提供文化领域的信息、资本与管理等综合服务的提供商。从深圳"文化四板"的实践来看，它不仅提供常规性的融资服务，而且利用其文化领域的综合服务能力，提供信息、管理等全方位的服务，其中尤以项目辅导与政府增信两项服务功能最值得称道。就项目辅导而言，深圳文交所下设"金锦囊"研修院，专门解决挂牌企业缺乏先进管理经验和专业能力的问题，如行业培训、管理咨询、金融知识，甚至可以根据企业不同的需求和痛点提供个性化的定制课程和完备的问题解决方案，借此不仅可以大幅度地提高文化企业和项目的竞争力，而且提升了挂牌项目的质量。就政府增信而言，深圳文交所不仅具有自身的专属基金和战略托底基金，还能对接各地地方政府的政府性基金与资金，从而为项目提供政府增信，增强投融资活动的信用；不仅能够提升项目融资的效率，而且有着很强的示范效应。

其次，我们结合深圳文交所的管理流程（见图5-1），论述其功能实现的方式与效果。

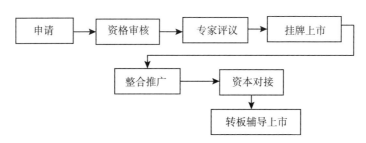

图5-1 深圳文交所挂牌上市流程

资料来源：根据深圳文交所官方资料整理。

如图5-1所示，深圳文交所的综合服务大致可以分为三个阶段，即挂牌上市、资本对接与转板辅导上市，以下就此展开分析：其一，挂牌上市阶段。这个阶段的主要任务是将经过专家论证与资质审核过的合格项目挂牌上市，并充分披露项目的技术分析、市场分析、业务分析、财务分析等各种有价值信息。在这个过程中，深圳文交所特别强调资质审核，就是要通过柜台初审、风控审核、专家评议、会议确认等一系列程序，保障挂牌的项目均为精品，以吸引更多投资者，并通过平台促成融资者与投资者之间达成交易，从而发挥其资源配置的功能。我们知道，我们现有文交所的挂牌项目良莠不齐，很多项目所公布的信息残缺且不规范，这必然导致"柠檬效应"，即投资者由于文交所平台充斥大量劣质项目而远离平台，其结果就是劣币驱逐良币，挂牌项目越来越差，平台自然也就无法实现其应有的功能。其二，资本对接阶段。这个阶段的主要任务是通过业务辅导、宣传推广、投融资服务等多种手段，加强项目在资本市场的曝光率，以及与各类投资基金的接触程度，以实现项目与资本的对接，从而实现项目融资。在这个阶段，深圳文交所积极探索，并积累了不少经验：一方面，它们汇聚了各类投资基金，如文交所专属基金、战略托底基金，以及来自社会的众多投资基金，甚至是来自政府的投资基金，这些基金不仅能够满足融资需求，也会为项目的发展提供战略支持，而其中政府性的投资基金还有为项目提供增信的作用，从而提升项目融资的效率；另一方面，它们也提供了大量专业性、专属性的服务，如场内的路演与场外的全媒体推广支持，这为企业品牌打造提供支撑。另外，文交所旗下的"金锦囊"研修院等力量，为项目提供行业和金融领域全套培训辅导服务，这些都极大地提升了项目的管理水平与竞争力。其三，转板辅导上市阶段。这个阶段的主要任务是根据企业的发展阶段与资本需求定制资本市场解决方案，搭建企业通向资本的桥梁，根据企业资质和需求辅助完成并购、新三板挂牌、中小板、主板上市及香港、国外市场上市。按照深圳文交所"文化四板"的定位，转板服务不仅为文交所平台挂牌企业打开了进入更高层级的通道，能够满足企业更大规模的融资需求，而且补足了文化领域低层次资本市场的缺失，从而构建了文化领域多层次资本市场的完整结构。

三、文交所规范发展的若干建议

首先，我们应该充分认识到，文交所今天所经历的繁荣与无序共存的景象，在改革开放后的众多行业中都发生过，如家电、纺织、汽车等行业，它们都曾经历虚火旺盛的时期，并最终实现由乱而治的艰难蜕变。也许，这是文交所作为新兴事物发展不可逾越的阶段，但是这种乱象如果触及市场规则的底线——就像邮币卡业务那样无视市场基本规则，政府干预是完全有必要的，因为我们无法预期这个行业能够在毫无规则的情形下由乱而治。[①] 因此，我们认

---

① 周正兵：《繁荣与无序：2011年文化资本市场回顾》，《中国社会科学报》，2012年1月16日第 B06 版。

为，就现阶段的文交所而言，放开与规制同等重要，只有放开这个市场，深圳文交所这样优秀的机构才能通过竞争取得市场的领导地位；只有适度地规制，特别是要接受证券部门的监管，市场才有章可循，才能避免"柠檬效应"，并最终实现由乱而治的艰难跨越。

就现阶段而言，相关政府部门必须采取下列果断措施：其一，文化行政部门必须明确文交所的定位，即政府设立的具有政策性、引导性的服务于文化产业之实体经济的公益性平台，这个平台既不能过度杠杆化以致脱实入虚，而无法服务文化产业发展，也不能过度商业化以致功能异化，甚至突破政策的底线，沦为游资的赌博场①；其二，证券监管部门必须切实履行其对证券化产品的监管职责，特别是要认真研究对于份额化、"T+0"等证券化技术及其不良后果，并尽快采取对策，必要时应坚决叫停部分严重偏离价值规律的炒作行为，以避免金融风险。

其次，深圳文交所之所以能够引领趋势，符合国家政策预期，并真正成为文化产业发展的资本引擎，其原因在于它能够做到守正出奇，而其中守正至关重要。所谓守正就是说，深圳文交所固守其服务文化产业之实体经济的本分，明确"文化四板"之定位，因而能够在补足文化领域资本市场体系缺失的同时，对文化产业的发展起到切实的推进作用。相比较而言，其他文交所并没有固守本分，多由于盲目逐利而游走在法律的边缘，通过诸如"T+0"等技术手段过度证券化，以致这些平台大都脱实入虚，而不能服务于文化产业发展。所谓出奇就是说，深圳文交所不仅突破传统交易平台的观念束缚，从文化领域资本市场体系化的视角明确"四板"的定位，这对于完善我国文化领域资本市场体系意义重大，而且突破我国现有"四板"市场的区域性限制，从专业化分工的视角明确"文化"的定位，这种突破对于打破区域壁垒，构建全国性的文化资本市场作用明显。

对于文交所发展过程中出现的这种新趋势，相关行政部门也应该采取切实措施予以保护与引导，其具体措施主要包括：其一，文化行政与证券监管等有关部门，要抓紧落实《国务院关于清理整顿各类交易场所切实防范金融风险的决定》中的相关规定，治理文交所乱象，让那些规范、高效的文交所拥有

---

① 郑小平：《中国产权交易的缺陷和非营利定位研究》，《商业经济与管理》，2006年第2期，第36-41页。

更优质的生存空间，避免"柠檬效应"的出现；其二，文化行政与财政部门要积极引导新趋势，要在原有政策支持的基础上，引导各级政府性文化产业投资基金入驻平台，以加强平台对交易各方的"虹吸"效应，同时，适当发挥文化发展基金增加信用与分散风险的作用，以缓解平台的经营风险与压力。

第二章　中国文化传媒上市公司研究报告（2016~2017）

——基于动态市值管理和产业转型升级互动视角

陈端[1]　张浩[2]　高玥[2]

（1. 中央财经大学文化与传媒学院副教授；

2. 中央财经大学文化与传媒学院传媒经济学专业硕士研究生）

一、行至水穷处，坐看云起时——2016 年中国文化传媒上市公司整体表现回顾

（一）从板块估值高企到大幅回调

2015~2016 年短短两年时间，中国资本市场的文化传媒板块经历了过山车般的跌宕起伏。整个 2015 年，在技术变革和政策红利的拉动之下，文化传媒板块在经济下行周期表现出良好的抗周期性，以 84% 的涨幅位居各行业第二，亮丽的市场表现进一步吸引了大量游资的进入，一些传统行业上市公司在转型乏力的情况下，甚至把并购吸睛效应较强的文化传媒影视类公司作为市值管理的工具。整个板块估值高企，2016 年初板块 TTM 估值（整体法）高达 80.5 倍数，远高于 A 股市场平均估值水平，也超越了行业自身 30% 左右的业绩增速。板块估值高企，影视行业持续火爆，伴随而来的是频繁的影视类资产并购重组过程中乱象频现，概念炒作、明星股东公司估值溢价过高、业绩对赌失败率居高不下等，致使二级市场泡沫严重，逐渐引起了监管层的注意，强化对本领域的政策监管，政策风险加剧。整个 2016 年文化传媒指数下跌 31.32%，在所有申万以及行业指数中排名倒数第一。

（二）文化传媒板块在 2016 年表现欠佳的原因剖析

1. 监管趋严，政策风险加剧

2016 年 5 月开始，证监会开始收紧对游戏、影视等行业并购重组的监管标准，遵从"一事一议"原则，对于并购或定增收购"只讲故事不盈利"的标准全面禁止。7 月，深交所对于创业板影视类上市公司的信息披露要求，做了更严格、更细致的规定。虽然证监会副主席姜洋曾在公开场合表示，将继续支持"通过并购重组进行产业整合、结构升级"，但从 6 月开始，唐德影视拟收购范冰冰的爱美神，暴风科技拟收购刘诗诗、吴奇隆的稻草熊，乐视影业拟装入乐视网，万达影院、青岛影投（含传奇影业）拟装入万达院线，先后在这个政策大背景下"流产"。

2016 年 9 月，《上市公司重大资产重组管理办法》修改决定发布。其被认为是史上最严新规，对于"炒壳、接壳"行为进行规范，迫使不少筹划借壳上市的公司主动终止计划；2016 年底，监管层表现出对于火爆了两三年的中国企业大宗跨境投资，收紧管控的意图。2017 年初，万达收购美国 DCP 失败，成为大宗跨境投资遭遇政策收紧的标志性事件。3 月全国人大记者会上，央行行长周小川直接放话："去海外投资俱乐部等，对中国没太大好处"，被视为"中资出海"管理趋严的正式信号；2017 年 2 月 17 日，证监会发布了再融资新规，旨在抑制目前金融市场过度融资、募集资金脱实向虚的现象。新规立竿见影，2 月增发家数明显减少至 43 家，增发募集资金仅为 733.69 亿元，募集资金同比减少 33%；3 月增发家数达 53 家，增发募集资金为 840.63 亿元，募集资金同比减少 18.1%。不过这项新规针对的是整个金融市场，相对房地产行业泛起的泡沫，影视行业的"虚"也就显得不那么虚了。

越来越频繁、趋严的政策收紧，显示出监管层对于规范金融市场的决心不容动摇。那些"只讲故事不盈利"的影视公司，再融资、并购重组的筹划，将遭到更严格的审查。①

2. 人口红利、流量红利和文化消费升级红利衰减，呼唤文化传媒产业增长逻辑的深刻转型

2010 年以来，一方面以智能化的移动互联终端为代表的新兴媒介渠道在

---

① 参见腾讯网腾讯娱乐频道、陈小猱：《影视类资产重组全面劝退？十余家公司前途未卜》，http://ent.qq.com/a/20170414/012966.htm。

用户人群规模和用户使用时间上持续扩张，让原本碎片化的注意力资源呈现出巨大的开发价值；另一方面以大屏幕观影为代表的文化消费升级也拉动了国内院线扩张和内容产出增加，此外网络在线购票平台崛起，以低价和便捷的服务优势把一部分早期的非观影人群转化为观影人群。2010 年中国电影年度票房首次突破百亿元大关，此后气势如虹，2015 年年度票房飙升至 440.69 亿元，国产片票房为 271.36 亿元，占总票房的 61.58%。

在业内人士欢欣雀跃之际，2016 年中国电影以总产量 944 部、总票房 457.12 亿元、观影人次 13.72 亿、银幕总数 41179 块递交了新的答卷。与此同时，移动互联网内容消费领域也遭遇流量"天花板"。2015 年股灾导致大批中产阶级财富损失，2016 年房地产市场的暴涨也吸引了大量民间资金，"黑天鹅"迭出的内外部经济社会大环境加剧了人们的焦虑感，用于文化生活消费的非刚性支出减少。人口红利、流量红利和文化消费升级红利的衰减，呼唤文化传媒产业增长逻辑的深刻转型。

3. 上一轮产品创新生命周期接近尾声，呼唤新一轮创新潮涌为产业注入活力

移动互联网迅速普及带来微博、微信、自媒体、社交媒体、手机游戏和移动直播等产品创新和内容消费模式迭代，由此催生出一轮传媒产业爆发式增长。在大文化领域，基于 IP 整合运作的"影视漫游园"一体化联动与多层次价值变现模式也一度如火如荼，移动社交媒体的爆点内容分享与病毒式为"IP 电影"、"粉丝电影"等内容产品创新也提供了沃土。但不可否认，任何创新都存在生命周期问题，上一轮由移动互联所催发的创新高潮目前已经趋于式微，2016 年以郭敬明的《爵迹》为代表的若干粉丝电影遭遇口碑和票房双重滑铁卢也让业内人士开始警醒和反思。

当前，文化传媒产品创新的原点性驱动力已经从移动互联网逐步迁移到人工智能和虚拟现实、增强现实领域，但在后用户红利时代，这些创新原点性驱动力如何与新一代文化消费主流人群的趣味偏好相适应；如何与上一轮创新产品相兼容；如何在大数据等技术支撑下更为精准地沉到场景化的生活消费中；以文化消费与生活消费的无缝贴合为产业发展注入新的活力，正是考验创新者智慧的地方。

（三）2017 年发展展望

板块投资价值回升，产品创新逻辑、产业发展逻辑和传媒资本运作逻辑之间内在联动关系凸显，呼唤企业顺应网络经济内在逻辑进行战略布局，思路决

定出路，创新引领发展。

1. 技术、资本、市场和政策四股产业发展深层驱动力量从"博弈消长"向"协同创新"方向良性演进

近几年来，技术、资本、市场和政策在力量消长和博弈中呈现出越来越鲜明的"协同演化"特征，技术依然是引领整个文化传媒产业创新和发展的第一引擎，政策和资本两股力量对彼此的底线边界与脉动演进逻辑越来越熟悉，逐渐超越了早期"政策规制约束资本"、"资本以各类游走于灰色地带的创新逃避规制"的简单"二元博弈"模式，新的政策体系对资本的本性更为熟稔，更注重因势利导牵引资本流向去更好服务于政经大局，资本也更注重把握政策底层逻辑和当下偏好，深入挖掘政策红利以顺势壮大自身发展。与此同时，文化传媒消费市场在媒介融合、产业融合和消费升级进程之中发生深刻的结构性转换，资本以其逐利本能敏锐捕捉着传媒消费市场的新增机遇点，金融资本的整合运作逻辑取代过去产业资本的精细化运营逻辑成为牵引传媒产业发展和创新方向的底层逻辑，各类型的金融资本从不同阶段介入传媒投资过程，倒逼内容生产机制改变，并以其杠杆效应和风险收益偏好特征对传播场域资源配置发挥越来越大的作用。[1]

当前，技术、资本、市场和政策四股产业发展主流驱动力量呈现出从"博弈消长"向"协同创新"方向演进的良好态势，尊重彼此关切点，寻求最大公约数，立足全球化大视野下中国社会转型变革对文化传媒行业的角色功能期待，以协同创新思维取代零和博弈思维，这既是大历史在当下时点上的深切呼唤，也是产业自身在当前拐点期自我盘整和涅槃重塑的内在动力使然。这一内在逻辑在现实产业演进实践中的深化必将对产业未来发展产生深远影响。

2. 文化传媒投资更加呼唤战略眼光，顺应网络经济环境中企业估值体系、估值内在逻辑变动布局投资架构方能取得最佳投入产出回报

网络新经济就运作机理、资源补偿模式和财富创造机制而言都与传统经济存在较大差异，伴随着技术迅速迭代而生的大量产品创新、商业模式创新内蕴很大的创新风险，在资本市场上难以像传统产业那样可以通过明确、稳定的预期盈利和贴现价值进行估值，因此其资源补偿方式主要依赖于市值创造和市值管理来转手赚钱。前期投入的资本以承受创新所衍生的高风险为代价，动用投

---

[1] 陈端：《传媒+X 未来更加无缝融合》，《中国新闻出版广电报》，2016 年 5 月 3 日第 7 版。

资人的各种资源协助创新型公司孵化和成长。基于网络新经济的创新型公司在成长模式上也与传统公司内生性增长为主、外延性增长为辅的模式有所不同，对于网络时代的传媒产业而言，基于入口经济下生态化协同效应进行结构化的业务组合配置，以规模化优势和多入口协同实现网络价值的指数级增长，然后通过公开上市或被并购退出获利，或者通过高价出让少数新增股权，以少量股权重估出让的杠杆效应撬动整体估值重构，以此建立起新估值在财务上的合法性。①

对当下文化传媒行业整体而言，互联网逻辑对产业的深度渗透将改写以往的产业发展逻辑与产业业态、商业模式，如何迎合未来产业发展趋势进行战略规划与布局成为决胜关键因素之一。基于网络经济环境中企业估值体系、估值内在逻辑变动的深刻理解布局业务构架、实施有效的市值创造和市值管理成为传媒企业面向未来打造核心竞争力的重要一维。这既包括线上线下双空间资源协同运作的能力，也包括遵循网络时代资源聚合分发逻辑构建各种外部关联的能力。一个传媒组织在新的竞争环境中能够凭借自身核心竞争力构建起怎样的外部资源链接与社会链接，这些链接的广度、频度、数量和质量都成为影响其在资本市场上估值高低的关键变量。此外，传媒组织对自身平台价值的开发变现潜力，以及产融一体化大趋势下对于资本市场和金融杠杆使用的熟稔程度也会对该企业的市值水平产生相应影响。

金融资本以其敏锐的触角，通过在资本市场上的估值认可对文化传媒领域的资源配置起到越来越强的牵引作用，上市公司若能及时地解读资本市场通过动态市值变动释放出的信号来调整和优化资源布局与配置，则可能在竞争中抢占先机，若能洞悉动态市值管理的内在规律反向牵引资本流动为我所用，则可以让自身有限的权益资本获得更大的乘数效应。

3. 文化传媒创新不确定性增强，急需梳理产业投资发展底层逻辑以优化战略布局

目前，文化传媒板块相对估值和绝对估值都回落至板块历史低位，但2016 年行业收入增速保持了 25% 以上的高增长，投资价值再度显现，创新、融合、转型成为驱动行业涅槃新生的主旋律。在大数据、云计算、VR、AR 等

① 陈端：《生态化协同与网络化资本运作——当前中国传媒产业发展底层关联逻辑剖析》，《新闻战线》，2016 年第 21 期。

新兴技术变革驱动下，传播内容形态、渠道流程、传媒产业业态和商业模式都处于急剧而又深刻的调整变化之中，由于创新主体差异和内在激励的不同，政策、资本与传媒组织运作之间交织博弈，牵引各类创新的力量最终形成怎样的合力仍带有一定的不确定性，加大了传媒创新所面对的风险。

在当今经济整体下行的大背景下，资本的逐利冲动对传媒技术创新、产品创新和商业模式创新的渗透性影响越来越大，当前国情语境下的传媒监管体系之间内在张力也日益明显。因此，无论从引导资本流向优化传播场域资源配置角度抑或强化监管防范、化解传媒创新相关风险角度，深入剖析当前中国文化传媒投资发展的底层逻辑，厘清产品创新逻辑、产业发展逻辑和传媒资本运作逻辑之间的内在联动关系，在当下都有强烈的现实意义。

二、本课题的研究思路与方法

传媒投资成为牵引传媒产品和产业发展格局重塑的重要力量，三者之间呈现出彼此支撑、交互促进的关系。近年来，文化传媒公司纷纷上市，如何充分发挥巨大的资本优势和杠杆效应，触发自身特质与业务基因，构建生态化协同战略布局，引领中国传媒业转型重塑跨越式发展成为业内焦点。

本文立足于文化传媒产业属性和特点，通过对整体文化传媒产业及四类细分领域的不同类型上市公司的资本运作成效和战略布局措施进行交叉对比分析，以股市表现和财绩为量化指标，加之龙头标杆企业战略落地情况综合阐释，研判整体产业走势健康成熟度，并创新地从动态化市值管理视角提出文化传媒产业转型升级的新思路。

（一）以往国内相关研究回顾

笔者以"文化传媒上市公司资本运作"、"文化传媒上市公司战略布局"为主题词、关键词，以中国知网为主要检索平台进行搜索梳理，依据本次研究目的、文献来源、作者背景、发稿时间等综合筛选了109篇文章进行研读分析。

研究历程上，国内关于文化传媒上市公司资本运作和战略布局的研究始于2006年前后，十年来，从早期的传媒上市公司简单资本运作特点分析，逐步丰富发展到近几年对文化传媒上市公司的更为广阔的关注，并对与新技术驱动下产业转型升级结合度愈加紧密的多元化资本运作和产业布局进行分析，研究范围扩大，内容大幅度细化聚焦。

研究内容上，主要呈现为"总分结合"的特点。一方面，少数文章从整体上探讨文化传媒上市公司资本运作、产业链整合延伸；另一方面，较多研究从资本运作的某环节、某个或几个经营管理行为或策略、某些影响资本运作或战略布局绩效的因素、监管治理与风险防范，以及细分文化传媒市场领域、典型案例的投融资等角度聚焦剖析，研究内容全面完善，紧跟产业前沿动态。

研究思路和方法上，考量资本运作效果更多采用实证量化的方法，并引入了较多上市公司金融分析模型进行阐释；比较研究、个案研究时则更多地采用定性定量相结合的参照分析。

总体看来，我国文化传媒上市公司资本运作与战略布局研究成果显著，但也存在一些缺陷：一是现有研究较多以资本运作的静态绩效考量为主，缺乏从动态化市值管理的视角审视上市公司对自身上市板块、市值影响因素的管理监控；二是考核指标未完全针对文化传媒资本市场特性，且与产业链延伸、战略布局、组织建设等的协同性、交互探讨不够细致，未能深入就网络经济、产业转型、组织结构、资本杠杆几大因素的内在协同性进行综合考量，存在继续创新研究的空间。

（二）主要概念界定

基于本次研究目的和思路，为保证研究分析的可行性和科学性，汲取过往研究成果，笔者特别对本次研究涉及的核心概念及相互关系的以往文献进行回顾筛选，为后续分析研究提供基础理论和合理框架。

1. 文化传媒产业范畴与分类

从现有研究引用情况看，"文化产业"、"传媒产业"、"文化创意产业"、"文化传媒产业"几个概念存在包含交互的现象，各有侧重，不能完全割裂区分。多数学者在研究中未对文化传媒产业的含义和范围进行精准界定，而是采用模糊概念或直接论述。

具体明确提出的典型观点有：《我国文化传媒行业上市公司的发展分析》（任乔乔，2016）[1] 中，"文化传媒业是指文化产业及相关产业，范围包括：提供文化产品、文化传播服务和文化休闲娱乐活动直接关联的用品、设备的生产和销售活动以及相关文化产品的生产和销售活动。"《浅谈文化传媒产业现状与未来》（王侯，2010）[2] 提道"文化传媒产业是在全球化的消费社会背景中

① 任乔乔：《我国文化传媒行业上市公司的发展分析》，《企业导报》，2016 年第 8 期，第 15-16 页。
② 王侯：《浅谈文化传媒产业现状与未来》，《声屏世界：广告人》，2010 年第 5 期，第 189-191 页。

发展起来的一门新兴产业"，意指文化产业和传媒产业的结合过渡。《对构建大文化传媒行业体制的思考》（傅才武，2014）① 提到技术、业务、制度融合创新背景下的"大文化传媒产业"概念，主张打破限制、综合考量的方式看待文化传媒产业分类。

除了理论层面的探讨，市场领域对文化传媒产业的运用主要集中在股市中文化传媒板块及行业分析报告中。我国现行多家股票行情数据分析机构给出多种细分标准，较多研究因自身研究目的和重点不同都会灵活选用。代表性的有：同花顺采用"平面、广播电视网络、影视动漫"分类，将互联网信息与广告服务列入通信服务类别；申银万国证券研究机构（高海燕，2016）分为"平面媒体（报刊、图书出版业）、广播影视游戏内容制作类、有线电视网络、互联网与广告营销类"②。

2. 文化传媒产业转型升级

当前，整个文化传媒行业都面临着一场复杂深刻的转型升级历程。文化消费升级、技术迭代、产品创新、业态创新和金融创新、商业模式再造等错综交融，而不同创新主线上的主体差异和激励体系差异使得这场影响深远的转型升级本身面临着方向上的不确定性。在平面媒体、广播影视游戏内容制作类、有线电视网络、互联网信息服务等细分领域，转型升级面对的瓶颈问题、资源约束和演进方向也各不相同，本研究的目的之一就是通过对中国资本市场上文化传媒类上市公司的结构性扫描和标杆案例深入剖析，厘清产业细分领域转型升级的趋势、方向，反观当下的一些具体操作实践并提出相应的优化对策与建议。

3. 动态化市值管理及影响因素

我国对于市值管理的含义、目标研究，也是依托西方价值管理理论，结合我国证券市场和行业特点逐步形成的。

上市公司的市值管理首先源起于企业估值。米勒和弗兰科·莫迪利安尼认为，企业价值是企业能创造的未来收益的体现，本质上是企业对资源的利用和配置能力的体现，直接反映在企业的效率上。企业价值不仅仅关乎过去的收益，更为重要的是未来获利能力，企业的价值最大化本质上是企业未来价值的最大化，而不是短期价值的最大化。企业估值本质上是企业利益相关者群体对

---

① 傅才武：《对构建大文化传媒行业体制的思考》，《政策》，2014 年第 2 期，第 53-55 页。
② 《申银万国上市公司行业分类标准 2014 修订版及说明》，腾讯财经，2013-12-11，http：//finance.qq.com/a/20131211/004625.htm。

企业未来价值的预期与预测，亦即对企业未来资源的有效配置程度、资源利用效率的综合判断，同时也受到企业资产规模的影响。

金融学出现后，对企业价值的研究转入证券定价上来。一个企业的未来收益预测可以通过对股票价格进行合理预测而得到。梳理不同行业结构、行业特性、经济周期和要素集约度、资本结构等差异化条件下企业成长的价值驱动因素，对于研判企业估值非常重要。

市值是指一家上市公司的发行股份按市场价格计算出来的股票总价值，其计算方法为每股股票的市场价格乘以发行总股数。整个股市上所有上市公司的市值总和，即为股票总市值。市值管理是建立在企业价值管理基础上的，是价值管理的延伸，但又有所差别。价值管理主要致力于企业经营层面价值创造，而市值管理不仅要致力于价值创造，还要致力于资本层面的价值实现。

市值管理就是上市公司建立一种长效组织机制，致力于追求公司市场价值最大化，为股东创造价值，并通过与资本市场保持准确、及时的信息相互传导，维持各关联方之间关系的相对动态平衡，在公司力所能及的范围内设法使公司股票价格服务于公司整体战略目标的实现①。上市公司基于公司市值信号，有意识地、主动地运用多种科学、合规的方法和手段，以达到公司价值创造最大化、价值实现最大化和价值经营最优化的战略管理行为。其中，价值创造是基础，价值经营是手段，价值实现是目标。上市公司不仅要创造最大化的价值，而且要对创造出来的最大化价值进行经营，使其市场价值与内在价值相符，并最终实现股东价值的最大化②。

根据基础理论依据的不同，资产定价模型分为两大类：一类是净现值模型，基于公司当下经营活动在未来给股东持有资产所获取的未来收益进行贴现，计算出相关资产在当下的估值；另一类是风险收益模型，认为投资者只有在承担不可分散的风险时才能获得补偿，从资本市场交易的角度来考察资产的期望收益率与市场风险之间的关系，进而对资产进行定价。市值管理本身与资产定价模型息息相关，需要对企业未来收益和风险信息进行真实、有效而且科学、合规的发布。影响上市公司市值管理的因素可以分为市场背景（GDP 增长率和沪深 300 指数）、资本财务（资产负债率、每股净利润）、流通性能

---

① 徐颖：《基于价值创造下的上市公司市值管理研究》，华北电力大学硕士学位论文，2011 年。

② 施光耀、刘国芳：《市值管理》，北京大学出版社 2008 年版。

（流通股比例、换手率）、公司治理（股权激励、投资者关系管理）四个维度[①]，也可分为两大类别：一类是外在不可控影响因素（系统性因素），多来自于政府、行业和市场方面影响，不受公司本身的主观控制，主要包括宏观经济环境、行业周期、投资者结构、品牌溢价等；另一类是内在可控影响因素，这类因素可以通过公司内部提高管理水平和经营效率来进行主观控制，主要包括经营业绩、行业地位、公司治理结构、创新能力、投资者关系管理等[②]。

（三）上市公司营业收入及影响因素

营业收入是指企业在从事销售商品，提供劳务和让渡资产使用权等日常经营业务过程中所形成的经济利益的总流入，分为主营业务收入和其他业务收入。

营业利润＝营业收入－营业成本－营业税金－期间费用－资产减值损失＋公允价值变动净收益＋投资净收益，它是利润的主要来源，也是企业补偿生产经营耗费的资金来源。营业收入的实现关系到企业在生产活动中的正常进行，加强营业收入管理，可以使企业的各种耗费得到合理补偿，有利于再生产活动的顺利进行。

在上市公司财绩研究中，往往会区分主营业务收入和其他收入。主营业务收入是指上市公司按照营业执照上规定的主营业务内容所发生的营业收入，一般而言应占公司总收入的70%以上，反映着公司的前景与未来成长价值。主营业务收入是上市公司生存和发展的基础，如果公司没有进行过根本性的产业转移和多种经营，主营业务收入将在相当程度上决定着公司的经营状况、盈亏与否，进而决定股东们的投资回报。主营业务左右着上市公司的业绩。一些上市公司收益虽然不算低，但是不靠主营业务利润支撑，而是靠资产重组、出售不良资产、地方政府的补贴、税收返还、投资收益来支撑的，如果经营情况没有发生根本性改变的话，往往难以获得投资者的认可。

（四）上市公司净资产收益率及相关影响因素

净资产收益率 ROE（Rate of Return on Common Stockholders' Equity）又称股东权益报酬率/净值报酬率/权益报酬率/权益利润率/净资产利润率，是净利润与平均股东权益的百分比，是公司税后利润除以净资产得到的百分比率，该指标反映股东权益的收益水平，用以衡量公司运用自有资本的效率；指标值越高，说明投资带来的收益越高。该指标体现了自有资本获得净收益的能力。

---

① 谭贵洪：《我国 A 股公司市值管理影响因素研究》，东华大学硕士学位论文，2013 年。
② 朱繁星：《创业板高新技术企业市值管理影响因素研究》，西安工程大学硕士学位论文，2016 年。

一般而言，企业的财务分析有四类：盈利能力、偿债能力、成长能力和运营能力。而 ROE 是一个综合指标，比较全面，所以非常重要。

净资产收益率＝净利润/净资产

或者＝销售净利率×资产周转率×权益乘数

由上述公式可见，ROE 是由销售净利率、总资产周转率、权益乘数决定的。销售净利润率衡量的是企业的盈利能力，总资产周转率衡量的是企业的运营能力，而权益乘数衡量的是企业自有资本的杠杆效用和偿债能力。ROE 作为一个衡量企业综合能力的指标，在计算中涉及企业的盈利、负债、运营等各方面。

一般来说，负债增加会导致净资产收益率的上升。企业资产包括了两部分：一部分是股东的投资，即所有者权益（它是股东投入的股本、企业公积金和留存收益等的总和）；另一部分是企业借入和暂时占用的资金。企业适当地运用财务杠杆可以提高资金的使用效率，借入的资金过多会增大企业的财务风险，但一般可以提高盈利，借入的资金过少会降低资金的使用效率。净资产收益率是衡量股东资金使用效率的重要财务指标。

净资产收益率可衡量公司对股东投入资本的利用效率。它弥补了每股税后利润指标的不足。例如，在公司对原有股东送红股后，每股盈利将会下降，从而在投资者中造成错觉，以为公司的获利能力下降了，而事实上，公司的获利能力并没有发生变化，用净资产收益率来分析公司获利能力就比较适宜。

（五）方法设计与样本选择

1. 研究方法

本报告将采用对比研究法。对我国文化传媒产业内四类上市公司按照总市值、总营业收入和净资产收益率三个不同层面的代表性财绩指标分别排序，基于对排序结果的横纵向对比分析查找差异、发现问题，并根据各细分领域内的对比情况筛选样本对比组，详细分析年报及战略实施详情，进行对比剖析，结合对比样本在战略布局、资源投入结构与产出结构、财绩数据、市值差距等方面的数据来研判行业整体趋势。

2. 样本选择

（1）产业细分及细分依据。为充分反映我国文化传媒产业内部各细分领域在转型升级调整中的不同阶段和不同表现，我们依托原有研究成果及行情数据中心分类，将文化传媒上市公司按照业务内容分为平面媒体、有线电视网络、影视动漫游戏、互联网信息服务四类。

之所以按照上述四类进行产业大类细分，是因为文化传媒产业既有产业特质和发展规律上的共性特征，同时在产业周期、发展阶段、市场结构、资本结构和要素集约度上又呈现出相当大的差异。平面媒体在我国发展起步较早，相对成熟，出版类传媒企业上市较早且多在主板市场上市，具有一定的先发优势，但目前整体处在产业衰退期，数字化、网络化时代的到来和广告、受众资源的双重分流使平面媒体既有的商业模式受到严峻挑战，转型升级、涅槃重生成为当下主题；有线电视网络类与平面媒体类有相似之处，而影视动漫游戏则整体处于快速发展周期，细分领域高成长特征明显，围绕 IP 开发和运营的"影视漫游园"一体化联动成为近年来细分领域的经营亮点，上市或挂牌平台多在创业板、中小板、新三板，在融资平台属性和门槛、信息披露要求上与主板类上市公司有一定差异，故归为一类。互联网信息服务类企业不仅遵循文化传媒类企业在内容生产和传播方面的共性规律，还深受网络经济自身内在逻辑支配和影响。尤其在"互联网+"时代，媒体互联、消费互联、产业互联的边界逐渐模糊，网络信息服务类企业在产品和服务创新、商业模式创新方面不断探索属于自身的规律与道路，故归为一类。

（2）财绩指标及选择依据。为综合考量上市公司的财绩表现，充分体现市场预期与内在整体价值判断、实际业务营运利益流入总体情况和股东权益盈利能力及三者交互影响，结合文化传媒业特点，选用上市公司市值、总营业收入、净资产收益率三项指标，在上述平面媒体、有线电视网络、影视动漫游戏、互联网信息服务四类中每种类型筛选分列前五位的上市公司进入样本，并将三项指标排位差距较大的异常对比组补充进入样本，共计纳入样本 23 家。

综合上市公司市值、总营业收入和净资产收益率三项数据作为遴选排序和对比剖析的原因在于，上市公司市值反映了在特定的宏观环境、产业环境和政策环境下，资本市场对该公司企业当下即未来整体资源有效配置程度、资源利用效率的综合判断；营业收入的规模和结构反映出上市公司利润的主要来源和经营层面的可持续发展能力，市值指标和营业收入指标分别从资本市场和实体经营层面反映出企业的规模与可持续发展水平，而净资产收益率 ROE 作为一个衡量企业综合能力的指标，在计算中涉及了企业的盈利、负债、运营等各方面，可以衡量出股东权益的收益水平和企业自有资本的使用效率。换言之，净资产收益率是综合衡量上市公司在资本市场和实体经营层面表现的一个重要指标。

把上述三项重要财绩指标分类排序找出各自指标前五位并做对比剖析，可以反映出上市公司运营中的很多问题，例如，营业收入很高但总市值落在后面，则反映出虽然该公司在当下的资源使用效率较高，但资本市场对该公司的战略布局和未来成长并不看好，即可进一步结合企业其他财绩数据深入剖析原因寻找破局之道。

金融资本以其敏锐触角，通过在资本市场上的估值认可对文化传媒领域的资源配置起到越来越强的牵引作用，上市公司若能及时解读资本市场通过动态市值变动释放的信号来调整和优化资源布局与配置，则可能在竞争中抢占先机，若能洞悉动态市值管理的内在规律反向牵引资本流动为我所用，则可以让自身有限的权益资本获得更大的乘数效应。资本市场瞬息万变无确定规律可循，运用之妙存乎一心。善弈者谋势，明晰产业整体发展大势，厘清细分领域的内在规律与阶段性特质，方能在激烈的竞争中立于不败之地。

3. 股市板块对比及说明

由于主板、中小板、创业板上不同的准入门槛、进入要求、投资者结构、融资方式、激励机制、监管与信息披露等对市值等指标生成影响较大，在不同板块上市的公司在属性构成、运作模式、风险偏好、成长资源补偿方式、对资本杠杆效应的依赖度也存在巨大差异，因此，本研究采用对不同板块市值的整体关照与各细分传媒领域的具体指标对比分析相结合的方式（见表5-2）：一方面，充分考虑在不同板块市场上的企业的不同资本运作环境和效果，尽可能缩减对比误差，增加对比有效性；另一方面，通过融合交互对比，顺应多层次股权市场有机对接与融合竞争的产业大势。

表5-2 不同板块市值排名分布情况

主板		中小板		创业板	
公司名称	市值（亿元）	公司名称	市值（亿元）	公司名称	市值（亿元）
东方明珠3	637	万达院线1	773	乐视网2	770
中国电影4	508	完美世界5	428	华谊兄弟10	345
江苏有线6	417	奥飞娱乐9	349	光线传媒12	327
皖新传媒7	367	印记传媒14	322	华策影视19	231
文投控股8	354	/	/	/	/

4. 数据来源

本报告采用东方财富网行情数据中心实时数据、各公司 2016 年半年报、三季度报及行业公开信息、其他二手资料，市值、营业收入、净资产收益率均截至 2016 年 9 月 30 日，其他二手资料截至 2016 年 12 月 31 日。

三、行业分析及分类对比

（一）行业股市表现

1. 平面媒体类上市公司

（1）传统平面媒体（含纸媒、出版类）三项指标优势企业重合度适中，且均在主板上市，其中皖新传媒、中南传媒、中文传媒依托原有业务升级、互联网转型获得了较好的市场预期和营收表现，在三项指标上各有领先；但也存在三项指标落差异常的企业，如浙报传媒以较高净资产收益率跻身前五位，但营收和市值均排位落后较多；长江传媒营收异军突起、遥遥领先，但市值和净资产收益率则名落孙山；凤凰传媒净资产收益率表现与自身营收和市值不匹配（见表 5-3）。

表 5-3　平面媒体类上市公司

排名	净资产收益率（%）		营业收入（亿元）		市值（亿元）	
1	皖新传媒	11.52	长江传媒	103.45	皖新传媒	367
2	南方传媒	10.76	中文传媒	92.2	中南传媒	330
3	中南传媒	9.97	中南传媒	69.44	中文传媒	308
4	中文传媒	9.68	凤凰传媒	68.44	凤凰传媒	282
5	浙报传媒	9.13	皖新传媒	56.81	浙报传媒（24）	198
/	平均收益率	10.21	小计	390.34	小计	1485

资料来源：东方财富网行情中心 2016 年 12 月 4 日实时数据及 2016 年前三季度企业财报、网络公开信息等；未特别标注默认为主板上市。

（2）从整体数值上看，平面媒体类优势企业的净资产收益率维持在 10% 左右，差距相对较小；营收维持在 50 亿～100 亿元左右则相距较多，长江传媒接近皖新传媒两倍；市值相差适中，300 亿元左右。

2. 有线电视网络类上市公司

（1）有线电视网络媒体三项指标优势企业重合度较低，排位靠前企业主要在主板上市，其中东方明珠堪称龙头，依托率先入市、背景优势，加之原有业务升级、互联网转型获得了较好的市场预期和营收表现，在三项指标上表现突出。其他大部分企业都存在三项指标落差异常，如电广传媒以较高营收跻身前五，但净资产收益率和市值均排位落后较多；创业板和中小板有两家公司进入净资产收益率前五位，营收和市值差距较大。

（2）从整体数值上看，有线电视网络类优势企业三项指标浮动较大，市值高于平面媒体，营收和平均净资产收益率则偏低：净资产收益率在 6%~14% 区间波动；营收在 18 亿~152 亿元区间内浮动，东方明珠接近电广传媒 3 倍；市值在 200 亿~600 亿元区间波动（见表5-4）。

表5-4　有线电视网络类上市公司

排名	净资产收益率（%）		营业收入（亿元）		市值（亿元）	
1	路通视信（创业板）	13.9	东方明珠	152.88	东方明珠	637
2	广西广电	9.59	电广传媒	52.15	江苏有线	417
3	天威视讯（中小企业板）	8.99	江苏有线	35.84	华数传媒	269
4	东方明珠	7.56	华数传媒	21.86	广西广电	244
5	广电网络	5.99	歌华有线	18.41	歌华有线	229
/	平均收益率	9.21	小计	281.14	小计	1796

3. 影视动漫游戏类

（1）影视动漫游戏类三项指标优势企业重合度适中，排位靠前企业主要集中在创业板和中小板上市，中小企业板表现更优，仅有零星国资背景集团单项指标勉强上榜；其中中国电影、完美世界表现突出，依托背景资源、战略布局调整、互联网转型、产业链延伸获得了相对较好的市场预期和营收表现。其他大部分企业都存在三项指标落差异常，如万达院线营收和市值双第一，但净资产收益率排位却落后较多（中国电影与之类似）；华谊兄弟在传媒市场内名声在外，却在股市表现上均未进入前五位，陷入尴尬境地。

（2）从整体数值上看，影视动漫类优势企业三项指标浮动较大，市值和净资产收益率相对高于平面媒体、有线电视网络，但营业收入则最低：净资产收益率在 12%~22%区间波动；营收在 23 亿~84 亿元区间内浮动，万达院线接近华谊兄弟 4 倍；市值在 349 亿~773 亿元区间波动（见表 5-5）。

表 5-5　影视动漫游戏类上市公司

排名	净资产收益率（%）		营业收入（亿元）		市值（亿元）	
1	印纪传媒（中小企业板）	22.33	万达院线（中小企业板）	84.37	万达院线（中小企业板）	773
2	完美世界（中小企业板）	21.13	中国电影	61.84	中国电影	508
3	上海电影	17.53	完美世界（中小企业板）	35.42	完美世界（中小企业板）	428
4	慈文传媒（中小企业板）	13.35	奥飞娱乐（中小企业板）	25.02	文投控股	354
5	中国电影	12.34	华策影视（创业板）	23.55	奥飞娱乐（中小企业板）	349
/	平均收益率	17.34	小计	230.2	小计	2412
6	万达院线（中小企业板）	11.83	华谊兄弟（创业板）	21.52	华谊兄弟（创业板）	345
7	奥飞娱乐（中小企业板）	10.84	华录百纳（创业板）	18.68	光线传媒（创业板）	327

4. 互联网信息服务类

（1）互联网信息服务类三项指标优势企业重合度最高，排位靠前企业主要集中为创业板和主板且平分秋色；其中新华网、人民网依托背景资源、战略布局调整、互联网转型获得相对较好的市场预期和营收表现；乐视网则继续在营收和市值上大幅度领跑，表现强劲。四家企业也都存在三项指标落差，如新华网以净资产收益率遥遥领先，刚刚上市一个月即市值排名第二位，但营收情况却差距不小；乐视网净资产收益率排位虽尚可，但是绝对值落后较多，与自身市值、营业收入不相匹配。

（2）从整体数值上看，互联网信息服务类优势企业三项指标浮动差异较大，三项指标合计均表现最低：净资产收益率在 2%~19%区间波动；营收在 8

亿~167 亿元区间内浮动，乐视网接近暴风集团的 21 倍；市值在 165 亿~770 亿元区间波动（见表 5-6）。

表 5-6　互联网信息服务类上市公司

排名	净资产收益率（%）		营业收入（亿元）		市值（亿元）	
1	新华网	19	乐视网	167.74	乐视网	770
2	乐视网（创业板）	10.97	人民网	9.12	新华网	218
3	人民网	2.78	暴风集团（创业板）	8.97	人民网	209
4	暴风集团	2.77	新华网	7.95	暴风集团	165

注：排序时选取了主要业务为文化传媒的公司入选样本，因重合度较高，仅选前四位。

5. 总结对比

上述分类分别实质上代表了不同的业务板块和文化传媒发展的不同阶段，各类公司在整个转型升级中面临的任务和问题均不同。例如，依托新技术和内容创新的后发企业，目前正处于起步阶段，体量相对较小，变现能力相对较弱，但发展势头极佳；传统媒体业务营收均较为稳定，相对体量较大，改革升级问题多、任务更重；不同的公司背景也会对资本运作和转型带来不同的掣肘和优势。复杂多变的情况也为整个文化传媒业的转型升级、动态市值管理的组合策略带来了不同的挑战。

6. 多层次资本市场对比

通过对排名靠前的各类优势企业所在板块的梳理，我们发现，创业板、中小企业板中的企业也可以跻身财绩前茅，尤其是影视动漫游戏类和互联网信息服务类中，这类公司数量多、成长快、思路新、动作快，将成长为文化传媒转型升级的新力量，创业板和中小企业板也能为文化传媒业提供资本运作的新兴阵地和巨大生长空间。

（二）各类典型标杆企业对比

1. 浙报传媒与粤传媒

（1）浙报传媒与广东广州日报传媒有限公司（简称粤传媒）基本信息。浙报传媒集团股份有限公司是中国报业集团中第一家媒体经营性资产整体上市的公司，于 2011 年 9 月 29 日在上海证券交易所借壳白猫股份上市。公司以投资与经营现代传媒产业为核心业务，主要从事报纸、杂志的广告、发行、印刷及新媒体业务，主要业务板块有新闻传媒、数字娱乐、智慧服务和文化产业投资。2013年4月，浙报传媒通过"定向增发+自筹资金"的方式，成功收购杭州边锋网络技术有限公司及上海浩方在线信息技术有限公司100%股权，正式进军新媒体领域。

广东广州日报传媒股份有限公司是广州日报报业集团控股的国有文化传媒上市公司，成立于1992年12月，2007年11月公司成功登录深圳证券交易所，简称粤传媒，是我国第一家获得中共中央宣传部和国家新闻出版总署批准并在中小板上市的报业传媒公司。2012年6月，《广州日报》经营性资产整体注入上市公司，成为广东省唯一一家报业传媒集团整体上市公司。粤传媒广告收入连续21年位居全国纸媒第一。公司旗下拥有32家子公司，4家分公司，16家报纸刊物及16家网站，业务涉及广告运营、发行物流、报刊出版、印刷包装等。

（2）战略布局理念与产业趋势契合度。在发展战略上，浙报传媒依托已经相对成熟的资本平台、技术平台和用户平台，继续向"互联网枢纽型传媒集团"战略目标转型，构筑独有的核心竞争力。浙报传媒坚持"传媒控制资本，资本壮大传媒"的发展理念，在国内首先提出"新闻+服务"创新理念，并坚定打造新闻传媒、互动娱乐、影视三大产业平台及文化产业投资平台的"3+1"大传媒产业格局，持续巩固先发优势，并积极投入文化相关领域热点产业，构筑有别于同行业公司的独特核心竞争优势。粤传媒则按照"资源整合、媒体融合、转型升级"三位一体的发展战略，稳步推进各项工作，加快媒体转型、融合的步伐，积极推进广告、印刷、销售、系列报刊、新媒体、会展、电子商务和现代物流等板块的资源业务整合，建设一个共生、互生、再生的新型综合传媒企业。

通过对比两家平面媒体上市公司宏观发展战略，区别很鲜明。浙报传媒在新时期面对新技术、新业态、新思维，不断向互联网新技术靠拢，明确打造"互联网枢纽型传媒集团"，发展理念上重视资本运作逻辑，为布局产业链和资源整合强调多元化投资战略，构建大传媒产业格局；粤传媒战略定位局限于业务上的精细化布局，仍处于传统纸媒转型升级的探索期，旨在建设新型综合传媒企业，二者在战略定位上存在一定差距。

（3）财绩表现对比。截止到2016年第三季度，浙报传媒在平面媒体类上市公司中以净资产收益率9.13%排名第五位，然而其营业收入和市值皆无缘前五，说明其在本期内自有资本运用效率较高，具有一定的分析意义。

纵观浙报传媒2016年上半年投入产出结构（见表5-7），浙报传媒作为平面类上市公司，相当程度上依赖于广告和发行，但在线游戏运营和网络业务为主营业务收入做出相当贡献。报告期内公司深度挖掘信息服务的发展潜力，对其投入有较大幅度增长，信息服务与无线增值服务作为亮点一并成为浙报传媒多元化经营的硕果，有望未来为公司带来更丰硕的收益。浙报传媒传统业务与网络服务投入比例较为均衡，预计今后网络服务投入会占有更大比例，信息服务与无线增值服务以其盈利增长态势为未来公司发展提供巨大的想象空间。

表5-7　浙报传媒2016年上半年主要投入产出结构

	收入占比（%）	收入占比同期增减（%）	成本占比（%）	成本占比同期增减（%）	毛利率（%）	毛利率同期增减（%）
在线游戏运营	23.97	-24.86	9.06	-26.28	77.43	-1.76
广告及网络推广	22.56	-5.88	21.98	-7.18	41.82	-4.81
商品销售	16.24	20.39	26.35	8.97	3.12	-0.04
报刊发行	11.45	-1.46	13.11	-17.81	31.61	5.78
信息服务	8.82	182.69	9.50	242.96	35.67	16.41
无线增值服务	1.25	-44.44	1.29	-59.31	38.56	14.67

资料来源：根据年报数据整理所得。

数据与现象一并反映出浙报传媒在向"互联网枢纽型传媒集团"战略目标转型过程中已经迈出一大步，并持续构筑独有的核心竞争力。

在资本运作时代，浙报传媒紧扣时代脉搏，围绕战略布局和产业链布局方向进行多元化投资，着重打造技术与投资团队，并形成投资与研究中心为资本运作提供指导和规划，以期形成企业未来核心竞争力。本期内浙报传媒在合理评估风险的基础上，采取多元化投资组合，并将资本触角伸向游戏、网络、医疗、投资管理等领域，投资收益可观（见表5-8）。浙报传媒在细分业务做精做专的基础上，利用上市公司资源优势，募集资金并投向具有巨大潜力的新媒体领域，不断盘活资产以期形成良性循环，实现外延式扩张。

表 5-8 浙报传媒 2016 年上半年投资情况

投资额 （万元）	投资项目	主要业务	投资额 （万元）	投资比例 （%）	投资收益 （万元）
15451.32	杭州游卡网络技术有限公司	一般经营项目：技术开发、技术服务；计算机软硬件；批发、零售：玩具，文体用品，计算机软硬件；服务：组织文化艺术交流活动（除演出及演出中介）、图文设计、制作，文化创意策划：设计、制作、代理、发布；国内广告（除网络广告发布）；货物进出口（法律、行政法规禁止经营的项目除外，法律、行政法规限制经营的项目取得许可后方可经营）	10412.32	67.39	755.58
	杭州联众医疗科技股份有限公司	生产：医学影像打印系统，医用激光胶片。一般经营项目：批发、零售：计算机软硬件；服务：医疗器械、计算机软硬件的技术开发、技术服务，网络系统集成，成年人的非证书信息技术培训（涉及前置审批的项目除外），经济信息咨询，以服务外包的形式从事信息技术服务，非医疗性健康知识咨询，第二类增值电信业务中的信息服务业务（仅限互联网信息服务）	3040.00	19.67	14.70
	杭州翰墨世清投资有限公司	服务：投资管理、投资咨询（除期货、证券）；批发、零售：工艺美术品	1499.00	9.70	—
	上海迈微软件科技有限公司	—	500	3.24	—
68720	杭州边锋网络技术有限公司及上海浩方在线信息技术有限公司 100% 股权收购项目	该项目为募集资金承诺项目，计划累计投入金额 226168.55 万元，累计投入 224888.55 万元，项目进度为 100.00%	68720.00	100	22068.74

资料来源：根据年报数据整理所得。

这些数据的背后都在指向一个事实——以广告、印刷和发行为核心的传统业务仍是粤传媒最大的成本投入和收入来源（见表5-9），但是其传统业务营利性和成长性都比较差，并且在走下坡路，网络服务和新媒体业务盈利性较强，但投入产出所占比重偏低，处于发展初期。在"互联网+"融和媒体时代，粤传媒仍然处在"传统报业向新媒体转型"初期，在网络服务和新媒体板块业务延伸、创新业务模式、媒体融合和跨界融合方面仍处在探索阶段（见图5-2）。

表5-9　粤传媒2016年上半年主要投入产出结构

	收入占比（%）	收入占比同期增减（%）	成本占比（%）	成本占比同期增减（%）	毛利率（%）	毛利率同期增减（%）
网络服务	1.20	−35.33	0.66	−56.00	57.46	8.47
新媒体业务	3.94	114.13	3.09	108.78	39.21	−9.35
广告业务	38.60	−27.92	29.08	−204.15	41.41	−10.90
发行业务	24.51	10.96	32.55	196.99	−3.29	−14.71
印刷业务	20.19	26.98	26.75	−0.85	−3.03	−11.65

资料来源：根据年报数据整理所得。

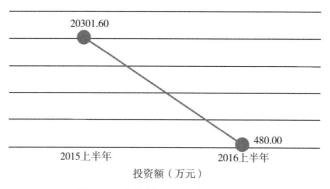

20301.60

480.00

2015上半年　　　　　　　　2016上半年

投资额（万元）

图5-2　粤传媒对外投资变动情况

资料来源：根据年报数据整理所得。

粤传媒在2016年上半年采取趋于保守的资本运营战略，将绝大部分闲散资金配置于银行业理财产品以求得固定收益，实现简易式资产配置和资金在

"量"上的积累，对外投资项目缺乏创新点且资金配比甚微，没有向互联网技术靠拢，大量传媒资产处于被动僵化状态，没有被有效盘活和实现动态管理达到资产"质"上的扩张（见表5-10）。

表5-10　粤传媒2016年上半年投资情况

	投资项目	主要业务及说明	投资金额（万元）	投资预期收益（万元）	报告期实际损益（万元）
对外投资	广州体面体育科技有限公司	服务业	480.00	—	—
	广州乐龄购电子商务有限公司	服务业		—	—
理财投资	委托理财（资金来源为自有闲置资金及部分募集资金）	购买各银行各产品类型的委托理财产品	142900.00	3254.19	1306.19
募集资金承诺项目投资	印报厂扩建技术改造项目	部分项目未达计划进度，或因为经营效果不善，或公司对一些项目实施进行重新论证	0.00	0.00	-2.35
	商业印刷扩建技术改造项目		0.00	0.00	0.00
	增加连锁经营网点技术改造项目		0.00	0.00	0.00

资料来源：根据年报数据整理所得。

（4）对比结论及建议。"传统媒体转型已经到了生死存亡的关键时刻。"国家行政学院高级经济师郭全中认为，资本是所有产业皇冠上的明珠，传媒如果不玩转资本，转型基本就是一句空话。对于传统媒体来说，浙报传媒转型案例极具启发意义：

第一，传统媒体内生性转型升级时借助互联网思维，以资本、技术等驱动传统业务转型升级，通过上市公司资源优势融资并跨界投资，快速布局新型业务，以原有产业价值链为依托，纵向和横向拓展产业价值链。

第二，盘活传媒资产要求传媒资产不仅在量上实现积累，更是在"质"上进行外延式扩张，不断强化互联网、大数据等新技术融入传媒无形资产，逐步形成企业核心竞争力。

第三，外延式扩张时代，金融创新成为促动技术创新的重要力量，金融资本运作逻辑取代过去产业资本的精细化运营逻辑成为产业发展主导逻辑，并以其激励机制和资源配置模式对创新方向产生深层影响。依托金融工具创新，文化产业投资基金向 FOF 转型，提升资本投资效率，优化投资效果，降低风险，加快资本运作步伐，有利于做大文化产业投资规模，将成为未来文化传媒领域内投资新趋势。

2. 东方明珠与电广传媒

（1）东方明珠与电广传媒基本信息。2014 年，SMG（上海文广集团）重启改革，以旗下的互联网平台上市公司"百视通"吸收合并上市公司——上海东方明珠（集团）股份有限公司来推动媒体融合，并将尚世影业、东方购物等文广旗下诸多优质资产一起注入，打造千亿级航母传媒类上市公司，即现在的上海东方明珠新媒体股份有限公司。

资本市场运作吸收合并对于东方明珠发展具有里程碑意义，SMG 通过上市公司合并，以规模较小的"百视通"为平台来整合规模较大的"东方明珠"，根本原因在于"百视通"更具备互联网基因，更符合传媒业的发展趋势和市场认可度，将互联网基因植入传统媒体集团，可以牵引、倒逼、推动整个 SMG 的变革，进而打造"新型互联网传媒集团"。重组完成后的新上市公司既具备文化产业全产业链优势，又具备互联网优质基因，集两家上市公司优势之大成，整合后东方明珠初具生态系统模型。

这种以资本运作为主要特征的媒体融合方式为其他文化传媒上市公司提供了全新视角。传统媒体的转型，必须具备两大工具：一是互联网平台；二是具有强大的资本运作能力。这对于那些旗下有上市公司的传统媒体来说，借助资本市场来收购互联网媒体无疑是一条捷径。[①] 相对于基于自身业务拓展和资本扩张向新媒体转型路径而言，传统媒体转型借助资本市场收购互联网媒体虽一步到位，将互联网基因注入传统媒体，资产合作容易，但合并后对于两公司企业文化、人员、具体业务等的整合却是一个难点，此种方法虽为捷径，却也风险重重，需辩证看待。

---

① 郭全中：《媒体融合转型中的资本运作——从 SMG 的"百视通"吸收合并"东方明珠"的案例谈起》，《新闻与写作》，2015 年第 4 期，第 51~54 页。

　　湖南电广传媒股份有限公司成立于1998年，公司辖属广告、节目、网络三大分公司，依托中国湖南电视台资源优势，拥有中国数亿的电视受众群体和湖南省200多万有线电视用户，形成公司业务的核心竞争力。电广传媒的主营业务和经营范围包括：广告发布、代理、策划、制作、影视节目制作发行和有线电视网络信息传输服务，兼营房地产、旅游、会展等业务。

　　（2）战略布局理念与产业趋势契合度。东方明珠2015年积极推进向"互联网+"战略转型，2016年创新性实施战略优化，提出"娱乐+"战略思路（见图5-3），通过夯实泛娱乐内容和融合渠道优势，建立统一的用户体系，不断丰富线上线下服务体验，打造"娱乐+"生态（见图5-4）。报告期内东方明珠对战略优化基于对行业趋势的充分研判，即以内容 IP 为驱动的泛娱乐化发展趋势、以技术为驱动的平台化发展趋势、以用户为驱动的线上线下联动发展的生态化发展趋势，打造"娱乐+"新生态。

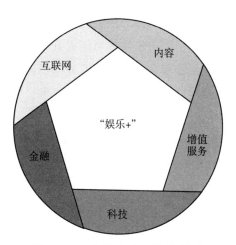

图5-3　东方明珠"娱乐+"战略

资料来源：东方明珠2016年上半年年报。

　　电广传媒积极推进"传媒+互联网"战略升级，谋求传统媒体业务与新媒体业务融合发展，围绕"平台+内容+渠道+终端"布局构建新媒体生态圈。

　　从战略层级来说，东方明珠已经由"互联网+"升级为更加适应新业态的"娱乐+战略"，重点突出内容 IP 技术和用户，这种"以人为本"的理念符合

优质的产品及增值服务带来流量，汇聚用户

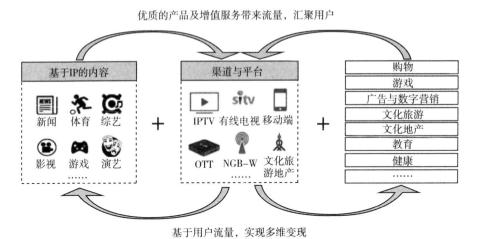

基于用户流量，实现多维变现

图5-4　东方明珠"娱乐+"战略实施生态

资料来源：东方明珠2016年上半年年报。

传媒行业发展趋势，打造以用户为核心的文化娱乐新生态，娱乐化战略思维更利于抓住用户注意力，用户协同价值发挥可能提升企业声誉，形成人们对市值的良好预期；电广传媒仍然停留在传统媒体业务与新媒体业务融合阶段，没有突出新业态下用户的重要地位，虽然强调互联网技术，但无论从战略高度、与时代契合度和理念上均落后于东方明珠。

（3）财绩表现对比。纵观东方明珠2016年上半年投入产出结构（见表5-11），在"娱乐+"新战略的牵引下，传媒娱乐相关服务占据较大比重，收入占比和成本占比分别超过80%，在传媒娱乐相关服务中，电视购物与电子商务依托互联网技术，投入产出占据较大比重，以数字营销与广告为代表的新媒体广告投入与产出占比较大，游戏虽然投入产出占比较小，但报告期内公司对其投入产出有较大幅度增长，主要系主机游戏用户和收入继续增长及相应成本也随之上升所致（见表5-12）。内容制作与发行业务报告期收入成本增长较大，主要系拓展版权运营，收入与相应成本同比大幅增长所致。互联网电视业务投入产出增长较大，公司相应业务用户及收入增长明显，且公司进一步加大此业务的投入，致相应成本有所上升（见表5-13）。

表5-11 东方明珠2016年上半年主要投入产出结构

主营业务	收入占比 （%）	收入额同期 增长（%）	成本占比 （%）	成本额同期 增长（%）	毛利率 （%）
传媒娱乐相关服务	80.10	-4.31	84.16	0.94	16.49
多渠道视频集成与分发	14.77	-14.13	11.24	-4.75	39.51
内容制作与发行	4.45	19.53	4.31	40.23	23.11
其他（补充）	0.68	—	0.30	—	65.44

资料来源：根据年报数据整理所得。

表5-12 东方明珠2016年上半年传媒娱乐相关服务投入产出结构

传媒娱乐相关服务	收入占比 （%）	收入额同期 增长（%）	成本占比 （%）	成本额同期 增长（%）	毛利率 （%）
电视购物与电子商务	64.31	4.15	66.25	4.11	13.96
数字营销与广告	23.86	49.27	25.92	54.27	9.28
文化地产	1.27	-92.71	1.03	-91.89	31.91
文化娱乐旅游	10.36	11.55	6.61	14.35	46.78
游戏	0.20	61.96	0.19	41.20	23.77

资料来源：根据年报数据整理所得。

表5-13 东方明珠2016年上半年多渠道视频集成与分发投入产出结构

多渠道视频集成与分发	收入占比 （%）	收入额同期 增长（%）	成本占比 （%）	成本额同期 增长（%）	毛利率 （%）
IPTV	60.53	-14.51	46.28	-14.60	53.74
互联网电视	18.70	74.19	30.12	139.07	2.58
有线电视	12.22	4.01	16.61	49.22	17.80
其他渠道视频集成与分发	8.55	-14.80	6.99	-34.89	50.50

资料来源：根据年报数据整理所得。

互联网新技术与新媒体业务在东方明珠投入产出布局中占据重要份额，在此基础上，围绕公司娱乐新生态的战略目标，文化娱乐旅游、文化地产等传媒娱乐相关服务已崭露头角，游戏虽占比较小，但其强大变现能力汇集越来越多用户，用户价值有望未来实现多元化商业变现。从战略到业务布局，东方明珠娱乐化新生态构建业绩显著，截至 2016 年第三季度末，营收与市值在广电类传媒上市公司中皆高居榜首，获得产品市场与资本市场双重认可，以用户为核心的文化娱乐生态为东方明珠获得广大投资者良好预期并得到资本市场各方认可提供了巨大力量。

截至 2016 年第三季度末，电广传媒在广电类传媒上市公司中营业收入排名第二位，仅次于东方明珠，足以证明其在业务经营和产业资本运营上的高能力运作，纵观其投入产出结构，最大亮点为公司对新媒体运营板块大大加强投入力度，收入额同比增长 2457.89%，成本额同比增长 1825.93%，电广传媒加快向新媒体转型，并在 2016 年上半年采取"强管理、促发展、降成本、增效益"等有力措施，狠抓经营目标管理及重点工作落实，全力推动公司有线网络业务、传媒内容业务、投资管理业务、旅游酒店业务、移动新媒体业务的精细化运营，在营收及利润上取得显著成绩（见表 5-14）。

表 5-14　电广传媒 2016 年上半年主要投入产出结构

主营业务	收入占比（%）	收入额同期增长（%）	成本占比（%）	成本额同期增长（%）	毛利率（%）
广告代理运营	53.33	60.83	68.42	58.91	7.42
网络传输服务	33.80	3.29	25.34	7.65	45.89
新媒体运营收入	6.00	2457.89	5.10	1825.93	38.69
旅游酒店收入	4.11	12.53	0.63	-8.12	88.87
投资管理收入	1.80	-21.69	0.00	—	—
艺术品	0.38	274.66	0.09	84.25	82.03
影视节目制作发行	0.30	-48.65	0.41	-32.83	2.52
其他（补充）	0.28	—	0.00	—	—
房地产	0.00	-66.85	0.00	-73.81	55.03

资料来源：根据年报数据整理所得。

然而电广传媒市值却无缘前五，营收与利润作为过渡性指标仅反映公司实业经营运作能力，但从企业核心竞争力和股东财富来说，市值是终极目标。在外延式扩张时代，产业资本的精细化运营是基础，然而建立完整的市值管理体系和产融互动理念更符合当下媒体行业发展的主要趋势。

（4）对比结论及建议。东方明珠无论是在营收还是市值上都高居榜首，电广传媒在市值上则远远落后于东方明珠，此现象对文化传媒上市公司市值管理具有一定启发意义：

第一，传统媒体转型过程中，受资源积累和企业基因差别，转型程度与战略布局各局特色，借助于资本市场进行整合是一条行之有效的路径。互联网媒体作为融合主体吸收合并传统媒体，是因为互联网媒体符合融合趋势，容易获得市场认可，获得较高估值。

第二，文化传媒上市公司应基于实体业务的做精做细实现营收和净利润绝对值增长，在此背景之上，树立"产品+资本"两种思维，资本市场市值指标更能凸显企业行业地位、成长潜力、品牌形象等。

第三，准确把握行业发展态势：以内容 IP 为驱动的泛娱乐化发展趋势、以技术为驱动的平台化发展趋势、以用户为驱动的线上线下联动发展的生态化发展趋势。从战略定位到落地执行代表未来行业发展趋势，贯穿资本、技术、用户思维，更容易获得资本市场认可而获得高估值。

第四，新业态下，强化用户娱乐化和服务型体验，积累用户资产，通过协同价值发挥形成企业口碑和良好声誉，使资本市场上投资者形成关于其载体的良好印象，重视企业文化、资本品牌等无形资产构建倒逼推动资本溢价，进一步提升市值。

3. 万达院线与华谊兄弟

平面纸媒类文化传媒上市公司处于行业生命周期的衰退期，广电类传媒上市公司身处危机爆发前夜，风光不再且逐渐走向衰退，转型升级是其发展主题。以"IP"为核心的内容产业处于蓬勃发展期，从行业生命周期角度分析，影视类文化传媒上市公司由于其身处黄金发展时段仍具有巨大的发展潜力，被资本市场看好并获得投资者良好预期，对市值有一定的拉动作用。

因此，本次研究引入针对文化传媒上市公司市值管理的分析因素，逐一对这一产业的龙头公司进行深入剖析对比（见图5-5）。

本文在分析时着重考虑了以下几个方面的因素：

第一，行业生命周期：这是决定资本市场对行业内企业未来成长潜力及其贴现定价的根本因素之一。

第二，企业战略定位契合度：对个体企业而言，自身的战略定位和战略发展阶段规划是否与行业生命周期的脉动节拍保持一致。

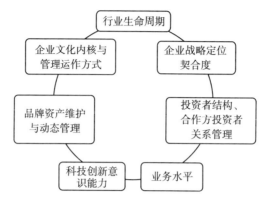

图5-5　文化传媒上市公司动态市值管理分析维度参考

第三，投资者结构、合作方投资者关系管理：资本所带来的不仅是资金，而且资本所有者背后的资源支撑与投资的风险收益偏好，对于一个有志于优化市值管理的公司而言，优化投资者结构并通过恰当、有效的投资者关系管理建构良好的资源支撑体系是长远健康发展的重要保障。

第四，企业文化内核与管理运作方式：文化传媒类企业目前在技术和资本的双重驱动下，呈现出智力密集型与资本密集型交织的产业特点，企业文化内核对于智力密集型产业的知识工人管理和创新管理至关重要，同时与文化内核价值观相对应的激励约束体系和管理运作方式，不仅对内部产出也对企业的外部估值产生一定影响。

第五，品牌资产维护与动态管理：这一点对于文化传媒类企业尤为重要，技术的快速迭代使得此类企业的固定资产重置价值不断变动，相对而言，品牌等无形资产反而相对稳定，而且可以通过动态管理实现价值倍增。

第六，科技创新意识能力和业务水平：这两点更多的是从实际经营支撑能力层面来考虑的，分别指向企业的未来价值创造能力和当期价值创造能力。

在本部分对相关企业的财绩指标和市值管理成效的分析，主要也是结合上述因素来进行的。

（1）万达院线。

1）基本信息。万达电影院线股份有限公司成立于2005年，隶属万达集团。截至2016年10月31日，拥有已开业影院359家，3164块银幕。票房收入约占中国电影市场14%，连续七年票房收入、市场份额、观影人次稳居全国第一位。

2）发展战略、投资并购与业务布局。"一切以观众观影价值和观影体验为核心"，坚持高标准设计建造理念、高配置电影放映技术、高品质标准化服务。2015 年，正式发布"会员+"战略，依托"影城、银幕、会员、票房、技术、内容制作、营销服务"协同共生的集团效应，打造全球领先的电影生活生态圈，全面启动由一个连锁电影放映终端向科技型、平台型、生态型公司的跨越转型。

超过 6000 万的庞大会员体系已成为万达院线一笔庞大的无形资产，与此现状相适应的"会员+"战略作为其部署亮点，有效地避开价格竞争漩涡，并向会员提供专属尊享服务，独具匠心的策略技巧彰显出未来价值。万达院线也逐渐完成从传统电影放映商向生态圈提供商的转变，生态圈各色交易以及系统内要素生态化协同为其未来发展提供巨大想象空间，其战略规划与发展主题均与资本市场主题相契合，有益于提升资本市场估值。

纵观万达院线前 5 年投资并购与业务布局大事记（见表 5-15），从动态市值管理角度剖析，有如下亮点：

表 5-15 万达院线前 5 年投资并购与业务布局大事记

时间	大事记
2011 年	3 月 24 日签署战略合作协议，成为全球排名第 2 位的 IMAX 营运商； 12 月 16 安装自有品牌巨幕 XLAND
2013 年	4 月 12 日携手湖南卫视同步直播《我是歌手》总决赛，首次将影院与电视平台相结合，开创影院娱乐营销新模式
2014 年	3 月 24 日与 RealD 续约，安装 780 套 RealD 3D 系统； 11 月 6 日 Oculus Rift 虚拟现实版放映活动为全中国影院首创
2015 年	1 月 22 日正式登录深圳证券交易所中小企业板块上市，首家登录 A 股院线公司； 6 月 26 日以总价 22 亿元收购电影数据化公司慕威时尚 100% 股权及世茂影院投资发展有限公司持有的重庆世茂影院管理有限公司等 15 家公司 100% 股权，交易对价总额暂定为 10 亿元； 8 月 18 日与科视 CHRISTIE 战略合作； 9 月与 Mtime 时光网签署投资协议，20% 股权，全面展开电影电商 O2O 业务，利用移动互联网将电影衍生品、电影推广与线下影院连接； 9 月 17 日与腾讯集团达成战略合作

第一，"在万达永远能享受到全世界最先进的技术服务"的放映品质作为联系影院和观众最有力的纽带，万达院线成为IMAX运营商、安装自有品牌巨幕XLAND、组织虚拟现实放映活动等一系列运作不断改善观众的观影体验，借助前沿技术以优质观影服务构建国内独一无二强势品牌，巨大品牌效应和口碑无疑会得到投资者和市场关注并作用于股价，抬升市值。

第二，泛娱乐化仍然大势所趋，娱乐营销新模式一方面吸引受众注意力资源并进行多元变现，另一方面娱乐式思维与营销活动的有机融合更为强调"以人为本"，深度挖掘用户资源，进一步增强传播力、影响力和辐射力。

纵观万达院线2016年战略布局新动态（见表5-16），万达院线作为国内首屈一指的影视类传媒上市公司，其在信息披露方面表现尤为出色，位列2015年度沪深两市上市公司披露公告数量最多前20劳模榜单。及时、合规、有计划的信息披露是提升市值的重要外部因素，缺乏合规有效的透明度，上市公司的资本品牌将会大打折扣。万达院线开放的透明度为形成资本品牌拉动投资需求进而引起投资者共鸣贡献重要力量，资本品牌管理作为一项发展战略是市值动态管理的重要举措。

表5-16　2016年万达院线战略布局新动态

领域	动态
资本运作	1月1日，正式成为深证成份指数、中小板指数、深证100指数三大样本股指数； 圆满完成法定披露以及主动选择性披露，累计发布公告292份，位列2015年度沪深两市上市公司披露公告数量最多前20劳模榜单； 1月，35亿美元收购电影制片公司美国传奇影业； 2月，与法国欧尚集团签订协议，合作投资30亿欧元的后者旗下大型文化旅游商业综合项目EuropaCity（欧洲城）； 3月，AMC出资11亿美元并购美国卡迈克院线； 10月，以10亿美元收购全球最大的电视直播制作商之一Dick Clark Productions
关系维护与品牌建设	1月22日，上市周年庆回馈影迷福利海量送，成绩卓越好评如潮； 3月11日，获评新财富2015年度最佳IPO项目； 3月18日，获评"中国商业地产优秀合作品牌"； 4月8日，获评"2016年度中国连锁电影院行业C-BPI品牌力第一名"； 4月15日，荣获第七届天马奖"中国中小板上市公司投资者关系最佳董事会"； 积极与知名商业地产开发商开展战略合作，大幅增加项目储备

领域	动态
内部管理与影城打造	1月3日，万达院线正式发布影城建设《标准化实施手册》；对收购目标澳洲 Hoyts 公司的实施业务整合、财务管理； 1月28日，成为亚洲第一家引入 Dolby Cinema 的电影院线； 3月2日，亚洲首块 RealD "终极银幕" 落户万达影城； 加快自有影城建设，连续收购大连奥纳、广东厚品等公司； 8月1日，签署最大数量 3D 安装协议； 8月2日，签订 IMAX 最大协议，新增 150 家 IMAX 影院； 9月6日，新建百余个 4D 影厅
内容生产	8月24日，与韩国 CJ 集团达成战略合作； 11月4日，万达影城将放映 60 帧《比利·林恩的中场战事》
营销服务	5月13日，并购 Propaganda、互爱互动； 7月27日，全资并购时光网

在关系维护与品牌建设方面，万达院线 2016 年度荣获一系列荣誉，根植于消费者和投资者心中的优秀企业形象和情感归属已成为万达院线一笔庞大无形资产，在资本市场上不仅强化投资者黏性，更为上市公司提供更好成长环境，获得政策支持，相关部门也将在再融资、股权激励、并购重组等方面给予绿色通道、快速审批的政策倾斜，如此形成良性循环，推动市值管理更趋稳健健康发展。

在内部管理与影城打造方面，万达院线不断通过并购和海外投资扩大自身规模，打通产业链上下游，不断进行资源整合，并向海外市场扩张，增强自身在业内竞争力。万达院线登陆资本市场一步步扩大自己的事业版图及国际化程度，并购整合实现外延扩张聚焦做大核爆业务是一种常见的市值提升方法，业务和资源的并购整合作为市值管理的核心手段，具有市值管理放大器的功能。

万达院线在资本扩张、产业链拓展的过程中始终不忘强化内控、注重文化内核的强化统一，重视创新科技投入，兼顾海外视角；以统一可复制又具有灵活性的经营管理模式予以推广，保证扩张的节奏、稳定性和可控性，展现良好的发展态势、广阔前景和稳健的营收预期（见表5-17）。

表 5-17 影视作品口碑与动态市值联动探析

特点	代表影片	解读
好莱坞大制作重拳出击	《魔兽》、《忍者神龟 2：破影而出》、《金刚狼 3》、《环太平洋 2》、《哥斯拉 2》、《科洛弗道十号》、《铁拳》、《裴小姐的奇幻城堡》、《长城》9 部好莱坞背景电影	参与全球投资、分账，国际化战略布局的重要一步；积累资源、引入世界级 IP，丰富经验，践行极致本土营销
续集再挖商业价值	"大师系列"的《记忆大师》延续《催眠大师》、《唐人街探案 2》、《寻龙诀 2》、《十万个冷笑话 2》	借势而上，深挖粉丝效应
类型完善，以娱乐为主	《那件疯狂的小事叫爱情》、《野百合》、《快手枪手快枪手》、《自由女神耸耸肩》、《沉默的证人》、《西洋》、《追击日》、《健忘村》、《决战食神》、《幸福马上来》、《兄弟，别闹》、《大叔同萌》、《精灵侠》	青春爱情、动作喜剧满足小众需求，丰富院线排期；联合媒体大号进行"众筹包场"的发行放映模式，创新营销尝试
视效大片、热血电竞，改编年轻网络 IP	《电竞狂潮》、《功夫机器人》同名网络奇幻小说《斗破苍穹》同名人气漫画改编《快把我哥带走》	针对年轻一代，以热血动漫、电竞等受青少年偏好的 IP 来吸引该细分群体

　　万达院线依托其重资产优势，近年来重视优质影视 IP 资源开发，不断开发无形资产，力图达到重资产与轻资产的结构化平衡。万达院线向好莱坞大制作重拳出击，不断积累资源、引入世界级 IP，推出一系列好莱坞背景电影，并参与全球投资分账，成为其国际化战略布局的重要举措。万达院线力图打造全球领先的电影生活生态圈，不断提高用户黏性和忠诚度，在开发优质影视 IP 资源的同时迈向全球，根据"隐形冠军"相关理论，万达院线一系列举措通过打造隐形冠军来逐步提升企业市值。

　　在《寻龙诀》、《唐人街探案》等优秀影片获得良好口碑后，万达院线借势而上，借力粉丝效应，推出影片续集，深挖商业价值，源于原影片的良好反响，续集上映之前资本市场便已对其票房收入形成良好预期，进而影响投资者投资决策，推动市值上升。万达院线推出一系列青春爱情、动作喜剧以满足小众需求，丰富院线排期。此外，采取联合媒体大号进行"众筹包场"的发行放映模式，在影片类型和营销模式上均以娱乐为主，娱乐整合营销成为新风尚。

　　3）财务表现。纵观万达院线 2016 年上半年财务数据（见表 5-18），其营业收入与利润额较上年同期均有所增长，业务和产业是市值管理的底盘，持续上涨的营业收入反映出企业在产业经营层面的极佳表现，为企业在资本市场的良好运作打下坚实基础。万达院线净资产收益率较同期有所下降，原因在于万达院线采取由重资产向轻资产转型的发展模式，开发优质影视资源相较于扩建影城，投资收益回笼较慢；净资产收益率反映自有资本获利能力，万达院线其净资产收益率下降反映出其运用财务杠杆总体经营方面能力有所欠缺。纵观其投入产出结构（见表5-19），放映收入仍占据较大比重，但公司在影院广告业务和其他业务上均有较大幅度投入，意图明显。万达院线力求电影票房收入占比控制在合理范围内，一系列并购动作帮助其迅速完成了电影海外投资、大客户整合营销、电影大数据服务、电影衍生品销售等产业链环节的补充，卖品、衍生品等非票房业务投入产出占比不断提高，帮助万达院线完成向全产业链生态巨头的转型升级。

表 5-18 万达院线主要营收情况

科目	2016 年中报	2015 年中报	本期比上年同期增减（%）
营业收入（元）	5721995250.04	3486456675.28	64.12
归属于上市公司股东的净利润（元）	804722692.84	628446949.87	28.05
归属于上市公司股东的扣除非经常性损益的净利润（元）	779365035.15	593296737.26	31.36
加权平均净资产收益率（%）	8.42	14.46	-6.04

表 5-19 万达院线 2016 年上半年主要投入产出结构

主营业务	收入占比（%）	收入额同期增长（%）	成本占比（%）	成本额同期增长（%）	毛利率（%）	毛利率同期增长（%）
放映收入	68.20	41.13	83.80	48.14	18.19	-3.87
商品销售收入	12.34	77.56	5.62	67.65	69.66	1.79
影院广告收入	9.09	340.55	4.63	25130.41	66.08	-33.33
其他	6.58	83.53	3.38	2766.41	65.80	-32.01
贴片广告、影片投资和宣传推广	3.78	—	2.56	—	54.83	—

万达院线准确把握"媒体互联、消费互联、产业互联"的互联网经济协同共生运转逻辑，率先依托集团规模和原有业务基础优势，"由重转轻"，以

"会员+"为起点，多管齐下，资本发力于技术设备升级换代、内容制作发行一体、营销服务娱乐便捷、海外产业链先发抢位等方面，不断升级服务品质、扩展辐射广度，深挖用户价值，增强用户黏性，打造国内外口碑和影响力，从而提升消费者和投资者的信心和预期。但其在内容创新和开发上还是资本驱动，而非内生驱动，使其在文化传媒业尤其是影视动漫内容开发占先决优势的激烈竞争中处于劣势。

（2）华谊兄弟。

1）基本信息。华谊兄弟传媒股份有限公司是中国知名综合性民营娱乐集团，主要投资运营电影、电视剧、艺人经纪、唱片、娱乐营销等领域，2005年成立华谊兄弟传媒集团。华谊兄弟主要有以下经营板块：以电影、电视剧、艺人经纪等业务为代表的影视娱乐板块；以电影公社、文化城、主题公园等业务为代表的品牌授权与实景娱乐板块；以游戏、新媒体、粉丝社区等业务为代表的互联网娱乐板块。

2）发展战略、投资并购与业务布局。华谊兄弟已实现从编剧、导演、制作到市场推广、院线发行等基本完整传媒体系转变，采取大制作——大投入、大产出的商业模式：即密集资本投入实现规模化生产；专业化分工；技术先导；进一步延伸电影产业链，进入影院放映业务。华谊兄弟影院实现公司打造电影产业完整产业链的发展战略（见图5-6）。

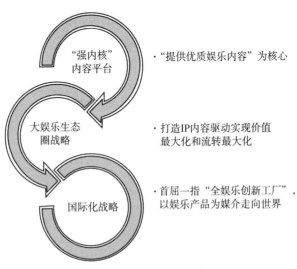

图5-6　华谊兄弟生态战略

纵观华谊兄弟近年来投资与并购大事记（见表 5-20），亮点如下：

第一，华谊兄弟以"提供优质娱乐内容"为核心，打造 IP 内容驱动的大娱乐产业链系统，致力于 IP 内容的价值最大化和流转最大化；全力打造中国首屈一指的"全娱乐创新工厂"，以娱乐产品为媒介助力中国文化走向世界，不断为世界观众创造"触动人心的力量"。

第二，华谊兄弟依托其无形资产阵地优势和品牌价值，布局品牌授权与实景娱乐，如华谊影城、华谊艺术家村等项目。公司致力于电影小镇、电影世界和文化城的建设，实现由轻资产向重资产转型，逐步实现资产结构的优化升级，逐步协调的资产结构反映于财务报表上，更易获得投资者认可从而吸引投资。

第三，不断推进互联网娱乐发展，致力于打造国内最大的粉丝经济生态圈，构建以粉丝用户为核心，明星艺人以及内容 IP 为基础的娱乐生态系统，提供连通多屏终端的内容产品及相关服务，以及线上线下全方位的粉丝经济娱乐服务。"娱乐生态体系"、"粉丝用户"、"粉丝经济娱乐"以及娱乐元素和用户元素的有效连接皆符合媒体行业发展主题与演进趋势，并契合资本市场主题，利于提升市值。

第四，马云和腾讯并列为华谊兄弟第二大股东，阿里巴巴与腾讯以其强大用户资源和用户资产优势入股华谊兄弟，进一步优化其股东结构。完美的股东结构通过巴菲特效应发挥直接影响企业市值，有利于提升其资本市场估值。

表 5-20　华谊兄弟投资并购与战略布局大事记

时间	投资并购与战略布局大事记
2009 年	9 月 27 日，证监会创业板发行审核委员会公告（首发）通过，成为首家获准公开发行股票的娱乐公司，"中国影视娱乐第一股"
2011 年	5 月 9 日，腾讯战略投资人民币近 4.5 亿元，持有华谊兄弟 4.6% 股权，成为华谊兄弟第一大机构投资者。身为华谊董事的马云、虞锋等分别出让部分股权。布局品牌授权和实景娱乐，致力于整合文化、影视、金融、政府、互联网、商业、旅游资源，打造全新的电影文化旅游业态：电影小镇、电影世界和文化城
2012 年	1 月 12 日，中国证监会发审委审核通过了北京掌趣科技股份有限公司 A 股首发申请，以游戏开发、发行与运营为主营业务。华谊兄弟是掌趣科技的第二大股东，与互联网企业合作全产业链布局衍生业务中最为重要的战略之一

续表

时间	投资并购与战略布局大事记
2013 年	合并银汉科技，结合自身娱乐资源优势助推其手游新作上市推广；与腾讯合作推出 O2O 娱乐社交平台，"社交+影视娱乐" 可能会有类似 QQ、微信的社交功能，与影视娱乐内容结合 12 月 5 日，张国立控股的弘立星恒公司将浙江华谊支付的股权转让款 1.52 亿元全部在二级市场上购买 "华谊兄弟股票"，且同意锁定三年
2014 年	拟向售股股东购买永乐影视 51% 的股权，股权转让价款总额为 3.978 亿元 11 月 18 日，公布新一轮增计划，融资额 36 亿元。交易对手包括阿里巴巴、腾讯、平安和中信建投。交易完成后，马云和腾讯将并列为华谊兄弟第二大股东，平安第三
2015 年	4 月，华谊兄弟传媒集团与 STX 娱乐公司开始了长达三年的影片制作的合作，二者签署协议，约定在 2017 年 12 月 31 日前，共同制作的影片数量不少于 18 部 11 月 20 日，拟以 10.5 亿元的价格重磅收购冯小刚和陆国强合计持有的东阳美拉 70% 股权 旗下控股子公司华谊创星获批挂牌新三板
2016 年	入股电竞市场领军企业英雄互娱并成为其第二大股东，在游戏行业打通 "研发—发行—电竞" 的完整链条 8 月 18 日，华谊兄弟传媒集团与罗素兄弟的 Oakton Circle LLC 共同合作在美成立一家合资公司，华谊美国持股 60%，罗素兄弟的公司持股 40%

3）财绩表现。纵观华谊兄弟 2016 年上半年财务数据（见表 5-21），华谊兄弟营业收入较上年同期有所增长，但是其净利润和净资产收益率均有所下降，反映出公司本期内投入产出效率及自有资本获利能力降低。影视娱乐仍然是华谊兄弟主要收入来源，本期品牌授权及实景娱乐虽收入占比较小，但较上年同期相比，此板块收入额增长 236.08%，业务发展态势较好，并有较为良好的财务表现，反映出华谊兄弟不断加快拓展重资产阵地的步伐（见表 5-22）。互联网娱乐业务是公司第二大收入来源，以最高毛利率反映出强大盈利能力，本期内公司投资英雄互娱，使公司打通了从游戏制作、游戏发行到电子竞技赛事的完整链条，使其互联网游戏布局更加完善，同时也为公司进一步丰富内容储备创造了更大空间，但是财务上表现出互联网娱乐板块投入产出较上年同期有所下降，与万达院线各板块产出呈上升趋势形成对比。

表 5-21　华谊兄弟主要营收情况

科目	2016 年中报	2015 年中报	本期比上年同期增减（%）
营业收入（元）	1468134381.45	1293043074.37	13.54
归属于上市公司股东的净利润（元）	302778150.50	503896621.98	-39.91
归属于上市公司股东的扣除非经常性损益的净利润（元）	69561474.02	201386669.89	-65.46
加权平均净资产收益率（%）	3.14	8.61	-5.47

表 5-22　华谊兄弟 2016 年上半年主要投入产出结构

主营业务	收入占比（%）	收入额同期增长（%）	成本占比（%）	成本额同期增长（%）	毛利率（%）	毛利率同期增长（%）
影视娱乐	73.41	38.63	90.93	24.46	48.40	5.88
品牌授权及实景娱乐	7.60	236.08	—	—	100.00	0.00
互联网娱乐	20.34	-38.89	11.04	-21.29	77.38	-5.06
合并抵消	-1.47	-84.97	-2.05	-358.71	41.69	34.80
其他业务	0.12	-68.34	0.08	-80.21	69.68	18.19

　　华谊兄弟在发展历程中经历了数次股权变更与重大股东变动，一开始的明星持股模式把很多明星和名导的光环与粉丝效应顺利导流至华谊平台上，对早期发展功不可没；后来腾讯等互联网巨头的入股亦为华谊面向互联网时代的转型升级和资源整合提供了新的想象空间与背景支撑。重大股东结构的变动展现布局新动作，股东的比较优势和资源为未来企业业务成效做实力背书。

　　万达院线和华谊兄弟的战略选择很好地揭示了当前文化传媒企业转型升级的态势，"融合"成为大势所趋。万达的总体战略是"由重转轻"，华谊的总体战略则是"由轻转重"，都在持续优化自身的资产结构进程之中，而且这一过程与企业原本的资源积累及企业基因密切相关。对于万达院线的分析离不开万达整体的企业发展脉络，可以看出，万达院线正在通过多方努力谋求激活既有的重资产积累，使之在盘活过程中借资本之力和金融杠杆发挥更大的倍增效应；华谊的"由轻转重"则是把自身长期积累的品牌资产下沉变现的过程，因为影视投资项目风险大，现金流稳定性差，通过布局电影小镇等实景娱乐项目，可以凭这些项目相对稳定的现金流为华谊的业务拓展提供比较稳健的底盘支撑。此外，当前的文化产业消费升级是与中国的城市化大趋势相伴而行的，土地始终是当下中国的信用内核，华谊资产结构下沉布局重资产也可以为后期融资发展奠定基础。

但综合对比万达院线和华谊兄弟，华谊兄弟稍逊一筹，因为万达的"会员+"战略更符合互联网时代的运作逻辑，对用户锁定效果要强于华谊基于明星驱动的"粉丝+"战略，因为当前文化消费偏好快速迭代，把发展支撑依托于冯小刚等名导和一众明星身上会成为华谊业绩上下跳跃不稳的发展隐患。2016年争议颇大的冯小刚导演作品《我不是潘金莲》就充分说明了这一点。光线传媒运营思路受限于自身业务类型和规模渠道，"内容为王、渠道制胜"理念不足以使其搭上互联网转型升级的快车，发展相对迟缓，但也在IP开发、实体转化方面做出一定探索，但却以较为协调一致的业务结构和相对稳健平衡的战略进度实现了稳定预期，也为我们对于整体影视动漫游戏产业的转型升级方向和节奏提供建议。

4. 乐视网与新华网

（1）基本信息。乐视网，现名"乐视视频"，创始人贾跃亭，2004年11月成立，国家级高新技术企业，2010年8月12日在中国创业板上市，业内全球首家IPO上市公司，中国A股最早上市视频公司。目前影视版权库涵盖100000多集电视剧和5000多部电影，并正加速向自制、体育、综艺、音乐、动漫等领域发力，日均用户超过5000万人，月均超过3.5亿人，是乐视集团业务链中的排头兵。

新华网，1997年11月7日创办，由中共中央、国务院直接部署的事业单位，国家新华通讯社管理的中央企业。新华社主办的中央重点新闻网站主力军，是党和国家重要的网上舆论阵地。依托新华社30多个国内分社和170个境外分支机构，组成覆盖全球的新闻信息采集发布网络。经过十余年的创新发展，按照"做强新闻网、做特社交网、做优移动互联网、追踪物联网、服务信息化"的发展思路实现从单媒体到多媒体、单语种到多语种、有线到无线、单一新闻发布到多功能发台的跨越式发展。2016年10月28日，新华网股份有限公司在上交所主板上市。

对比分析：作为民营文化传媒类企业中的"领头羊"，乐视网依托集团媒介技术、终端成果、内容制作、业务生态、创新理念上的不懈努力和协同优势，得到各界的高度期待和认可。而贾跃亭本人作为企业家所展现的创新进取精神、超前商业模式敏感度和集团品牌形象运作能力即成为影响市场价值的 IP 资源，在互联网时代，国家政策鼓励民间资本创业、传媒行业逆势上扬的趋势下，在创业板上市后此种效应更为凸显，集各类关注和优质资源投入于一身，市值一路飙升，号称"第一妖股"。

而新华网肩负意识形态职能、拥有国有背景背书，经历"转企改制"，也依旧可以更为直接地享受国家政策监管便利和资源渠道红利。虽然在经营管理的灵活度、公司治理结构的现代化、商业模式和人才储备的创新度、业务生态的完善度上均一定程度上与互联网底层逻辑脱节，难以同市场化企业一较高低，但经营管理风险低、回报大及天然国有背景优势，决定了与乐视网在企业风格和股性上的迥然差异，加之刚刚上市的资本运作成效，使其一上市便在股市表现优异。

此外，股东结构和重大股东变动也对市值有着重大影响。由于自身资金大部分来自于民营资本，资本天然的逐利性和不稳定性，以及经营管理绝对市场化、风险管理和危机意识相对大胆，乐视网在资源渠道、政策监管等方面处于劣势，一旦经营管理中某个环节出现危机将受到更为剧烈的影响和市值波动。新华网股东结构以国家背景企事业单位为主，体现国家意志，资金实力是强有力的保障，为奉献波动加入"双保险"。

（2）战略理念与业务布局。乐视集团立足为用户提供极致体验，改变互联网生活方式，打造视频产业、内容产业和智能终端的"平台+内容+终端+应用"完整生态系统，垂直产业链整合业务涵盖互联网视频、影视制作与发行、智能终端、应用市场、电子商务、互联网智能电动汽车、生态农业等（见图5-7）；旗下公司包括乐视网、乐视致新、乐视移动、乐视影业、乐视体育、网酒网、乐视控股等，被业界称为"乐视模式"。拟通过用户入口扩张和用户规模流量变现，依托集团整体协同效应和占据科技创新未来高地的方式提升品牌价值，实现飞跃式发展。

新华网发展目标是巩固中央重点新闻网站排头兵地位，巩固并扩大具有全球影响力中文网站的领先优势，向着建设符合现代全媒体业态要求的国际一流网络媒体、具有强大创新能力的新型互联网文化企业迈进，努力成为最具权威性和公信力的以新闻信息服务为主、多种业务线并存的"多语种、多终端、全媒体、全覆盖"综合信息服务提供商。

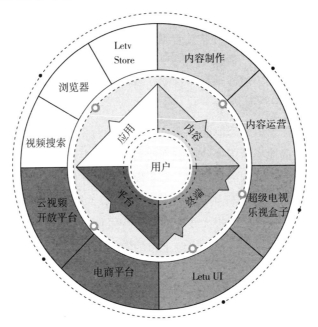

图 5-7　乐视生态战略

对比分析：在与行业大势结合的紧密度上，"乐视生态"战略有力地实现了对自身业务整合延伸，业务投入偏重终端入口拓展、升级内容、创新科技，有效抢占用户规模、占领传媒生态制高点的态势，对于产业趋势的精准研判，以用户全生命周期的价值挖掘为目标，使其在文化传媒上市公司中脱颖而出，颇受投资者认可，市场信心强劲。新华网则在众多主流媒体中尝试突破，重整战略、转换思维、放下身段、精磨业务，将国有背景和信息渠道政策等各类资源优势通过互联网平台和"走出去"战略等国际化政策、融媒体政策推动下不断放大，也在一定程度上实现利润和主流话语阵地建设双丰收。只是如何真正应对文化传媒业务市场和资本市场真正的"投票"选择冲击，是今后要面临的问题。

（3）资本运作与财绩表现。上市公司财报是企业与监管机构、投资者、合作伙伴、公众、媒体沟通信息的最重要载体，阶段性的运营数据变化、详略侧重、话语风格、编排逻辑均是企业本阶段及下阶段战略重点、业务转向、经营意图的重要信号，财报已经成为市值管理中 4R 关系（投资者 IR、分析师 AR、监管机构 MR、媒介 RR）维护的主要阵地。对于财报及行业公开数据的对比分析：一方面可以识别实际经营运转情况和战略业务成效；另一方面还能从中得出企业或决策领导层的理念倾向和投资心态，由此得出的对于经营重点和转型趋势的研判评价，将很大程度上影响企业市值。

总体来看，乐视网财报设计编排主题鲜明、风格亮丽，重点突出自身在战略落地和业务实现上的既有成效，从生态协同效应的整体性和该阶段重点突破环节的个体性相互照应，辅以量化数据对比突出收益成果（见表5-23）。特别值得一提的是，在点名市场经常质疑的几点风险后（如资产负债率高、应收账款比例大、投资并购善后经营问题多、经营模式冒进、公司人员整体跟进不足等），突出强调了自身在宏观经济、国家政策、行业周期、同业竞争中的优势地位，以及创新经营能力、科技研发投入力度、无形资产价值，希望综合优势、展现潜力，引导投资者和媒体、分析师等以期望价值弥补现有风险担忧，给予乐视网更为充足的发展空间和更长时间的信任和等待，为公司实现升级目标赢得时间、资本以及稳定的内外环境。

表 5-23 乐视网主营业务收入结构

主营业务	2016 年上半年收入占比（%）	收入额同期增长（%）	2015 年上半年收入占比（%）	收入额同期增长（%）
广告业务收入	15.50	50.84	23.19	49.96
终端业务收入	51.00	171.13	42.44	60.24
会员付费业务收入	26.93	152.07	24.10	65.13
版权业务收入	1.82	−35.28	6.34	−19.68
电视剧发行收入	2.15	338.71	1.11	−23.41
技术服务收入	0.50	44.40	0.78	109425.04
其他业务收入	2.10	130.80	2.06	

相对来说，由于刚刚上市，新华网首次公开发行股票上市公告书暨第三季度财报采用更为严谨客观、制度化、规范化的语言措辞，显示出极强的权责意识、风险防范理念、稳健甚至偏向于保守的经营模式（见表5-24）。

表5-24 新华网2016年上半年主要投入产出结构

主营业务	收入占比（%）	成本占比（%）	利润占比（%）	毛利率（%）
网络广告	41.76	32.75	52.51	57.34
移动互联网	29.88	46.7	9.82	14.99
信息服务	21.86	13.45	31.88	66.53
网站建设及技术服务	6.5	7.1	5.79	40.62

资料来源：东方财富网。

对比分析：乐视网终端和会员付费业务成为重要收入来源，电视剧发行收入等业务也有较大增长，体现为乐视网在用户入口、终端研发推广、内容制作发行、会员管理和流量变现上的成效，一方面凸显了自身用户黏性和价值开发空间，另一方面也显示了业务急剧扩张、成本投入猛增的态势；新华网网络广告、信息服务、移动互联网等主营业务收入快速增长，移动互联网的投入占比巨大，体现了转型升级的战略重点和起步阶段变现盈利能力相对薄弱的情况，也显示了自身由于盈利模式和手段相对单一而可能对持续盈利能力和竞争对抗有一定影响。

从乐视网资金来源部分数据中（见表5-25），可以看出乐视网的资金来源结构比例失调、风险较大，负债运行时间过长、负担过重，极易因激烈竞争和资本后期补充乏力导致信任危机、正常经营难以维持。对外投资、股权收购及投向工业、房地产有关的贷款等收益情况并不乐观，且周期较长，流动性风险加剧，暴露出很多不良信号。而新华网由于定位和性质原因，资金来源结构稳定、充足，加之刚刚上市，股份制改革的几次重要增资和股权融资带来的效益还未充分利用和发挥。

表5-25 乐视网资金来源、投资流向及收益

单位：元

乐视网2016年中报——资金来源（不完全统计）	
项目	金额
贷款利息	4634825.03
借款	0（长期）
发债	0（非本期）
境内非银行金融机构拆入	6000000000

项目	金额
银行承兑汇票	56250000.00
政府补助	17920477.44

乐视网2016年中报——投资流向及收益（不完全统计）			
项目	金额	报告期损益	权益法核算的长期股权投资收益
对外股权投资	2059823670.22	4724807.51	15074133.29
资产收购	187500	1507.5	/
发放贷款（其他、工业、房地产）	515512521.39	/	/

产融互动是市值动态管理的结果呈现。乐视网为抢占行业高地，业务扩展过快（见表5-26），产业链铺开较广，持续投入较大，急需要较好的财报展现和形象打造维系资本的充足和良性运转（见表5-27），在此基础上，利用乐视网为优质资产，为集团其他重点推动业务吸取体外资本，凝聚资源，实现资本内部流通、高效利用。

表5-26　乐视网业务拓展大事记

时间	业务拓展大事记
2005年	9月，与西班牙NEPTUNO动画电影公司签约
2006年	8月，乐视网信息技术（北京）股份有限公司"乐视狗"正式开通 10~11月，乐视网免费P2P平台、直播频道正式开通
2007年	6月，乐视自主研发客户端软件正式开通
2008年	7月，中国电影集团和乐视网合作打造中国电影网宽频影院频道
2009年	3月，成为北大招聘会唯一视频网站； 6月，手机视频网Wap版； 12月，Iphone版上线；自身开发的CDN系统部署上线； 4月，全新改版个人网络电视台上线
2010年	1月，和清华大学信息网络工程研究中心共同推出基于CERNET2的ipv6高清影院；携手淘宝打造视频购物商城； 7月，手机视频网iPad版上线； 8月，汽车频道上线； 11月，访问韩国IT展洽谈引进韩片

时间	业务拓展大事记
2013 年	3 月，联手富士康打造世界级品质超级电视 4 月，推出国内首个"ScreensPlay"多屏合一界面技术
2014 年	2 月，分抢云视频业务；推剧情热度分析技术； 12 月，贾跃亭宣布乐视"SEE 计划"，打造超级汽车以及汽车互联网电动生态系统
2016 年	2 月 17 日，乐视与世界豪华跑车品牌阿斯顿·马丁就成立电动汽车合作合资公司签署了谅解备忘录，成为第一家在海外成立合资公司造车的中国企业

表 5-27 乐视网资本运作大事记（不完全统计）

时间	资本运作大事记（不完全统计）
2013 年	10 月 8 日，停牌一个多月的乐视股票复牌，同时宣布拟以现金和发行股份相结合的方式购买曾拍摄《甄嬛传》的花儿影视 100%的股权，以发行股份的方式购买乐视新媒体 99.5%的股权，并募集配套资金。交易总额为 15.98 亿元
2015 年	12 月，在香港设立的全资子公司乐视致新投资（香港）有限公司以 6.5 港元每股的价格认购 TCL 多媒体新股 3.49 亿股，持有 20.09%的股份，成为第二大股东；总投资 2267525000 港元（约折合 18.75 亿元人民币），权益法核算带来收益 1507.50 万元
2016 年	5 月 6 日，拟以增发股份与现金相结合的方式，购买乐视影业 100%股权，标的作价 98 亿元 6 月 17 日，再度以 10.47 亿港元（约折合 9 亿元人民币）代价增持酷派股份至 28.90%，成为其第一大股东 7 月 27 日，多家媒体报道，乐视将以 20 亿美元收购美国顶级智能电视生产商 Vizio 公司；全资子公司乐视流媒体联合深圳市鑫根投资基金管理有限公司设立乐视并购基金

  然而相对经营管理模式成熟度、规范性又存在较大差距，导致执行和标准不足以跟上业务拓展的脚步，问题频发、风险巨大；且在经历了 2017 年供应商逼债、裁员调整组织结构等事件后，贾跃亭及优质产品业务的明星 IP 效应被吃干榨净，信任危机引发资本危机，在媒体和投资分析者的言论发酵和公众传播后，公关行为在挽救市值暴跌上的作用微乎其微，证实了"业务和产业才是市值底盘"。而相对来说，新华网强势上市，资本运作稳健，防范风险为主；但其背景与业务范围决定其经营管理模式无法完全实现现代企业制度和运作方式，人员市场意识和能力、严格的风险厌恶理念也不利于市场、资本联

动，战略落地和业务转型有待进一步扩大尝试。

四、结论与建议

第一，文化传媒类上市公司转型升级与市值动态管理相互融合推进乃大势所趋。传统媒体转型升级侧重于开发互联网新技术，加速挺进新媒体领域与媒体行业的跨界交流与发展，紧随"泛娱乐化"趋势制定发展战略并强化落地执行。市值动态管理侧重资本运作逻辑、产融互动理念、资本品牌构建等因素强化文化传媒上市公司市值管理。转型升级中包含市值动态管理，如东方明珠"娱乐+"战略符合媒体行业未来发展主题，作为传统媒体转型升级的同时以"以人为本"的战略举措赢得投资者良好预期，有益于抬升市值；市值动态管理中内含转型升级，如万达院线通过对放映收入和非放映收入的结构化调整打造多要素协同生态的举措为其内部转型升级目标。

第二，体制内国有媒体的市场化进程和市场化媒体与政府的进一步合作同步进行，国有媒体拓展新媒体产业链，不断提升影响力和传播力以发挥政府喉舌功能。市场化媒体则充分依托政府战略基金或补助加深与政府合作，不断推进政府特色与市场特色的进一步融合，打造有中国特色的传媒企业。

第三，传媒上市公司重资产与轻资产结构进一步优化升级，重资产型上市公司由重向轻转化，不断拓展新技术、文化领域，轻资产型传媒上市公司则依托无形资产阵地，与地产商深度合作，实现由轻向重转型。

第四，传统媒体转型升级进程受资源积累、企业基因等差别而各有特点。向网联网、大数据、云计算等新技术与新媒体领域靠拢实现转型升级仍然是大势所趋，或吸收合并，或拓展业务与产业链。后两类的投资流向全部集中于自身业务弱点的补充，集团效应和母子公司联动，少有与本身业务无关的跨行业投资。

第五，外延式扩张时代，金融资本运作逻辑取代产业资本的精细化运营逻辑将成为未来媒体行业发展的主导逻辑，金融创新与传媒资源有效联动，提升文化产业投资效率，尤其对处于转型期的传统媒体而言大有裨益。

第六，由以利润为核心的产品市场思维过渡到以市值为核心的资本市场思维，强化对市值的动态管理。

第七，传统媒体转型升级基于自身实际而有所区别。内生性转型升级以多元化的战略投资布局和资本运作不断开拓新媒体领域并向新技术靠拢发展，循序渐进，在自身基础上积累资源实现扩张，如浙报传媒转型升级之路；新旧媒体通过资本运作将互联网基因注入传统媒体实现传统媒体向新媒体的跨越式发展，一步到位实现新旧媒体融合达到质变，为传统媒体转型提供新视角，但存在资源整合风险，如百视通吸收合并东方明珠。

第八，传统媒体处于行业生命日趋衰退时期，转型升级是其发展主题。传统媒体通过进军新媒体领域紧跟行业发展趋势，不断依托政策红利和新技术实现外延式扩张，与行业"泛娱乐化"趋势和资本市场主题相契合，是其市值管理的重要举措。影视类文化传媒上市公司由于其身处黄金发展时段仍具有巨大发展潜力，被资本市场看好本身具有先天优势，在市值管理上着重完善信息披露机制，维护投资者良好关系，构建生态系统，打造隐形冠军：即从远大抱负和愿景出发，专注围绕客户创新，提高产业竞争力，打造高效团队，在国际化战略布局中抬升市值。

五、研究局限与展望

第一，本次研究开始时，数据采集时间处在2016年第三季度财报发布后、年报发布前，市值数据取自2016年12月4日网络实时数据，营业收入和净资产收益率皆取自2016年第三季度财报数据，实时数据与年报数据截止时间有差异，可能对比较结果产生一定的影响。

第二，由于本研究进行过程中文化传媒类上市公司2016年报尚未公布，本文各类标杆企业投入产出数据皆取自2016年半年报，用半年度数据预测2016年度发展趋势，有一定偏差。

第三，数据分析部分仅侧重于各类标杆企业投入产出结构和投资结构分析，对于融资结构、资产负债率等其他各类财务数据缺乏深入研究，导致研究结果片面与单一。未来对于文化传媒上市公司转型升级和市值管理研究将侧重于对其他财务数据解读，包括资产周转率、杠杆比率、市盈率等。

第四，样本采集时未将新三板上市公司纳入本次研究，后续可进一步挖掘对比。

第三章　2016 中国艺术金融研究报告

宗娅琼

（中央财经大学文化与传媒学院讲师）

一、"新常态"与艺术金融发展

近十年来，艺术品市场的活跃与发展不断地刺激着投资收藏者对于艺术品金融服务的需求。2014 年中国艺术品市场虽然处于调整期，但艺术金融的市场规模比 2013 年增长了 61.5%，达到 123.4 亿元；2015 年艺术金融的市场规模进一步扩大，超过 550 多亿元；2016 年艺术金融市场规模达到 900 多亿元。金融成为将社会资金有效引入艺术资源领域的桥梁，艺术品以资产属性参与到金融领域的经济活动不断深化，金融体系介入的积极性不断提升，使艺术金融业态步入不断丰富的多元发展进程。在我国经济发展步入"新常态"的历史时期如何进一步推动和促进艺术金融发展，提升艺术金融在大众文化消费及消费金融领域中的影响及效能，成为当前大众关注和业界实践探索的焦点。

（一）文化产业与艺术市场发展概述

2015 年是"十二五"规划的收官之年，在复杂严峻的国际国内形势下，我国国内生产总值 676708 亿元，比 2014 年增长了 6.9%，在全球主要经济体中位居前列。消费对经济增长的拉动作用进一步增强，全年最终消费对经济增长的贡献率达 66.4%，比 2014 年提高了 15.4 个百分点。与此同时，2015 年全国文化产业经济总量持续快速增长，占 GDP 比重稳步提升。全国文化及相关产业 2015 年增加值 27235 亿元，比上年名义增长 11%，比同期GDP 名义增速高 4.6 个百分点，在 2014 年增长 12.2% 的基础上继续保持两位数增长，增速远高于同期 GDP 增长；对 GDP 增量的贡献达 6.5%，比

2014 年提高 1 个百分点。[①] 2016 年是"十三五"规划开局的第一年，经济延续稳重趋缓态势，我国国内生产总值 744127 亿元，全年人均国内生产总值 53980 元，比 2015 年增长 6.1%。全年国民总收入 742352 亿元，比 2016 年增长 6.9%。[②] 2016 年国民经济运行保持在合理区间，实现中高速增长，经济发展新常态特征更加明显，文化及相关产业发展成为经济增长的一大亮点，总量持续快速增长，比重日益上升。随着当前文化产业及相关领域的供给侧结构性改革力度的不断加大，文化市场主体创新创业活力得到不断激发，文化产业将继续保持快速增长势头，在推动经济发展、优化经济结构中发挥着越来越重要的作用，朝着成为国民经济支柱产业的方向迈出新的步伐。

伴随着文化产业的大力发展和政策引导效应，中国艺术品产业规模发展迅速，逐渐迈向新的阶段。根据相关研究机构统计，2015 年中国艺术品产业规模达到 8020 亿元水平，需求急增、交易诉求多样成为市场表现中的主要特点。虽然近两年以来受国际、国内形势影响，艺术品市场的结构调整还在持续进行，但在新的经济发展形势下，对于金融与艺术的融合与共赢的讨论仍然是市场的热点。一方面，艺术与金融的融合不仅能够促进文化产业内部结构的发展与升级，开拓文化艺术资源价值发现和价值释放的途径，满足投资消费者的投资渠道需求；另一方面，艺术与金融的融合也可以进一步丰富中国金融市场，尤其是消费金融市场的发展空间。新兴财富群体比例的快速增长、流动性资金的避险需求，以及通货膨胀的强烈预期推使大量资金涌入艺术品市场，因需求推动的艺术品金融化趋势日益显现出实践意义，较有代表性的市场表现为：①艺术品市场中的大型拍卖机构正在不断拓展其业务领域的合作范围，其行动力延伸至金融资本领域与新兴产业领域，新一轮"市场+资本"版图即将构建出艺术市场发展的新业态面貌和新生态系统。②企业资本参与艺术品投资收藏领域，将会带来新一轮艺术市场合作模式的转变，呈现多样化、多层次合作发展趋向，艺术金融将在此契机下获得巨大拓展空间。③新兴产业技术的提升带动市场交易模式发生变化，"互联网+"对艺术市场与艺术金融领域的助力表现越来越明显，艺术品+互联网交易趋势伴随着整个市场构建的更新与升级将带

---

① 国家统计局：《中华人民共和国 2015 年国民经济和社会发展统计公报》，http：//www. stats. gov. cn/tjsj/zxfb/201602/t20160229_1323991. html。

② 国家统计局：《中华人民共和国 2016 年国民经济和社会发展统计公报》，http：//www. stats. gov. cn/tjsj/sjjd/201702/t20170228_1467357. html。

来新的市场效应。

（二）中国艺术品市场基本面分析——以艺术品拍卖市场为例

2016 年伴随着金融创新推动，PE 私募基金以及创业板、P2P 众筹等在中国投融资市场表现活跃，金融创新的过程中呈现出机遇与挑战并存的发展态势，在经历了一轮新的市场波动与调整后，资本市场监管逐步趋严，国内投融资市场逐渐向价值回归靠拢。在此趋势背景下，艺术品投资金融领域同样呈现出多元发展态势，2016 年相关艺术品质押融资、艺术品基金等艺术金融产品的创新和探索不断，艺术金融发展的多样化诉求明显。为了能够深入地观察这一时段内艺术市场的发展态势以及艺术金融领域的相应表现，了解国家宏观经济因素对艺术市场的影响，以及相应艺术金融市场的背景支撑，在此以艺术品拍卖市场近年来的市场行情作为参照，进而对艺术品市场基本面与艺术金融发展前景做出相关性分析。

1. GDP 对艺术品拍卖市场的影响

GDP（Gross Domestic Product）国内生产总值，是一个国家或地区在一定时期内全部最终产品和劳务的价值。作为宏观经济中最受关注的统计数字，GDP 既可以衡量一个国家的经济状况，也可以反映一个国家的国力与财富，而人均 GDP 则是划分一个国家或地区经济发展阶段的重要指标。当人均 GDP 达到 3000 美元时，城市化、工业化发展加快；当人均 GDP 达到 5000 美元以上时，社会保险将发展加速，恩格尔系数将达到 33%，经济驱动将由投资转为消费，经济形态将呈现百花齐放，大众逐步进入消费、投资、休闲的社会。居民消费量与艺术品市场的繁荣程度最为密切，居民的收入水平越高，艺术品市场的消费需求会越大。根据国际经验，只有当一个国家的人均 GDP 达到 1000~2000 美元，艺术市场才会启动；只有当人均 GDP 达到 8000 美元，才会有大规模的投资收藏群体对艺术作品收藏感兴趣，从而促进艺术品市场的蓬勃发展。例如，美国的文化产业崛起于 1940 年，日本和韩国进入文化产业的高速增长期分别在 1970 年和 1990 年。从人均 GDP 看，美国在 1943 年达到 9753 美元，日本在 1971 年达到 9726 美元，韩国在 1991 年达到 9645 美元。依前述国际经验，2015 年我国人均 GDP 已达到 5.2 万元人民币（约合 8016 美元）[①]，北京和上

---

① 中国社会科学院经济研究所、国家金融与发展实验室和社会科学文献出版社：《经济蓝皮书夏夏季号：中国经济增长报告（2015~2016）》，社会科学文献出版社 2016 年版。

海 2015 年人均 GDP 已达到 1.6 万美元和 1.5 万美元。此外，浙江、江苏和广东等 8 个省市自治区人均 GDP 突破 1 万美元。2016 年我国人均 GDP 达到 5.38 万元，在全国有 12 个省份的人均 GDP 超过了这一平均水平。天津、北京和上海三大直辖市在内的 9 个省市自治区人均 GDP 超过了 1 万美元。[①] 近年来我国人均可支配收入呈现出指数型增长态势，参考发达国家的经济走向与消费投资分布，当中国的人均 GDP、人均收入和消费比重都有所增加且达到一定水平的时候会更好地促进艺术市场的发展。

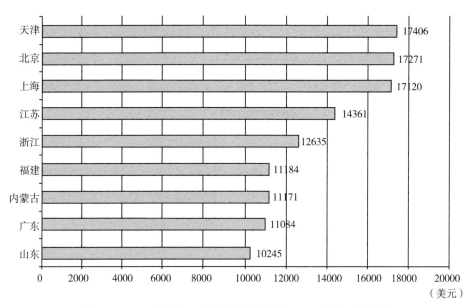

图 5-8　2016 年全国 9 个省市自治区人均 GDP 超过 1 万美元

资料来源：各地统计局。

2. 通货膨胀率对艺术品拍卖市场成交总额的影响

对于艺术品市场而言，通货膨胀预期将带动市场需求。近几年来中国经济呈现趋势放缓态势，经济结构调整变化明显。从我国目前的经济结构来看，文化产业作为国民经济的支柱产业之一，是提升国家"软实力"的关键，而艺术品市场作为文化产业发展的重要组成部分其重要性不断增强。经济结构转变

---

① 2016 年各省人均 GDP 排名 中国人均 GDP 在世界排名（表），http：//www.mnw.cn/news/china/1552000.html。

通常伴随着短期的通货膨胀，中产及富裕阶层为了实现资产的增值保值，必然寻找可以抵御通胀的投资品种。由于我国政策的限制，房地产市场与股票市场的投资前景不容乐观，艺术品市场成为资产投资的优势选择之一。并且，伴随着艺术市场规模的扩大和艺术品投资选择品种的多样化发展，艺术品市场吸收闲置资金、加速艺术金融规模扩大的能力日益凸显。

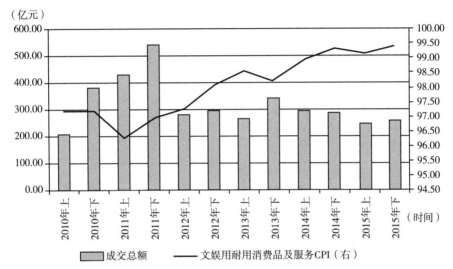

图 5-9　2010~2015 年文娱与耐用消费品及服务 CPI 与
2010~2015 年艺术品拍卖市场（春、秋）成交总额变化

资料来源：国家统计局及艺术市场数据采集整理，由于所需统计数据量大及统计口径的不可抗拒差异，会导致统计数据在可控范围内产生一些绝对误差，但误差较于大数据量，丝毫不影响本文对艺术市场成交总额进行的分析和结论。

　　图 5-9 反映了艺术品拍卖市场成交总额（春、秋）与文娱用耐用消费品及服务 CPI 之间的波动关系。根据该图可以观察出，以半年度（6 个月）为一个时间单位，艺术品拍卖市场成交总额与文娱用耐用消费品及服务 CPI 的变动方向差异较大。根据数据进行一定处理后，得出大致呈现的两个趋势：一方面，两者呈现反向的变动。消费者价格指数有上升趋势，即物价有上升动力时，会预期未来的商品价格相对提升，为了规避这种隐形的成本，相比之下大众将会针对其他类型的商品交易有所提升，而对于价格相对较高的艺术品消费会相应地有所减少。另一方面，艺术品因具有作为商品和收藏品的双重属性，

具有优良的避险能力和特性。从图中可以看出，文娱用耐用消费品及服务 CPI 的变化滞于艺术品市场表现，结合艺术品市场发展实际，当人们普遍产生下一期通货膨胀上升预期，即物价上涨时，为了抵御这种潜在损失，投资者会将资金投向具有增值保值功能的商品，而艺术品因为其受宏观经济的影响及与其他金融产品关联程度较小的特点，成为投资避险的优良选择。

3. 货币供应量对艺术品拍卖市场成交总额的影响

根据国家统计局与艺术品市场的数据采集信息观察，2010～2015 年我国艺术品拍卖市场的成交总额与货币供应量的变化趋势基本保持一致，2016 年货币政策继续保持整体稳健中性、松紧适度的特征。由此可以推测货币政策通过调整货币供应量等操作目标，影响投资者手中的货币量，改变人们的投资需求，从而间接作用于艺术品拍卖市场的行情与表现。

如图 5-10 所示，2010～2015 年 M2① 同比增长率与艺术品拍卖市场成交总

图 5-10　2010～2015 年艺术品拍卖市场成交总额（春、秋）与 M2 同比增长率

资料来源：国家统计局及艺术市场数据采集整理，由于所需统计数据量大及统计口径的不可抗拒差异，会导致统计数据在可控范围内产生一些绝对误差，但误差较于大数据量，丝毫不影响本文对书法市场成交率进行的分析和结论。

---

① M2，即广义货币，广义货币供应量 M2 反映现实的购买力和潜在的购买力，根据央行标准划分，M2 主要包括流通中的现金、企业活期存款、定期存款以及居民储蓄，现实中计算一般包括交易货币、定期存款与储蓄存款，是反映货币供应量的重要指标，可同时反映经济中的现实和潜在购买力。

额（春、秋）同比增长率之间，除个别年份（2011 年）外，整体趋势基本保持一致。并且，除了其中一组数据（2010 年下半年与 2010 年秋拍）外，其他每组数据波动幅度的表现也十分相近。如 2013～2014 年艺术品拍卖市场成交总额的变动率和 M2 的同比增长率均随着时间变化出现先增大后减小而后渐渐回升的变化趋势，说明货币供应量通过影响资金的流动性，间接通过货币价格作用于艺术品实际价格，影响艺术品拍卖市场的成交总额。

根据收集数据信息分析明显得出，艺术品拍卖市场规模在其发展平台上延续新一轮发展行情。近年来，为了刺激经济趋势回暖，央行多次降准、降息，广义货币量已超过百万亿元，实体经济资金活跃度得到提升，刺激更多闲置资金将流向艺术品拍卖市场。近两年国内艺术品市场（春、秋）的交易额已经呈现相对稳定的趋势，尽管货币供应量的增长率仍然体现了一定程度的波动，但其成交量受其影响的变动是相对有限的，放松银根的政策是对艺术品市场的长期利好，将推动艺术品市场的进一步发展。

二、艺术金融市场的基本特点与现状

（一）艺术金融市场的基本特点

近年来，艺术金融作为艺术与金融相融合的领域在国内外的影响越来越大，艺术金融已不仅仅是少数富有人士关注的领域，它已经变成了一个社会大众关注、国家政策引导、政府资源支持，以及多行业参与共建的集投资管理、基金、信托、保险等多方合作与实践的"艺术+金融"的新发展体系，成为一个将人文艺术、金融投资、商业管理融为一体的创新型业态，表现出了中国艺术金融市场创新实践的活力和前景。艺术金融市场伴随着国家经济发展趋势表现出以下特点：

1. 资本进场战略升级

资本，是艺术金融发展的主要动力。艺术金融的发展实际上就是艺术资源权属者与资金拥有者之间双方互动获益的过程。近年来在艺术市场行情普遍低迷的情况下，各方资本已经开始向艺术市场领域集中发力，深入抢占艺术市场的资源价值领地。这样的集中发力已经与前几年资本进入艺术市场的野蛮生长有所不同，艺术市场经过近几年的市场调整逐渐走向理性和审慎，这一理性和审慎的市场氛围将为艺术市场带来更为良好的投资环境，给参与艺术市场的投资人带来信心。与此同时，本轮资本进驻艺术市场的部署和表现呈现出资本参与的战略性和前瞻性特点，或者可以说，带着战略眼光和敏锐判断进入艺术市场大展拳脚的资本布局反而进一步使我们看到了艺术金融市场的真正未来前景。

2. 市场投资消费需求明显，艺术金融市场内部结构发展需加速

随着社会发展和现代消费理念的深入，艺术资源走向艺术资产化、金融化道路需要深入了解大众对艺术金融消费的需求，尤其要特别重视艺术资源市场的开发、生产、衍生对推动艺术金融内涵和艺术金融投资、消费方式的积极作用，重视金融创新对艺术资源收益化、资产化、金融化的催生作用。特别是针对当前"互联网+艺术+金融"的大融合趋势，一方面，要强调市场在实现从艺术资源优势向艺术金融优势转化中所发挥的初始性、拉动性和整合性作用；另一方面，要注意到互联网技术对支持艺术资源资产化、金融化服务的平台作用已成为艺术金融市场内部结构升级的重要渠道。因此，在接下来的艺术金融市场发展中，充分利用科技创新、金融创新的能力将会深入推动艺术金融发展的进程和效率，最终以丰富的艺术资源种类和艺术金融投资选择，实现以投资消费需求带动艺术金融产业发展的良性业态模式。

此外，还需注意到随着中国资本市场的深入发展，金融多元综合经营的发展模式促进了投资人对艺术财富管理、质押融资、多层次金融手段参与的需求和动力，这一需求目前已经开始倒逼银行金融机构业务模式拓展。银行金融机构的艺术品基金、艺术品信托计划，以及相互联动的业务模式在不断探索与实践中渐趋意识到变革创新的必要性。以商业银行为满足高净值客户需求所进行的财富配置多元化业务模式服务为例，商业银行与艺术品对接，以私人银行、家族银行、艺术品质押贷款等业务服务为代表，正在不断丰富财富群体的投资消费需求，提升财富配置和投资消费体验，以期获得金融机构未来客户资源竞争的优先权。

3. 互联网+艺术+金融的平台化衍生与创新

2015年政府工作报告提出"互联网+"行动计划，移动互联网、云计算、大数据等与传统行业领域的融合发展得到积极推动，从互联网思想家凯文·凯利提出的"连接一切"到当前"互联网+"行动计划推动，正说明了"互联网+"正在通过价值连接产生行业互动，由此创造时机，最终推动业态发展的新融合与新突破。"互联网+艺术+金融"交易平台超越了一般交易平台的模式与场景，即当艺术品资源伴随着"互联网+"与"文化+"的时代契机进一步

升级，打造出以艺术与金融强强融合的"互联网+艺术+金融"交易平台，它进一步带来了艺术品及其资源资产化、金融化的价值释放与价值再创造的契机。因此，可以说艺术品及其资源资产化平台构建的内因，源于艺术品及其资源本身良好的投资属性，而互联网思维的加入使艺术品及其资源资产化平台的构建生态更具活力和可能。与此同时，互联网艺术金融平台构建的要求也随之提高，从最初的艺术品网上画廊、网上展示的互联网信息平台模式，到互联网艺术电商模式，再到互联网艺术金融的开发与实践，"互联网+艺术+金融"的业态呈现出结构化不断升级的发展势头。艺术资源资产化、金融化的深度取向正在依托互联网+艺术市场融合的关键期发力，在此业态创新发展战略布局中明晰出来的新思路不断丰富中国艺术金融的创新路径和模式，开拓出更具影响力和执行力的互联网艺术金融实践内容。

(二) 艺术金融发展现状

1. 资本入市——带有前瞻性和战略性的谋篇布局

中国艺术品市场巨大价值潜力是吸引资本不断注入市场的动力。2015 年，资本对艺术市场的热情持续，民营企业三胞集团、泰康人寿、盛大集团、华谊兄弟以及宏图高科等企业资本相继以多种形式进入国内艺术市场。一方面，这是由于目前国内拍卖行业均处于调整期，市场行情受到影响，资本机构看中市场时机迅速入场，例如，艺术拍卖公司上市、购进艺术品公司股权等一系列资本操作，或为未来艺术市场格局带来新的战略发展前景；另一方面，传统艺术交易模式伴随着国家经济结构调整和金融创新的推动进而发展演化，面对行业内部的同质化竞争带来的市场内耗，借助资本的力量介入艺术行业发展中来的趋势或能为国内艺术市场发展带来资源整合与跨越发展的机遇与经验，使之为带动传统艺术市场发展模式的步伐调整，建立新的艺术与资本、艺术与金融的多方合作机制。

2016 年，保利拍卖借由保利文化集团实现上市，成为内地拍卖概念第一股，引发资本市场认购热潮。对保利来说此次上市除了能带来充裕的资金外，在其未来管理和品牌信誉上的提高，尤其是保利上市的机会同时会为企业信息的透明化运作，有效的上市监管带来利好，这将为企业未来的进一步发展获得更多的市场信誉。并且，为保利在开拓国际市场、发展系统且多样的业务模式、获取更多资源空间与资本支持方面带来新的机遇。2016 年 7 月，泰康人寿集团连续数次增持苏富比股份，买入价格从每股 29.61 美元至 31.99 美元不等，最终泰康人寿持有苏富比的股份数目达到791.87万股，持股量约为13.52%，成为苏富比第一大股东。2017年1月，宏图高科完成对北京匡时国际拍卖有限公司的全资收购。一系列资本参与艺术市场的行为带来了我们对于艺术市场未来走向的一种分析和预期，泰康人寿持股苏富比反映出中国企业布局国际发展格局的一种信号，是非常具有代表性的企业战略开拓行为，同时也是借机全球艺术市场的低谷和苏富比股票的低点时，进行资本投入的一种长期利益考虑。宏图高科的收购行为同样表现出了资本对艺术品市场的兴趣，生动描绘出了宏图高科的战略发展布局。宏图高科在其收购公告中称，"为实现公司多元化发展战略，寻求新的利润增长点，公司以自有资金收购上海匡时文化艺术股份有限公司和董国强先生合计持有的匡时国际100%股权。收购完成后公司将持有匡时国际100%股权，匡时国际成为公司的全资子公司。通过本次收购资产，上市公司宏图高科将持有匡时国际100%股权，从而进入行业壁垒较高、发展前景广阔、盈利能力较强的文物艺术品拍卖行业，凭借匡时国际在文物艺术品拍卖行业的专业性和影响力，可以帮助上市公司实现文化产业的外延式发展战略，降低宏观经济波动对公司业绩的影响，增强公司抗风险能力，为公司未来做大做强文化产业和适度多元化的外延式发展积累经验"。宏图高科的此次收购行为不仅能够实现上市公司收入规模和利润水平的提升，而且更有助于上市公司进一步增强盈利能力、综合竞争能力和持续发展能力，提升公司的抗风险能力。而且，一系列资本化操作举动也使我们看到了艺术市场拍卖公司与大企业资本未来发展强强整合的前景。拍卖公司的核心竞争力主要体现在品牌、专业性、定价能力和流通能力，一旦拍卖公司在品牌和专业性上形成了自己的竞争壁垒和高竞争水平，以此成为吸引资本进入的优势条件，双方资源强强融合就会出现强者恒强，市场集中度不断走高的新的艺术市场发展格局。

除了艺术品拍卖公司受到资本青睐，国内文化交易平台同样受到资本关注。2016年7月26日，南京文化艺术产权交易所（简称南京文交所）官网发布公告称，民营企业三胞集团收购南京文交所30%股权。根据协议约定，三胞集团有限公司将继续增持南京文交所的股权至51%。2016年7月29日，江苏华鼎文交中心开业，公开资料显示产权交易中心由五星控股集团作为主发起人设立，五星控股在资本运作方面有着丰富经验。南方文交所也有透露浙江资本也有与该文交所进行战略投资合作推进多家上市公司和投资机构巨资进入艺术品市场和文化艺术品交易机构反映出一轮新的市场发展动向将在资本的参与下不断上演，各家资本机构收购、参股艺术品市场的模式和短期目标虽然不尽相同，但作为长期战略布局却有不言而喻的相似之处。国泰君安在一份研报中认同艺术品市场未来增长潜力无限的观点，该研报指出："艺术品市场正处低点，市场规模增长分三步走。拍卖行业有望首先受益，逐步回暖，引燃市场热情；大众艺术品消费将成为艺术品市场新的热点；随着国力增强，工艺品出口可能推动艺术品市场繁荣向上。"从宏观角度看，资本介入与跨界融合是当下中国艺术品市场整合发展的重要方向，一方面说明了艺术品市场的业态不断丰富，规模不断成长，市场的内在发展规律正在形成的新特点，在此基础上行业发展的活力与包容性不断增强；另一方面也说明了艺术品市场的吸引力在不断提升，其发展空间与盈利能力不断被多行业领域看好。然而，基于研究视角的客观，仍须审慎地面对这一发展趋向，需注意以资本推动为其产业发展带来新动力的同时，资本嫁接与艺术资源整合必须以尊重艺术资源价值特性，以规范、科学的市场行为为合作前提，才能真正带来行业新蓝海的价值分享。

2. 模式创新与交易多样化显现

互联网助力艺术品交易推动了艺术市场的流动性优势，尤其是互联网交易的便利和透明特点，带来了以技术性创新推动艺术金融基础性问题解决的思路和办法。近年来，中国艺术品市场业态发展与整合经历了三个主要过程：

第一个主要过程是以互联网产业的发展理念快速崛起的艺术电商模式。2015年TEFAF报告中显示，线上艺术品交易的相关数据反映出网络艺术品交易的力量崛起，2015年线上成交的艺术品价值总额保守估计约为47亿美元（约合306亿元人民币），相比2014年上升7%，占全球艺术品及古董销售总额的7%。全球4500家拍卖行中高达95%都创建了相关网站（2005年这一数据仅为3%）。2016年根据雅昌艺术家服务中心发布《Hiscox 2016在线艺术品交易》报告中显示，在线艺术品交易在2016年的12个月里销售总额同比增长了24%。

第二个主要过程以互联网思维跨界融合传统市场形态，形成移动艺术电商创新业态，"平台化+便利化"应用功能凸显。当前，移动互联网已成为促进各大拍卖行对运作模式进行变革的重要因素，2015年是艺术市场与移动互联网技术迁移与深化的重要时间节点，而到了2016年艺术市场秋拍期间，包括中国嘉德、北京保利、广东崇正、上海天衡以及国际拍卖行佳士得、苏富比等均开展了网络竞拍，以争夺拍卖市场新渠道。

第三个主要过程从"微拍"到"同步拍"，"艺术+移动互联网"交易延伸的艺术拍卖，线上与线下同步的艺术交易与艺术金融服务拓宽了艺术品交易与投融资的可能与发展，可以说以技术为驱动力的移动互联网模式已经不可逆转地带来艺术市场的活跃与新年轻消费群体的积极参与。2015 年苏富比拍卖公司的财报显示，2015 年苏富比网上销售额超过了 1 亿美元；有 32%的网上竞价者是苏富比的新客户，而其网络客户也增长了 39%。另据佳士得 2016 年上半年报显示，新买家增长很大程度上来自网络平台的电子业务。佳士得的网络平台电子业务在 2016 年上半年增长了 96%，自 2015 年同期的 1530 万美元增长至 2016 年的 2800 万美元，网拍成交均价已达 8251 美元/件。

国内保利十周年秋拍联合艺典的同步竞拍即为"传统拍卖+移动端网络即时报价"模式，同样基于传统艺术品交易领域向移动互联网交易延伸的体现，与现场拍卖同步、同等、有效的同步竞拍带来了新的市场交易热度，如 1.15 亿元成交的齐白石《叶隐闻声册页》、7015 万元成交的李可染《昆仑雪山图》、483 万元成交的傅抱石《听雨图》、115 万元成交的潘天寿《雏鸡》、115 万元成交的"元代定窑刻莲花笠式碗"等。依靠技术创新，用最尖端的技术改变最传统的行业模式，将两种不同资源的互联网时空位移与线下潜在客户的实时"场景化"互动，以及采用双方线上线下平台直播化的模式，并且随着 VR 技术和电子商务的发展，移动终端拍卖、电子可视技术拍卖等将为艺术市场的发展带来新的产业链价值与收益想象。

3. 互联网艺术金融

目前中国金融市场仍有大量热钱，但投资渠道相对狭窄。大众投资渠道少，又接连面临楼市严厉的宏观调控、股市乏力甚至房产税、遗产税的问题，艺术市场投资越发成为大众投资另辟财富保值增值的路径选择。互联网金融的兴起，使"艺术+金融"服务的深度与广度迈向探索的新前沿，从而带来相适配的互联网艺术金融发展。

互联网平台化优势将对艺术资源所产生的数量大、来源散、形式多的特点给予助力与支持，借助互联网金融思路助推艺术品资源的价值发现及整合，以艺术品资源资产化过程中所带来的新信息、新资源、新渠道融合创造新价值。尤其是针对未来艺术品金融化的发展，"艺术+金融"化渠道设计的畅通，呈现公开、公平、公正的价值基础必然会带来艺术市场透明度的提高，以及流转有序的交易程序，有利于艺术金融发展的深度协作与价值共享，使之进一步服务于大众可参与的艺术投资活动。但是，任何一个行业的"互联网化"不是单纯地将交易搬到互联网上就能顺利解决的，尤其是互联网艺术金融的发展需要注重艺术资源价值特性。例如，2014 年下半年以来，跨界成为 P2P 行业的流行趋势，艺术品质押一度成为 P2P 网贷的新标的。2016 年 8 月新出台的《网络借贷信息中介机构业务活动管理暂行办法》（以下简称《暂行办法》）将 P2P 定位为信息中介，其目的是让网络借贷与银行差异化经营，弥补现有银行体系的不足。政策规定网贷平台不得设立资金池，不得发放贷款，不得非法集资，不得自融自保，不得从事资管、配资和债权转让业务[1]，依照《暂行办法》比较艺术品网贷 P2P 模式，可以发现新的规定并没有给艺术品 P2P 平台带来很大的优势条件。2016 年 10 月 13 日，证监会公布《股权众筹风险专项整治工作实施方案》（以下简称《实施方案》），新政规定股权众筹平台不得发布虚假标的，不得自筹，不得"明股实债"或变相乱集资，对融资者、股权众筹平台的信息披露义务和股东权益保护要求都提出了严格要求，并且针对无证机构和灰色业务等互联网金融业务纳入重点监管范围，正是针对目前尚未成熟的运行机制所存在的风险隐患进行的严格规范。[2] 同样，依照《实施方案》艺术品股权众筹融资被严格规范。目前，国内个人征信体系的不完善、市场化程度低，信息流通性、完整性差，以及艺术品市场诚信机制发育的未成熟，使中国艺术品市场的发展在突破、转型的关口仍需要理性地防范互联网艺术金融带来的巨大风险。因此，需时刻注意避免因过分重视互联网金融的应用意识，忽视了基于艺术品产业特性的风险识别与管理机制。不可否认，艺术产业作为一个新兴的业态，需要借助"互联网+"的建构机制作为互联网艺术金融的发展突破口，然而，目前艺术市场存在的估值、鉴定等诸多问题，必须做好相应的风控设计和流通机制，才能利用平台机制整合资源，跨界融合，其价值核心仍以艺术金融过程的专业化、规范化、秩序化所带来的价值发现与价值共享为基础。可以相信的是，互联网产业的发展日趋成熟，产业资本的大量涌

---

① 按照党中央、国务院工作部署和人民银行等十部委《关于促进互联网金融健康发展的指导意见》（以下简称《指导意见》）有关职责分工，银监会会同工业和信息化部、公安部、国家互联网信息办公室等部门研究起草了《网络借贷信息中介机构业务活动管理暂行办法》。

② 部门关于印发《股权众筹风险专项整治工作实施方案》的通知，http://www.cs.com.cn/xwzx/zq/201610/t20161013_5070354.html。

入以及艺术品消费的广阔前景会带动诸多互联网企业与艺术市场的强强融合，深入实践，最终以稳健的发展步调和价值共享的成长理念不断完善互联网艺术金融的一体化链条，合理、有序地开拓互联网艺术金融这一价值洼地。

4. 艺术品质押融资

"英国金融时报在最近的报道中提及这么一个现象：尽管艺术品市场近来很低迷，拍卖的成交也不是很理想，然而并不是所有艺术类的生意都不好做——艺术贷款的生意是前所未有的好！并且有越来越多的资金还在等着进入这一领域。"① 艺术品贷款兴起于 20 世纪 70 年代的美国，其背景是源于家族中的遗产税问题，在美国艺术担保贷款市场发展一方面得益于低利率，另一方面在于艺术市场环境和法律环境为其艺术贷款业务提供了较为可靠的操作保障。因此，美国的艺术担保贷款市场的估值估计在 150 亿美元和 190 亿美元之间；私人银行主导市场之间的贷款规模在 130 亿美元与 150 亿美元之间，并以每五年 13% 的年增长率增长。② 并且，美国多家银行的私人银行客户均采用艺术品贷款的方式获得资金，越来越多的高净值客户将他们的藏品视作低利率环境下的资金来源之一。在国内，上海、北京、潍坊等地先后有部分银行与拍卖行合作开展艺术品质押融资业务。2015 年，中国嘉德春拍高价拍出的潘天寿作品《鹰石山花图》，便采用了艺术质押融资多方联合业务的模式。具体操作为：拍卖委托人在向金融机构进行借贷时由嘉德拍卖对抵押画作进行专业鉴定、评估；经评估后嘉德拍卖对此件作品市场预期看好，由此为委托方进行银行担保；在与金融机构谈成合作后，仅 1 天的时间金融机构就为委托方贷出 1 亿元。此后，其作品价值也的确如评估所预期的那样在 2015 年春拍中拍出了高达 2.43 亿元的高价，成为 2015 年艺术品质押融资领域的代表性案例。这一合作也代表着国内艺术质押融资业务模式进入了多方合作与资源支持的发展阶段。一方面，通过金融机构与顶尖拍卖行合作，借助拍卖行对艺术品鉴定、评估、回购以及保管等专业能力来完成艺术金融业务的专业化服务；另一方面，拍卖行也可以根据客户需求，协助金融机构和买家完成质押融资业务服务，打通了多方共赢的艺术金融合作通道。

---

① 王歌：《拍卖行 VS 银行 艺术品抵押贷款逆市火热》，http：//auction. artron. net/20160710/n850078. html。

② 资料来源：德勤联合国际艺术市场研究机构 ArtTactic 共同发布的《2016 年艺术与金融报告》，http：//art. china. cn/market/2016-05/05/content_8750561. html。

潍坊银行的艺术品质押融资业务则是采取了深度介入艺术产业链的发展模式。潍坊银行从进入艺术金融领域初期就做出深度介入艺术产业链条的定位，这一特色定位一方面在于潍坊银行地处全国书画交易的核心区域青州及周边辐射区域，具有书画资源的天然优势条件；另一方面，更深一层的原因是潍坊银行的布局规划者对于艺术资源特性的了解和希望推动艺术金融未来发展可期的战略开拓意识。"因为艺术生态本身不健全，金融资本进入艺术品投资领域在国内还有诸多困难，可以归结为四大'瓶颈'，就是保真、定价、变现、托管保险，这四个技术性难题不解决，银行就不能规避风险，就不敢介入这个领域"①。因此，为了降低风险，从艺术市场内部要素的各环节进行风险规避成为潍坊银行艺术金融实践的动力和稳步发展的核心优势。与此同时，我们注意到之所以相关金融机构推行艺术品金融化，其中"有市场"是最主要的动因。"银行一定是基于市场的，有客户群体才能做，画廊等艺术品经营主体有融资需求，但没有银行为此提供服务，这是一个对银行来讲几近空白的市场"。截至 2014 年末，潍坊银行有授信的艺术金融客户为 70 余户，贷款余额 7.3 亿元，累计投放艺术金融贷款达到 11 亿元。潍坊银行在面对市场痛点的过程中出台了一系列配套措施：从真伪鉴定到价值评估，从艺术品质押融资担保人再到艺术品保管，再进一步延伸至艺术金融的出口部分，其推出的预收购人制度为质押艺术品变现提供了保障，而这一系列的思考和行为深化皆是回归了深度介入艺术产业链的主体发展架构和艺术金融的创新实践，为艺术金融的未来市场打下了良好的艺术品金融化示范基础。

需要注意的是，推进银行艺术品质押融资业务的直接原因是艺术品市场存在的大量现实和潜在金融服务需求，特别是融资需求。但同时我们也进一步注意到在这样的需求基础上也的确存在着亟须加深艺术金融产业链层次探索的内质化要求，如其中最核心的艺术品鉴定、估值的类标准化问题，艺术品的流通问题等，因为这仍是当前艺术品质押融资过程中对资金快速流动诉求较难满足的主要瓶颈。因为不可否认艺术质押融资对金融机构同样意味着具有一定的风险，银行对抵质押物的基本要求就是市场流动性好。因此，艺术金融的发展急需建立从艺术资源价值判断与价值评估的入口环节的严格把关，也只有自身硬了才能够在艺术金融的活跃交易中抵抗风险。

---

① 高扬、刘倩：《艺术质押融资闯出"潍坊模式"》，http://news.artron.net/20140226/n571446.html。

5. 艺术品基金

艺术品基金体现出风险共担、收益共享的原则。在 2009~2011 年中国艺术品市场发展最快的时期，多家金融机构趁势发行了艺术品基金，艺术品基金一度表现非常活跃。然而，由于近几年中国艺术品市场的低迷与投资者急功近利行为之间的矛盾导致了艺术品基金陷入困境。2014 年，在艺术品基金集中兑付的一年不断传出负面消息，加之银监会对艺术品等高风险的资产要求更高的资本金，导致金融机构发行艺术品基金的动力也大幅下降。2015 年、2016 年中国艺术品基金的建立、投资和运作更加谨慎，与高峰期相比难有大规模资金入市，无论在基金的规模还是基金的赢利方式上更加贴近现实和趋近保守。由此，出现了新基金入市的赢利模式不再寄于艺术品市场大规模的升值趋势，而是以中长期管理为主的发展方向。并且，2014 年 7 月艺术品投资就被纳入了私募基金的调整范围，更加细化了投资者的投资资质，抬高了投资门槛，在一定程度上减少了大众投资者参与的风险性，与此同时也更加清楚地强调出，参与艺术品基金的相关机构要特别注重在基金设计和整体性流转的规范性和风险防范上下大力气。未来中国艺术品基金发展需要规范化、专业化和国际化，并且要尊重艺术品自身的市场规律，应在投资标的选择、投入时限、投资组合层次，以及基金风险防控方面抓设计、抓机制性要求，以求更加适应金融化属性的基金投资要求。可以说，也只有用稳健的执行和产品设计才能重新给投资人带来信心和市场前景，市场信心对于参与者来讲是极为重要的。此外，监管到位、形成风险闭环，对于艺术品基金的发展前景来讲是最为值得期待的。

三、艺术金融发展进程中的思考与展望

（一）以技术创新倒逼艺术金融系统化发展

当前，艺术品市场所占文化产业的比重和贡献率不断上升，大量资金从楼市、股市流入其中。然而，作为资金供应主体的银行金融机构，在面对艺术市场规模变大，参与人群不断增加的现状下并没有大规模给予艺术品市场提供信用和通道。当然，因艺术品特性所带来的难以标准化问题是首要困难，反观艺术金融业务发展的内因最关键的还是艺术金融业务的系统性机制未能完全建立起来，针对艺术金融业务的多方位开发和多层次服务，银行金融机构的风控机制对应有限。事实上，艺术金融若要得到充分发展，就需要在解决鉴定、估值以及变现的问题上找到一个行而有效的基础性办法，其最基本的需要就是建立

公开、透明的交易体系。目前，艺术市场交易的公开、透明已经不是难以突破的挑战，尤其是在大数据时代的技术支持，如区块链技术，将是在未来极有可能突破行业壁垒的核心设计，一旦技术跟进解决了艺术市场信息不对称的基础性问题，艺术市场的价值发现、价值流转和退出问题就变得明朗起来，在此基础上的探索实践将会真正带来艺术金融系统机制的完善，犹如国外的古玩艺术品在进入流通领域之后就会被全程跟踪记录，从哪个商店流出、价格多少、何时通过拍卖交易、买受人信息等，都可以通过完备的数据库查到，而且任何个人若要投资某项古玩艺术品，都可通过此种途径查询到最全面的信息。

（二）资产配置多样化需求与艺术品消费需求同步发展

当前，随着国家经济行情的变化，投资藏家们积极地进行多样化资产配置，国内藏家进军海外艺术品投资收藏比重加大的市场信号也代表了艺术财富投资管理已向国内、国际两个市场发力。在近期一项有关财富经理"艺术和金融"的调查报告里显示，78%的财富经理相信艺术品和收藏品应该是财富管理计划的一部分。这一数据高于 2014 年的 55%。艺术专家和收藏家们在艺术品投资对投资组合多样化的重要方面观点一致，51%的收藏家认为艺术品投资对资产配置很重要（2014 年为 37%），同样的，47%的艺术专家认为他们的客户在投资艺术品时是出于资产配置多样化考虑。[1] 从财富管理层面来看，艺术市场需要的是价格拉动的市场效应，带动财富投资收藏的价值信心和价值回报。近年来，国内多位投资人进驻海外艺术市场进行艺术投资和财富配置就是这一诉求的生动代表，美国《ARTnews》杂志公布了 2015 年"顶级藏家 200强"名单，来自中国的藏家有 14 位上榜，并且中国买家为美国拍卖市场的增长贡献了 9%的比例。大连万达集团 2015 年在美国以 2041 万美元（约合人民币 1.26 亿元）拍得莫奈作品《睡莲池与玫瑰》；华谊兄弟王中军以 2993 万美元购得毕加索于 1948 年作《盘发髻女子坐像》（约合人民币 1.85 亿元）。可以确信，中国的艺术品收藏投资人或投资机构进军海外艺术市场的收藏投资趋势显现，一方面在于大师作品在国际艺术史上的地位和价值已有定论，市场价格经得住市场考验；另一方面，海外拍场更加规范的交易体系和信用制度，保障了收藏家的竞争相对公正。对于艺术作品学术系统、展览传统、鉴定系统、

---

① 数据来源：德勤联合国际艺术市场研究机构 ArtTactic 共同发布的《2016 年艺术与金融报告》，http：//art. china. cn/market/2016-05/05/content_8750561. html。

著录传承系统等市场价值的评价依据也为市场投资带来信心，所产生的效果自然成为投资收藏人多元化资产配置投资避险的安全选择。

以上两方面特点进一步给国内艺术市场带来启发，在中国有大量经济实力和消费意愿的人群，可以借助艺术消费金融产品的模式进入艺术品市场进行财富配置和艺术品消费。在未来艺术金融市场的发展趋势中，创造、交易、服务是其发展主要动力，尤其是在构建艺术金融业务增值服务和多行业协作融通能力方面更加需要增加砝码。因为艺术市场未来的持续化发展动力来源于市场消费需求基础的扩大，而能够实现其消费需求参与度扩大的基础仍将是以艺术金融消费创造、交易、服务一体化的规范发展，以及新的艺术消费体验和参与性内容设计来满足财富管理和艺术品消费市场的选择。此外，还有包括诸如艺术衍生产品的设计、开发与消费，促成艺术品或艺术衍生产品交易的一体化消费投资模式和服务机制，从而真正建立起多层次群体参与的多样化艺术金融消费市场，或将是未来艺术市场真正成熟的方向。

（三）深度理解艺术+金融发展的内在性逻辑

1. 强化艺术资源金融化设计思路，加强艺术资源金融化价值转化的力度

在艺术金融发展进程中，将艺术资源资产化、金融化是一个动态发展的系统，将会随着转化的深入程度被不断赋予新的内涵和意义。首先，在实现艺术金融化发展路径过程中，必须充分考虑到艺术资源在设计和开发过程中所存在的局部与整体之间的特性与差异性，既要深入挖掘艺术资源的文化内涵，强化艺术资源的资产化、金融化设计思路，又需要从艺术资源特性的实际出发寻找探索最适合艺术资源金融化的开发模式。其次，伴随着艺术市场消费基础的引导和扩大，还需要具备进一步将艺术资源资产化、金融化发展的衍生设计能力，以实现艺术资源金融化的最大价值发挥。因此，面对当前艺术资源金融化发展趋势，将艺术资源转化为资产性、金融性产品，强化艺术资源资产化、金融化设计理念，重点是要做好提高艺术资源资产化、金融化价值挖掘、利用和创新的能力，设计出合理且可执行的实施路径。最后，艺术品金融化发展路径设计是对艺术资源高度利用的结果，艺术资源的存在仅仅表明它的潜在经济价值和资本价值，并不等于它自然而然地就成为现实的经济价值和资本价值，因此将艺术资源开发成为艺术金融化产品还需要在尊重艺术资源特性的基础上创造性地加以转化，并且进一步加强艺术资源金融化价值转化的力度。与此同时，还需要注意的是实现艺术资源的资产化、金融化，还要合理把握资本对艺

术资源资产化、金融化的价值取向，资本进驻艺术市场时应当具有可持续发展意识，即要尊重艺术品的特性因素，快进快出式的资本参与不但不能够满足资本的短期获益目的，还会在一定程度上带来伤害艺术金融发展的风险，因为艺术资源价值的过度耗尽会直接带来市场的全局性风险。

2. 稳固基础　防范风险

对于艺术金融市场自身而言，艺术资源的价值发现与挖掘，艺术价值由资源化向资产化、金融化转化，以及供需关系的适应与平衡是决定艺术金融市场未来发展维度的核心要素。随着当前资本市场的价值寻求，越来越多的艺术市场参与者正在审慎而低调地参与进来，需要更加清醒地认识到未来的艺术市场以及艺术金融的发展迈向一个新的里程还需要一个稳健、规范的成长阶段。金融与艺术品市场结合应着眼于稳固基础，完善体系，培育和构建艺术生产、评估、流通、消费等方面的产业链生态的形成。并且，在此基础上积极提供上下游的金融业务服务，不断丰富艺术金融的发展层次和价值深度。早在 2014 年文化部、中国人民银行和财政部就颁发了《关于深入推进文化金融合作的意见》，可见政府导向明确，尤其是细化对艺术金融产品规范的条例，在保障投资者利益的同时，展现出政府在维护金融秩序和市场有序竞争的决心。未来艺术与金融将会发生更多的融合，金融作为"高维度的配置生产要素的先进工具和先进思维"不是简单的投资理财手段和增值保值的工具，我们要充分理解艺术金融市场的深化实质，实现规模化发展必须建立起以征信为核心的诚信体系，在借鉴金融市场征信体系的基础上，结合艺术资源特性联合建立起符合艺术金融市场发展的诚信机制和保障体系，同时更要注意防控风险，以期实现艺术金融发展与艺术金融市场消费主体积极参与的价值共享。

第六篇
文化空间与规划

第一章　文化经济成为区域转型升级核心动力

王强[1]　戴俊骋[2]

（1. 中央财经大学文化与传媒学院教授；
2. 中央财经大学文化与传媒学院副教授）

2016 年，是全面建成小康社会决胜阶段的开局之年，也是推进结构性改革的攻坚之年。中国经济在新方位上亟待寻求新的突破点。一方面，从 2004 年算起，只用了 7 年时间，我国文化产业增加值就突破了万亿元，成为国民经济新的增长点。另一方面，文化产业占 GDP 的比重也在稳步上升，2004 年只有 2.15%，到 2011 年已经超过 3%，到了 2015 年达到 3.97%。总体来看，无论从增量还是占比来看，文化产业在国民经济的地位正逐年攀升，在国家"十三五"规划纲要中也明确指出"文化产业成为国民经济的支柱性产业"的核心诉求。无论从文化产业自身地位的确立，以及文化资源在地方实践中开发应用，抑或是从现有文化产业发展模式的转型升级，都确证了文化经济已然成为助推中国经济突破新常态的重要途径。

一、各地打造文化产业成为区域支柱产业

在国家"十三五"规划纲要的目标中明确提出"文化产业成为国民经济支柱性产业"。而在十八届五中全会的《中共中央关于制定国民经济和社会发展第十三个五年规划的建议》中，关于文化产业发展明确有四句话："推动文化产业结构优化升级，发展骨干文化企业和创意文化产业，培育新型文化业态，扩大和引导文化消费。"其中，"推动文化产业结构优化升级"是总体要求，要求我们必须把"转方式、调结构"放在首位，把增强创新驱动发展能

力、推动文化产业结构优化升级作为头等大事①。中央文件日益强调和突出"文化创意"，旨在强调从要素驱动向创新驱动的文化产业发展方式转型，突出内容为王、创意为胜的新动力。在2016年末出台的《"十三五"国家战略性新兴产业发展规划》中，数字创意产业正式纳入战略性新兴产业范畴，旨在推动技术、创意、内容与市场需求对接，催生新型文化业态。新时期文化经济的发展越来越依靠文化供给侧改革，提供高质量的文化产品和服务来扩大和引导文化消费。

在全国文化产业发展迅猛大势下，各大区域也在加快发展，但规模和增速不一。根据国家统计局相关数据，截止到2016年底最新数据显示，我国规模以上文化及相关产业5.0万家企业实现营业收入80314亿元，增长7.5%（名义增长未扣除价格因素），增速比上年加快0.6个百分点。

分区域看，东部地区规模以上文化及相关产业企业实现营业收入为59766亿元，占全国比重为74.42%，中部、西部和东北地区分别为13641亿元、5963亿元和943亿元，占全国比重分别为16.98%、7.42%和1.17%（见表6-1）。从增长速度看，中部地区增长9.4%、西部地区增长12.5%，继续高于东部地区7.0%的增速，而东北地区仍在下降，降幅为13.0%②。

表6-1　2016年我国规模以上文化及相关产业企业营业收入情况

区域	营业收入（亿元）	同比增长（%）	占全国比重（%）
全国	80314	7.5	100
东部地区	59766	7.0	74.42
中部地区	13641	9.4	16.98
西部地区	5963	12.5	7.42
东北地区	943	-13.0	1.17

尽管各个地区发展水平不一致，但各省、自治区、直辖市都纷纷提出将文化产业打造成为区域支柱性产业，将文化产业作为区域经济提质增效的重要抓

---

① 魏鹏举、戴俊骋、孔少华：《"十三五"语境下中国文化经济发展研判》，《北京联合大学》（人文社会科学版），2016年第2期。

② 国家统计局：《2016年全国规模以上文化及相关产业企业营业收入增长7.5%》，2017-02-06，http：//www.stats.gov.cn/tjsj/zxfb/201702/t20170206_1459430.html。

手。通过对全国各省、自治区、直辖市的国民经济和社会发展第十三个五年规划纲要研究发现，23 个省、自治区、直辖市都提出推动文化产业发展成为国民经济支柱性产业或 2020 年文化产业增加值占地区生产总值比重达到 5%。

从具体目标任务形式上看，一是如北京明确提出加快全国文化中心建设（2015 年北京文化及相关产业增加值占地区生产总值的比重已经达到 8.5%，在全国占比最高），上海也有社会主义现代化国际文化大都市的表述且提出文化产业成为重要支柱产业的发展目标。二是提出具体发展数值，江苏、浙江提出文化产业增加值占生产总值比重达到 8% 以上；天津提出 6.5% 的占比目标；江西、海南、陕西则提出达到 5% 的支柱产业门槛目标。三是其他省市则提出国民性支柱产业、重要支柱产业、国民经济支柱产业等不同表述，即使是没有"支柱产业"表述的省份，也在目标中提出文化产业增加值不断提高。东北地区的三个省均只提出构建"地域特色文化产业体系"的相关提法。

从文化产业发展的抓手来看，"十三五"时期开局年，各地把着力构建结构合理、门类齐全、竞争力强的特色文化产业体系作为从现代服务业发展到区域经济组成部分的重要抓手。从具体任务上主要包括四个层面内容：一是推动文化演出、出版发行、影视制作、印刷复制等传统产业转型升级。二是扶持数字创意产业等新兴业态发展。重点推动文化产品和服务的生产、传播、消费的数字化、网络化进程，强化文化对信息产业的内容支撑、创意和设计提升，加快培育双向深度融合的新型业态。这种趋势将随着"数字创意产业"正式纳入《"十三五"国家战略性新兴产业发展规划》得到强化。三是各地特色文化产业的培育，如西部少数民族自治区省份，提出发展特色民族文化产业；东、中部地区基于特色资源打造特色文化产业，颇具代表性的如吉林省在规划纲要中提出发展松花石、剪纸、刀画等特色文化产业。四是"文化+"战略不断凸显，通过延伸文化产业链条，推动文化与经济、文化产业与相关产业渗透融合，促进文化创意和设计服务与制造业、特色农业、旅游业、体育产业等相关产业融合发展。

二、区域文旅 IP 资源开发热情迸发

各地不断加强对地域特色文化的保护传承。一方面，加强对文化遗产的发掘，保护和利用所在地世界自然遗产、文化遗产，打造一批历史文化街区、传统古村落及文化生态保护区。另一方面，针对非物质文化遗产，通过修史修

志，推进古籍整理出版，建设非物质文化遗产展示馆（传习所）和生产性保护示范基地，振兴传统非物质文化遗产。

同时基于特色地域文化资源开发力度不断加大，推动优秀传统文化创造性转化和创新性发展。首先，大力推动文化与旅游融合是重要途径，构成强势的文旅 IP，进行文化旅游开发。如贵州旗帜鲜明地提出打造多彩贵州民族特色文化强省，其他省市也基于各自地域文化布局了系列文化旅游重点项目。其次，通过虚拟现实、增强现实、交互显示等各种现代科技手段，强化传统文化的创造性转化应用，提振文化消费内涵。再次，依托特色地域文化进行区域文化品牌营销，构建特色文化传播体系，丰富传播内容，拓展传播业态，加强传播载体建设。如四川的巴蜀文化品牌工程。最后，在地域文化基础上凝练地方精神，加强区域文化认同，壮大内生发展动力。如湖南基于湖湘文化的湖湘品格和精神，广东基于岭南文化的广东精神等。

表6-2是"十三五"时期各地提出的代表性地域文化，其中文化产业发展大省江苏、浙江没有明确具体的地域文化，但都提出了基于地域特色文化的开发利用。而如福建的闽派文化（闽南文化、闽都文化、客家文化、妈祖文化、红土地文化、畲族文化等）、安徽地域文化（徽州文化、皖江文化、淮河文化、楚汉文化等）、甘肃地域文化（敦煌文化、丝路文化、始祖文化、黄河文化等）等都对本省地域文化做了进一步的文化诠释，结合各子区域特征，提出了打造可以体现时代和地域特征的不同城市文化亮点。除了地域文化的开发外，按照"一带一路"发展战略，各省市都围绕丝路文化大做文章，加强国内外文化交流。

表6-2 "十三五"时期各地提出的代表性地域文化

地区	代表文化	地区	代表文化
北京市	古都文化	湖北省	荆楚文化
天津市	天津文化	湖南省	湖湘文化
河北省	燕赵文化	广东省	岭南文化
山西省	三晋文化	广西壮族自治区	广西壮族文化
内蒙古自治区	草原文化	海南省	南海文化
辽宁省	地域特色文化	重庆市	巴渝文化
吉林省	长白山文化	四川省	巴蜀文化

地区	代表文化	地区	代表文化
黑龙江省	龙江文化	贵州省	贵州民族特色文化
上海市	国际文化	云南省	云南民族文化
江苏省	地域特色文化	西藏自治区	藏文化
浙江省	地域特色文化	陕西省	三秦文化
安徽省	徽州文化	甘肃省	敦煌文化
福建省	闽派文化	青海省	昆仑文化
江西省	赣鄱文化	宁夏回族自治区	回乡文化
山东省	齐鲁文化	新疆维吾尔自治区	丝绸之路文化
河南省	中原文化		

2017 年 1 月，中共中央办公厅、国务院办公厅印发了《关于实施中华优秀传统文化传承发展工程的意见》，明确提出"深入阐发文化精髓、贯穿国民教育始终、保护传承文化遗产、滋养文艺创作、融入生产生活、加大宣传教育力度、推动中外文化交流互鉴"七大重点任务。地方政府将日益重视通过发展区域特色文化产业，注重实践与养成、需求与供给、形式与内容相结合，把中华优秀传统文化内涵更好、更多地融入区域生产生活各方面。

从特色文化资源开发方式来看，正从过去以政府投入方式为主，转向各地依托地方特色文化，利用政府和社会合作模式，撬动社会资本投入文化产业领域建设。根据"全国 PPP 综合信息平台项目库季报第 4 期"显示，截止到 2016 年第三季度文化 PPP 项目已经达到 301 个，占比 3%；投资额度为 2054 亿元，占比 2%，整体显示出良好的增长性①。未来越来越多的项目将通过引入社会投资的方式，激发文化资源开发潜力。

三、文旅先导引领特色小镇建设

根据中央城市工作会议精神，要尊重城市发展规律，统筹空间、规模、产业三大结构，以城市群和城镇组团为主体形态，重点提升区域性中心城市、县城和中心镇功能，培育一批特色小城镇。文化动力在不同空间地域结构中的作

---

① 财政部：《全国 PPP 综合信息平台项目库季报第 4 期》，2016-11-03，http：//jrs.mof.gov.cn/ppp/dcyjppp/201611/t20161103_2450051.html。

用凸显。

城市建设日益强化文化传承与创新，挖掘各类文化资源，加强城市文脉保护，留住城市的历史人文记忆。人文城市理念贯穿到全国各类城市。通过传承创新地方文化，打造体现时代特征的城市文化亮点，塑造城市特色风貌成为城市发展重要途径。依托城市特色设计，开展生态修复，建设一批和谐宜居、富有活力、各具特色的现代化城市，结合历史传承、地域文化、时代要求打造城市精神，成为城市发展的重要目标。

从城市内部结构看，从增量规划转向存量规划，城市更新项目层出不穷。在旧城改造中保护历史文化遗产、民族文化风格和传统风貌，把城市建设成为历史底蕴厚重、时代特色鲜明的人文魅力空间。在新城新区建设中融入传统文化元素，加强与原有城市自然人文特征相协调。将现代工程技术与文化传承充分结合，保护修缮城市传统老街区、城郊特色田园景观，提升城市品位。

2016年特色城镇建设无疑成为焦点。这里的小城镇包括县城关镇和其他建制镇，通常是指县城以外的建制镇。我国1955年设立建制镇制度，改革开放后，乡镇企业异军突起，加之撤乡设镇，小城镇迅速发展，建制镇数量从1978年的2850个激增到2015年的1.88万个，如果加上县城关镇，总数多达20515个。推动大中小城市和小城镇协调发展成为"十三五"时期区域发展的新增长点。

各地都提出保护和传承历史地域文化，推进历史文化名城、名镇、名村和街区建设，提升城镇文化品位，建设人文城镇。突出沿海沿江沿边和民族、乡土特色，推进城镇建设与独特的自然地理、多彩的民族风情和秀美的山水风光融为一体，建设特色城镇。按照国家发展改革委、财政部以及住建部三部委发布《关于开展特色小镇培育工作的通知》，决定在全国范围内开展特色小镇培育工作，计划到2020年，培育1000个左右各具特色、富有活力的休闲旅游、商贸物流、现代制造、教育科技、传统文化、美丽宜居等特色小镇，引领带动全国小城镇建设①。

在首批127个特色小镇中，浙江省的特色小镇最多，有8个；山东省、江苏省、四川省有7个；广东省6个；安徽省、福建省、湖北省、湖南省、贵州

---

① 住建部：《住房城乡建设部、国家发展改革委、财政部关于开展特色小镇培育工作的通知》，2016-07-01，http://www.mohurd.gov.cn/wjfb/201607/t20160720_228237.html。

省、陕西省分别有 5 个；河北省、辽宁省、江西省、河南省、广西壮族自治区、重庆市有 4 个；北京市、上海市、山西省、内蒙古自治区、吉林省、黑龙江省、云南省、甘肃省、新疆维吾尔自治区有 3 个；天津市、海南省、西藏自治区、青海省、宁夏回族自治区有 2 个；新疆生产建设兵团有 1 个。

通过研究发现，文化旅游成为引领特色小镇发展的核心引擎。在首次入选的 127 个小镇中，有 100 个特色小镇开发与文旅产业有关，占到特色小镇的 78.74%。尤其是中西部地区特色小镇，基本上都与文旅产业开发有关。这其中既包括历史文化名镇的持续开发，又包括如温泉、生态等自然环境带来的游憩产业，还包括如车墩影视城、横店影视城等文化产业小镇，以及神垕镇钧瓷、大瑶镇花炮产业、文港镇毛笔产业等特色文化产品的开发。无论哪种文旅引领类型，特色小镇的发展在产业上"特而强"、功能上"有机合"、形态上"小而美"、机制上"新而活"，既要破解"人才"、"技术"、"资本"、"环境"等瓶颈，更要破解"文化"瓶颈；既要集聚人才、技术、资本等高端要素，也要提升文化软实力。

四、文化产业园区（基地）建设换挡升级

国务院和中央政府各部委密集出台了一系列文化产业政策，从推动文化产业融合发展、特色发展等方面做出了具体部署。在这样的大背景下，一方面为文化产业发展带来了极为有利的机遇，另一方面也对文化产业的转型提质、创新发展提出了新的要求。国家级文化产业园区基地作为我国文化产业发展的中坚力量，需要主动认识和适应经济发展新常态，准确把握文化产业融合发展、特色发展等主要趋势，从而抓住有利发展机遇。

据统计，我国文化创意产业园区从 20 世纪 90 年代起步发展，到 2002 年末建成 48 个，2012 年达到 1457 个，2014 年达到 3500 个。2015 年工信部下发《关于进一步促进产业集群发展的指导意见》，园区打破自身藩篱向产业集群、集聚区方向发展，数量整体回落，全国正常运作的园区在 2047 个左右。据不完全统计，2016 年全国文化产业园区超过 2500 家，其中国家已命名的文化创意产业各类相关基地、园区超过 350 个。

根据《2015 年度国家级文化产业示范（试验）园区考核、国家文化产业示范基地巡检报告》，园区内文化企业实现总收入超过 3000 亿元，339 家国家文化产业示范基地总收入超过 3900 亿元。20 家国家级文化产业示范（试验）

园区平均每个园区企业数近 900 家，平均每个园区从业人员 3.6 万人，平均每个园区收入超过 150 亿元①。国家级文化产业园区、基地在文化产业和区域经济发展中发挥了积极的带动作用，规模集聚效应显著。国家级文化产业园区基地已经显现出规模化、集约化、规范化、功能化、协同化趋势。

国家文化产业示范基地数如图 6-1 所示。

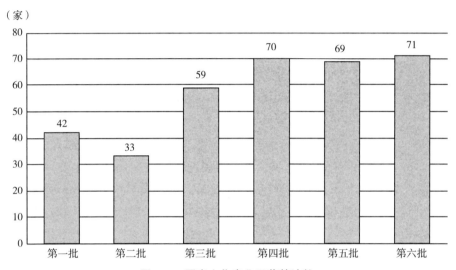

图 6-1　国家文化产业示范基地数

注：有 5 家被摘牌。

规模化方面，园区内文化企业实现总收入超过 3000 亿元，339 家国家文化产业示范基地总收入超过 3900 亿元。规模的提升一方面来源于品牌连锁型的文化产业园区集团的出现，代表性的如北京尚 8 园区，以"尚 8"品牌联动国际资源，形成社区化、群落式的发展格局，现在已经布局超过 10 个项目。总经营面积达 25 万平方米，服务超过 500 家国内外文创企业，经营规模 200余亿元，上缴税收 15 亿元。另一方面，原有的园区"瓦片经济"向"多元营收"方式转型。例如，成都东郊记忆文化产业园打破国内多数产业园单纯依靠租金和补贴的传统模式，构建"项目引进+合作投资、市场运作+申报补贴+

---

①　文化部：《2015 年度国家级文化产业示范（试验）园区考核、国家文化产业示范基地巡检报告发布》，2016-05-21，http://www.sdwht.gov.cn/html/2016/jrjd_0203/28805.html。

商务开发"多渠道、复合型项目运作模式，形成租金、内容投资、旅游、品牌输出四大利润支撑点。

集约化方面，园区集聚规模效应凸显。20 家国家级文化产业示范（试验）园区集聚的企业总数达到 17579 家，平均每个园区企业数近 900 家；从业人员累计 71.88 万人，平均每个园区从业人员 3.6 万人；累计实现收入总额超过 3000 亿元，平均每个园区收入超过 150 亿元。国家级文化产业园区、基地在文化产业和区域经济发展中发挥了积极的带动作用，规模集聚效应显著。

规范化方面，2015 年首现对文化产业示范园区的摘牌。对于文化产业园区基地建设中可能出现的一哄而上、盲目发展、借壳圈地等不良倾向，文化部相继出台了《国家级文化产业示范园区管理办法（试行）》等文件，对园区基地的建设管理提出了具体要求。根据《国家级文化产业示范园区管理办法（试行）》2015 年撤销了 4 家单位"国家文化产业示范基地"命名。其中上海城市演艺有限公司、天津市西青区文化发展有限责任公司已正式停止经营活动，广东省揭阳市阳美宝玉石有限公司已不具备正常运营能力，安徽省合肥安美置业投资发展集团主营业务已脱离文化产业发展方向。摘牌对于文化产业示范园区发展无疑起到了重要的警示作用。

功能化方面，北京市推行文化产业功能区实践引领园区的升级发展。相较于过去的集聚区，功能区不以空间的集聚力旨要，而是强调空间、产业链、组织协调、内生发展动力这些要素的集合。2015 年，北京市功能区规模以上文化创意企业营业收入达到 9053.84 亿元，同比增长 10.97%，增速高于全市 2.2 个百分点，占全市规模以上文创企业营业收入的比重达到 79.85%，从业人员占全市比重达到 76.82%。特别是在 CBD—定福庄国际传媒产业走廊功能区基础上，成立了全国首个国家文化产业创新实验区，成为国家文化产业政策先行先试的试验田，重在构筑文化产业改革探索区、文化经济政策先行区和产业融合发展示范区。同样的，湖南省也提出以湖南广播电视台为核心，汇聚影视创意、策划、制作、动漫、卡通、游戏和技术、资本、电商、智能硬件等企业及人才，打造国内一流、国际知名的马栏山创意集聚区，提升长沙"世界媒体之都"品牌影响力。

协同化方面，地域发展已经不再局限于文化产业示范园区，更加强调不同空间结构功能的整合。充分发挥"双创"、"互联网+"集众智汇众力的乘数效应。如青海省推动工业园区、教育科技集聚区、文化创意集聚区与众创空间协同发展。浙江省则培育文化产业园区、文化产业创客空间和文化小镇的协同发展。

五、文化扶贫助力素质性脱贫地方实践

自 2013 年底中央下发《关于创新机制扎实推进农村扶贫开发工作的意见》以来，从中央到地方各级政府都在积极探索实施精准扶贫工作机制和方式方法，精准扶贫已成为我国扶贫战略思想之一。精准扶贫的提出是基于对以往扶贫工作的反思，是指针对不同地区、不同人口的贫困状况，运用科学有效程序对扶贫对象实施精确识别、精确帮扶、精确管理的治贫方式[①]。文化扶贫是精准扶贫开发工作的重要内容，提升文化扶贫效果对于强化整体扶贫开发工作具有重要意义。文化扶贫同物质扶贫关系密切，相辅相成[②]。

目前，各地区与素质性脱贫相关的文化扶贫主要集中在对乡镇图书馆、农村文化广场、乡镇综合文化站等公共文化服务设施的建设上。加快贫困地区县级图书馆、文化馆、影剧院等场所建设，推进"视听乡村"、农村电影放映、农家书屋等工程，实施广电节目无线数字化覆盖工程。以 592 个国家扶贫重点县以及 14 连片特困地区，共计 838 个县为统计对象。贫困地区的基层文化服务网络不断增强，2015 年贫困地区公共文化机构共有 15448 个，比 2010 年增加 1105 个；公共文化设施面积 954.27 万平方米，比 2010 年增长了 75.3%。"十二五"期间贫困地区拥有村级文化室从 53187 个增加到 156483 个。同比增长了 194.2%，与全国相比，增速高于全国 113 个百分点（见表 6-3）[③]。

表 6-3 村级文化室数量与全国比较

村级文化市	全国（个）	贫困地区（个）	贫困地区全国占比（%）	增速（%）
2011 年	308159	71657	23.3	19.1
2012 年	355920	89183	25.1	15.5
2013 年	356463	96343	27.0	0.2
2014 年	403039	131926	32.7	13.1
2015 年	467956	156483	33.4	16.1

---

① 王思铁：《精准扶贫：改"漫灌"为"滴灌"》，《四川党的建设》（农村版），2014 年第 4 期。
② 辛秋水：《文化扶贫的发展过程和历史价值》，《福建论坛》（人文社会科学版），2010 年第 3 期。
③ 中央财经大学文化经济研究院课题组：《贫困地区公共文化发展情况分析》，内部资料，2016 年。

贫困地区农村的信息基础设施建设也有了长足的发展。2015 年贫困地区公共图书馆拥有计算机 30814 台，比 2010 年增长了 48.8%，贫困地区文化馆拥有计算机 8792 台，比 2010 年增加了 1.4 倍，贫困地区文化站拥有计算机 84169 台，比 2010 年增加了 5 倍。

除了文化设施网络的完善和硬件设施的提升外，文化扶贫工作更多的在于发挥村综合性文化服务中心开展思想道德教育、文化知识传播、文体娱乐活动、致富技能培训等方面的作用。从实践上看，形成了形式多样的文化扶贫方式，如山西省启动让群众走半小时就可以找到一个适合的文体活动场所的"城乡半小时文化圈"工程；湖北省"一年一台大戏、一季一场小戏、一月一部电影、一村一个农家书屋"村村不少于"四个一"的"文化低保工程"；广西壮族自治区的"艺术三下乡"活动等。同时，积极挖掘贫困地区文化旅游资源，积极发展文化旅游业，统筹发展关联产业。扶持文化产业发展，加大回族剪纸、刺绣、妇女手工制品等文化产品开发。丰富贫困群众文化生活，集中实施一批文化惠民扶贫项目，重点是广播电视服务网络、数字文化服务、乡土人才培养、流动文化服务等。

综上所述，文化产业日益成为区域的支柱性产业，文旅 IP 资源的开发热情也将持续，以文旅产业为引导的人文城市、特色小镇与美丽乡村将是未来发展的焦点，文化产业园区规模化、集约化、规范化、功能化和协同化等特征也将进一步凸显，而文化助力素质性脱贫的地方实践也为我国实现全面脱贫提供重要支撑。行进在新常态的快车道上，中国正在奔向一个关乎未来的重要节点——此时，距离全面建成小康社会，仅剩下不到 4 年时间。文化经济发展过程中结构优化升级，增强文化创新已经成为"转方式、调结构"的头等大事，中国文化经济的大船已经在新方位上扬帆起航。

第二章　"全球化危机"中国际文化创意产业发展与文化多样性保护的两难困境

——联合国发展中国家创意经济政策再检视[①]

意娜

（中国社会科学院民族文化研究所副研究员）

全球化是一个过程，指全球层面不同的人、经济、文化、政府、环境和其他各种网络间日益增长的相互联系[②]。这一过程自20世纪60年代晚期开始，是一个由西方发端的全球化的世界体系的构建过程，也是一个由美欧主导的西方中心的全球格局。但近年来，英国公投脱欧，特朗普上台，难民问题困厄欧洲，恐怖主义四处横行，引发了全球化的危机。贸易保护、民粹主义、文化本土主义等反全球化的浪潮此起彼伏，全球化似乎发生了逆转。

文化创意产业的发展与这一全球化/反全球化的过程密切相关。文化创意产业既得益于全球化的发展，也与反全球化的危机紧密相连。联合国机构致力于推动全球文化创意产业的发展，又特别表明它是立足于大多数发展中国家的文化多样性的基点。这就带来了发展过程中的悖谬现象：全球化推动了发展中国家文化创意产业走向全球的历程，但全球化又抑制了发展中国家自身文化多样性的发展，致使联合国教科文十年规划沦于失败境地。

2008年全球金融危机就悖谬性地既成为全球化进程前后两个阶段的分割点[③]，

---

① 文章引用自：意娜：《"全球化危机"中国际创意经济发展的两难困境——联合国发展中国家创意经济政策再检视》，《同济大学学报》（社会科学版），2017年第1期，第37-42页。

② Brown, Garrett W., Ronald Labonté. Globalization and its methodological discontents: Contextualizing globalization through the study of HIV/AIDS, *Globalization and health*, 2011, 7（1）: pp. 1-12.

③ 高柏：《为什么全球化会发生逆转？——全球化现象的因果机制分析》，《文化纵横》，2016年第12期。

也成为文化创意产业"逆势上扬"的标志性节点。2008 年在全球国际贸易减少 12% 的萧条态势下，创意产品和服务的世界出口额仍在延续自 2002 以来形成的年均 14.4% 的增长率①。而最近两年全球化发展进程受到前所未有的怀疑和冲击，各种令人震惊的事件密集发生②，2016 年甚至被称为"超现实"（Surreal）的一年，③ 以表达这一年发生的各种事件给世界带来超出想象的震动。由于全球公共政策的主流呈现出由高度信仰市场的新自由主义转向社会保护与孤立主义的趋势，从未停止过争论的全球化面临危机和逆转。在这一重要关口，文化创意产业发生的转向与变革，由于其不同于一般农业和传统工业的特征，要求我们对其发展态势进行深入的检视和分析。

一、文化创意产业的全球地方主义导向

联合国早先的两份全球报告《创意经济 2008》与《创意经济 2010》④ 是由贸发会议主导的，它的分析方法更关注在国际层面上对"发达国家"、"发展中国家"、"转型国家"做纵向切分和比较，而在以联合国教科文组织主导的《创意经济报告 2013（专刊）》中，分析的重点从国家层面转向了地区、城市、社区层面。与前两份报告相比，它转向了"全球"与"地方"这一对基本逻辑的分析路线，在这一基础上按多元化发展路径对文化创意产业进行了具体分析⑤。这是一种典型的全球化思维——全球化的一个重要方面即为消弭国内和国际、内生性和外生性、内部和外部之间的区别。这就直接挑战了将国家、社会、政治团体以及经济作为主要的分析单元以及分析对象的现代社会科学组织原则⑥，

---

① 联合国贸发会议（UNCTAD）埃德娜·多斯桑托斯主编：《2010 创意经济报告》，中国社会科学院文化研究中心、张晓明、周建钢、意娜等译，三辰影库音像出版社 2011 年版，第 XI 页。

② 如 ISIS 的兴起、欧洲恐怖袭击、难民危机、欧洲选举中右翼政党的表现、乌克兰危机、英国"脱欧"、特朗普以反主流的政见当选为美国总统、日本执政联盟以多数优势在修改宪法这一议题上获胜、南海紧张局势、许多国家的民族主义抬头等。

③ 来自韦氏词典 2016 年度词汇。网址：https://www.merriam-webster.com/words-at-play/word-of-the-year-2016，访问日期：2016 年 12 月 21 日。

④ 《创意经济报告》是联合国教科文组织（UNESCO）、联合国贸发会议（UNCTAD）、联合国开发计划署（UNDP）、世界知识产权组织（WIPO）、国际贸易中心（ITC）从 2008 年起发布的全球创意经济发展报告，目前共发布 3 次，其中前两次由联合国贸发会议主编，第三本由联合国教科文组织主编。

⑤ 意娜：《联合国〈创意经济报告 2013〉与中国的文化产业》，《福建论坛》（人文社会科学版），2014 年第 10 期，第 63-71 页。

⑥ McGrew, Anthony. Globalization in hard times: Contention in the academy and beyond, *The Blackwell companion to globalization*, 2007: pp. 29-53.

而那正是联合国贸发会议主持的两份报告选取的研究角度和分析框架。

但是全球化与文化创意产业都没有统一的标准定义，全球化在认识论与方法论的各种问题中仍然存在大量争议。在过去的研究中，更多的是关注文化创意产业宏观层面的定量分析来判断其发展状况，预测发展趋势。而联合国教科文组织主持的2013专题报告秉持的却是"全球地方主义"的观念。这一观念强调全球化和地方化（本土化）在发展过程中的相互交融互渗。其中起主体作用的是共同体、自治制度、可持续性和差异性，而全球化只是它们的结果而已[1]。在使用宏观层次方法进行研究的同时，该报告理解其中的构件是以何种方式联系，如何被文化、政治和社会背景范围内的不同个体和群体所认知[2]。这是一种折中主义的方法论：它既不同于"麦当劳"化的同质化全球主义，也反对极端化的民族主义或者种族主义。它承认全球本土化，也鼓励本土全球化。2015年联合国教科文组织编写的《重塑文化政策——为发展推动文化多样性的十年》的报告显示，全球文化产品出口总额从2004年的1084亿美元增长到2013年的2128亿美元，其中发展中国家的文化产品出口总额从277亿美元增长到993亿美元，发展中国家在这一领域的市场份额在同期也从25.6%提高到46.7%。由此看来，发展中国家的文化创意产业获得了重大的发展，其成就无疑相当辉煌。

但是，如果只停留在上述宏观层面得出的结论，便认为发展中国家文化创意产业的发展欣欣向荣，并在此基础上制定继续进一步推动发展中国家文化创意产业发展的政策和实施，又是不符合具体的、真实的发展现状。因为经过细致的数据分析可见：在2013年，仅中国和印度就贡献了718亿美元的文化产品出口额。如果不考虑中国和印度，剩下的发展中国家加起来2013年的文化产品出口市场份额仅有8.8%，2004~2013年的增长速度只有5.2%。绝大部分发展中国家还没有成规模的文化产品生产和出口，其中西非国家经济共同体（ECOWAS）和南亚自由贸易协定（SAFTA）成员国之间几乎没有文化产品和服务往来，[3] 这就使得问题大大的复杂化了。作为新兴经

---

① McGrew, Anthony. Globalization in hard times: Contention in the academy and beyond, *The Blackwell companion to globalization*, 2007: pp. 29-53.

② Hopper P. *Living with Globalization*, Oxford: Berg; 2006: p. 1.

③ 联合国教科文组织编：《重塑文化政策——为发展推动文化多样性的十年》，意娜译，社会科学文献出版社2016年版，第109页。

济体的中国和印度在全球化中，借助于本土全球化走向世界创意经济，获得了相应的红利，而欠发达国家则很少获得所谓全球化的好处，反而在文化多样性上多有缺失。

考虑到联合国教科文组织一贯的政策导向，以及这种全球化分析方法的采用，表明全球化与文化创意产业发展之间的复悖谬关系：一方面文化创意产业植根于全球化，具有一定全球化特征；另一方面文化创意产业的特殊文化属性——本土的、在地的文化多样性，使其在根本发展上形成一种与全球化乖离的政策路径。

文化创意产业植根于全球化，也寻求一种全球市场的积极扩张，它以经济交易、贸易、对外投资、劳工流动的指数型增长以及跨国公司的增长为支撑，依靠市场的力量，追求经济收益，是一种进行时的经济的和新自由主义的发展形态，从客观上导致边界、市场、经济和文化间的差异的弱化和消解[①]。以传统的视听媒体为例，根据教科文的统计，这一类别的所有出口国家都是欧洲和北美的发达国家，其中美国占到全球总量的 52.4%。[②] 文化创意产业相关的资本、商品、技术和创意人才的跨国自由流动是全球化的重要表征。尤其是文化产品生产多为物质产品生产，经济全球化最核心的价值链生产和外包，以及外国直接投资也是文化创意产业全球化的表征，前面提到的中国与印度的文化产品出口中，很大部分是作为跨国公司的生产基地而实现的。

针对文化的国际交流，尤其是互联网上产品与服务的边界的消弭，国际文化产品交流统计并没有现成的指标。联合国教科文组织建议用全球化的标准作为替代措施，以"全球价值链等替代措施，来更好地评估各国附加值对全球文化产品交流的贡献"[③]。而采用外国附属机构服务贸易统计（FATS）和外国直接投资（FDI）的数据能够说明一部分文化产品生产模式的国际化程度。虽然两种数据没有专门的文化创意产业指标设定，但仍可从一般服务（商业服务）的统计结果进行推断。如东盟国家，一般服务占 GDP 的 50%，2011 年东盟国家服务部门获得的 FDI 达到 514 亿美元，占东盟 FDI 总额的 58%。在非

[①]　McGrew, Anthony. Globalization in hard times: Contention in the academy and beyond. *The Blackwell companion to globalization*, 2007: pp. 29-53.

[②]　中国和印度没有提供统计数据。参见联合国教科文组织编：《重塑文化政策——为发展推动文化多样性的十年》，意娜译，社会科学文献出版社 2016 年版，第 109-110 页。

[③]　中国和印度没有提供统计数据。参见联合国教科文组织编：《重塑文化政策——为发展推动文化多样性的十年》，意娜译，社会科学文献出版社 2016 年版，第 114 页。

洲，2010 年，3.5%的外国投资出现在 19 个非洲国家的报纸、出版和印刷部门。而 FATS 数据尤其体现了文化创意产业核心部门（如电影）的国际化程度，欧洲视听部门到 2012 年拥有多达 1019 家外国附属机构①。

二、应对全球化挑战的文化创意产业

文化创意产业虽然部分进入了全球化，但它从本体上更是在地的、本土的，是文化多样性政策所支持的对象，是联合国推出的应对全球化侵蚀——逆全球化的策略。正是由于全球性文化贸易的迅猛发展，才令世界各国政府开始高度重视文化的本土政策问题。世纪之交以来，为应对全球化的挑战，文化多样性逐渐成为世界各国主导性文化政策。2001 年，联合国教科文组织发布《文化多样性宣言》，2005 年，《保护和促进文化表现形式多样性公约》通过，2015 年，联合国又出台并启动实施了"2030 可持续发展议程"。

世界各国在应对全球文化贸易竞争过程中，逐步形成了文化多样性政策。20 世纪 90 年代，由法国和加拿大政府提出的"文化例外"政策可以视为文化多样性政策的前身。在国际文化贸易方面，法国是美国自由贸易政策的坚决反对者。在乌拉圭回合谈判中，法国以"文化例外"为由，坚决反对文化市场的自由贸易，几乎为此退出整个 GATT 谈判。在 WTO 谈判中，法国进一步将"文化例外"演变为"文化多元化"原则，提出文化产业不同于一般产业，指责美国低俗化的文化产品和文化发展方面的商业倾向对于别国文化构成了毁灭性的威胁，全球的"美国化"趋势令人担忧。

于是有人提出"改弦更张"的主张。加拿大前副总理 Sheila Copps 曾说："当我在国家政府任职时，加拿大正请求世界贸易组织为国内杂志提供税收优惠。世贸组织以用于猪肚销售的同样的商业视角来看待杂志。面对这一不可撤销的错误决策，我认为有必要创建世贸组织以外的国际文化组织。事实表明，UNESCO 是在国际法中承认的文化产品和服务特殊性质（包含经济和文化维度）的理想机构。随着国际贸易规则延伸到文化部门，通过公约的必要性在当前看来甚至更为紧迫。公约将文化视为可持续发展的基石，而不仅仅是可交

---

① 数据来源：Dato Talib, F. Regions Cooperation in Services Trade, *International Trade Forum*, *Trade in Services*, No. 1, 2014, pp. 28 – 29; UNIDO, *Foreign Direct Investment*, *Employment and Wages in sub-Saharan Africa*, Working paper, Vol. 05, Geneva, UNIDO. European Audiovisual Observatory, *Yearbook in Television*, *Cinema*, *Video and On-demand Audiovisual Services*. Strasbourg, European Audiovisual Observatory.

易的产品。"① 的确，全球各国共同建立一个国际文化的公约势在必行。

"文化例外"与"文化多样性"是应对全球文化生产、分销、展示和推广逐渐垄断化的不良趋势的两种文化政策，在面对"文化全球化"趋势时，两种政策具有共同的理念：文化具有商品的属性，但更重要的是具有文化的属性。但是相比较而言，"文化例外"政策偏重于文化保护，具有一定的消极倾向，"文化多样性"则旨在促进发展的、更为积极的政策。主要目标包括支持可持续的文化治理制度，实现文化产品和服务的平衡流动，提高艺术家和文化专业人员的流动性，将文化纳入可持续发展框架中，以及促进人权和基本自由。文化创意产业是其中最重要的一部分，将成为维护文化多样性的重要力量。

要保护文化多样性，文化创意产业的发展政策和战略措施要促进地域的、民族的、本土的文化的可持续发展，为此，应该坚持三个原则：一是代际公平原则，即当下的发展不能剥夺后代享有文化资源、文化需求的权利，指的是保护自己的物质和非物质文化遗产；二是代内公平原则，即确保社会成员更公平地进行文化生产、参与和享有；三是多样性的原则，即在经济、社会和文化发展中要考虑文化和创意的多样性②。

如何解决和消弭全球化与本土化的悖谬？对话、沟通、融合是唯一的出路。一方面，大部分国家和地区都出于自身发展考虑出台了各种文化贸易保护和对外推广本地文化产品的政策③；另一方面，联合国教科文组织也有意识地通过《保护与促进文化表现形式多样性公约》（以下简称《公约》）推动发达国家和国家集团主动制定有助于发展中国家文化产品进入发达国家市场的举措。在《公约》第 16 条中规定："发达国家应通过适当的机构和法律框架，为发展中国家的艺术家和其他文化专业人员和从业人员，以及那里的文化产品和文化服务提供优惠待遇，促进与这些国家的文化交流。"其主要的措施包括技术援助、财政援助、简化和统一国际贸易流程、市场准入等。欧盟则支持建

---

① 中国和印度没有提供统计数据。参见联合国教科文组织编：《重塑文化政策——为发展推动文化多样性的十年》，意娜译，社会科学文献出版社 2016 年版，第 14 页。

② Throsby, D. Linking cultural and ecological sustainability. *The International Journal of Diversity in Organizations, Communities & Nations*, Vol. 8, No. 1, 2008, 1 (8): 15-20.

③ 参见意娜：《发达国家发展文化产业的经验与问题》，《人民日报》，2015 年 11 月 1 日；以及意娜：《发展与保护：重塑文化政策——联合国推动发展中国家文化创意产业发展之考辨》，《山东大学学报》（哲学社会科学版），2016 年第 6 期，第 74-81 页。

立了地中海分销网络（MEDIS）①，网罗了来自北非、中东和阿拉伯半岛的专业人员，促进地中海国家和地区电影进入国际市场。欧盟还于 2011 年与加勒比海国家签订了《欧盟—加勒比论坛国经济伙伴关系协定》（EPA），鼓励加勒比海国家的艺术家和文化人才进入欧盟市场，还在影视等领域展开合作②。这些措施与欧盟作为一个内部的"统一市场"的经济基础而促进人才、商品、服务和资本在其中自由流动的思路是一脉相承的。

三、全球化危机：开启新的发展阶段

2007~2008 年的全球金融危机被认为是全球化的一次警报，文化创意产业也因此受到影响。2009 年的全球产品贸易明显下滑，文化产品的出口量也在 2008~2009 年下降了 13.5%。其中，发达国家的出口量下降了 19%，其间又以欧洲的经济衰退带来的影响为主；而发展中国家仅下降了 1.6%③。这一次金融危机，被认为是在新自由主义意识形态驱动下释放市场力量的后果，是诸多发达国家和发展中国家财政金融扩张后国际金融秩序的失序和国内金融机构的失策共同作用的结果④。

跨太平洋合作伙伴关系协定（TPP）在美国受到抵制，欧洲难民问题、安全威胁、财政紧缩、民主倒退等多重危机，再加上英国脱欧，意大利总理伦齐宣布宪法改革公投失利并黯然辞职，全球化面临重创。再加上在世界其他地区明显加强了的贸易保护意识和举措，更助推了对全球化的反拨。令人特别惊醒的事实是：2015 年 1~10 月全球共出台了 539 个贸易保护政策，是 2008 年全球金融危机以来的最高值⑤。全球化的"危机论"、"逆转论"此起彼伏，面临巨大质询。

经济全球化并没有给所有国家和社群带来福祉，反而扩大了国家与国家、国家内部的分配不均。在传统全球化体系下，获得收益的始终是发达国家，而

---

① Medisnetwork. net/index/en/.

② KEA European Affairs, *Implementing Cultural Provisions of CARIFORUM-EU EPA. How do They Benefit the Caribbean?*（Discussion paper, 118.）Maastricht, ECDPM.

③ 联合国教科文组织编：《重塑文化政策——为发展推动文化多样性的十年》，意娜译，社会科学文献出版社 2016 年版，第 109 页。

④ 高柏：《为什么全球化会发生逆转？——全球化现象的因果机制分析》，《文化纵横》，2016 年第 12 期。

⑤ 郑宇：《靠什么拯救全球化？》，《文化纵横》，2016 年第 12 期。

发展中国家则沦为廉价的代工厂和资源供应地。由此导致了发达国家担心发展中国家抢走就业机会，发展中国家经济发展空间被由发达国家制定的不公平国际规则挤压和褫夺。诺贝尔经济学奖获得者斯蒂格利茨（Joseph Stiglitz）认为，全球化本身没有问题，只是游戏规则错了，应该由各国根据自己的情况来管理经济①。

这种依赖全球市场，但保持多样化发展路径的方式契合了文化创意产业自身的发展规律，欧盟的岌岌可危并没有让所有人忧心忡忡。英国"脱欧"以后，英国国内文化创意产业界并不悲观。他们认为，自上一轮经济危机以来，欧洲经济持续衰退，但是英国创意产业在此期间成功实现了增长，目前增长速度是其他经济部门的3倍。它为英国提供了250万个就业岗位，为经济贡献了840亿英镑，并出口了198亿英镑的文化产品和服务。"脱欧"以后的英国会成为更安全和热门的旅游目的地。英国本身就是世界上第二大音乐出口国，随着互联网发展，游戏产业迎头而上，2014年的游戏销售额超过了音乐，达到4亿美元，而线上游戏销售额更是远超在线音乐和在线视频，后面二者加起来（2亿美元）也不及线上游戏2.3亿美元的销售额。其中，《侠盗猎车手5》成为一个特别成功的范例，在开售24小时之内就卖出了8亿多美元，而后在3天之内达到了10亿美元②。英国创意产业发展的历程就证明了其在破坏性发展中的领先地位，互联网的兴起带来了无数的挑战，从版权到新的商业模式和用户生成内容的快速增长，这些挑战都已经一一应对并且变成了机会。所以英国人乐观地估计，以英国的语言、丰富的文化遗产、创意人才库、电影和电视业的发达、优厚的电影税收减免政策等，创意产业的成功基本面并没有改变。加之"脱欧"摆脱了欧盟国家援助规则的限制，英国可以在更大范围内进行创意产业的全球投资，"脱欧（Brexit）提醒我们，我们的机会在英国以及更广泛的世界中。"③

在发展中国家中，在成为全球化价值链中的世界工厂多年以后，中国迅速崛起。2008年全球金融危机的爆发和中国的回应，不仅见证了国际政治经济

---

① 斯蒂格利茨曾经在2003年出版《全球化及其反对者》（Globalization and Its Discontents），2006年出版《让全球化运转》（Making Globalization Work），专门讨论全球化问题。

② 参见本人文章。意娜：《一个多极的创意世界》，《创意世界》，2016年第2期。

③ Michael Grade, "Britain's creative industries have nothing to fear from Brexit", *The Telegraph*, Nov. 16, 2016. http://www.telegraph.co.uk/news/2016/11/18/britains-creative-industries-have-nothing-to-fear-from-brexit/. 访问日期：2016年12月21日。

中权力和财富的深刻转移，而且还引发了一场激烈的辩论，甚至被期待取代美国在经济上的领导地位。高盛 2007 年预测中国的经济规模将在 2030 年超过美国，经合组织（OECD）2013 年的报告则预测到 2060 年，中国和印度 GDP 的总和将超过所有现经合组织成员国的总和①。

互联网对传统的全球贸易结构产生了巨大冲击，其中尤以中国最为瞩目，其已经成为全球发展规模最大、发展最快的市场。根据麦肯锡的报告，2015 年中国网络零售市场规模就接近了 6300 亿美元，比排名第二的美国要多出 80%，单就 2016 年"双 11"单日的销售额就达到了 1700 亿元人民币（天猫+京东）。在 2016 年上半年，中国跨境电子商务交易规模达到 2.6 万亿美元，在全球的货物流通中扮演着越来越重要的角色。未来中国势必成为全球信息的巨大节点，将借助互联网组织全球性大生产，利用全球化协作的力量重组全球产业链。所以未来不再有传统全球化的"剥削链条"，而更呈现横向扁平的分布，这就是中国提出的全球互利共赢的"一带一路的五通三同"② 方案和杭州 G20 峰会的"构建创新、活力、联动、包容的世界经济"中国主题理念。

有论者提出：全球化更多的是改变人们的预期而不是能力③。传统意义上的全球化或许面临"危机"，但中国方案将引领一种新的发展模式——这就是全球化发展与文化多样性保护的融合创新。

① 高柏：《为什么全球化会发生逆转？——全球化现象的因果机制分析》，《文化纵横》，2016 年第 12 期。

② "一带一路的五通三同"。五通：政策沟通、设施连通、贸易畅通、资金融通、民心相通。这"五通"是统一体、缺一不可。"三同"就是利益共同体、命运共同体和责任共同体。

③ Cohen D. *Globalization and Its Enemies*. London：MIT Press；2005：116.

第三章　基于文化旅游视角的北京市南锣鼓巷名人故居开发研究①

王强¹　刘飒²

（1. 中央财经大学文化与传媒学院教授；

2. 中央财经大学商学院博士后）

名人故居具有多重文化元素，既展示着名人生活民俗层面的含义，又因其名人身份体现出独特的政治影响力、文化影响力或者社会影响力。学术界对此问题选择不同的视角进行研究。刘媛君②以北京市东城区部分名人故居建筑为考察对象，阐明其作为建筑文本的可读性。陆翔、熊皓③通过对西城区近现代名人故居进行调查研究，根据存在的问题提出了相关发展建议。丁超、张秀娟④认为，北京名人故居具有三重属性，因此，北京名人故居的认定和保护应当坚持地域的全面性原则、名人的兼容性原则和故居的多元化原则。但是在文化旅游已经逐渐发展成为一种主流旅游活动的今天，我们应该如何认识名人故居的地位和作用呢？北京既是具有千年文化传承的历史名城，又是具有鲜明特色的国际化大都市，其悠久的历史，广泛的影响力，显著的声誉每年都吸引着来自世界各地的游客。如何实现名人故居与文化旅游的完美结合，如何将历史文化的内在价值与旅游开发的现实性紧密地结合起来，一方面更好地满足游客

---

①　本文引用自：王强、刘飒：《基于文化旅游视角的北京市南锣鼓巷名人故居开发研究》，《经济研究导刊》，2011 年第 27 期，第 170-172 页。

②　刘媛君：《作为阅读文本的北京名人故居建筑》，《城市问题》，2007 年第 1 期，第 70-74 页。

③　陆翔、熊皓：《北京西城区近现代名人故居保护研究》，《北京建筑工程学院学报》，2008 年第 3 期，第 54-58 页。

④　丁超、张秀娟：《北京名人故居的三重属性及其认定与保护原则》，《北京社会科学》，2006 年第 4 期，第 36-39 页。

的需求，另一方面打造更有吸引力的城市名片，同时推动文化和经济的和谐发展，这一命题不仅具有较高的学界研究价值，同时也具有较强的对实践的指导意义。本文借用 Bob Mckercher 和 Hilary du Cros 关于文化旅游的研究成果，以北京市南锣鼓巷名人故居的开发为个案展开相关研究，希望可以得出一些具有价值的结论。

一、北京市南锣鼓巷名人故居现状

作为北京第一批历史文化保护区之一的南锣鼓巷，以其悠久的历史、完整的保护、鲜明的特色闻名于大江南北。南锣鼓巷的历史发端可以追溯到元大都时期，虽然历尽明清两代，但是被名人显贵选择作为栖居地还是近三百年以来的事情。政界要人、官宦世家、学者清流、社会贤达诸色人等都在南锣鼓巷中留下了自己的足迹，或喜或悲的前尘往事即使今朝读来也令人感慨不已。如果按照时间顺序进行分类，南锣鼓巷的名人故居大致可以分为三类：第一类是明清时期的故居，包括洪承畴故居、清内务府总管的"绮园"等；第二类是近现代时期的故居，包括靳云鹏故居、詹天佑故居等；第三类是当代名家的居所，包括罗荣桓、粟裕故居等（详见表6-4）。上述所列故居也非全部，只是拣其声名显著者罗列一二。南锣鼓巷中曾经居住过的名人不在少数，只是历史的沧桑巨变不但改变了人情世故，也湮灭了旧履遗迹，所谓的故居或者仅有其名已无实地，或者名实相符，或者虽有实地而名尚待考，旧居面目已然不同往昔。

表6-4　北京市南锣鼓巷名人故居现状一览表①

时期阶段	故居名称	具体地址	保存状态	开放状态	文保级别
明清时期的故居	洪承畴故居	南锣鼓巷59号	破败不堪，门前铁狮两座尚存	已为民居，拒绝参观	—
	清内务府总管的"绮园"	南锣鼓巷秦老胡同35号	基本保持原状	非开放单位谢绝参观	北京市文物保护单位

① 李铁生、张恩东：《南锣鼓巷史话》，北京出版社2010年版，第62-109页。

时期阶段	故居名称	具体地址	保存状态	开放状态	文保级别
明清时期的故居	荣禄故居	菊儿胡同 3 号、5 号、7 号和寿比胡同 6 号	菊儿胡同 3 号保持完好，5 号已无旧迹，菊儿胡同 7 号、寿比胡同 6 号保存状态一般	非开放单位谢绝参观	东城区文物保护单位
	科尔沁亲王僧格林沁府	南锣鼓巷社区炒豆胡同 73 号，75～77 号，板厂胡同 30 号、32 号、34 号	板厂胡同 30 号、32 号、34 号原貌保存较好，炒豆胡同部分已为民居	非开放单位谢绝参观	北京市文物保护单位
	僧格林沁王府及祠堂	东城区交道口街道南锣鼓巷社区地安门东大街 47 号	主体建筑保存完好	非开放单位谢绝参观	东城区文物保护单位
	奎俊宅邸	黑芝麻胡同 13 号	保存完好——北京四合院的典型代表	无明确说明	北京市文物保护单位
	婉容故居	帽儿胡同 35 号、37 号	保存尚好	无明确说明	北京市文物保护单位
	文煜故居	帽儿胡同 7～13 号	可园部分保存完好，其余已毁损	无明确说明	可园是全国重点文物保护单位，帽儿胡同 11 号是北京市文物保护单位
	凤山故居	东棉花胡同 15 号	拱门砖雕保存完好	无明确说明	东棉花胡同 15 号拱门砖雕是北京市文物保护单位
	三六桥故居	板厂胡同	文献可考，遗迹已无	—	—
	花沙纳与徐世章故居	炒豆胡同	文献可考，遗迹已无	—	—

续表

时期阶段	故居名称	具体地址	保存状态	开放状态	文保级别
近现代时期的额故居	靳云鹏故居	东棉花胡同把口	旧建筑全部拆除，遗迹已无	—	—
	詹天佑故居	东不压桥胡同 28 号	遗迹还有，全貌已无	—	—
	蒋介石行辕	后圆恩寺胡同 7 号	保存较好	无明确说明	北京市文物保护单位
	茅盾故居	后圆恩寺 13 号	保存完好	可以参观	北京市文物保护单位
	齐白石故居	雨儿胡同 13 号	保存较好	无明确说明	东城区文物保护单位
当代名家的居所	罗荣桓、粟裕故居	雨儿胡同 31 号	保存完好	无明确说明	—
	玉树常故居	福祥胡同 11 号院	保存较好	无明确说明	—
	朱家溍故居	帽儿胡同 13 号、15 号	保存完好	无明确说明	—
	启功旧居	黑芝麻胡同 14 号	保存较好	无明确说明	—
	裴文中故居	南锣鼓巷 59 号	保存一般	无明确说明	—
	张葱玉故居	南锣鼓巷胡同"木雁斋"	保存一般	无明确说明	—
	溥任故居	南锣鼓巷所以胡同 2 号	保存一般	无明确说明	—

二、文化旅游与北京市南锣鼓巷名人故居开发

通俗地讲，名人故居的开发可以理解为文化旅游的方式延展。名人故居因其"名人效应"对游客形成强烈吸引力，通过带有鲜明人物印记的目的地场所对游客产生向心力，引致游客借助旅游出行，通过亲自到达并观赏名人故居满足其对名人的心理依赖和完成其对历史的追忆。但如何设计和开发名人故居的文化旅游却是复杂浩繁的工程。原因如下：一是名人故居文化价值的表现形式多以无形为主。虽有故居实地，但是对文化含义的阐释不是只依赖于实物场所就可以完全实现的。二是名人文化本身的复杂性和独特性导致其评价标准难以界定。不同地域、不同族群对于名人及其文化的理解存在着巨大的差异，因

此，针对名人故居文化旅游的开发设计中常会出现目标迥异的利益相关者，从而出现对名人故居资源开发利用的意见和建议大相径庭的局面。因此，我们需要考虑更广泛的背景和以更灵活的视角来看待名人故居文化旅游的潜力问题和发展路径。Bob Mckercher 和 Hilarydu Cros 认为①，针对任何形式文化旅游的开发与设计，必须考虑诸多的相关因素。这些因素可以被分组罗列于三个主题之下，即政治或法律环境、文化或遗产资产以及目的地的旅游活动。名人故居作为文化旅游的态势之一，也可以采取类似的研究路径，下文我们将展开具体的分析。

三、政治（法律）环境与南锣鼓巷名人故居开发

任何的文化旅游都必须在法律或者政策的框架之内进行，南锣鼓巷名人故居的开发也不例外。南锣鼓巷是北京市政府确定的第一批 25 片历史文化保护区之一，也是北京市胡同肌理保存得最完整的棋盘式传统居民区。因此，针对这一区域名人故居的开发的第一要略就是要遵守北京市关于文化文物保护的相关法律制度，不能违规建设，不能违法开发。时代的变迁必然带来环境的变化，名人故居也随着时代的发展变化着，有的故居已经是破败不堪，有的故居还是保存完好，有的故居已经成为民用，有的故居成为办公单位。文煜故居的可园部分保存完好，现在是国家级文物保护单位。上述故居中有八家故居是北京市文物保护单位，三家故居是北京市东城区区级文物保护单位。因此，我们可以看到南锣鼓巷名人故居的所有权已经呈现出多元化结构。在这一前提下所进行的开发利用就需要保证最基本的常规维护，还需要存在比较完整的管理体系，借助政府权力和社区力量共同实现开发与保护的并存。

四、文化或遗产资产与南锣鼓巷名人故居开发

文化资产的总额以及其空间分布的特征是一个区域文化旅游吸引力的最直接因素。文化资产的独特性决定了该区域文化旅游的不可替代性，文化资产的空间分布决定了该区域的文化资产是否具有集群性，也在另一方面揭示着旅游承载力的大小。南锣鼓巷中的名人故居数量众多，属于比较密集的故居集中

---

① ［加］Bob McKercher、［澳］Hilary du Cros：《文化旅游与文化遗产管理》，朱路平译，南开大学出版社 2007 年版，第 183–197 页。

区，具有很高的价值。南锣鼓巷是北京历史文化名城的重要组成部分，身处其中的名人故居大多是北京四合院住宅街区的精华所在，这些明清时代的建筑颇具特色，尤其是一些保存完好的建筑充分展现了前朝辉煌的建筑艺术。名人故居具有很高的历史价值，它们如同一颗颗镶嵌在北京城内的文化明珠，不仅是北京历史文化的物化载体，同时也是一项无法再生的宝贵遗产和资源①。只有深挖名人故居的文化内涵，让世人更多地了解和认识它们，让其放射出应有的光芒，才是完整意义上的保护。比如绮园，虽然形制和规模无法与圆明园或者颐和园相提并论，但是从建筑学的角度而言，也是一处别具匠心、别有韵味的园林小品。绮园大门上精致的门饰砖雕，绮园内仿江南园林式样的"舫形敞轩"，错落有致的厅廊楼宇，这些旧物基本保持原状，都是不可多得的历史研究资料。

从另一层含义而言，名人故居具有思想教育性②。参观游览名人故居，不仅可以学习历史文化知识，同时也可以起到缅怀先贤业绩的重要作用，可以说是寓教于乐，教行并举。现在很多名人故居已成为爱国主义教育基地就是典型的例证。比如，位于后圆恩寺胡同13号的茅盾故居，虽然只是一所极普通的两进小四合院，屋内屋外简单质朴，没有雕廊画柱，只有翰墨书香，但是因为有了茅盾先生，这所普通的民居便熠熠生辉。

五、目的地的旅游活动与南锣鼓巷名人故居开发

大多数文化旅游产品或者体验的成功与否关键在于目的地旅游活动是否具有创意性，是否是一种与该文化相契合的、贴切的活动设计。对于南锣鼓巷名人故居的旅游活动设计可以尝试下述路径。

第一，把名人故居打造成从过去到现在的直接联结。当过去和现在之间建立起直接的关联的时候，历史就被赋予了新的时代色彩，也可以称为历史的复活。可以把不同的历史时代或者相关事件集中于某一个名人故居中，形成完整的故事链条，虽然这可以有理想化的或者虚构的成分，但是并不会影响整个名人故居的声誉价值。完整的故事使名人故居灵活起来，这也会使探访者的发现之旅变得妙趣横生。因为所有的参观者想要发掘的是一部历史的人类戏剧，而

① 张宝秀、成志芬：《北京名人故居保护现状及对策》，《前线》，2010年第5期，第39-40页。
② 张明庆、赵志壮、王婧：《北京什刹海地区名人故居的现状及其旅游开发》，《首都师范大学学报》（自然科学版），2010年第5期，第58-62页。

不仅是名字、日期或者标志物。需要通过文学力量重新阐释名人故居前朝的故事、背后的故事，使名人故居的相关信息变得富有创意和充满活力。比如，朱家溍的故居就非常适合此种开发思路。朱家溍是宋代理学家朱熹的二十五世孙，是中国著名的文物专家、清史专家。该故居的主人先后有清光绪年间的武英殿大学士文煜以及民国时期代总统冯国璋。不同时期、不同历史身份的人都在此生活过，中间应该有不少有益有趣的故事发生，把这些人生经历串联成完整的故事链会使得这样一所故居具有更多的吸引力，一方面可以帮助参观者了解不同历史时期的生活情状，另一方面可以帮助参观者体会不同身份地位的心路历程。

第二，增强名人故居旅游活动的可参与性。名人故居是一个场所和领地，具有物质工厂的性质。漫步游览可以为参观者提供最直接的感官享受，但是这其中就需要在对名人故居原有形象保持控制的基础上重新再造。当参观者游览某一故居的时候，是有很多障碍的，比如对于婉容故居的游览。婉容作为中国最后一位皇后，身上承载着太多的历史悲欢，这与普通民众的所思所想所知是有着明显距离的，如何化解距离的疏离，如何架构古今的桥梁，如何让参观者真正融入景色之中，这些都是婉容故居这一类型的名人故居开发时候所遇到的问题。

名人故居既是历史文化价值的彰显，也是社会生活变迁的标本，是一座城市无法代替也无法抹去的历史记忆。在社会飞速发展的今天，既保护名人故居的历史文化价值，又扩大城市的社会影响力，同时还可以产生一定的经济效益，这才是真正意义上的对名人故居的开发、利用与保护。

第四章　文学遗产旅游资源的价值研究及开发途径[①]

王强[1]　刘飒[2]

（1. 中央财经大学文化与传媒学院教授；

2. 中央财经大学商学院博士后）

文化旅游资源是一种重要的经济资源和人文资源，文化旅游已成为旅游经济的重要支柱之一，成为国民经济的新增长点。开发和利用地方优势和特色文化资源，把文化资源优势变为经济优势，是一个值得研究而且具有实践意义的课题。文学遗产旅游作为一种文化旅游类型，是建立在遗迹或吸引物的文学价值上的，并且游客对于文学的观念具有相当的共同性的旅游活动。本文以水浒文化旅游为例，展示文学遗产旅游的价值内涵。

文学艺术资源从其构成上大致可以分为：小说、戏剧、诗歌、散文、民间故事等。从进入文学遗产的体系分析，水浒文化呈现出两个复合性的特点。第一重复合性是指水浒作为四大名著流传至今，其形成的来源集小说、戏剧、民间传说于一身。第二重复合性是对水浒文本的分析上，可以看出水浒集历史真实性与小说的虚构为一体。山东境内以《水浒》故事发源地为背景，且具有与水浒文化、人物、传说、历史遗迹有关联的地区主要集中在梁山、东平、阳谷、郓城四县。梁山、东平、阳谷、郓城四县的水浒文化旅游正是以四大名著之一的《水浒传》为旅游文化背景的，以《水浒传》的吸引力为游客市场定位的一种文化旅游项目。水浒文化旅游是一个特别的兴趣旅游的形式，它满足

---

① 王强、刘飒：《文学遗产旅游资源的价值研究及开发途径》，《中国资产评估》，2009 年第 2 期，第 13-15 页。

了旅客对水浒文化和历史以及水浒故事发源地生活模式了解的愿望。由此可以认定：水浒文化旅游是一种文学遗产旅游。

一、水浒文学遗产旅游资源的现状

从行政区划上划分，水浒文化旅游资源主要由四个组成部分，其旅游资源的构成及开发情况见表6-5。

表6-5　水浒文化旅游资源

县名 项目	梁山	东平	阳谷	郓城
水浒旅游景点	梁山大寨（景区简介）梁山风景区坐落在山东省西南部梁山县境内，由7支脉11峰组成，占地4.2平方公里，主峰海拔197.9米。山势雄险，巍峨壮观。梁山县梁山风景区因《水浒传》驰名中外。1985年被山东省政府首批公布为省级风景名胜区，2001年被省政府纳入《山东省"十五"旅游发展规划》，2002年被国家旅游局评定为国家AAA级旅游区，成为山东省水浒旅游线的核心景区	腊山（景区简介）腊山国家森林公园，位于山东省第二大淡水湖——八百里水泊，依群水域的东平湖西畔，依傍黄河，是国家旅游总局推出的水浒旅游热线核心景区、游山嬉水的绝佳去处。1997年被评为"全国森林公园十大标兵"之一，2000年被国家林业局授予"全国文明森林公园"称号	景阳冈、狮子楼（景区简介）阳谷景阳冈旅游区相传为水浒英雄武松打虎故地，也是龙山文化城遗址，现为国家级文物保护单位，水浒旅游线上重要景点。景区占地近500亩，主要景点有："三碗不过冈"酒店、乡民告示处、县衙告示亭、山神庙、"武松打虎处"石碑、虎啸亭、武松庙、碑林、虎池、猴山、鹿苑等二十余处。景区2001年被国家旅游局评为首批AAA景区	宋江武校、宋街（景区简介）郓城是中华武术的发祥地之一。民间有"水浒一百单八将，七十二名出郓城"之说。因此，宋江武校成为水浒文化旅游的重要景点之一。宋江武校始建于1985年，拥有68000平方米古朴典雅的建筑群。学校现有来自全国26个省市和美、英、韩等国外学生4000多名，设有套路、散打、拳击、跆拳道、摔跤、柔道、影视等专业班70个
举办水浒文化节的数量	三届	一届	一届	一届
举办水浒文化节的名称	中国（梁山）水浒文化节	山东省东平水浒旅游文化节	景阳冈文化旅游节	第六届全国武术之乡武术比赛暨首届郓城水浒文化旅游节

续表

项目 ＼ 县名	梁山	东平	阳谷	郓城
发行水浒文化杂志	无	无	无	有
成立水浒旅游开发或纪念品公司	梁山县浒源斋工艺礼品有限公司；梁山邮政水浒集邮旅游纪念品公司	山东梁山泊旅游开发有限公司	阳谷水浒工艺品有限公司	郓城县水浒工艺有限公司；水浒文化发展有限责任公司

二、水浒文学遗产旅游资源的价值分析

旅游是一种观赏性的审美活动。一种资源尤其是文学遗产资源能否转化为旅游资源，就在于它对旅游者有没有吸引力以及吸引力的大小。没有吸引力或者吸引力较小，一般难以转化为旅游资源。水浒文学遗产旅游资源的价值是指水浒文化被作为资源投入旅游过程中表现出来的特殊属性，同时这种特殊属性能提供吸引力，以旅游为载体，以文化为内涵，并通过各种形式的物质财富和精神财富表现出来，从而产生良好的社会及经济效益。水浒文学遗产旅游资源的价值链的形成可以用图6-2表示。

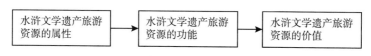

图6-2　水浒文学遗产旅游价值链

（一）文学与史学相融的属性带来文学艺术和史学研究功能，从而产生文化价值

明代长篇小说《水浒传》是中国四大名著之一，又名为《忠义水浒传》，通行本简称《水浒》。一般认为是施耐庵著。《水浒传》作者以其高度的艺术表现力，生动丰富的文学语言，叙述了许多引人入胜的故事，塑造了一百零八个个性鲜明的英雄形象。水浒文化的文学艺术的成分特别重，水浒故事众人皆知，源远流长，水浒文学遗产旅游的开发促使游客进一步品味和升华《水浒》的文学意蕴，这是它的文学艺术功能。水浒文化蕴含形成的时期、形成和传承

的原因、播布的走向和规律等，伴随着水浒文学遗产旅游的开发引起了众多史学工作者的注意，这是它的史学研究功能。水浒文学遗产旅游的文化资源是水浒文学遗产旅游资源中最为显著的价值本体，是区别于其他文化旅游资源的根本所在。水浒文学遗产旅游中包含着丰富的精神性，能够直接满足游客对于文学的热爱和对历史的追怀。这种精神性就是水浒文化遗产旅游的文化价值，这种精神内涵一般无法直接表现出来，而是需要游客的欣赏、领会以及体味。这种潜在的精神内涵能否变成现实的经济和社会利益，既取决于水浒文学遗产旅游资源自身的精神内涵，又取决于该文学遗产资源的开发者对此精神内涵的理解和阐释，同时游客对该种精神内涵的认知也是重要因素。

（二）文学文本与民间习俗相融的属性带来娱乐和参与的功能，从而产生社会价值

《水浒》有着广泛的阅读群体，这一群体遍布世界各地，有华人的地方就有人阅读《水浒》。《水浒》本身巨大的影响力和吸引力，为水浒文学遗产旅游资源的开发提供了绝佳的文化资源背景。《水浒》已经名扬天下，所以《水浒》故事的发源地理应名扬天下。从人类学的角度来看，文化不仅仅是文化中心或者旅游吸引物，让当地人表演一些宗教仪式、典礼或者舞蹈，文化的更丰富的含义在于这些活动与许多不为人们所熟知的传统习俗密切相关，也是当地居民生活的一部分。民俗风情展示或者歌舞竞技表演可以满足旅客由"静"到"动"的多样化心理需求，通过旅游文化内涵的动态展示，吸引游客消费向纵深发展。水浒曲艺戏剧、水浒歌舞、水浒武术及部分民间游艺文化资源都是水浒文学遗产旅游资源的组成部分。梁山、东平、阳谷、郓城四县的旅游活动比较丰富，像水浒文化展示、四大门派武术表演、舞龙、舞狮、斗鸡、斗羊、渔鼓、莲花落等传统民间艺术展演等活动，得到了广大游客的喜爱。尤其是梁山景区的威风锣鼓表演，与传统锣鼓的不同之处在于其庞大气势和凛凛威风，营造出一种"英雄齐聚、豪情满天"的氛围，非常震撼人心。这一系列表演活动充满着浓郁的水浒文化与民俗文化特色，彰显着水浒故里的魅力。通过这些活动，游客还能充分地感受到山东人民勤劳简朴、重情好义、粗犷豪放等人格特质，具有重要的社会学价值。

（三）主体景观与辅助景观相融的属性带来景区互补的功能，从而产生经济效益

由于自然条件和自然环境的地域分异规律作用及各地区历史文化背景的不

同，旅游资源的分布具有不可移动性、地区差异性的特点。山东省梁山、东平、阳谷、郓城四县在水浒文学遗产旅游的资源数量、结构、质量、分布上也不一致，因此，区域之间的水浒文学遗产旅游资源具有互补性。梁山因为梁山大寨的存在理应成为主体景观。因为一部《水浒》主要的活动中心及具有标志性和象征性的地名就是梁山，而东平、阳谷、郓城也存在着各种与水浒有关的遗址。梁山有多处真实反映水浒故事的文化遗址与场景，根据《水浒》的描写，梁山在原址上先后修复了水浒寨、忠义堂、石碣亭、黑风口、断金亭、宋江马道、宋江井、练武场、莲花台、问礼堂、杏花村、环山河、陈列馆等景点，并塑有形象逼真的《水浒传》作者施耐庵雕像、水浒人物石雕群、36天罡彩色玻璃钢塑像和127平方米的大型唐三彩壁画《水浒英雄聚义图》。阳谷则以"景阳冈武松打虎"、狮子楼为主要旅游吸引物，而东平和郓城分别以历史上有名的"八百里梁山水泊"唯一遗存水域和宋江家乡成为水浒文学遗产旅游资源的重要补充。梁山、东平、阳谷、郓城四县既具有区域互补性，又有全区相对一致性，都是以《水浒》为依托的景观资源，也就是说这四个区县共同拥有水浒文学遗产旅游资源的一部分实体。因此，在共同的主题（水浒故事旅游）背景下，四县区的旅游资源存在一定程度的差异性，游客游览了一个旅游地之后还有去另一个旅游地的欲望与可能。所以，这些相邻的区域因为共同拥有水浒文学遗产旅游资源应该成为联合的对象，需要合作开发资源，共同管理资源。如果为了各自利益，各方互不妥协，不愿意达成合作，最终将导致水浒文学遗产旅游资源的破坏。一旦出现这种局面，对政府、旅游业、游客都是有害无利的，对于水浒文学遗产旅游资源的开发和保护也是不利的。因此，应该由不自觉到自觉，由不积极到主动，最终形成水浒文学遗产旅游资源合作开发的内在动力机制，从而带动山东梁山等四县及鲁西南地区的经济发展，进而产生良好的经济效益，让水浒文学遗产旅游成为当地拉动经济增长的支柱产业。

三、水浒文学遗产旅游开发的路径选择

水浒文学遗产旅游资源的开发，必须突破行政区域界限，保有其在自然禀赋以及文化内涵上的连续性和完整性。水浒文学遗产旅游是集自然景观、历史人文景观和人造景观三者于一身的旅游项目。水浒文学遗产旅游资源不仅包括自然旅游资源和人文旅游资源，而且还包括人力资源、资金和信息资源。梁

山、东平、阳谷、郓城四区县的联合，可以使各个景点在更大范围内利用、调配旅游资源、人力资源、资金资源和信息资源，能够增加水浒文学遗产旅游产品的种类和延伸水浒文学遗产旅游产业链，有利于水浒文学遗产旅游实力的壮大。

对于水浒文学遗产旅游的开发必须从整体战略的高度把握文化、经济一体化的本质特征和规律，必须充分挖掘整理在水浒旅游自然景观和物理空间背后所隐藏的人文内涵和文化意蕴，这样才能真正彰显水浒文学遗产旅游的核心价值，带给旅游者良好的感官体验和精神享受。因此，针对水浒文学遗产旅游的开发应该是一种内涵式的集合型开发模式，即采用一些新的手段，对现有的各种水浒文学遗产资源进行新的挖掘，集中包装、提炼，采用人造景观的方式比拟再现《水浒》，包括各种与水浒有关的文化体验活动，增加和游客的互动性，借此提高对水浒文学遗产旅游资源的开发深度和利用效益。也就是说，在水浒文学遗产旅游开发的过程中，要采用先进的科学技术，使水浒文学遗产具有更新的、更丰富的表现形式和内涵，在继承和传扬水浒精神、水浒文化的同时，创造出新的文化意境和文化内容，使水浒文学遗产旅游资源获得进一步的拓展和提升。

采用内涵式的集合型开发模式，对于水浒文学遗产旅游资源的开发可能会出现另一个方面的问题，即水浒文化的异化问题。采用内涵式的集合型开发模式是要提高水浒文学遗产资源的利用效率，而不是改变水浒文学遗产的精神内涵，因此，必须保有水浒文化的原真性。对于水浒文学遗产旅游资源开发的同时也应该是一种积极有效的保护，即一方面使水浒文学遗产旅游资源得到有效保护，另一方面又能充分发挥经济效益，把水浒文学遗产旅游资源优势转变为产业优势和经济优势。所以，从某种意义上说，只有在开发利用过程中进行保护，才可能是最有效的保护。

第七篇
中财大文创

第一章　"文创+黄酒"联合大作业项目成果展示

近年来，中央财经大学文化与传媒学院在学校的支持和指导下，全面推进创意创业人才培养计划（以下简称"双创计划"），构建两课堂融合、三层联动、多学科交叉的双创育才模式。建设集大学生创新训练与创意实践、创业文化培育与综合素养培养、创意指导与创业服务于一体的高水平创新创业育人平台，进一步创新人才培养模式，大力提升大学生创意和创业能力。

"文创+黄酒"联合大作业项目是中央财经大学文化与传媒学院"双创计划"中的重要成果。"文创+黄酒"联合大作业项目整合了文化与传媒学院汉语言文学、新闻学、文化产业管理、广告学、视觉传达设计、书法学六个专业资源，发挥学科优势，开展实践育人，旨在打造出一条全新挖掘黄酒文化、黄酒品牌市场调研与营销、黄酒品牌推广、黄酒包装设计、黄酒容器造型设计、黄酒文化微电影和黄酒市场投融资的完整、自循环产业链。以下从黄酒的考据、产品定位、市场调研和产品设计几个方面介绍"文创+黄酒"联合大作业项目成果。

一、谢村黄酒介绍

谢村黄酒是我国传统名牌佳酿，是中国北派黄酒的杰出代表，并素有"南有绍兴加饭，北有谢村黄酒"之誉说。它获得的主要荣誉有：陕西名牌产品、陕西省著名商标、中华老字号、中国保健补酒、中国行业名牌产品、入选陕西省第一批非物质文化遗产重点保护名录。

回顾历史，可以清晰地发现，谢村黄酒之所以能延续、传承数百年而不断发扬光大，这不但与它卓越的品质有着直接的关系，而且更与它所传承和弘扬的孝道文化有着密切的联系。在《谢村桥的传说》和《谢村黄酒的来历》的典故中，小孙子为了救爷爷，向爹娘下跪，儿子儿媳良心发现，善从心生向老父亲认错，并从此悉心照料体弱多病的父亲，尽心尽孝，还酿制了谢村黄酒为父亲治好了病。在典故中，是小孙子的孝心唤醒了儿子儿媳的孝道，是儿子儿媳的孝道之心，激励他们酿制、发明了谢村黄酒，并治好了父亲的病。他们还把谢村黄酒的酿酒技艺传承到乡里，最终形成了浓厚的酿酒和崇孝之风，并一直延续至今。

二、酒史咀华①

本报告主要参考文献包括《中国酒史》（王赛时，2010)②、《中国酒文化概论》（徐兴海，2010)③、《中国酒及酒文化概论》（张文学、谢明，2010)④、《酒史与酒文化研究》（孙家洲、马里清，2012)⑤、《中国酒文化》（李争平，2007)⑥、《酒经译注》（宋一明、李明，2010)⑦。另有《说文新证》（季旭升，2002)⑧ 是文字学上的参考。在这些酒史和酒文化的著作中，王赛时《中国酒史》是最严谨和详明的作品，也是本报告最主要的参考文献，本报告大部分内容抄自此书。

（一）酒在古代文化中的地位

酒在中国古代有着重要的历史和文化地位。《左传·成公十三年》曰："国之大事，在祀与戎（国家的大事，在祭祀和军队）"，而祭祀离不开酒。《说文·丌部》曰："奠，置祭也"。"奠"字由"酋、丌"两个部件构成，"丌"是祭奠用的"荐（垫子）"⑨，而"酋"则是"绎酒（酿造过程花费时间比较长的酒）"。从"奠"字的构成，足见酒在祭祀的过程中有不可替代的作用。

酒也是人们生活中不可或缺的一种"饮料"。"酉"是"酒"字的初文⑩。《说文》共收汉字九千多个，其中"酉"部下就有 73 个汉字，这些汉字基本都与酒有关。在这些汉字中还包括"医"字，足见古酒应用之广泛。若再加上不在酉部，但与酒密切相关的汉字（如酋、尊、鬯、鬰等），大概得有近百

---

① 本部分为曾南逸老师收集整理。
② 王赛时：《中国酒史》，山东大学出版社 2010 年版。
③ 徐兴海：《中国酒文化概论》，中国轻工业出版社 2010 年版。
④ 张文学、谢明：《中国酒及酒文化概论》，四川大学出版社 2010 年版。
⑤ 孙家洲、马里清：《酒史与酒文化研究》，社会科学文献出版社 2012 年版。
⑥ 李争平：《中国酒文化》，时事出版社 2007 年版。
⑦ 宋一明、李明：《酒经译注》，上海古籍出版社 2010 年版。
⑧ 季旭升：《说文新证》，艺文印书馆（台北）2002 年版。
⑨ 季旭升：《说文新证》，福建人民出版社 2002 年版。
⑩ 后"酉"因常假借为地支名，故加水旁成"酒"以示区别。"酉"同时也表示酒坛，甲骨文容器和所盛物常常同名（季旭升，2002）。

个，占到《说文》汉字的百分之一强。上古时期，大抵一个汉字是一个词，这近百个汉字就代表着日常生活中与酒相关的近百个常用词汇，可见酒在人们生活中的重要性。

此外，关于酒的记载，在五经之中，往往可见。《周书》有《酒诰》，为周公所作，是中国最早的禁酒令。《周礼·天官》载有"酒正、酒人"，都是与制酒直接相关的官吏。《仪礼》有《乡饮酒礼》，《礼记》有《乡饮酒义》，都是专门记载饮酒礼节的文字，也可以帮助我们窥见酒在古代生活中的地位。

（二）黄酒在中国酒中的地位

除了配制酒之外，现代中国人常喝的酒有葡萄酒、啤酒、白酒（烧酒）和黄酒四种。

葡萄酒虽然历史悠久，但葡萄自汉代才从西域进入汉地，葡萄酒的酿造技术则更晚，直到唐太宗灭高昌国之后才传入内地①。

啤酒则更晚，到近代才传入中国，虽有学者认为中国古代业已失传的"醴"是一种和啤酒非常接近的饮料②，但"醴"和啤酒的制作工艺毕竟相差太远③，不可混为一谈④。

现代白酒古称"烧酒"。李时珍《本草纲目》曰："烧酒非古法也，自元时始创。其法用浓酒和糟，蒸令气上，用器承取滴露。凡酸坏之酒，皆可蒸烧也。"目前没有确切的证据显示元代之前就有"烧酒"，加上李时珍的记载，基本可以确认白酒是元代才产生的。"烧酒"的产生源于蒙古人蒸馏奶酒的方法随着蒙古人的统治传入汉地（按：蒙古人的蒸馏法是二手的，来自欧洲蒸馏葡萄酒的方法），汉人以此技术改进，试蒸谷物酒而获得成功。

而与上述三种酒不同的是，黄酒是在中国产生和发展形成的最早的酒类。

（三）何为黄酒

黄酒是指用谷物酿制而成的发酵酒，其颜色呈黄色、红色或赤黄色、棕黄色。英语一般通用"Rice Wine"（而不是 Yellow Wine）来翻译"黄酒"一词⑤。

---

① ④　王赛时：《中国酒史》，山东大学出版社 2010 年版。

②　徐兴海：《中国酒文化概论》，中国轻工业出版社 2010 年版；张文学、谢明：《中国酒及酒文化概论》，四川大学出版社 2010 年版；李争平：《中国酒文化》，时事出版社 2007 年版。

③　醴以发芽的谷物作酒曲发酵；啤酒则是以发芽的麦子糖化并制麦汁作为原料发酵。二者虽然都使用了发芽的谷物，但原料和工艺却明显不同。

⑤　李争平：《中国酒文化》，时事出版社 2007 年版。

不过，关于黄酒的产生，有两种观点：一种观点认为至晚 5000 年前就已出现，另一种观点则认为黄酒到唐宋代才出现，元代才"完成历史性的飞跃，进入完美阶段"①。这两种说法其实并不冲突，它为我们阐明一个事实，就是使用谷物酿制的酒在中国早已出现，但接近现代意义的黄酒到唐宋以后才出现，元代才发展成熟。所以我们不妨把唐宋之前的黄酒称为早期黄酒，元之后的黄酒称为现代黄酒。早期黄酒大概可分为清酒、浊酒两类，其颜色以绿为主，鲜有红黄；现代黄酒以黄色、红色为基色，其上品都属于清酒。元以后浊酒虽仍并行存在，但已不是主流。

（四）华夏地区的作物局限与黄酒的产生

酿酒有两种方式：一种是单一发酵，原料主要有含糖果实、蜂蜜、兽乳以及某些植物的汁液。这些原料含糖较高，易于滋生天然酵母菌，使糖发酵成菌，不须人工干预。另一种方式是复式发酵，原料是谷物，谷物的主要成分是淀粉，淀粉不能直接发酵成为酒，必须先由霉菌将淀粉分解成为糖类，糖类再由酵母发酵成为酒，因此在这个过程中必须由霉菌和酵母共同起作用。

华夏古文明发源于黄河流域，这一带不出产葡萄这样易于酿酒的含糖果实；农垦的拓展逐渐压缩了畜牧业的空间，兽乳的产量及使用范围都很有限；含糖植物汁液多产于亚热带以南地区。因此，黄河流域缺乏可能剩余被用来造酒的含糖量较高的原料，在这个区域要酿造出酒，只有通过复式发酵才能实现。

华夏先民经过长期的探索，制作出可以使谷物糖化并进一步酒化的霉菌——酵母菌复合培养物——曲蘖（蘖音孽）。这种人工合成的曲蘖，不仅含有能够糖化淀粉的根霉、曲霉、毛霉，而且还含有酒化作用的酵母，可使谷物酿酒需要的糖化、酒化两个过程一起完成。

曲蘖制作与复式发酵是我国独一无二的伟大发明，在世界酿酒科技史上占有重要的地位。

曲蘖又可分为曲和蘖，《尚书·说命下》曰："若作酒醴，尔惟曲蘖。"《说文·米部》曰："籟（曲），酒母也；蘖，牙米也。"曲的发酵力较强，能使谷物糖化并充分酒化，用曲酿造出的成品酒精度较高，先秦称为"酒"；蘖的发酵力较弱，虽能使谷物充分糖化，但酒化力不强，其酿造成品酒精度较低，称为"醴"。"醴"在魏晋以后逐渐失传（《天工开物》："后世厌醴味薄，

---

① 王赛时：《中国酒史》，山东大学出版社 2010 年版。

遂至失传，则并蘖法亦亡"）。

华夏文明何时发明谷物发酵？这个问题也有争议。比较严谨的解释是，大约不晚于 5000 年前。1979 年在山东莒县大汶口文化晚期墓葬出土了一套酿酒酒具，这是目前出土最早的比较明显与制酒相关的文物。说明华夏先民在约 4800 年前就已经学会了用谷物酿酒。4800 年前这种用谷物酿造的酒，当然属于 "Rice Wine"，是早期黄酒最初的原貌。

（五）先秦的酒

《尚书·夏书》的部分，目前尚不能证明是夏代作品。因此，夏代也没有留下任何关于酒的直接记载，暂时也没有出土文物可供我们了解相关的信息。

商代有《商书》传世，加之出土的甲骨文，可以帮助我们窥知商代酒文化的信息。从记载来看，商代豊（醴）、酒都已出现，同时还出现了鬯（音畅）。根据周以后的记载，鬯应该是一种配制香酒，它在祭祀中有重要地位。《说文》曰"鬯，以秬酿郁草，芬芳条畅，以降神也（大义是：鬯，用黑黍酿酒，加入郁金香草，芬芳四溢，用来吸引神明下凡接受祝祷）。"除了传世文献之外，商代还出土陶瓮，中有酵母 8.5 公斤，或为酒曲；同时在安阳和鹿邑两度出土古酒。其中鹿邑出土的古酒呈淡黄色，尚有浓郁的酒香，虽然它现在的状态不是三千多年前酒的原样，但这应该是我们可以看到的最早的黄酒。

到了周代，酒在华夏文化中已经有着不可动摇的地位。如前所述，周代既有大量的祭祀用酒和饮酒礼仪的记载，国家还出现了控制饮酒的政策，限于篇幅，暂不赘述。同时，《诗经》中也屡屡提到谷物收成有一个用途就是酿酒，如"我黍与与，我稷翼翼。我仓既盈，我庾维亿。以为酒食，以享以祀（《小雅·楚茨》）"；又如"八月剥枣，十月获稻。为此春酒，以介眉寿（豳风·七月）"。

周代有酒正，负责酿酒用酒。《周礼·天官冢宰》曰："酒正，掌酒之政令，以式法授酒材。凡为公酒，亦如之。辨五齐（音剂）之名：一曰泛齐，二曰醴齐，三曰盎齐，四曰缇齐，五曰沈齐。辨三酒之物，一曰事酒，二曰昔酒，三曰清酒。辨四饮之物，一曰清，二曰医，三曰浆，四曰酏。掌其厚薄之齐，以共王之四饮三酒之馔，及后、世子之饮与其酒。"从汉末人郑玄的注看来"五齐"是五种不同形态的酿造酒[1]，其中的"缇齐"郑注曰"缇者成红赤"，若诚

---

[1]　亦有学者认为是酿酒的五个过程（张文学、谢明，2010）。

如郑注所言，周代可能已经发明了红曲，而红色的酒与现在黄酒的颜色已经接近①；而"沈齐"则反映周人已经掌握了一些使酒澄清的技术。而"三酒"中的"事酒（有事而饮）、昔酒（酿好供平时引用）、清酒（祭祀用酒）"其用途不同，酒度依次增高，其中"清酒"酝酿时间最长，酒度最高，质量最好。

周代的酿酒的品种丰富还体现在以下几点：①周代典籍常见"酎（音宙）"字，意思是重酿酒，这说明周人开始掌握重酿酒的技术。重酿的意思是在已处于发酵过程中的酒醅中再加入成品酒，借以增强酒的发酵力，促使酒质优化。②除了酋之外，在吴楚一带出现瑶浆（加蜜酒）、桂浆（加桂皮酒）等配制酒。③周人使用不同的谷物酿造醴（稻醴、黍醴、粱醴，见《礼记·内则》）。

《礼记·月令》曰："乃命大酋，秫稻必齐（谷物原料一定精选），曲蘖必时（曲蘖达到最高发酵力），湛炽必洁（加工过程必须清洁），水泉必香（酿造用水必须优质），陶器必良（陶器必须优良），火齐必得（酿酒过程温度控制必须得当）。兼用六物，大酋监之，毋有差忒"这说明周代酿酒工艺已经达到了很高的水平。

（六）汉酒

汉代制曲工艺得到进一步提升，随着酒曲发酵能力的提高，酿出酒的度数也增加。汉代制曲，多以小麦为原料，培育出多种多样的麦曲。制曲有专门的曲室和工具，制曲时间比较长，要十日左右（到了北朝只需一两日）。同时，汉代的曲发酵能力还是有限的，起初所制曲用于酿酒时，"谷物：酒曲"要达到2：1的数量，到了汉末这个数被提升到了12：1的水平。

汉代制酒质量参差不齐，酒精度高的"淳酒"质量好，易于保存，低的"薄酒"极易酸变（《法言》："日昃不饮酒，酒必酸"）。酒精度低，所以常有饮酒过"石"的记载（韩延寿"饮酒石余"，于定国"饮酒至数石不乱"，卢植"能饮酒一石"）。

汉代的酒一般呈翠绿色，这是由当时酒曲霉菌的颜色决定的，这个酒色一直保持到唐宋时期。汉末出现九酝酒，这种酒采用连续投料的方法，分批追加原料，使发酵液体中始终保持足够的糖分，促使酵母菌充分培养。九酝酒甘香醇烈，曹操言此酒"差甘易饮"，并呈与汉献帝。

汉代酒名依谷物来源有稻酒、黍酒、秫酒；依配制香料有椒酒（加花椒）、

---

① 自此而后，至于隋代，似乎少有红色酒的记载，周人是否真正发明了红曲，尚待进一步研究。

桂酒（加桂皮）、柏酒（加柏叶）、菊花酒、百末旨酒（加各种花卉）。另有玄酒（官方祭祀用酒）、白醴（淡甜型酒）、竹叶（颜色最佳的绿酒）等名，各以其用途或酿造结果命名。

汉酒另有"清、白（浊）"之分，这种区分始于《礼记》（《内则》：酒，清、白）。白酒（浊酒）又称"醪、浊醪、白醪"，它的特点是酒液稠浊，酒精度偏低，成熟快而保存期短，不经过滤工序。清酒又称"醳酒"，特点是酿造时间长，酒精度高，酒液较清。相传，曹操曾禁酒，于是清酒、浊酒出现了有意思别称，《三国志·魏书·徐邈传》曰"平日醉客谓酒清者为圣人，浊者为贤人"。汉代的清酒、浊酒都是早期黄酒（或称为米酒），直到宋元，清酒、浊酒逐渐被现代黄酒所取代。

汉代有不少名酒，其中苍梧酒（产于今广西梧州）、宜城酒（产于今湖北宜城一带）、乌程若下酒（产于今浙江湖州）、中山酒（产于河北西部）、酃白酒、绿酃酒（产于湖南衡阳一带）。另有"齐公之清"、"关中白薄"、"清渚萦停"（见邹阳《酒赋》）、"会稽稻米清"（见《周礼注》）等。

（七）魏晋南北朝时期的酒

魏晋南北朝时期，酒业继续发展。北朝的《齐民要术》记载了10种制曲方法和43种酿酒方法。其中用神曲酿酒时，曲和谷物的比例可以达到1：30，达到了现代小曲（酿黄酒所用的一种曲）的水平。此时酿酒对季节和温度的把控要求进一步提高，酿酒用水则需经五次沸腾彻底杀菌。酿出的酒酒度比汉代有所提升。

除了酃酒、苍梧酒、乌程若下酒等汉时已有的名酒外，另有河东和江东两个地方盛产美酒。河东有河东酒、桑落酒、白堕酒，江东则有京口酒、曲阿酒（产于丹阳）、云阳酒（产于丹阳）、山阴甜酒（产于今绍兴）。

（八）唐酒

唐代红曲的使用逐渐增多[①]，红曲是一种高效的酒曲，以大米为原料，经接红曲霉素培养而成，含有红曲霉和酵母菌等微生物，具有很强的糖化力和酒精发酵力。唐人除用红曲酿酒，亦用以烹调。红曲酿出的酒液呈红色，唐诗常用"真珠红"、"红琥珀"等词来形容红曲酒。红曲的应用为早期黄酒（传统

---

① 前文言周代"缇齐"或已用红曲，但仍不确定。若周代无红曲，则红曲或至隋唐才产生。

米酒）转化为现代黄酒提供了条件①。同时唐代也已经出现了黄色的黄酒，所以唐诗中亦出现用"黄醅"、"黄花脂"来描述酒的颜色②。

不过有唐一代这种接近现代黄酒的红色或黄色的酒并不占主流。唐酒生产，仍以浊酒为主，唐诗中的"白醪、绿蚁"正是指此类酒。此外，清酒在唐代也有一定产量，但远低于浊酒，且无论清浊酒都以绿色为主。

唐代酿酒还有几点进步：①制曲加入中草药，以此增强酒曲的发酵力。②谷物发酵酒收酒之后，酒液里仍有大量微生物，易于酸变。唐人在其中加入石灰用来降低酒醪的酸度。③发酵酒成熟后，酒醪与酒糟混于一体，必须经过取酒的环节分离，唐人用糟床压榨或器具过滤的方法来分离二者，糟床压榨大概起于唐代。④唐人开始对生酒进行热处理（煮酒），既有高温沸点灭菌法，也有低温热处理（接近于巴氏灭菌法），这种热处理的目的是为了去除微生物，防止酸变。其中低温热处理的方法一般称"烧缸"，这种方法能够较好地保存酒的原味，避免高温破坏酒的味道。

唐代名酒，有继承自前代的宜城酒、乌程酒、桑落酒，也有一些新贵，包括宜春酒（今江西宜春）、郢州酒（今湖北钟祥一带）、剑南酒（蜀中）、乾和酒（今山西）、灵溪酒（今广东乐昌）、博罗酒（今广东博罗）、浔阳酒（今九江）、富平酒（今陕西富平）、鲁酒（今山东中南部）、新丰酒（长安）、虾蟆陵酒（长安）。

和汉人相比，唐人饮酒量降低，饮一斗以上为酒量佳者。唐斗为汉斗三倍，汉人饮酒过石，如此看来，唐酒的酒精度大概是汉酒的三倍左右。

唐代配制酒也大行其道，唐人饮酒有节令饮某一配制酒品的生活习惯。端午多饮艾酒、菖蒲酒；重阳饮茱萸酒、菊花酒；除夕、元旦（民国后所谓春节）饮屠苏酒。除此之外，唐人还常饮桂酒和松醪酒（以松脂、松节、松花、松叶配酿于酒中），后者属于滋补酒类。

（九）宋酒

随着酿酒技术的改进，宋酒甜度进一步降低，酒液变清，酒精度增高，宋人开始使用"劲"、"辣"等词来形容酒，而相比之下唐酒只能用"浓甘"来

---

① 现在闽浙两省仍有使用红曲来酿制的黄酒品种。
② 至于红曲怎么演变出制造黄酒的酒曲笔者还真没查到资料。不过黄酒中的黄色，是由于发酵过程中，糖类和氨基酸发生美德拉反应而产生的颜色，这种反应的条件大体可能需要制酒工艺提升之后才会出现。

形容。由于酒精度的提高，宋酒保存期明显延长。宋人酿出的优质酒已经初步完成了从早期黄酒向现代黄酒的过渡。

但宋人仍然大量饮用浊酒，只不过随着酿酒技术的改进，浊酒越来越清，与清酒不再泾渭分明。宋酒中，绿色酒仍很常见，但此时黄色、赤黄色、红色、赤黑色的酒已经开始大行其道，这几类以红黄为主色调的酒即属于现代黄酒。宋诗中以"鹅黄"、"琥珀"、"真珠红/珠红"、"鸡冠赤"、"猩血红"等词语来称道现代黄酒。

宋代酒业的进步与技术发展密切相关：①宋人在唐人的基础上积累了更多中草药入曲的经验。②在"合酵"（微生物扩大培养技术）上有了新的突破。③在煮酒上有了新的突破，采取隔水蒸煮，避免突然升温；同时诞生了蒸法、火迫法等热处理方法。

唐以前虽有专制酒器，但其大小随意性较大，且酒的计量多以升斗论。到了宋代，成品酒开始出现瓶装标准化售卖，成为流行趋势，并有了酒瓶回收制度。

宋酒中桂酒、松醪酒、菊花酒、竹叶酒（浅绿色清酒）仍大行其道，但与此同时还出现了新的配制酒——羊羔酒：以羊肉为配用原料而酿制的酒。同时，宋人还使用蜂蜜酿造蜜酒（不含谷物）。

宋代酒业发达，名酒的出产地几乎遍布于汉地。

（十）元明清酒

元代，黄色或红色系的酒在中国发酵酒中占据了主导地位，成为清酒的主要品种，往往被称为"黄酒"或"红酒"，绿色的酒逐渐退出历史舞台。此后，所谓"竹叶清（竹叶青）"酒开始专指人工配制的露酒，不再是绿色酒的代名词。但是，浊酒（白酒）在此后直至明清一直存在于民间。

元代仍然流行羊羔酒、松醪酒等配制酒。同时，随着西方蒸馏酒法经草原民族传入，谷物烧酒开始出现。不过"白酒"这个名称，直到明清，都依然属于浊酒，有些时候也指黄酒，但绝不用来指称烧酒。从某个角度来说，谷物烧酒（现代白酒）可以看作是黄酒的一个分支——当然前提是我们把谷物酒统称为黄酒。

明清时期，酒类与元代大概相似。北人酿黄酒，多以大黄米，南人则以糯米。北人饮酒，黄酒烧酒并多，康熙之后，烧酒饮用全面超过黄酒；南人则一直以饮用黄酒为主。南方还出现了"豆酒"，其法以绿豆为曲，糯米为原料，以绍兴和淮安两地豆酒最佳。

明清时，北方黄酒之时行者，河北有沧酒、易酒、涞酒、刁酒、浭酒；山西有桑落、蜡酒（前二者产地在太原）、襄陵酒；山东有济南秋露白酒、茌平丁块酒。

南方黄酒产量大于北方，名酒更多。江苏扬州、南京、镇江、苏州、无锡俱产美酒，其品种有雪酒、细酒、天泉酒、豨莶酒、五加皮酒、木瓜酒、蒿酒、枯陈酒、蜜淋檎酒、老坛酒、瓶酒、百花酒、竹叶酒、汴梁酒、惠泉酒、秋露白酒、三白酒。

浙江美酒则主要产于金华、湖州、绍兴。金华名品有三白酒、常酒、花露香酒、真珠酒、桃花酒、花曲酒、松花酒；湖州之名品则有白酒①、碧香清酒、三白酒、苕溪酒；绍兴则有状元红、加饭酒、善酿酒、花雕酒、女儿酒、薏苡酒、香雪酒、地黄酒、鲫鱼酒、豆酒（又名花露）。绍兴的状元红（下品）、加饭酒（中品）、善酿（上品）其实是大宗交易产品的三个类别，其质量依次为高；花雕酒其酒坛外加彩绘，为特种工艺装饰品，故名花雕；女儿酒"相传富家养女，初弥月，即开酿数坛，直至此女出门，即以其酒陪嫁（《浪迹续谈》）"②；薏苡酒、地黄酒、鲫鱼酒盖似豆酒，以薏苡、地黄、鲫鱼入曲，故而得名。明代金华酒名满天下，绍兴酒只是初有名气；至于清中期后，绍酒大行其道，金华酒走向没落。

明清时期，南北酒争艳。起初，北酒阵容强盛，名品众多；而后南酒逐渐占领全国市场，北酒体系瓦解。

三、产品定位③

在对黄酒市场、谢村黄酒产品及竞争者与目标消费者等多个层面进行调研之后，立足调研结果并通过与老师和其他专业同学的交流，确定了谢村黄酒的产品定位。在此次定位过程中，从产品特点、竞争者与市场状况以及目标消费者画像等角度出发，借助电通公司蜂窝模型工具提取核心要素，形成了产品定位方案，具体内容如下：

---

① 凡白酒、三白酒之名，盖初指浊酒，至于明清，江南一些著名的三白酒、白酒质量大大提升，已是清酒，属于现代黄酒。

② 富家嫁女以酒，其史虽久，但陈酿十余年或称女儿红者，盖明清之后始有。而好事者断章取义，谓女儿红起于晋代，是不知宋元之前，酒能陈酿数年已是好酒，若陈酿十数年，恐已经酸变。

③ 本部分由刘敬才、张磊、刘超、龚仪撰写，指导老师为黄可、宫丽颖老师。

（一）调研目的

立足前期调研，借助定位工具，形成谢村黄酒产品的差异化定位。

（二）调研时间

2017 年 3 月 20 日～2017 年 4 月。

（三）调研方法

在历时近一个月的产品定位过程中，本课题小组立足前期调研数据，充分分析产品特色以及市场与竞争者状况，并通过深度访谈法、内容分析法等方法寻找定位依据，之后借助电通公司蜂窝模型工具提取核心要素，在指导老师们的帮助下最终确定了谢村黄酒的产品定位。

（四）定位依据概述

在谢村黄酒产品定位之前，充分分析了之前龙驹传播所做过的课题案例，从中选取有效的定位思路，并结合自己所学知识，决定从产品特色、消费者需求、竞争者诉求三个角度寻找定位突破口。

1. 从产品、竞争者角度分析

产品：含有丰富氨基酸，具有美容抗衰老效用，且在消费者调研中也发现功效是消费者极为重视的诉求点。

竞争者：三大竞争者主打历史与地域元素，强调老字号概念，应避开竞争者的定位，突出自身特色，形成差异化定位，凸显自身优势。

2. 从消费者角度分析

根据前期总结的目标消费者心理图示，将谢村黄酒的主要消费者确认为关心家庭和家人的健康，顾家，重视生活品质；文艺范，旅游出行，爱生活，爱美食，爱自己的女性消费者。同时在消费习惯上，这部分人群对物美价廉的产品认同，偏向口感好的黄酒，在购买黄酒的原因方面，根据调研数据发现舒筋活血（75%）的提及率是最高的，其次是美容抗衰老（45%）。

3. 深访总结

在深访中，对年龄段在 25～45 岁之间的黄酒消费者进行了访问，根据受访者提供的信息，发现在江浙沪地区，黄酒消费者多为 45～55 岁之间中年男士，也有女士喝酒但比例偏少。农村地区饮酒者居多，城市偏少。中年男士喝酒者多看中黄酒古老历史和酿造技艺及口感（醇厚最佳），越古越好，有故乡情缘因素，女士喝酒多重口感。

通过对产品、竞争者与消费者的分析，发现当前竞争者对历史元素格外依赖，几乎所有的广告投放中均有历史元素在里面，而谢村黄酒产品的功效性尤其是氨基酸含量这一点是巨大的优势点，因此，本课题小组认为应避开竞争对手的定位策略，主打功效点，形成谢村黄酒的差异化定位。

（五）产品定位

结合电通公司的蜂窝模型（见图7-1），将产品等相关要素填入模型之中，并提取产品的核心要素，结合老师们的意见与我方前期调研结果，将核心要素定为氨基酸与美颜。

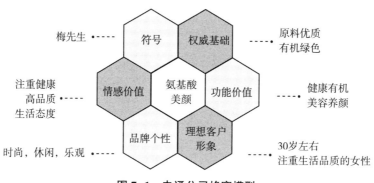

图7-1 电通公司蜂窝模型

因此，本课题小组总结定位方案为：①富含氨基酸的有机酒；②有机美颜酒。

此次谢村产品定位方案由广告系的10名同学共同完成，分别是广告14的刘敬才，广告15的张磊、刘超、龚仪、魏晓琳、李尤、徐思雯、朱乐宁，广告16的吴杰和宋岱美，10位同学充分利用自己的专业知识，借助诸多定位工具，立足前期调研，最后在老师们的指导下制定了谢村黄酒的定位方案。在这次联合大作业中，同学们进一步巩固了所学知识，提升了专业素养。

四、市场调研报告[①]

在广告系老师的指导下，本课题小组针对黄酒市场、谢村黄酒产品、谢村竞争者与目标消费者等多个层面展开调研，在历时两个月的调研中，本课题小组把握了黄酒市场的发展态势、了解了消费者消费心理与消费习惯，并立足于调研内容确定了此次策划案的目标受众。具体内容如下：

---

① 本部分由刘敬才、张磊、刘超、龚仪撰写，指导老师为黄可、宫丽颖老师。

（一）调研目的

此次谢村策划调研为多角度、有目的开展，具体目的如下：

第一，把握中国市场黄酒市场的营销现状，分析黄酒市场发展趋势与市场空白点。

第二，分析陕西秦洋长生酒业有限公司与其主打产品谢村黄酒的产品特色，掌握产品卖点。

第三，明确谢村黄酒品牌市场上的竞争者，分析竞争者诉求、目标人群及所做营销活动。

第四，了解消费者对黄酒产品的消费观念、购买习惯和购买关注点等，进而为谢村黄酒的产品定位与营销活动提供依据。

（二）调研时间

2017 年 2 月 25 日~2017 年 4 月。

（三）调研方法

此次调研活动主要是采取二手资料整理、内容分析法和深度访谈法，借由身边的黄酒饮用者了解其消费习惯，并结合企业方与中国产业信息网、艾瑞数据等网站提供的数据，解决第一部分提出的问题，实现调研目标。

（四）调研内容概述

1. 营销环境分析

在进行营销环境分析时，利用 PEST 分析模型，分别从政治、经济、社会和技术四个角度分析中国黄酒行业当前存在的问题，展现黄酒行业的现状。

（1）政治角度：政府大力支持黄酒发展。

1）2005 年颁布的《食品工业"十五"规划》明确指出积极发展黄酒产业。

2）2005 年在中国酿酒行业"十五"计划和 2015 年规划中指出："开发功能型、保健型黄酒新品种；深化企业改革，提高职工素质，节约粮食，提高效益，促进我国黄酒行业健康发展。"

3）税收优惠：黄酒行业是酿酒行业中消费税负担最轻的子行业。

（2）经济角度：消费力提升，酒类消费大众化。

1）人均收入的提高以及对生活品质的追求，普通大众人群成为酒类消费的主力军。

2）黄酒产品价格偏低，属于大众消费产品。

（3）社会角度：健康理念日益受到重视，饮酒观念发生转变。

1）中国拥有悠久的酒文化，酒已经成为人们日常消费、社交、娱乐的重要组成部分。

2）健康理念日益受重视，越来越多的人转向饮用低度酒。

（4）技术角度。

1）黄酒行业在技术方面要求较低，但是技术监管日趋严格。

2）酒类电商模式发展，O2O 模式逐渐成型。

总体来说，我国黄酒企业的发展机遇与挑战并存，但可以肯定的是随着人们对健康的重视，高度酒会逐渐远离饭桌，而黄酒以其低度和养生属性会日益受到消费者重视，发展空间巨大。

2. 市场概况

（1）黄酒行业主营业务收入与利润额呈逐年增长的趋势。中投顾问发布的《2016~2020 年中国黄酒市场投资分析及前景预测报告》表示，黄酒行业主营业务收入绝对额呈逐年增长的趋势，2014 年主营业务收入达到 158.56 亿元，2009~2011 年，行业营收增速随着经济的高速增长逐年增加，市场规模稳步扩大，黄酒行业主营业务收入与利润额呈逐年增长的趋势（见图 7-2）。

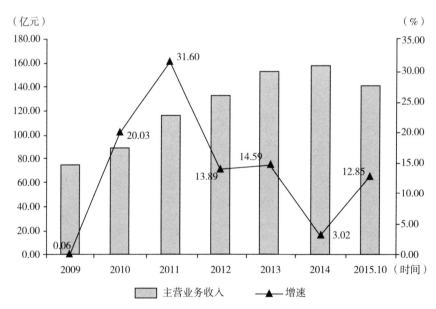

图 7-2　2009~2015 年黄酒行业的主营业务收入及增速

资料来源：国家统计局。

（2）黄酒营收与利润位于四大酒种之末，但增长空间巨大。根据中国产业信息网的数据，黄酒行业营收和利润规模在四大酒种中居最末，占比不足2%。相比其他酒种，特别是白酒，黄酒行业营收和利润规模较小，2014年黄酒行业整体营收为158.6亿元，远低于白酒行业5258.9亿元的市场规模，占酒类总营收比重仅为1.8%；2014年黄酒行业利润总额为16.9亿元，远小于白酒行业698.7亿元的利润，占酒类总利润比重仅为1.7%。虽现阶段发展受阻，但作为中国的古老酒种，其发展空间依然巨大。

（3）黄酒消费的地域性显著（见表7-1），市场集中于苏、浙、沪市场，古越龙山、金枫酒业、会稽山三家企业呈三足鼎立之势，但目前缺少市场领导者，欠缺具备绝对实力的大品牌。这无疑为谢村黄酒的发展提供了较好的市场基础。

表7-1　黄酒消费重点区域与市场销售数据

重点区域	区域市场销售收入（亿元）	占全行业市场份额（%）
浙江绍兴	77.19	35
上海	35.9	16.3
江苏	23.82	10.8
福建	12.3	5.6
山东	45.7	20.7
安徽、湖南等其他地区	25.66	11.6
全国黄酒行业	220.57	100

资料来源：2010~2011年中国黄酒市场发展研究报告（中国市场调查研究中心）。

3. 产品与企业分析

（1）产品简介：中华老字号黄酒品牌。谢村黄酒选用世界珍禽朱鹮栖息地的上等糯米为原料，采用秦巴山区18种植物特制而成的秘方麦药曲（正在申报国家专利），经浸米、蒸饭、摊凉、拌曲、陈贮等三十多道工序精酿而成。手酿珍品、典藏、十五年、五年谢村花雕、十全十美、五谷丰登等谢村黄酒色似琥珀、芬芳清怡、怡雅柔和、回味悠长，不加色自黄，不加香自香，不加糖自甜，无任何防腐剂，营养丰富，是纯天然的绿色食品，是历代军、政、商界及文坛名流饮用馈赠之佳品，作为珍贵的民族遗产被世人所推崇，被誉为"液体蛋糕"。

产品特色鲜明，在调研中我们发现其最突出的特点是含有丰富的氨基酸。黄酒的主要成分除乙醇和水外，还含有 18 种氨基酸，其中有 8 种是人体自身不能合成而又必需的。这 8 种氨基酸，在黄酒中的含量比同量啤酒、葡萄酒多一至数倍。"谢村桥"牌谢村黄酒是我国的传统名牌佳酿，历来为北方黄酒的总代表。产品以药曲发酵，纯粮精酿，饮用、药用、料用效果俱佳，氨基酸含量高达 11563.66 毫克/升，居各类酿造酒之首。

（2）产品类别与价格。陕西秦洋长生酒业有限公司秉承"敢为人先，挑战自我，追求卓越"的企业精神和"顾客至上、诚信为本"的经营理念，积极实施名牌战略，精心打造百年经典品牌，走质量效益型道路，竭力为社会奉献"绿色、安全、优质"的产品，现已形成"秦洋"牌古秦洋酒、"谢村桥"牌谢村黄酒等四大系列九十多个品种。

在进行产品调研时，小组成员登录诸多黄酒招商网站，查询了谢村黄酒产品与其报价，发现产品层次鲜明，覆盖低端、中端和高端产品，价格在 40~1000 元之间，价格区间巨大，且主要针对中低端消费者。

（3）产品质量。陕西秦洋长生酒业有限公司的主导品牌"谢村桥"牌谢村黄酒、"秦洋"牌古秦洋酒被商务部认定为"中华老字号"；"秦洋"、"谢村桥"牌系列产品被评为"陕西省名牌"和"中国行业名牌"产品；"秦洋"牌、"谢村桥"牌商标被认定为"陕西省著名商标"；谢村黄酒酿造技艺入选陕西省第一批"非物质文化遗产"保护重点名录；谢村黄酒糯米基地及谢村黄酒产品通过了西北农林科技大学认证中心有机认证。

（4）公司简介。陕西秦洋长生酒业有限公司创建于 1956 年，公司注册资本 5000 万元，公司资产总额 38651 万元，产品目前处在成熟期。企业发展较为迅速，谢村黄酒以其独特的口感和醇香在西北地区具有典型的代表性，被北方广大消费者认可，被誉为"液体蛋糕"。品牌知名度在陕西省及西北地区名列前茅，是中国黄酒行业中的一个优秀品牌。

4. 竞争者分析

国内的黄酒企业数量较多，但受地缘性因素制约，多数企业局限于当地市场，未能进一步发展，加上自身规模因素堪称全国性的黄酒品牌更是少之又少。因此竞争者在全国范围内数量较多，不过面向全国市场进行销售的企业较少，综合企业产品与企业影响力等诸多因素，本课题小组选择古越龙山、金枫酒业、会稽山三个企业作为谢村黄酒的主要竞争对手，并进行了相关分析，在比较三者的品牌定位、销售渠道、目标市场和传播手段后得出以下结论，如表7-2所示。

表7-2　主要竞争者对比

品牌	品牌定位	销售渠道	目标市场	传播手段
古越龙山	国酿 国端	覆盖全国， 国内最大 线上团购	江浙沪黄酒主力 消费区， 涉足国际市场	中外交流 代言人 选择感性诉求
金枫酒业	上海味道	线下为主， 线上渠道完善	上海市场 中老年男性	突出上海味道 感性诉求
会稽山	绍兴人爱喝的 绍兴黄酒	全国铺货，走向国外	目标受众大众化， 中低档较多	宣传较少， 更新周期长

同时，在调研中发现当前谢村黄酒主要的传播手段可分为线下、线上两种，线上为招商网站、自媒体微信公众号传播，线下主要是采用促销、地推等手段。与竞争对手相比，其传播问题明显，可总结如下：

第一，途径单一，通过经销网站和门店宣传手段。

第二，受众面窄，仅仅针对愿意主动搜索的经销商和现有消费者。

第三，知名度低。

5. 消费者洞察

在将市场、竞争者、产品与企业进行分析的同时，课题小组成员也对消费者进行了有针对性的调研，通过深访和网络数据的收集分析，我们发现现有消费者以中年男性为主（男女差距不大），其多为中低收入人群，且黄酒消费的地域性明显，消费者多集中在华东和华南地区（见图7-3）。

除此之外，通过二手资料收集和深度访谈，本课题小组基本掌握了消费者的消费习惯，我们发现，在被问及购买黄酒产品的原因时，有75%的消费者选择舒筋活血，其次是美容抗衰老（45%），可见这两个因素是促成消费者购买的主要因素；而从产品自身角度出发，询问消费者的购买偏好时，消费者最关心的三个点分别是品牌（74%）、价格（64%）、口碑（64%），知名品牌的产品更容易吸引消费者。在产品关注点上，消费者相对更关注功效（59%）、酿酒工艺（56%）、年份（52%），这与进行深访所得出的结论基本相符，功能点是黄酒消费者，尤其是女性黄酒消费者十分重视的诉求点。

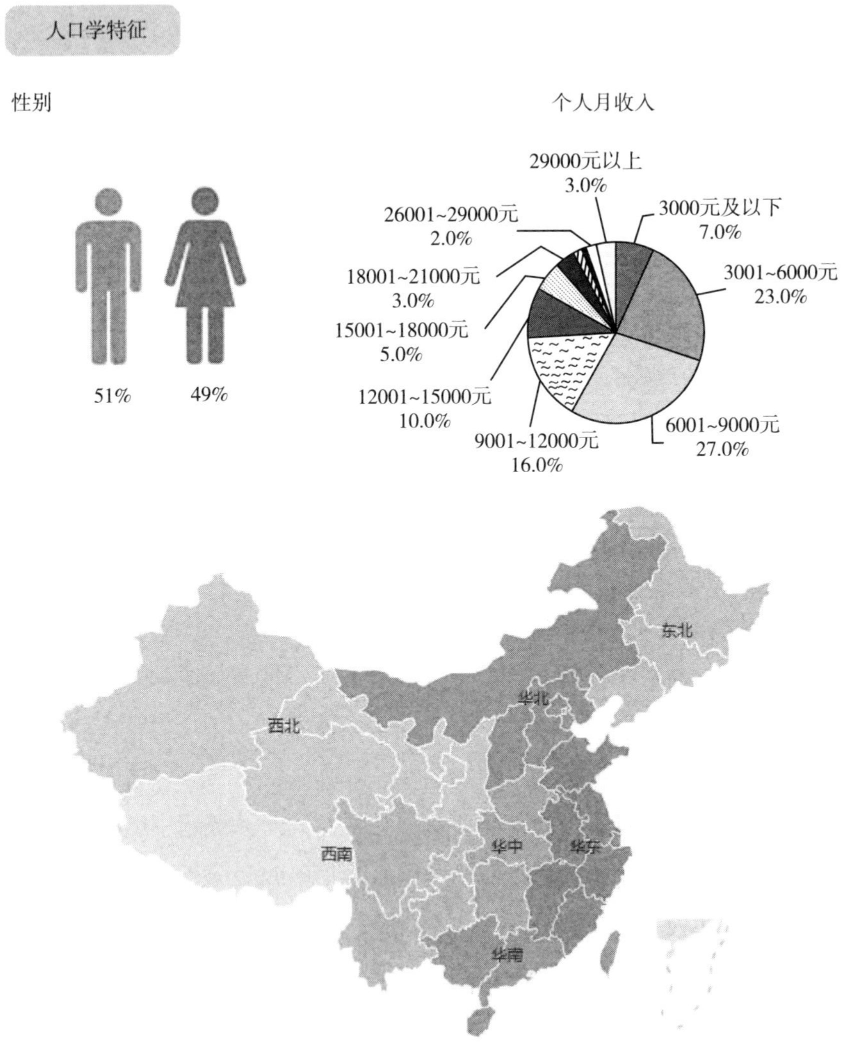

人口学特征

性别

个人月收入

51%   49%

图7-3　消费者人口统计特征与地域分布

资料来源：百度文库、百度指数。

在调研中我们发现，黄酒产品的消费呈现明显的季节性，消费时间以冬季为主，且消费者在消费时喜欢将黄酒进行适度加温，这也是黄酒最传统的饮法，这有助于黄酒中有害物质的挥发，减少黄酒对饮者身体的毒害。

6. 深访总结

在调研中，我们相信仅仅是二手资料的收集和分析是远远不够的，本课题小组成员为获得更加具有针对性的数据，对江浙沪地区的黄酒饮用者进行了深度访谈，年龄从 20 岁到 45 岁不等，在深访中，我们发现：

（1）黄酒消费者多为 45~55 岁之间的中年男士，也有女士喝的酒但比例偏少。农村地区饮黄酒者居多，城市偏少。中年男士喝酒者多看中黄酒古老历史和酿造技艺及口感（醇厚最佳），越古越好，有故乡情缘因素，女士喝酒多注重口感。

（2）黄酒可用于宴会，也可作为礼品送给老年人（一般包装讲究，坛装为主），也可作为料酒（多在北方）。但在调研中也发现消费者文化程度不一，区域差异偏向较大，不同地区的黄酒饮用习惯差异较大。

（3）对于黄酒加入新潮时尚因素，年轻人可能考虑，但中老年者可能不大愿意尝试。

（五）调研结论

在进行充分的调研和数据分析之后，从人口统计特征、心理图示、消费形态和生活形态来确认谢村产品的目标消费人群，从而为之后的产品定位、传播方案和媒介选择指明方向。

（1）人口统计特征角度：30~39 岁的女性人群；中高收入，花费也高，储蓄不高；接受过中高等教育。

（2）心理图示角度：关心家庭和家人的健康，重视生活品质；文艺范，旅游出行，爱生活美食，爱自己；社交渴望，晒图；理财，办公与教育。

（3）消费形态角度：对物美价廉的产品有认同；偏向口感好的黄酒；爱网购，注重品牌与体验。

（4）生活形态角度：饭后睡前，花 30 分钟跟时尚、明星"说 Hello"；对自己感兴趣的内容喜欢评论与转发，社交达人和咨询明星；陪伴家人，他们是日常生活的中心；网购，每天不逛淘宝都不适应。

此次谢村策划案课题小组由广告系三个年级的同学共同组成，分别是广告

14级的刘敬才，广告15级的张磊、刘超、龚仪、魏晓琳、李尤、徐思雯、朱乐宁，广告16级的吴杰和宋岱美，十位同学利用自己的专业知识，针对当前黄酒市场营销环境、企业与产品状况、消费者与竞争者状况进行了详细调查。在此次联合大作业中，广告系学生获得了与文化与传媒学院其他班级的同学共同交流的机会，可以说受益匪浅。

（六）附录

1. 深访整理

此次深访中的典型受访者有：

何女士，23岁，浙江绍兴人，普通上班族。

王同学，女，18岁，宁夏人，原籍为河南人，大学生。

李同学，男，20岁，浙江绍兴人，大学生。

郑女士，45岁，陕西西安人，初中教师。

2. 问卷数据

（1）购买原因。舒筋活血（75%）的提及率是最高的，其次是美容抗衰老（45%）（见图7-4）。

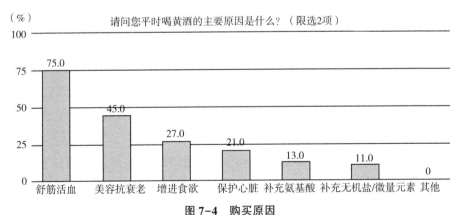

图7-4　购买原因

资料来源：豆丁网。

（2）购买偏好。产品本身特性（82%），其次是品牌（74%）、价格（64%）、口碑（64%）（见图7-5）。

请问您平时在选择黄酒时，主要看重的是哪些方面？（可多选）

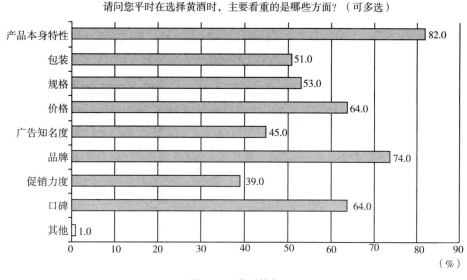

图 7-5　购买偏好

资料来源：豆丁网。

（3）产品关注点。消费者相对更关注功效（59%）、酿酒工艺（56%）、年份（52%）（见图 7-6）。

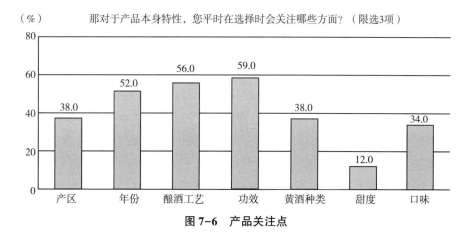

图 7-6　产品关注点

资料来源：豆丁网。

（4）消费时间。消费具有稳定的季节性，消费时间以冬季为主（见图 7-7）。

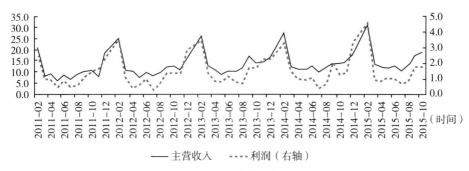

图 7-7　消费时间

资料来源：中国产业信息网。

五、设计成果

（一）作品一①

谢村黄酒产于陕西省汉中市洋县谢村镇。据《旧县志》说："洋民好饮食，平坝民多用糯米酿制黄酒，小村店必开酒馆或挑至村中卖之，男女沽之。"这表明，洋县人自古以来便喜爱喝黄酒。早在3000年前，这里就已经能够生产和饮用类似黄酒的东西了。

谢村黄酒与绍兴酒齐名。人称"南有绍兴加饭，北有谢村黄酒"。

不同节日有不同黄酒。新年迎春酒驱寒，端午苦艾酒避暑，中秋桂花酒暖身，重阳菊花酒醇厚，还有冬青黄酒因须用经霜冬青子为药合曲，色紫蓝，味郁香，曾为贡品。不少人家有祖传酿酒秘方，所酿黄酒各领。"无酒不为节"，是谢村镇人对自己的黄酒的夸耀；"不喝谢村酒，空往洋州走"，是外地人对谢村黄酒的赞美。历代文人墨客常以诗赞誉谢村黄酒："此酒只应皇家有，瑶池天宫量也无"（唐德宗李适）；"闻道池亭胜两川，应须烂醉答云烟，劝君多拣长腰米，消破亭中万斛泉"（宋代苏轼）。

1. Logo 设计灵感

由梅先生品牌引发设想，梅先生品牌气质：书卷气，文雅，传统与现代结合。借助中国园林的四瓣梅花形园林窗体现通透、娟秀的气质，赋予 Logo 打开眼睛看世界的寓意（见图7-8）。颜色选取为象征中国的红色使其在缩小时

① 出自李梦帆、张缙怡、高滢茜三位同学的设计，李静老师指导。

形似印章，体现文人气质。圆方线条的结合符合中国古时"天圆地方"的说法。Logo 主要突出梅字让用户记住"梅"先生。

图 7-8　梅先生 Logo

2. 容器造型灵感

设计灵感源自黄酒的酿造原料之一——糯米。细长的瓶形形似糯米又似花瓣。规格：20cm×8.5cm×6.5cm（底面椭圆方便手握）。净含量：500ml。

黄酒在酿造过程中会产生甲醇、甲醛等有害物质，只有将酒温加到60℃~70℃时这些有害物质才会挥发，而且温酒会使黄酒酒香更加浓郁，酒味儿更加温和。设计了一个温酒器和酒容器相结合的容器（见图7-9），但后来考虑到生产工艺困难等问题被暂时搁置了。

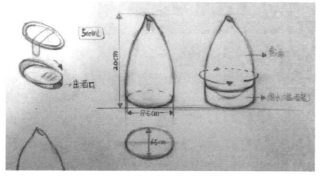

图 7-9　容器造型

3. 标签设计灵感

根据以上汉中酿酒的文化背景，我们以三种不同的酿酒方式加入的辅料和不同的功效或文化气质作为分类，分别为苦艾避暑酒、梅花迎春酒、菊花思乡酒。在酒签设计时加入植物的手绘元素，其他元素主要为文字，选用繁体字，增添书卷文人气质和汉中黄酒的历史悠久感（见图7-10至图7-13）。

图7-10 标签设计（1）

图 7-11　标签设计（2）

图 7-12　标签设计（3）

图 7-13　标签设计 (4)

（二）作品二①

1. 消费市场定位

根据前期调研我们了解到，黄酒属于发酵酒类，一般酒精的含量较低，贮存地点最好在阴凉、干燥的地方。0~40 周岁年龄段是黄酒消费主力群体，特别是中年消费者，这一部分消费者选择黄酒多半是养生的缘故，黄酒消费群体主要为男性，占七成比率，引用黄酒的女性一般大于饮用白酒的女性比率，作为一种低酒精度数的饮品，黄酒更受青睐。

因此，我们决定将本次消费市场的消费人群定位在中青年年龄段，包装设计走中性风，联想到大部分买黄酒的人除了自己喝就是用于送礼，所以我们决定在追求简洁的基础上进行精装、简装、成套系列外包装设计，在仍具有中国

---

① 出自翁百璇、夏雨柔两位同学的设计，李静老师指导。

元素的基础上将酒瓶外形进行一定的现代感改良，并注意其封存性。

2. 概念由来

唐有李白斗酒诗百篇，"人生得意须尽欢，莫使金樽空对月"。魏晋有刘伶醉卧竹林，"天生刘伶，以酒为名"；现有"梅先生"举樽对月，唯饮老酒吟作诗，我们将"梅先生"概念定位为一位来自汉中桃花村的潇洒喝酒诗人，在此基础上进行 Logo、包装及 VI 衍生品的设计。可谓"有好酒处必有好泉"，我们用云纹与字体的结合来表现"好水"的含义，设计出了文字 Logo，行云流水般的笔画走势更加体现了水元素特点（见图 7-14）。

图 7-14　梅先生概念定位和文字 Logo

3. 产品分类

此次分类采用最基础的酒颜色和酒香型进行系列产品分类，分成"青竹"及"琥珀"两个比较具有代表性且颜色差异较明显的黄酒种类。

琥珀，因其历史上酒坛外表涂成朱红色而得名。它是流传最广、产量最多、销量最大的一种绍兴酒。该酒酒液呈橙红色，透明，具有绍兴酒特有的脂香。元红酒酒度为 15 度以上，需陈化 1~3 年才能上市。青竹，即在黄酒中的元红酒中加入用高度糟烧浸取的当年采摘的嫩竹叶的色素配制而成，酒色浅绿，酒度为 15 度，属于黄酒中清淡的酒种。

4. 瓶型设计

瓶型整体最终采用较为传统古老的酒瓶形状，上半部通过注浆而成，下半部采用具有一定透明度和硬度的树脂制作而成，并可以作为烛台二次利用，使其在仍具有中国传统元素的基础上，将酒瓶外形进行突破，赋予一定的现代感（见图 7-15）。

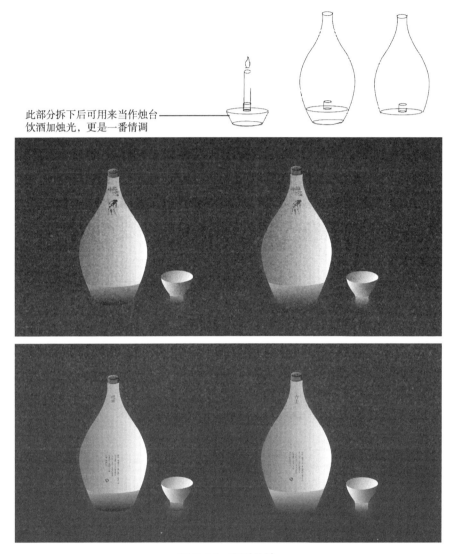

此部分拆下后可用来当作烛台——
饮酒加烛光，更是一番情调

图 7-15　瓶型设计

　　外包装采用裹布这一较为古朴的包装形式，内部绘制温酒过程图，可以平铺作为放置酒的桌布，进行二次利用，一方布，一烛台，一樽酒，体现了一种生活情调，一种如古代文人墨客般追求闲适生活的态度（见图 7-16 至图 7-21）。

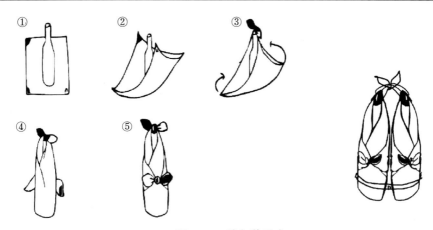

图 7-16　外包装形式

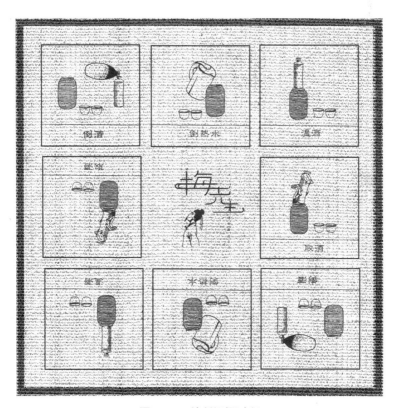

图 7-17　绘制温酒过程

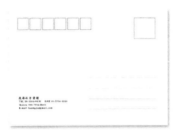

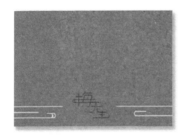

图 7-18　外包装（1）

图 7-19　外包装（2）

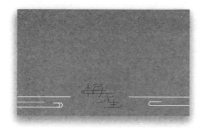

图 7-20　外包装（3）

图 7-21　外包装（4）

（三）作品三①

首先我们对陕西汉中的黄酒进行调研分析，然后进行词汇提取——中国特有、历史悠久、独一无二、原生态，接下来我们根据这些提取出来的词汇提出我们的概念。

1. 概念

（1）年轮。意义：年轮是木本植物的横切面上的同心轮纹。由于一年内季候不同，由形成层活动所增生的木质部构造也有差别。这两层木质部形成同心轮纹，根据轮纹，可推测树木年龄，以及树木生长过程的气候变化。

年轮的历史性：由于年轮具有记忆年份的价值，所以它经常被人们看作是衡量时间的东西，在一定程度上代表了历史性。由这一点我们刚好想到了黄酒的历史悠久的特点。

年轮与指纹：年轮和指纹看上去很相似，它们都代表了独一无二的个体，具有独特性这一象征意义，因此我们联想到黄酒的独特性（黄酒只是中国酒，在世界上都是独一无二的存在）。

年轮代表原生态：年轮即是木的年龄，与木有着不可分割的关联，木头象征着原生态，由此想到黄酒也是原生态的产物。不同的年轮的纹样具有随机变化的特征，线条粗细以及紧密程度有所区分，具有视觉上的不确定性之美感。

年轮纹样的随机性：不同的年轮的纹样具有随机变化的特征，线条粗细以及紧密程度有所区分，具有视觉上的不确定性之美感。同感来看，这点与黄酒的味道相符合，黄酒口感独特，一口下去包含了酸甜苦辣各种味觉。虽然一个是视觉方面，一个是味觉方面，但这正是两者相同的随机性。

（2）梯田与山丘。梯田的形态：在人们印象中陕西汉中地势多为丘陵，所以梯田较多，如图7-22所示，俯视时有一圈圈的纹理，这一点也符合我们年轮的概念。

山丘的形态：我们打算把瓶形设计为山丘的形态，一是表现陕西汉中地理特点，二是山丘的形状比较随机自然，更加符合我们开始的原生态理念。

梯田与山丘相结合：从俯视的角度看，像年轮一样，从视觉上这一点与我们一开始年轮的理念相吻合，不仅在外观上相似，而且结合了当地特色的地理

---

① 出自刘敏敏、黄子琦两位同学的设计，李静老师指导。

图 7-22　梯田

特征，给人以天然原生态的感觉。

（3）随机性。我们的包装设计中，所有的内容，包括瓶身的设计、瓶形的设计、Logo 的设计、周边纹样的设计，都表现了随机性。这一点是为了和黄酒的独特的口感相结合，因为黄酒喝下去的感受就是包含了酸甜苦辣各种滋味，具有随机性。

2. VI 设计

Logo 来源：年轮、指纹、山丘与梯田、水、大米的凹槽、梅先生的礼帽（见图 7-23）。

VI 设计：色彩是提取自黄酒本身的颜色，瓶签根据瓶身的形状（见图 7-24至图 7-29）。

图 7-23　Logo 来源

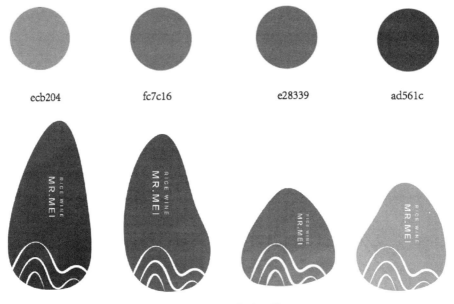

图 7-24 VI 色彩设计

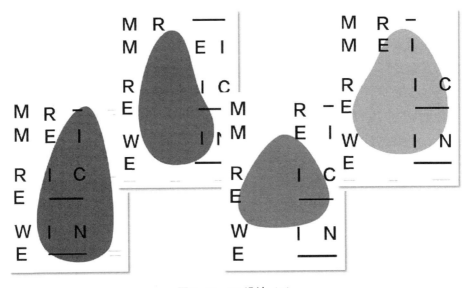

图 7-25 VI 设计（1）

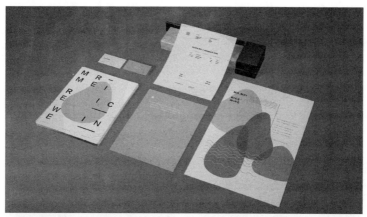

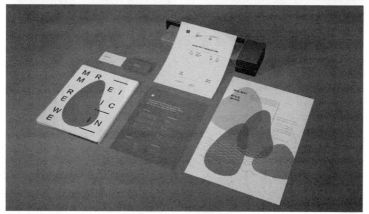

图 7-26　VI 设计（2）

图 7-27　VI 设计（3）

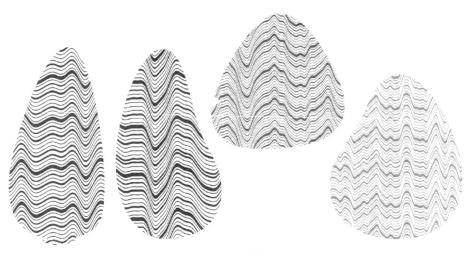

图 7-28　VI 设计（4）

图 7-29　VI 设计（5）

第二章　交互式纸本书籍的价值分析

——以《科学跑出来》丛书为例

王昭

（中央财经大学文化与传媒学院讲师）

随着时代的发展，传统纸本书籍市场面临着前所未有的挑战。重振、发展与创新出版业已经成为从业者们的重要使命。而无论是纸张的应用、装订的形式，还是版式设计、印刷工艺的突破越来越难，为书籍设计注入新的活力成为书籍设计从业者们的目标。随着新媒体交互设计的兴起，技术的不断进步，书籍设计有了新的突破，移动终端与纸本书籍的结合造就了全新的阅读形式，交互式纸本书籍就是其中的一种。在这些新的书籍形式中，新媒体技术的应用尤其是 AR（增强现实）技术的介入彻底改变了人们对"阅读"的认知，是书籍设计的一场革命。

一、交互式纸本书籍的概念界定

传统的纸本书籍以纸为媒介，具有线性阅读和单向信息传递的特征，展现内容上以静态文字和图片为主。而交互式纸本书籍则融入了新媒体交互设计，将动态性、互动性内容与纸本书籍中的内容结合的新阅读方式。交互式纸本书是由电子书发展而来的，结合了电子书与纸本书籍的各自优势，成为出版业新兴的设计方式。

目前交互式纸本书籍的发展方兴未艾，无论是国际市场还是国内市场，人们从未停止对交互纸本书籍的探索。在国际上，尤其是欧美发达国家对交互式纸本书籍涉猎较早，无论在创作还是发行方面均处于领先地位，欧美各国的出版业均在不断尝试交互式纸本书籍的不同设计模式，通过"创新"发掘新的销售市场。像《科学跑出来》、《玩转冰川时代：AR 互动 4D 电影书》这类交互式纸本书籍层出不穷，通过移动终端与纸本书籍的结合，使人们感受到了不同寻常的阅读乐趣。就连传统的纸质报纸媒体也通过这种模式吸引读者的注意，如《东京新闻》报纸曾借助手机终端进行新闻报道，通过利用与该报纸配合的应用程序扫描纸质报纸中对应文章，动态图像就会出现在手机的屏幕上，有时还会有卡通形象阅读新闻，一经推出就引起了市场的关注。

而与此同时在国内市场中也涌现出许多交互式纸本书籍，但展示方式和内容选择上多数与国外纸本书籍相仿，虽然出现了像《AR 小宝动物园》等原创交互式纸本书籍，但并没有像《科学跑出来》一样产生如此大的市场效应。缺乏独特的创造力，无法引起市场的强烈反响。国内出版业还需通过支持原创、鼓励创新的方式，将更新、更奇、更有趣味的作品投入市场中，引发新一轮的"阅读潮"，展现出国内交互式纸本书籍的独特魅力。

交互式纸本书籍为出版业带来新的商机是毋庸置疑的，它以创意为基础，为出版市场注入新的"稀缺"属性，打破读者形成的传统的阅读体验，激发读者新的购买冲动，为出版市场注入了一剂强心针，这种新的出版形式必将成为市场中新的增长点[1]。在众多的交互式纸本书籍中，由中信出版社出版的《科学跑出来》丛书是国内外比较成功的案例之一。本文通过对该案例的分析，揭示交互式纸本书籍无限的市场潜力和独特的价值魅力。

二、《科学跑出来》丛书介绍

《科学跑出来》是由英国著名的卡尔顿（Carlton）出版集团出版，由著名的儿童科普作家卡罗琳·罗兰兹、克莱尔·斯派等著。全书共四本，分别为《恐龙跑出来了》、《侏罗纪世界》、《太阳系跑出来了》、《龙卷风跑出来了》，读者还需从苹果公司的 App Store 或 Andriod 应用商店中下载对应的 iDinosaur AR、iCarlton AR、iSolarSystem AR、iStorm AR 应用程序激活书中的炫酷世界。《恐龙跑出来了》、《侏罗纪世界》两册书可让已经灭绝的恐龙在你的家中奔跑、咆哮、捕食；《太阳系跑出来了》可让你在浩瀚的宇宙中与太阳系中的各种行星、卫星互动，开着月球车在月球上驰骋；《龙卷风跑出来了》带领读者探索地球上最不可思议的破坏力量。

---

[1] 卢俊：《科学跑出来缘何引爆 AR 出版》，《出版人》，2016 年第 8 期，第 56-57 页。

《科学跑出来》丛书荣获 2015 年英国 THE LICENSING 大奖、中国台湾第 67 届"好书大家读"优良少年儿童读物奖。国外仅上线一个月 10 万册丛书即告售罄，畅销 30 多个国家，销售量达 150 万册，市场反响强烈。中信出版社 2015 年 10 月引入中国并于 2016 年 1 月 10 日第一辑 4 本正式出版，并在"罗辑思维"平台销售，仅 2 个月就进行了第二次和第三次的加印，市场反响强烈。中信出版社还将于 2017 年 1 月发售 7 册版《科学跑出来》，那时将带给读者们更多的惊喜。《三联生活周刊》刊文称"只有在博物馆中才会出现的恐龙在你的生活中奔跑、吼叫，还可以合影，这种阅读体验是传统书籍无法给予的，要鼓励孩子用游戏、联想、提问的方式学习"。网络大 V"罗辑思维"也称"该书能给孩子带来无限的惊喜，不仅可以游戏不曾光顾的世界，还能帮助小读者们成为宇宙的探索者、史前生物学家"。全国多所著名学校校长及教师联袂推荐，认为该书是孩子走进科学殿堂，拉近科学与孩子间的距离，探索未知世界的科普读物，使"娱乐式学习"不再是一句空话。该书是科技与传统的完美结合，是划时代的科普书籍，将为图书出版业带来更多的社会价值和市场价值。①

三、交互式纸本书籍的价值分析

(一) 认知价值

由于纸本书籍展示媒介的限制，内容多为静态的，即使是制作工艺复杂、价格不菲的立体书也仅在书籍纸本的基础上进行立体展示。电子书弥补了纸本书籍展示较为单一的问题，但由于电子书展示内容的虚拟性，使读者无法感受到纸本书籍所带来的触感。而像《科学跑出来》类的交互式纸本书籍解决了读者遇到的上述问题，通过移动终端与纸本书籍的结合，带给人们视、听、触等全方位的感官体验。

1. 视觉方面

交互式纸本书籍保留了传统纸本书的一切特征，还继承了电子书中对动态内容的鲜活展示，给读者以新的视觉体验。它打破了读者原有在二维或三维空间中的视觉体验，加入了时间的概念形成了四维空间。在当今的时代，人们已经不再满足于静态的文字与图像，动态图像的加入更能提升读者的阅读兴趣。

---

① 亚马逊网上商城图书频道关于《科学跑出来》丛书的介绍，www.z.cn。

尤其在儿童类的读物中运用效果更为明显，因为儿童无法长时间专注于静态信息的阅读，而对于动态内容（如动画片）却可以专注很长时间。将这样的内容运用到书籍的设计中可以有效地提升小读者阅读时的兴趣，提高阅读专注力[①]。并且动态画面使内容展示上更直观，尤其是在科学类的交互式纸本书籍中信息传递更准确，不会让读者误读。就像《侏罗纪世界》（见图7-30）中介绍不同种类的恐龙时，读者不仅看到的是印制在纸张上的一幅图像，而是将恐龙透过屏幕鲜活地展示在我们生活的空间中，通过操作按钮，实现与恐龙的互动。恐龙的跑、跳、吼都是那么的真实，人们更可以细致地观察恐龙的一举一动，给读者带来有趣的阅读体验。而 Multiple Owners 团体的交互式纸本书籍的作品中，通过书籍本身内置的装置与 iPad 实现同步翻阅，并将纸本书籍中原本静态的画面运用动画的形式表现出来（见图7-31），读者在欣赏绘本所带来的视觉感受的同时，还将读者带入绘本的情境中，更好地去体会作品的魅力。

图7-30　《侏罗纪世界》应用程序宣传

---

① 丁毅：《交互式儿童电子书籍感官体验的营造》，《湖北函授大学学报》，2016 年第 29 期，第128~129 页。

图 7-31 Multiple Owners 交互式纸本书宣传

2. 听觉方面

声音是构成人类生存空间非常重要的因素，潜移默化地影响着人们对事物的认知，就像缺乏音效的恐怖电影一样，无法给观众带来紧张的感受。"声音"也是交互作品中非常重要的因素之一，通过声音使观者有身临其境的感觉。在丛书的《飓风跑出来》（见图 7-32）中，完整地将飓风破坏过程中房屋倒塌、杂物被卷起等真实的声音展现出来，而这些声音与读者自身对于风的破坏力的认知相仿，唤起读者自身的记忆，增强画面的真实感。而在接触《恐龙跑出来了》这本书之前，读者对恐龙叫声的认知是模糊的，一般都是通过观看与恐龙相关的电影或参观博物馆时形成的，但是该书将恐龙的声音更直观地表达出来，无论是霸王龙还是翼龙，或是剑齿龙，读者都可以通过操纵按键来聆听对应恐龙的声音，使读者更清晰地了解不同种类恐龙的叫声。书中为了增强画面的真实感，无论是在陆地生活的恐龙还是在空中飞翔的恐龙，均可以听到它们移动时的脚步声或者飞行时翅膀抖动的声音，使虚拟世界中的恐龙更真实、逼真，读者可以真正融入画面的情境中。

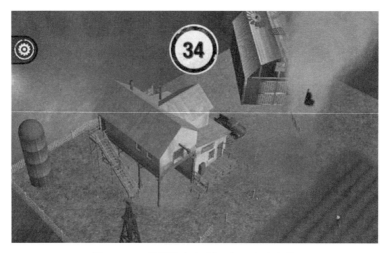

图 7-32　《飓风跑出来》应用程序宣传

3. 触觉方面

第一类触觉，我们称为真实的触觉感受。就像纸本书籍一样，是真实的、可触摸的。触觉体验是书籍的重要属性，读者在翻看书籍时不仅仅在读取内容，同时也感受纸张所带来的触感，这也是为什么许多读者在阅读电子书时，有心理上的空虚感，最终还是转而购买纸本书籍的原因。交互式纸本书籍在融入新科技的同时，兼顾了读者对实体书的渴望，读者可以真实地感受到书籍所带来的触感。《科学跑出来》丛书的印刷采用精装书籍的印刷与装订形式，读者在翻阅书籍时，完全与传统纸本书籍的翻阅感受一致。

第二类触觉，我们称为经验式的触觉感受。我们一般认为只有真实的触摸才会带来触觉感受，但是我们忽略了人们的认知经验，随着人们年龄的增长，我们已经掌握了对客观事物的触觉感受，并可随时调用这种记忆[1]。就像我们提到"摸冰块"这个词时，虽然自身并没有真实地触摸到冰，但也可唤起人们之前的认知记忆，感知到触摸时冰凉的感受。在新媒体时代，我们已将触摸移植到了移动终端的屏幕上，但我们是无法从屏幕上感受到实物的触摸感，而我们可以通过纸本书与移动终端的共同使用，将纸本书籍的纸张触感延续至移动终端展示的虚拟的内容里。就像 Multiple Owners 交互式纸本书籍一样，虽然

---

[1]　丁毅：《交互式儿童电子书籍感官体验的营造》，《湖北函授大学学报》，2016 年第 29 期，第 128-129 页。

读者在真实与虚拟世界间切换阅读，但读者已在纸本书的阅读过程中形成了触觉感受，并将其带至电子书中，形成对照关系，在心理上产生虚拟的纸张感。

　　第三类触觉，我们称为虚拟的触觉感受，人们感受的不再是任何意义上的触摸，而是将其转变为形式上的接触，就像拍摄科幻电影时，剧中人物的任何表演可能都不是与真实的物体进行互动，而是通过后期合成技术呈献在屏幕中的。《科学跑出来》（见图7-33和图7-34）丛书就是提供了虚拟的触觉感受，它以AR技术作为依托，读者通过与假想物体的互动，发生触摸、玩耍、亲昵等行为，虽然这种感受并非真实存在，但是却给人们带来了和真实触感同样的兴奋感。

图7-33　《恐龙跑出来了》应用程序宣传

图7-34　《侏罗纪世界》应用程序宣传

（二）教育价值

美国视听教育学家埃德加·戴尔（Edgar Dale）在《视听教学法》一书中指出由于读者没有具体的经验支撑，学习的过程只会记住部分概念和法则，没有真正地体会到这些概念和法则的真谛，这是教育的失败①。由于在学习时，学习者需要通过学习材料与自身丰富的经验结合去掌握学习内容②。但有时这是困难的，尤其是在儿童类科普读物中，家长充当着非常重要的角色，但家长的知识范围毕竟有限，有时孩子提出的一些问题家长无法很清晰地为孩子解释清楚，家长还需要上网搜寻各种文字、图像、视频等信息。但这些片段化的信息，可能会带来内容解释上的南辕北辙。而《科学跑出来》书籍完全避免了这样的尴尬，读者很容易获取知识，降低了学习难度，消除了传统纸本书籍的弊端，使学习过程变得更加有趣。

1. 情境式学习

知识只有在真实的运用中才能被学习者掌握，因此人们如果想要真正地理解所学内容的真谛，并很好地去应用它，必须在真实的情境中学习。交互式纸本书籍的形态符合情境式学习的理论基础，与学习有着天然的联系③。捷克教育学家夸美纽斯（Johann Amos Comenius）认为"直观可以使抽象的知识具体化、形象化，情境式学习方法通过展示给学习者更鲜活的形象，使其达到顿悟并激发学生学习兴趣的目的"④。这也是为什么人们对图像、视频等内容印象深刻，而对文字等过于抽象的信息需要强迫式记忆。交互行为加入书籍中就是增强了人们情境式学习的环境，增强了知识传递的直观性与准确性。《科学跑出来》（见图 7-35）中加入了情境的概念，将自身置于真实的科学环境中，通过移动终端设备实现情境式学习，一些我们平时想都不敢想的事物竟然可以出现在我们的生活中。在《侏罗纪世界》中，仅需改变移动设备与书籍间的距离，即可看到一只恐龙的真实尺寸，通过改变移动终端的角度可从不同的视角观察恐龙。在当今社会中，人们对情境式学习的研究还在不断的深化，像谷歌眼镜等可穿戴式设备也将人们带入了情景式学习的环境中，运用到了医学的教学中，帮助医学院学生更好地理解某类手术的操作方法，展示起来

①③ 埃德加·戴尔（Edgar Dale）：《视听教学法》，出版社不详，1946 年版。

② 胡智标：《增强学习效果 拓展学习空间——增强现实技术在教育中的应用研究》，2014 年第 2 期。

④ 约翰·阿摩司·夸美纽斯（Johann Amos Comenius）：《世界图解》，出版年代不详。

更直观。首都博物馆的"妇好墓"的展览（见图7-36）中使用了VR（虚拟现实）眼镜，将人们置身于墓葬中，了解墓葬环境，人们看到的不再是冷冰冰的展板，而是与考古工作者一样置身考古环境中，给观众带来了不曾有过的参观体验。

图7-35　《太阳系跑出来了》应用程序宣传

图7-36　首都博物馆"妇好墓"展览VR技术的使用

2. 娱乐式学习

寓教于乐是教育者们一直不断努力与追求的，而交互式纸本书籍的设计可以说是寓教于乐的典范。交互式纸本书籍的设计中加入了动态的图形、图像有助于提升读者的阅读兴趣，丰富画面乐趣，将读者带入画面中，欣赏作品。动态图形的介入不但拓展了读者的视野，而且使读者更深入地理解内容的真谛。娱乐式学习方式也为学习者创造出轻松的环境，使学习者在这样的环境中培养出更好的认知与思考能力。《科学跑出来》丛书抓住了娱乐式学习的关键，原有的科普类书籍大多是枯燥的知识点，最多配以几幅设计精美的图像。但是该书使即使对科普内容不感兴趣的人都试图去阅读它，想去探索书籍中各种各样的秘密与惊喜。当人们不断地去"玩"书中的内容时，该丛书就将知识潜移默化地传给了读者。在《恐龙跑出来了》中，恐龙在与读者互动，有时小读者会拍到了自己的朋友，就可以操纵恐龙去与朋友玩耍，无论是吼叫还是去一起玩耍，或是在朋友身上爬行，都使学习变得有趣，在读者哈哈大笑的同时，观察到了恐龙的行走姿势，飞行时的动作，同时也学到了知识。

3. 互动式学习

互动式学习是教育教学方法中重要的学习方式，强调读者的主体参与性、探索性。知识不再是传授者的单向传递，而是学习者主动参与去探索知识的奥秘。在交互式纸本书籍中，需要读者通过自身的探索发掘书籍内容，探索知识的奥秘。虽然像一些纸本书、立体书也有互动性，但是新媒体的加入使互动形式更加丰富，声音、影像、3D技术、AR技术等均可以通过移动终端注入书籍的内容展示上。读者在互动式的学习过程中，就可能会探索出更多以前从未涉足的领域，同时也可能对自己提出更多的疑问，当遇到书中无法解决的问题时，读者就会通过其他的方法寻求答案。《恐龙跑出来了》中所有的恐龙均可通过移动设备操作探索恐龙的各种生活习性，使读者在互动中学习了知识。在《太阳系跑出来了》（见图7-37）中，展示了月球车在月球表面奔跑，而读者在观看的过程中可能会引起各种关于月球车的疑问，有些读者就会主动查找关于月球车的知识，去探索更多科学的奥秘。我们常说"举一反三"，而枯燥的内容使读者无法提起兴趣去探索更多的内容，像《科学跑出来》这类书籍，可以将人们的兴趣点刺激到一定的高度后，引导读者去扩充更多的知识，锻炼解决问题的能力，养成主动学习的习惯。

图 7-37 《太阳系跑出来了》应用程序宣传

（三）技术价值

新技术的出现必定带来新的应用，《科学跑出来》丛书则率先尝到了新技术所带来的革新，将技术与应用完美地结合在一起。与书籍配合的应用程序软件中使用了增强现实技术，它与虚拟现实有很大的不同之处，虚拟现实是与现实世界完全隔离开，而增强现实技术则将虚拟元素与现实中的场景进行叠加，在观者欣赏科技的同时又不失现实生活的存在感。并且增强现实技术也摆脱了长时间佩戴虚拟现实装备所产生的生理上的不适，使人们更能体会技术的革新给人们带来的乐趣。增强现实技术被称为"2015 年的年度技术"，其价值不言而喻。它不仅再次激活了传统的图书市场，而且带来了一种新的书籍阅读形式，增强了阅读的乐趣。

以该丛书的《恐龙跑出来了》为例，不管是一枚小小的恐龙蛋，还是孵化出的恐龙，通过 APP 程序的操控按钮即可在你生活的空间中自由的走动，并在所到之处留下脚印，人们在娱乐的同时又不失与生活串联。而在《太阳系跑出来了》这本书中，太阳系就完整地在空中展现出来，这是在电影的场景中才能够出现的画面。增强现实技术不仅可以将物体展示在现实的生活场景中，而且增强了用户与书中内容的互动性，在网络中还出现了《科学跑出来》

线上摄影展，孩子们通过自己的创意，拍摄出了各种各样的照片，完美诠释了虚拟与现实的无缝融合。当今不仅该套图书运用到了 AR 技术，还陆续出现了更多的交互式的书籍设计如《AR 小宝动物园》、《玩转冰川时代》等。还有 Crayola 公司出品的《绘儿乐数码咔咔魔法书》也使用了该项技术，读者仅需将附带的汽车卡片用彩笔绘制完毕，通过下载的手机版应用程序扫描卡片后，孩子自己绘制的小赛车即会出现在赛场上，读者可以操纵自己亲手创意的车辆与其他选手同台竞技，乐趣无穷。

而 Multiple Owners 交互式纸本书项目团队则使用了 APP 与纸本书装置相结合的形式。通过装置互联实现纸本书籍翻阅与 iPad 端展示内容一致，不需用户手动的操作即可实现内容的同步，方便读者的观看。这样的设计不仅拓展了纸本书籍本身载体的限制，可以将更多的内容展示给读者，而且移动端动态的图像也使内容展示上更加生动、有趣。同时 Wocam 公司也推出了 Smart Pad 纸本书装置（见图 7-38），采用移动终端设备与右侧纸张相结合的形式，用户通过特种笔在纸上进行绘制，笔上的蓝牙会将内容传输给移动端的 APP 中，自动为用户转换成电子版，实现了从现实到虚拟的完美融合。

图 7-38　Wocam 公司出品 Smart Pad 宣传

技术不仅是一行行代码，而且是通过优秀的载体体现技术的价值，在技术不断革新的今天，在今后的书籍设计中，越来越多的"黑科技"都将出现在这些读物中展示技术的强大魅力，为读者带来更加非凡的阅读体验。

（四）商业价值

新的书籍互动方式的出现必然带来新的商业价值，但在价值体现上是多方面的。首先，科技与创新将创造"新价值"，新的产品创意为当下的图书市场开拓了新的销售局面，一种扎实的产品与一个创新点结合，为图书市场注入了新的活力；也使更多的出版商加入交互式纸本书籍的出版上来，一类新兴的阅读市场正在孕育之中，必将为出版业带来新的业务增长点①。

其次，新媒体技术的应用降低了书籍的生产成本，提升了企业利润。与动辄几百元的立体书相比，售价仅为每本 70 元左右交互式纸本书籍完全与正常的精装书籍一致。并且每本书又配合了具有扩展书籍内容的应用程序，使读者可以产生比购买普通的精装书更丰富的阅读体验。虽然在开发应用程序上需要花费很大的人力与物力，但是由于程序开发成功后仅需在各大应用商店上架即可，不需要搭售任何的实体物，还可实现展示内容的快速更新。而且无论销售的纸本书的数量多少，对于出版社来说开发及发行 APP 的成本为恒定，仅有下载数量的变化。

一个新的商业模式正在崛起，丰富的新媒体交互设计与传统行业的结合必将迎来新的市场增长点，为企业带来更多的利润，掀起早已趋于平稳或下滑的出版业一场变革，未来会有越来越多的出版业投身于交互式纸本书籍的创新与发行中，为读者带来更多、更好的图书作品。

四、小结

虽然当今的交互式纸本书蓬勃发展，但其应用领域过于狭窄，仅有儿童科普类书籍涉及其中，鲜有类似作品运用到更为广阔的大众书籍的出版中。相关领域从业人员要不断探索扩大交互类纸本书籍的应用范围，创新内容展示形式，满足读者的阅读需要，创造出更多有魅力、吸引读者兴趣的出版物。虽然交互式纸本书籍现在还处于起步阶段，但是它所带来的价值却是不可估量的，它引导了阅读方式的更迭。随着技术水平的提升，肯定会有越来越多的交互式书籍的产品呈现在读者面前。有一天，没准我们的教材就不再是枯燥的文字和知识点，而是更加丰富的互动展示形态。新技术介入传统行业并引领传统行业的变革是当今的发展趋势，必将会有更多我们意想不到的惊喜作品呈现在我们面前。

---

① 卢俊：《科学跑出来缘何引爆 AR 出版》，《出版人》，2016 年第 8 期，第 56-57 页。

第三章 提升产品商业附加值的设计思路分析

——以太火鸟"Fiu 浮游™ 体验店" 产品为例

李静

(中央财经大学文化与传媒学院讲师)

当今的科技发展已经进入了智能化时代，经济的增长点也应该以创新科技为重点。然而创新科技不应仅以中国制造为目标，而应把加强中国创造作为增长点。工业产品也不再是冷冰冰的，而将以具有设计美感、低碳、环保、有创新点且可持续发展的新型工业产品为设计的主流方向。本文以太火鸟"Fiu 浮游™体验店"智能产品为例，探讨设计不仅能为人们生活方式带来全新的诗意体验，同时也是提升产品附加值的重要因素，成为经济发展、技术创新的新动力。

一、设计、产品与商业附加值

"设计是从事于人类的物质文化与精神文化的一门综合性学科，它不仅是对生产技术和艺术的思考与研究，还涉及自然学科与社会科学等广泛领域"①，因此不同领域的人对于"设计"有着不同的理解。设计一方面关乎于美学，另一方面又连接着科技。连接科技的工程师专注于技术研发，着眼于美学的设计师则关注于感官体验，然而一件好的产品设计则是两者之间的完美结晶。产品在设计的初期，根植于受众人群对于功能的需求，注重产品的实用性。随着科技的发展，技术的革新，设计的载体呈现出多样性，适用逐渐替换实用，单一功能演变成多功能。抛开价格不谈，消费者要不要购买的第一决定要素往往是产品的外观设计，即视觉感受直接影响购买心理。因此，设计成为影响产品

---

① 向云驹：《世界非物质文化遗产》，宁夏人民出版社 2006 年版。

整体价值的重要因素，提升产品的"附加值"。

附加值即附加价值，"是经济主体新创造出来的产品价值"①。可以将其简单地理解为在原有产品价值的基础上，通过有效的劳动创新所额外获得的高利润价值。单纯地提升价格并不能持久、有效地实现产品高附加值，而设计则能够提升产品附加值。设计师在保持原有产品实用性的同时，以满足产品技术含量的创新或消费者精神需求为目标。一方面，从美学的思维出发，注重产品在造型、色彩、材质、功能等方面的研发设计，做到产品品质优良、造型美观、功能完善；另一方面，在体现科技含量的同时，巧妙地融入文化因素，通过设计展现出产品背后特有的文化价值观，从而得到市场的青睐，以实现产品附加值的最大化。

二、透过"太火鸟"看科技中的设计

在消费者对设计创新的美学产品需求日渐增长的背景下，中国设计界的风云人物雷海波二次创业，作为 CEO 于 2014 年 3 月创办成立了太火鸟科技公司（Taihuoniao. com），从创办伊始就分别获得了种子轮投资、真格基金徐小平天使轮投资以及创新工场李开复 A 轮投资。太火鸟是一个倡导科技美学的情景式电商平台，它从广泛的创意中寻找具有"创新价值"的设计产品，帮助设计师和创意者实现商业价值，致力于打造一个完美的创意生态系统，被定义为"中国最火爆的智能硬件孵化平台"。

技术、模式、设计是太火鸟倡导驱动创新的三驾马车。2014 年末，由太火鸟携手洛可可共同推动的 55 摄氏度杯众筹项目，时尚的产品设计、有温度的定位理念，凭借能将开水瞬间变成 55 摄氏度温水的新奇概念，避免热水对于人体伤害的健康理念，产品普世、受众面广等三点创意，在这个畅销易得、爆款难求的时代，淘宝众筹金额高达 1251374 元，支持人数 3093 人，达成率 625%。它将生活中必需品之一水杯注入了有技术、有情怀、有品相的设计后，所获得的高额附加值足以让我们重新思考或定位"设计"在产品研发、制作、销售的经济链中所扮演的令人不可忽视的角色，它使得技术与设计（艺术）在消费者心目中的地位有了明显的转变。

---

① 陈世清：《对称经济学术语表（一）》，http：//www. chinareform. org. cn/people/C/chenshiqing/Article/201504/t20150418_223286. htm。

唐纳德·诺曼在《情感化设计：我们为何喜欢或讨厌日常用品》中说过："我们有证据证明极具美感的物品能使人工作更加出色"，并且"让我们感觉良好的物品和体系能更容易相处，并能创作出更和谐的氛围"。[①] 人人心仪美的产品，但只有通过设计才能使产品具有美感，从而具有高附加值。本文以为，设计师应该从注入科技、纳入美学、传递情感、体现文化等方面着手来提升产品的附加值。为了更加具体地说明提升产品附加值的设计思路，本文将以太火鸟"Fiu 浮游™体验店"产品为例，进行案例分析。

三、提升产品附加值的设计思路

（一）精致的简约，功能的整合，扩大产品销售范畴

20 世纪包豪斯创始人之一，重要的现代主义建筑大师以及设计大师密斯·凡·德·罗（Mies van der Rohe）提出"少即是多"（Less is More）的现代主义思潮主张。他的观点表明美既不是极端的奢华，也不是粗狂的简单化，而应该是精致、高雅的朴素。唐纳德·诺曼也提出好的设计应具备三个主要特点：简约（Simplicity）、多用（Versatility）和满足（Pleasurability）。因此，设计者在进行产品设计时，应将表现精致的简约之美作为重要的设计目标。

图 7-39　电动螺丝刀 Wowstick 1fs
资料来源：拍摄于太火鸟体验店。

提起精致简约且实用的工具，我们可能会想到瑞士军刀。但提到螺丝刀，或许在我们大多数人的脑海中都会浮现一个傻大黑粗笨的凌乱场景。所以螺丝刀不会成为热销产品，更不会有人把它当作精美的礼品。然而在 2016 年 8 月 14 日，一把由苏州斯坦科机电有限公司生产设计的电动螺丝刀 Wowstick 1fs，如图 7-39 所示，通过太火鸟在小米众筹仅三天的时间里，10000 套产品被抢购一空，成为上线十小时最快破百万大关的工具产品众筹项目，众筹金额：1983632 元，人数 9968 人，达成率 996%。

那么这款被工具界称为 007 的 Wowstick

[①] D. 诺曼：《情感化设计：我们为何喜欢或讨厌日常用品》，纽约：Basic Books，2004 年版。

1fs 螺丝刀为何会这么火？它与普通套装螺丝刀有什么区别？在高额的利润数据下，不得不让我们重新审视这款产品的设计是如何引起消费者共鸣的。

作为设计师，首先应去除工具"能用就行"这种低浅的设计观念，其次要思考它为我们带来诸多方便的同时，可否更简洁、更美观，有更多功能。Wowstick 1fs 智能锂电螺丝刀套装，从传统中求创新，重新定义工具和生活的关系。造型上求简洁，使用上求便捷，功能上求丰富，这款看似简约而不简单的设计，将功能与美学融为一体。经久耐磨的阳极氧化铝机身与六种标配钻头及延长杆，轻松装在白色收纳盒中，而存取钻头也采用磁吸翘尾式收纳设计，如图 7-40 所示。在使用当中为了更好地收纳钻头，还附赠"绽放式"收纳盒。动动手指，一按一松，一取一放，两根手指就能搞定。而针对于收纳盒侧翻的对策，则是强大的磁性吸附平台，牢牢把控钻头的一举一动，如图 7-41 所示。为了有更多的使用功能，还有 18 根 S2 硬质合金钢附件钻头可供我们选择（见图 7-42）。但无论是它精致典雅的外观，还是超强的电力续航能力，都还不能让我们拍案叫绝，它最经典的创新是运用 LED 解决了无影光源，尽管无影灯只是减淡本影，并非真正的"无影"，但这种光源已经完全能够满足那些需要特殊角度照明的维修工作区（见图 7-43）。

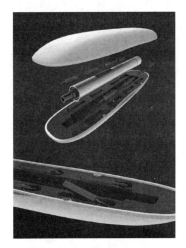

图 7-40　磁吸翘尾式收纳

资料来源：太火鸟官网。

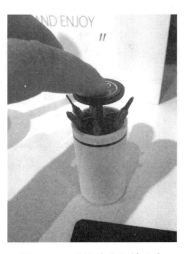

图 7-41　"绽放式"钻头盒

资料来源：拍摄于太火鸟体验店。

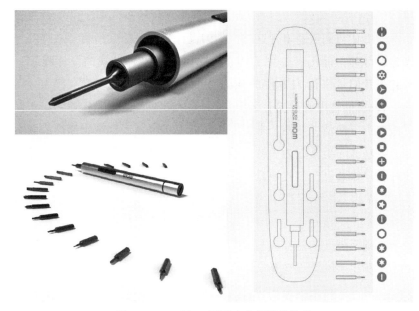

图7-42　18根S2硬质合金钢附件钻头

资料来源：选取并编辑太火鸟官方网站图片。

图7-43　LED无影光照

资料来源：太火鸟官方网站图片。

真实的美感往往源于产品的简约与别致性，设计师将少有问津的螺丝刀打造成Wowstick 1fs这种不凡的上乘佳作，拓展了使用人群的范围，也转变了产品销售的途径。

（二）连接APP，智能产品也能"私人定制"

口腔健康首当其冲的就是牙刷，尽管人人都刷牙，但未必人人都会刷牙，从牙刷的选择到更换的频率，从刷牙的时间到刷牙的方式等诸多方面，没有多少人会按正确的方式去执行。"据第二次全国口腔健康流行病学调查显示，我国成人的恒牙患龋率为49.88%，儿童的乳牙患龋率为76.55%，65~74岁老人的平均失牙数更高达11颗。"① 然而绝大多数人并没有自己的私人牙医，一旦出现牙齿问题，无论是金钱还是时间都会干扰我们的情绪。而问及牙医，给出的答案也是"一天三次，好好刷牙"。但这个"好好"的标准是什么？通过什么能体现出来呢？对于大多数人来说，并不能根据自己的经验起到真正清洁牙齿的功效，那么就需要设计师去思考"什么样的牙刷能做到这些"。

智能化产品的时代，牙刷的设计也面临着多样性的改革。抛去传统手动牙刷不提，仅电动牙刷也由早期的震动或旋转逐渐被智能声波所替代。"2016年7月19日，Soocare X3的电动声波牙刷于小米众筹推出，上线9分钟达成目标，一天狂销近7000支，48小时内首发10000支即告售罄（中途还清退了近1000只黄牛单）。"② 此次众筹金额：2289771元，人数999，达成率999%。在这个电动声波牙刷层见叠出的时代，由太火鸟孵化，舒可士科技有限公司自主研发的Soocare X3素士牙刷为什么能成为爆款，这当中一定有乾坤。

硬件方面，从外观造型或针对不同口腔状况所配通用清洁型、敏感护理型、深度清洁型三种刷头这些设计来看，并没能体现出素士牙刷的优势；而防水、防霉、一次充电能满足25天的使用，也没能拉大它与其他声波电动牙刷的距离（见图7-44）。而它之所以让人们争相购买的主要原因就是软件APP的介入。开创个性刷牙模式，让体验全新升级。根据牙刷在牙齿表面停留的时间、角度、接触面等数据，以此判断清洁程度，并针对数据推断出可能会患口腔疾病的形成时间或概率，如牙菌斑、牙结石等。当然还能根据受众人群对于护理牙齿的需求设定特殊的"定制模式"，成为真正的私人牙齿管家，如图7-45和图7-46所示。设计与技术，技术与科学，科学与载体，最终又回到了产品本身，一件优秀的智能产品除了带给我们方便的同时，更重要的是它能够给我们带来愉悦的、不一样的使用体验。

---

① 新华社：《我国口腔常见疾病发病率高保健工作急需加强》，http：//news. xinhuanet. com/news-center/2002-04/22/content_368004. htm。

② 《48小时10000支售罄 Soocare素士牙刷火爆小米众筹》，北京商报网，http：//www. bjbusi-ness. com. cn/2016/0727/155998. shtml，2016-07-27。

图 7-44 Soocare X3 电动声波牙刷防水防电功能

资料来源：编辑整理太火鸟官方网站图片。

图 7-45 Soocare X3 电动声波牙刷

资料来源：太火鸟官方网站图片。

图 7-46 Soocare X3 电动声波牙刷 APP 数据

资料来源：编辑整理太火鸟官方网站图片。

（三）人性化设计，解决生活中的特殊需求

"打着感情牌，解决实际困难"，是产品设计应当体现的以人为本的最佳设计理念。无论是对于照顾婴儿毫无经验的一胎爸妈，还是响应国家号召略有育儿经验的二胎父母，都会有过在大半夜的冬天，拖着疲惫的身躯，睁不开迷离的双眼为自己饥饿难耐、号叫啼哭的宝宝们热奶、冲奶的经历。据有关数据标明，使用奶粉喂养的年轻父母，在三年中大约要完成 5000 次冲奶，耗时则需要 25000 分钟。如果更换了不同品牌、不同阶段的奶粉，配奶的难度又增加了一程；重复喂奶或忘记喂奶也时有发生。这些看似简单但又琐碎繁杂的操作过程，严重影响或损耗了大人的身心健康。因此，能够拥有配奶精准、使用安全、干净卫生、便于操作的新一代智能产品——配奶机，成为很多消费者的迫切需求。

由太火鸟全程孵化协同淘宝发起众筹的婴萌智能配奶机刚一问世，就赢得了 3794 人的支持，众筹金额 3245356 元，达成率 649%（见图 7-47）。婴萌智能配奶机之所以能迅速走红，一方面是年轻父母对于减负的刚性需求，另一方面就是软件 APP 的数据配合，不仅将配奶简单化，而且更为智能化（见图 7-48）。通过配套 APP 扫描奶粉条形码，就会从 3000 多个与浓度相关的奶粉数据库中自动识别奶粉的品牌、量的配比、适合婴孩的段数、冲泡的温度、时间等要求，

图 7-47　婴萌智能配奶机

资料来源：拍摄于太火鸟体验店。

图 7-48　婴萌智能配奶机 APP 数据

资料来源：太火鸟官方网站。

而这一切只需一键按下，10秒完成，真正实现了精准配奶的工作（见图7-49）。而记录下来的配奶、喂养等数据，还可以作为宝宝的成长资料向春雨医生进行免费咨询服务或在线问诊，也可以根据数据汇总，评估宝宝体重、营养等多方面的发育情况，从而进行科学育儿。24小时恒温储水，满足了即时冲泡的温度需求，可拆卸的设计部件，又方便了卫生清洗的需求（见图7-50）。如果宝宝长大，家里没有二胎宝宝出生时，这款智能配奶机又可以摇身一变成为冲豆浆、冲果汁、冲孕妇奶、冲老人奶的好帮手。

图7-49　婴萌智能配奶机APP操作

资料来源：太火鸟官方网站。

图7-50　方便拆洗的婴萌智能配奶机

资料来源：太火鸟官方网站。

　　婴萌智能配奶机正是本着从找到问题到解决问题这些无微不至的设计思考，才能在问世之际就得到了育儿父母强有力的追捧。

　　很多人可能在外出旅行或出差途中都遇到过袜子洗后干不了的尴尬局面，或者不少北方汉子在梅雨时节下江南时都遭遇过冰冷的大脚潮湿酸爽的感受。"玩小产品，做大体验"，是卡蛙SmartFrog便携式干衣机的设计理念。这款冷热风双模式便携式干衣机，不仅适用于各种面料的服装，还能通过替换风管给鞋烘干（见图7-51）。陶瓷发热芯片不伤衣物且更加安全（见图7-52）。设计师不仅解决了功能上的需求，更是在设计上去烦琐，求便捷，将小巧、便携、高效、安全集一身，成为旅行箱中不可缺少的一员（见图7-53）。淘宝所筹金额：293923元，人数2578，达成率1469%。

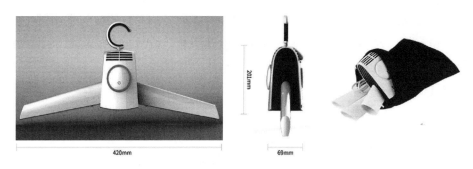

图 7-51　卡蛙 SmartFrog 干衣机

资料来源：编辑整理太火鸟官方网站图片。

图 7-52　卡蛙干衣机陶瓷发热芯片　　　**图 7-53　卡蛙 SmartFrog 干衣机——干鞋功能**

资料来源：编辑整理太火鸟官方网站图片。

（四）撩动心灵的用户体验

行车安全历来是人们关心的问题，而"专业碰瓷"更是成了近两年来新老司机的痛中之痛。因此各种行车记录仪随之应运而生，无论贵贱，无论美丑，都成了我们汽车装备不可缺失的"黑匣子"。

购买一款性能良好、价格适中的行车记录仪，首先要考虑的就是清晰度够不够高，拍摄范围够不够广；其次当光线不能满足普通拍摄时，记录仪的夜视功能是否清晰。2015 年 11 月 23 日，依然是太火鸟全程孵化，以特价 289 元发起了小蚁智能行车记录仪在淘宝的众筹项目，筹得资金 16191730 元人民币，获得 54230 粉丝支持，16191% 完成众筹目标，打破了淘宝众筹同品类最高纪录。如此高额的筹款数据，显示出小蚁智能行车记录仪一定拥有与众不同的优势。

　　首先从造型设计上看，它具有大屏幕、LED 显示屏、便捷的常用键，以及像窗棂格一样的喇叭孔。这些看似无用的开孔，恰恰是小蚁智能行车记录仪精心设计的散热装置。冷气、热风分别从上方散出与进入，形成对流式散热设计，从而延长了记录仪在烈日下暴晒的使用寿命，如图 7-54 和图 7-55 所示。

图 7-54　小蚁行车记录仪上方散热设计

资料来源：太火鸟官方网站图片。

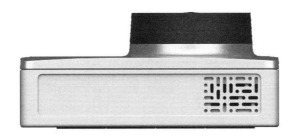

图 7-55　小蚁行车记录仪下方散热设计

资料来源：太火鸟官方网站图片。

　　小蚁智能行车记录仪拥有 1920×1080P 60 帧全高清分辨率，能在高速行驶过程中，拍下转瞬即逝的关键画面，而市面上大部分记录仪只能支持到 1080P 30 帧。同时它还拥有星光级夜视效果，即便在弱光环境下，也能将清晰且色彩准确的影像保存下来。对于驾驶人员来说，拥有 165°的广角拍摄，那就意味着拓宽了车道拍摄的覆盖面，能够更全面地还原路况信息（见图 7-56）。

图 7-56　小蚁行车记录仪 165°超广角画面

资料来源：小蚁行车记录仪官方网站图片。

　　小蚁行车记录仪之所以能够以傲人的众筹业绩脱颖而出，重点在于它的"智能"。那就是它在大多数行车记录仪仅作为"黑匣子"功能的时候，率先加入了 ADAS 智能辅助驾驶功能。它可以通过读取视频数据，有效地分析行驶车道、车速及周边车距，在偏离车道或车距过近时，语音警示自动启动。在这项智能技术的"监督下"，对于"疲劳驾驶"和"新手上路"都是一剂醒脑针。如图 7-57 所示，左图为车道偏移警示，而右图则是前车距过近警示。

图 7-57　小蚁行车记录仪 ADAS 智能安全提醒系统

资料来源：编辑整理太火鸟官方网站图片。

　　智能产品改变了我们的生活，而在整个产业链环节中，这种非凡的"用户体验"也逐渐成为衡量产品优劣的基本依据。

四、总结

优秀的设计作品往往在烦琐中求简单，在简单中求变化，让人们花最少的钱，享用更好的东西。在这个人们对于美的需求日益提升的社会中，我们不能单纯地提升商品价格来增加附加值，而应该着重通过设计展现出产品背后的人性化、审美等特有的文化精神，用创新设计赋予产品附加值的可持续性。

通过以太火鸟"Fiu 浮游™体验店"智能产品的逐一分析，我们不难看出，那些能够带来丰厚附加值的产品，归根结底都是围绕着功能性与艺术性这个核心主题做文章，二者相辅相成。但凡脱离"适用"与"美观"，都不能成功地促成产品附加值的有效提升。

后 记

2016 年是我国"十三五"时期的开局之年，也是中国文化经济在新时期发展的破局之年。各类文化经济热点事件层出不穷，其背后有各级政府政策的不断推动，有供给侧要素创新的驱动发力，有文化消费结构的深度调整，有区域文化资源的配置重构。这一年文化经济发展的点点滴滴都需要去揭示、去挖掘，去找寻到变革期中文化经济发展的规律脉络。

对此，在中国高校"双一流"建设的背景下，中央财经大学文化与传媒学院、文化经济研究院暨国家文化创新研究中心，立足文化经济特色学科建设，整合学院内外研究力量，从不同领域发力，正式推出这本《中国文化经济发展报告（2016~2017）》，并拟在未来每年推出一本《中国文化经济发展报告》，以期在当今中国文化经济的风起潮涌中留下中财文传印记。

全书以"中国文化经济进入体系性的新旧变革期"大器开篇，其后围绕"文化供给与创新"、"文化市场与消费"、"文化贸易与传播"、"文化资源与资本"、"文化空间与规划"五大文化经济时年的热点与焦点领域展开论述，最后以中财文传学院组织的联合实习大作业及系列艺术设计成果实践展示收尾。

本书的编纂得到了中央财经大学文化与传媒学院、文化经济研究院暨国家文化创新研究中心诸多师生的大力支持。这些成果集中展示了中央财经大学在文化财经领域的成果积累，以期为政府部门、学界与业界研究者提供重要参考。其中，第一篇的编纂人为魏鹏举教授；第二篇的编纂人为何群教授、孔少华老师、李静老师；第三篇的编纂人为陈端副教授、彭英柯老师及他们指导的张涵、张微、聂玥煜、赵鹏飞、张午美、全嘉琪、申李青同学；第四篇的编纂人为宫丽颖教授、黄可副教授、刘蕾老师及他们指导的刘昶甫、吴荔言同学；第五篇编纂人为周正兵教授、陈端副教授、宗娅琮老师及他们指导的张浩、高玥同学；第六篇编纂人为王强教授、戴俊骋副教授、意娜副研究员及刘飒博士后；第七篇编纂人为宫丽颖教授、黄可副教授、曾南逸老师、李静老师、王昭老师及他们指导的刘敬才、张磊、刘超、龚仪、李梦帆、张缙怡、高滢茜、翁百璇、夏雨柔、刘敏敏、黄子琦、王若曦、尚凯欣、赵梦玉等同学。魏鹏举教授、戴俊骋副教授负责全书的统稿工作。这里一并对各位老师及同学付出的辛苦劳动表示感谢。特别感谢经济管理出版社郭丽娟编辑对本书的大力支持。

本书编纂时间有限，书中如有疏漏与不妥之处，谨请广大读者批评指正。

魏鹏举

2017 年 7 月